# 法律硕士教学指导案例

## 刑事诉讼实务卷

## I

全国法律专业学位研究生教育指导委员会 编

法律出版社

# 编写说明

为适应我国专业学位教育发展的客观需求，进一步推动专业学位培养模式改革和提高专业学位研究生教育质量，在教育部和财政部的支持下，中国专业学位教学案例中心建设工作于2013年5月正式启动。该案例中心建设工作受国务院学位委员会办公室和教育部指导，由教育部学位与研究生教育发展中心牵头，各相关专业教育指导委员会共同参与。建设法律硕士专业学位研究生教育教学案例库，是支撑并推进全国法律硕士专业学位研究生培养单位实践必修环节学位课程案例教学与保证法律硕士专业学位研究生教育质量的重要措施。2013年6月，教育部学位管理与研究生教育司批复同意全国法律专业学位研究生教育指导委员会（以下简称指导委员会）秘书处组织开展“案例库建设与案例教学推广项目”。按照规划，指导委员会和教育部学位与研究生教育发展中心共同建设“中国法律专业学位案例中心”，合作开发入库教学案例并纳入中国专业学位教学案例中心平台管理和运营。

该项目启动后，指导委员会决定由韩大元、姜晶两位副秘书长负责组织、协调项目的实施工作，并组织制定了《中国专业学位教学案例库中心法律硕士分中心建设规划》（以下简称规划），对案例库建设确立了明确的目标和阶段性任务，并对项目实施进行了总体布置。为保障项目的顺利实施，指导委员会秘书处成立了以时延安教授为牵头人的专家工作组，起草《案例编写规范》、《评审管理办法》和案例模版及使用说明书范本，开展多次编写培训，组织和协调案例申报及评审工作，负责案例中心的维护、日常管理和应用服务等相关工作。2014年至2016年，指导委员会先后三次向培养单位征集案例，组织专家评审组遴选案例，迄今共征集案例382个，其中入选案例139个。

为推动法律专业学位研究生教育教学案例在教学中的运用，切实提高实践课程的教学水平，指导委员会决定从入选案例中选择部分案例出版。该案例出版工作得到法律出版社的大力支持，并根据出版要求对入选案例进行了合理调整。

目前，“法律硕士教学指导案例丛书”已经编辑完成，我们希望这套丛书对提升我国法律专业学位研究生教育有所裨益。在此，向所有参与法律硕士专业学位研究生教育教学案例库工作的专家、学者及相关同志表示衷心地感谢！受时间和能力所限制，编辑过程难免有不足之处，敬请提出宝贵意见。

**丛书编委会**

**2017 年 12 月**

# 目录

Contents

# 1 CASE 陈旭劫持女医生案

| 摘　要 |

这是一起由普通的交通肇事引发的刑事案件。案件当事人的特殊身份也引起人们的怜悯和反思。一个品学兼优的大学生,一个温和善良的青年,在交通肇事后积极主动地承担责任,结果却在医生的诊断结果出具后,在被撞老人家属的强硬态度下,劫持人质。案件本身涉及民事、行政和刑事案件界分的把握。案件的争议涉及交通肇事罪、寻衅滋事罪、妨害公务罪、非法拘禁罪以及绑架罪的区分与探讨,还涉及被害人过错对于行为人行为性质认定的影响、正当化事由的认定,以及"存疑有利于被告原则"的贯彻问题。该案是一起典型的公诉案件,历经了公安机关的立案,移送检察机关审查起诉,检察机关提起公诉,法院的一审,被告人不服一审上诉,法院的二审程序,比较完整地涵盖了刑事诉讼法的一般诉讼程序。

| 关键词 |

交通肇事　非法拘禁罪　绑架罪　寻衅滋事　妨害公务　正当化事由　被害人过错

| 教学目标 |

(1)强化学生的基础理论知识。引导学生正确区分民事、行政和刑事案件;准确把握交通肇事罪、非法拘禁罪、绑架罪、妨害公务罪以及寻衅滋事罪;掌握正当防卫和紧急避险的认定;明确被害人过错对于行为人行为性质认定的影响问题,以及"存疑有利于被告原则"的贯彻问题。

(2)引导学生熟悉刑事诉讼的流程。对于侦查、起诉、审判以及二审和可能的再审程序以及相关程序中的注意事项有所掌握。

(3)增强学生的实务操作能力。让学生分工并进行角色扮演,在融入角色的过程中领会不同诉讼参与人的职责、任务以及必须具有的素质和可能采取的技巧,增强学生的团队意识和处理问题的能力。

## 教学案例主文

### 一、引言

#### (一)陈旭概况

1994年出生于湖北襄阳南漳农村,家境贫寒。全家4口人,父亲和哥哥是残疾人。陈旭从高中开始,每年暑假外出打工挣学费,替人开工程车,一个暑假能挣6000元人民币,自己的学费自己交,家人只需供生活费。2012年,陈旭以南漳县高考前十几名,高出一本线四十多分的成绩考入武汉一名牌大学。陈旭来武汉不久,听不懂武汉话,同时对于武汉的路况也不太熟悉。

2013年2月,陈旭的哥哥在街上跟一位社会青年发生打斗,在躲闪过程中撞倒位老阿婆,导致该老人骨折。因担心赔偿问题,陈旭的哥哥躲藏了一个多星期,陈旭每天为哥哥送饭。陈旭在这个过程中感到恐惧,后来就买了把刀带着。在一个陌生的城市,他感到恐怖。

陈旭的父亲陈贤付称,陈旭4岁时从4米高的田埂上摔下,头部受过伤,伤好后,平常都挺好,但是遇到刺激就会冲动发脾气,摔东西。他愿意代陈旭赔偿。陈旭所在村一百多名村民联名请求从轻判处陈旭。

在羁押期间,陈旭为求得樊安兰和女医生的原谅,在狱中写信给她们,表达自己的悔恨和歉意,苦求对方的谅解。

在庭审过程中,陈旭的情绪几近崩溃,他一直在痛哭,最后陈述时已低头泣不成声:"我的行为伤害了周围人,对不起大学生这个称号,也对不起学校,对不起家人……"

陈旭有着良好的人际关系,在老师、同学中的口碑很好,同学对他的评价是性情温和、乐于助人。

#### (二)樊安兰概况

82岁,湖北武汉人,无正式职业,主要靠老伴退休工资生活,而老伴已于几年前去世。事发当天到大儿子家去玩,在独自回家的路上被陈旭的自行车擦倒。

#### (三)段医生概况

29岁,出生于河南信阳农村,武汉大学硕士毕业,就职于武汉市第九医院,刚工作一年,有个和陈旭年龄相仿的弟弟在上大学,是事发当天给樊安兰就诊的医生。

## 二、基本案情

### （一）一起寻常的交通事故

2013年5月18日16点，陈旭骑自行车从友谊大道武汉火车站方向往武汉某大学骑行，当行至友谊大道一立交桥附近时，撞倒了82岁的樊安兰。事发当时，陈旭已经看到了樊安兰，并偏转了自行车的车头，但是还是擦到了樊安兰的手臂，因为年龄太大，樊安兰当时摔倒。樊安兰的右手腕当时就红肿了，陈旭身上只有102.5元，提出给100元私了。樊安兰疼痛难忍，要求陈旭先送她回家，见到家人再说。陈旭按照老人的意思将老人送回家。见到樊安兰的儿子李叶术、孙子李浩后，陈旭告知了自己的学校、住址、老家地址，并拿出身份证让樊安兰的家人拍照。

### （二）医院诊断

陈旭和樊安兰的儿子李叶术、孙子李浩带着樊安兰到武汉市第九医院急诊科看病，急诊科女医生段某诊断是右桡骨完全性横形骨折，要求樊安兰住院治疗，做手术，并缴纳1000元的住院押金，后面的钱还要很多。陈旭拿不出1000元住院押金，家庭本身条件不好，手机停机了十几天都没钱充。伤者家属不断催促他筹钱。陈旭借用伤者家属李浩的电话，打给家人的第一个电话号码出错，没有打通。李叶术和李浩等人对陈旭的诚意产生了怀疑；陈旭再次找李浩借电话联系家人，被李浩拒绝。

### （三）持刀行凶

李叶术、李浩要求扣押陈旭的身份证，同时打电话让自己的其他亲属也过来。陈旭表示之前已给过身份证让他们拍照，不愿再给，结果双方起了冲突。陈旭突然从右侧裤袋里掏出一把长约20厘米的黄柄水果刀，朝着樊安兰的儿子李叶术捅去，一刀刺在李叶术的衬衣扣子上，李叶术受到轻微的划伤。李浩见状从陈旭背后扑过去。

### （四）劫持女医生

陈旭一步退回了急诊室，用刀抵住女医生的脖子，将正在为樊安兰看诊的女医生段某挟持。警察赶到后明确表示，不用陈旭支付1000元押金，后来甚至拿来1000元现金给陈旭，只要他放下刀就可以。但陈旭坚持不放人，情绪狂躁。

30分钟后，陈旭向警方要求提供警车离开现场。警方安排一名经验丰富的民警乔装成司机，带上陈旭和女医生上车。在车上，陈旭的刀一直没有离开女医生的脖子，而陈旭也向同行的医院副院长提出在自己逃跑以后，免除樊安兰医药费的请求。在车上,陈旭吐露了劫持人质的原因,他想逃离,但婆婆的两个家属都是男的,他控制不住,看到段医生是女的,就劫持了她。当民警提醒他,车子在刹车时会伤到人质时,陈旭把自己的大拇指放在段医生的脖子和刀之间,并笑称没事,那样只会伤到自己的手指。陈旭并不清楚自己要去哪,最后要求到武汉大学找他的一个同学。当晚7时许,在武昌临江大道新生路口,民警将陈旭制服,成功解救女医生。整个解救行动中,段医生左手食指被割伤,颈部有刀痕。

事后,媒体给大众展示了樊安兰的X光片,发现樊安兰的手臂并没有丝毫的骨折迹象。

(五)陈旭辩解

首先,对于持刀行凶事件。陈旭称,自己是诚心要负责任的,樊安兰家人已经用手机拍了自己的身份证,但还是要扣自己的身份证,这是不相信自己。他看到李浩打电话叫亲人来医院,感觉到自己人身安全受到威胁,所以情急之下刺了过去。

其次,陈旭称劫持女医生并非为了逃跑,而是紧急避险。"我是要负责任的,但我感觉到危险,想暂时找个安全的地方想办法。"陈旭说,他之后要警方提供警车,也不是为了逃跑,而是想去找同学求助。

(六)受害人的反应

(1)樊安兰家人表示,可以原谅陈旭,希望法院从轻处理。

(2)女医生明确回复陈旭家人:鉴于陈旭家庭经济困难,不进行索赔,但陈旭的行为给她造成很大的伤害,所以无法谅解。女医生所在的医院要求严惩陈旭。

## 教学指导手册

### 教学对象及目标

本案例供法律硕士案例教学使用,法学本科(大四)、刑法学硕士、刑事诉讼法学硕士也可以参酌使用。

本案例主要就公安机关、检察机关、法院以及辩护人在刑事诉讼中从事的法律活动和绑架罪的认定问题进行讲授。具体要解决的问题包括:(1)交通肇事罪、寻衅滋事罪、妨碍公务罪、非法拘禁罪、绑架罪的犯罪构成以及在适用的过程中要注意的问题;(2)如何认定正当化事由,正当防卫、紧急避险的界定,以及假想防卫、防卫过当的讨论；(3)探讨被害人过错对于犯罪行为认定的影响，可以作为量刑情节的被害人过错应当具备的条件；(4)刑法的谦抑性以及存疑有利于被告人原则的运用；(5)立案阶段侦查机关的主要工作，立案条件的把握，移送审查起诉条件以及材料的准备；(6)检察机关在审查起诉阶段需要做的工作；(7)审判阶段公检法的角色以及职能分工；(8)辩护律师对于刑事诉讼案件的介入以及在侦查、起诉、审判中的作用和需要注意的事项。

## 教学内容

### 1. 交通肇事罪的构成和认定

交通肇事罪，是指违反道路交通管理法规，发生重大交通事故，致人重伤、死亡或者使公私财产遭受重大损失，依法被追究刑事责任的犯罪行为。必须发生重大事故，出现致人重伤、死亡或者使公私财产遭受重大损失的严重后果。这是构成交通肇事罪的必要条件之一。行为人虽然违反了交通运输管理法规，但未造成上述法定严重后果的，不构成本罪。

### 2. 寻衅滋事罪的构成和认定

寻衅滋事罪，是指肆意挑衅，随意殴打、骚扰他人或任意损毁、占用公私财物，或者在公共场所起哄闹事，严重破坏社会秩序的行为。刑法将寻衅滋事罪的客观表现形式规定为四种：(1)随意殴打他人，情节恶劣的；(2)追逐、拦截、辱骂、恐吓他人，情节恶劣的；(3)强拿硬要或者任意损毁、占用公私财物，情节严重的；(4)在公共场所起哄闹事，造成公共场所秩序严重混乱的。本罪侵犯的客体是公共秩序。所谓公共秩序包括公共场所秩序和生活中人们应当遵守的共同准则。寻衅滋事犯罪多发生在公共场所(也有一些发生在偏僻隐蔽的地方)，常常给公民的人身、人格或公私财产造成损害，但是寻衅滋事罪一般侵犯的并不是特定的人身、人格或公私财产，而主要是指向公共秩序。

### 3. 妨害公务罪的构成和认定

妨害公务罪，是指以暴力、威胁方法阻碍国家机关工作人员、人大代表依法执行职务，或者在自然灾害和突发事件中，使用暴力、威胁方法阻碍红十字会工作人员依法履行职责，或故意阻碍国家安全机关、公安机关依法执行国家安全工作任务，虽未使用暴力，但造成严重后果的行为。本罪主观上限于故意，即行为人必须明知上述人员正在依法执行公务而加以阻碍，才能构成本罪。犯本罪处3年以下有期徒刑、拘役。

### 4. 非法拘禁罪的构成和认定

非法拘禁罪，是指以拘押、禁闭或者其他强制方法，非法剥夺他人人身自由的犯罪行为。非法拘禁罪侵犯的客体是他人的身体自由权。根据《刑法》第238条第1款的规定，犯非法拘禁罪的，处3年以下有期徒刑、拘役、管制或者剥夺政治权利，具有殴打、侮辱情节的，从重处罚。

### 5. 绑架罪的构成和认定

绑架罪，是指为勒索财物或者其他目的，使用暴力、胁迫或者其他方法，绑架他人的行为，或者绑架他人作为人质的行为。根据《刑法》第239条的规定，有下列情形之一的，应当立案：(1)以勒索财物为目的绑架他人的，或者绑架他人作为人质的，处十年以上有期徒刑或者无期徒刑，并处罚金或者没收财产；情节较轻的，处五年以上十年以下有期徒刑，并处罚金。

### 6. 正当化事由

正当化事由，是指行为在形式上与犯罪具有相似性，但实质上不具有法益侵害性，因而在定罪过程中予以排除的情形。具有以下特征：(1)形式特征，正当化事由是一种非罪行为，既然不是犯罪，本不应在刑法中加以规定。但正当化事由不同于一般的非罪行为，它在形式上与犯罪具有相似性。(2)实质特征。正当化事由与犯罪之间存在本质区别，这就是正当化事由不具有法益侵害性。(3)法律特征。正当化事由在法律上规定不认为是犯罪，或者虽然在法律上无明文规定，但在司法中不认定为犯罪，因而在定罪过程中应予排除。根据《刑法》第21条第1款的规定，紧急避险，是指在法律所保护的权益遇到危险而不可能采用其他措施加以避免时，不得已而采用的损害另一个较小的权益以保护较大的权益免遭损害的行为。我国刑法规定，紧急避险行为不负刑事责任。

### 7. 被害人过错

刑法意义上的被害人过错，是指被害人出于故意，实施违背社会伦理或违反法律的行为，侵犯了被告人的合法权利或者正当利益，引发被告人实施犯罪或者激化加害行为危害程度的情形。《全国法院维护农村稳定刑事审判工作座谈会纪要》(以下简称《纪要》)规定，对故意杀人犯罪是否判处死刑，不仅要看是否造成了被害人死亡结果，还要综合考虑案件的全部情况。对于被害人一方有明显过错或对矛盾激化负有直接责任，或者被告人有法定从轻处罚情节的，一般不应判处死刑立即执行。《纪要》第一次明确将被害人过错引入刑事量刑体系，这样规定主要是考虑对于故意杀人、故意伤害等互动性非常明显的刑事案件，被害人对案件引发或矛盾激化具有明显过错的，被告人的主观恶性相对较小，从而影响量刑，这有利于刑事责任上的合理分配和刑法公正价值的实现。

**8. 存疑时有利于被告原则**

存疑时有利于被告原则，是指当案件存在疑点时，做出的裁判要有利于被告，这也是保障人权的重要体现。刑法有个无罪推定原则，"疑罪从无"是其具体内容之一，也就是说，既不能证明被告人有罪又不能证明被告人无罪的情况下，推定被告人无罪。我国《刑事诉讼法》第195条第3款也有明确规定：证据不足，不能认定被告人有罪的，应当作出证据不足、指控的犯罪不能成立的无罪判决。

**9. 刑事诉讼的程序**

刑事诉讼主要包括五个阶段：立案、侦查、起诉、审判和执行。立案指公安机关、人民检察院、人民法院对报案、控告、举报和犯罪人的自首等方面的材料进行审查，判明是否有涉嫌犯罪事实并需要追究刑事责任，依法决定是否作为刑事案件交付侦查或审判的诉讼活动；侦查指由检察院或公安等机关为收集、查明、证实犯罪和缉获犯罪人而依法采取的专门调查工作和有关的强制性措施；起诉有两种，包括公诉和自诉；审判是指人民法院在控、辩双方及其他诉讼参与人参加下，依照法定的权限和程序，对于依法向其提出诉讼请求的刑事案件进行审理和裁判的诉讼活动；执行则指刑事执行机关为了实施已经发生法律效力的判决和裁定所确定的内容而进行的活动，在中国，刑事执行的主体主要是人民法院、公安机关和监狱等。特殊阶段：死刑复核程序、审判监督程序。

## 课堂时间安排

本案例可以作为专门的案例教学课来进行，整个案例课的课堂安排为6个课时，分两次上，每课时45分钟。

如下课堂设计，仅供参考。

1. 第一次课前下发案例、思考题和参考文献1～9，让同学们课前预习并撰写思考题1～7答案；

2. 第一次课，首先对于刑法总论和分论中的相关知识进行回顾，然后引导学生阅读案例，接着让学生对于案例中所涉及的争议进行探讨；

3. 第一次课后布置学生阅读参考文献10～18，并完成实践题1～5，自行分组准备模拟审判；

4. 第二次课首先对刑事诉讼的基本流程进行回顾，接着进行诉讼流程的模拟演练；

5.课后布置学生阅读参考文献19～20，让学生进一步思考大学生的犯罪及其预防的问题。

## 思考题和实践题

**1.思考题**

(1)陈旭从后面撞到了正在行走的樊安兰，这个行为构成交通肇事吗？

(2)陈旭挟持女医生的行为引来了警察和大量围观的群众，他的行为构成寻衅滋事罪吗？

(3)在陈旭挟持女医生案件中，当闻讯赶来的警察要求陈旭放人时，陈旭并没有放人，他的行为构成妨害公务罪吗？

(4)陈旭在劫持女医生的过程中限制了女医生的人身自由，同时他为了保证自己的安全将女医生当作人质，他的行为构成非法拘禁罪还是绑架罪？陈旭在劫持女医生的过程中，担心误伤女医生还将自己的大拇指隔在刀和女医生的脖子之间，女医生在被解救的过程中也仅仅是手指受到划伤，这说明陈旭不愿意伤害女医生。他的行为到底可以被判定为处罚在3年以下的非法拘禁，还是处罚在5年以上的绑架罪呢？

(5)陈旭称自己在受到两个男性攻击的情况下，为了摆脱攻击而劫持人质，这种行为属于紧急避险吗？

(6)在陈旭案中，存在被害人的过错吗？82岁的老人独自回家，老人的家人的过激反应，医院医生的诊断结果，这会影响对于陈旭案件性质的认定吗？会影响量刑吗？

(7)陈旭要警车是要逃窜还是要去找同学帮忙或者告别，检察机关与辩护律师在这个事实的认定上存在分歧。这时，我们能否采用存疑有利于被告的原则，做出有利于陈旭的解释呢？

**2.实践题**

(1)如果你是公安机关工作人员，在接到群众报案时，应该怎么做？如何准备移交给检察院的材料？

(2)如果你是承办案件的检察官，在接收公安机关移送的材料时要注意哪些问题？在审查起诉时要注意哪些问题？发现证据不足时需要怎么做？提起公诉的材料有哪些？

(3)如果你是审理案件的一审法官，在审理案件时要遵循什么样的程序？在庭审的过程中出现异常如何处理？要坚持什么原则？如何写判决书？判决书的送达方式是什么？如果被告人当庭提出上诉，你该如何处理？

(4)如果你是承办案件的二审法官，你将采取何种审判方式？案件的参与人是谁？案件事实不清证据不足该如何处理？案件适用法律错误该如何处理？

(5)如果你是陈旭的辩护律师，你必须符合什么样的条件？在侦查阶段可以做什么？审查起诉阶段可以做什么？一审阶段可以做什么？当事人不服一审，如何提出上诉？经过两审终审的案件在什么样的条件下可以提起再审？

## 参考文献

1. 高一飞、姜敏:《交通肇事罪立法的比较与反思》,载《社会科学研究》2010 年第 1 期。
2. 唐亚南、张伟珂:《简论寻衅滋事罪:以〈刑法修正案(八)〉为主要视角》,载《刑法论丛》2011 年第 3 期。
3. 董邦俊:《妨害公务罪之立法检视》,载《法学杂志》2010 年第 10 期。
4. 杨毅伟、何蔚:《如何区分非法拘禁罪与绑架罪》,载《法制与社会》2012 年第 35 期。
5. 黄嵩:《论非法拘禁罪与绑架罪认定中的若干难点——从王文泉非法拘禁案的认定谈起》,载《法学评论》2004 年第 4 期。
6. 彭文华:《紧急避险限度的适当性标准》,载《法学》2013 年第 3 期。
7. 黎宏:《论假想防卫过当》,载《中国法学》2014 年第 2 期。
8. 赵铁、殷耀刚:《重大刑事案件中被害人过错责任认定问题实证研究》,载《中国检察官》2012 年第 2 期。
9. 沈德咏:《论疑罪从无》,载《中国法学》2013 年第 5 期。
10. 王卉:《修正和进一步规范公安机关的刑事法律文书》,载《公安教育》2010 年第 5 期。
11. 何铁军、丁剑:《略论司法文书写作要领》,载《大庆高等专科学校学报》2002 年第 3 期。
12. 梁汉镳:《修辞与司法文书写作》,载《甘肃政法学院学报》1992 年第 2 期。
13. 牟海英:《论模糊语言在司法文书写作中的运用》,载《现代语文》(语言研究版)2007 年第 12 期。
14. 法规应用研究中心编:《中华人民共和国刑法一本通》,中国法制出版社 2014 年版。
15. 曾昕编著:《刑事辩护一本通》,湖南人民出版社 2010 年版。
16. 孙谦、童建明主编:《检察机关贯彻新刑事诉讼法学习纲要》,中国检察出版社 2012 年版。
17. 刘方编著:《新刑事诉讼法适用疑难问题解答》,中国检察出版社 2012 年版。
18. 张军编:《新刑事诉讼法实务见解》,人民法院出版社 2012 年版。
19. 帅红兰:《浅论大学生激情犯罪及其预防策略》,载《山西青年职业学院学报》2014 年第 2 期。
20. 陈健、尹育专:《高校大学生犯罪的心理危机研究及其干预》,载《青年与社会》2013 年第 24 期。

撰稿人 | 唐子艳,武汉理工大学文法学院教师、法学博士

# 2 CASE 汪某刚行贿、共同受贿案

| 摘 要 |

本案例以一起真实行贿案和共同受贿案为蓝本，围绕行贿和共同受贿案件的刑事诉讼程序各环节，涉及的知识点和执业技能内容包括行为人在刑事诉讼各环节中的相关权利与救济，行贿案件和共同受贿案件的证据收集、事实认定与法律适用等内容。本案例涵盖刑事侦查阶段、审查起诉阶段、审判阶段三个诉讼环节，涉及实体问题包括：行贿罪和共同受贿罪的认定、国家工作人员的职责违反与刑事责任的关系、共同犯罪的成立、数罪并罚的认定等方面。涉及的证据和事实认定问题主要包括：行贿案件和共同受贿案件的证据收集、有罪或无罪证据的分析判断、刑事证明标准等。本案例对于解决类型化的行贿与共同受贿案件具有较强的参考意义。

| 关键词 |

行贿案　共同受贿案　刑事诉讼　共同犯罪　程序正义　数罪并罚

| 教学目标 |

着重让学生把握几方面内容：(1)在侦查阶段、审查起诉阶段、审判阶段，侦查机关、公诉机关如何从事各项法律活动，如何撰写起诉意见书与起诉书；(2)在侦查、审查起诉、审判等环节中如何保障行为人的正当权利，如何保障权利的救济方式；(3)刑事诉讼程序中违反要求获得的证据的证明力如何判断；(4)学习在实践中如何把握行贿罪和共同受贿罪的判断标准，如何认定共同犯罪及确定各行为人所承担的责任。

# 教学案例主文

## 一、汪某刚共同受贿案

### （一）汪某刚等人共谋使路桥公司中标概况

春光大道是Q市合川工业园区三条大道之一，2010年左右决定开工，时任Q市合川区委常委、Q工业园区管委会主任的张某林和Q市发改委能源处主任科员张某民事前合谋，决定由张某民负责找一家有实力的单位参与春光大道合川段道路工程项目投标和建设，而张某林负责通过打招呼的方式提前与业主方工业园区管委会副主任、港投公司副总韩某雅联系好，保证使张某民找到的单位中标，中标后他们向该单位按工程总造价收取一定的居间费。张某民找到Q市忠县德法尔通汽车维修有限公司总经理汪某刚，由汪某刚负责出面具体寻找愿意参与春光大道项目的单位并索要居间费。汪某刚以渝康公司的身份找业主方工业园区管委会副主任韩某雅拿到这个项目的资料，了解项目的基本情况后，汪某刚找到中交二公局（总部西安）的杨某谋，杨某谋回去和领导商量后表示有兴趣，于是联系韩某雅进行洽谈，但后来因业主给的条件中交二公局不满意，中交二公局害怕风险而拒绝了该项目。

中交二公局拒绝接收春光大道工程项目后，杨某谋联系了承建方路桥公司第一公司，并带着汪某刚到路桥公司的扬馨大酒店和路桥公司已退休的孟某瑜董事长、路桥公司第一公司的王某平总经理商量工程事项，几天后路桥公司同意参与春光大道投标项目，并由杨某谋以路桥公司的身份和工业园区管委会副主任韩某雅洽谈。报名投标后，路桥公司找了中铁十　局、中铁二十四局及另外两家公司与路桥公司一起围标，标书由各公司自己制作，但另外四家公司的工程投标保证金由路桥公司先支付给各公司，各公司再支付给公共交易中心，待路桥公司中标后四家公司再将退回的工程投标保证金退还给路桥公司。因为有张某林幕后操作，由业主和招投标代理公司帮助路桥公司第一公司顺利中标春光大道工程项目。

### （二）汪某刚等人与路桥公司签订居间费协议概况

居间费的事宜一般由汪某刚出面联系路桥公司第一公司总经理王某平、副总江某烨以及项目经理刘某成，路桥公司中标后，汪某刚作为自己及张某林、张某民、杨某谋的代表，和路桥公司第一公司的王某平、江某烨签订了一份关于支付居间费的协议，协议的名称叫合作协议，协议主要内容包括项目名称和项目居间费，协议约定居间费暂定为工程总造价的5%，以感谢汪某刚、张某民、张某林和杨某谋在这次中标中的帮助，并约定路桥公司分四次支付居间费，付款时间是每半年一次。协议一式两份，汪某刚一份，路桥公司一份，汪某刚以个人名义签名，江某烨以路桥公司名义签名，并加盖了路桥公司的公章。汪某刚将他手中那份协议拿回去给张某民看了之后就撕毁了，江某烨手中的协议一直放在包里，但是之后也丢失。

汪某刚、张某民以及张某林对春光大道工程既没有出资也没有参与经营管理。

（三）路桥公司支付居间费概况

春光大道原先的工程总额是2.33亿元，后来因为工程项目增加，工程总额超过了3亿元。到2014年1月，路桥公司陆陆续续支付给汪某刚、张某林、张某民、杨某谋共1300余万元居间费，其中汪某刚分得400余万元。张某林分得的钱一般先由张某民代其保管，张某民在每次收到钱后都会告知张某林。除了春光大道合川段工程外，通过类似手段，张某林幕后操作使路桥公司中标柑悦大道工程，柑悦大道工程总金额5800万元，路桥公司按照4%的比例支付居间费给汪某刚、张某民、张某林共230万元，汪某刚获得80万元，转账给张某民和张某林共150万元，两人分别分得75万元。

路桥公司第一公司向汪某刚等人支付居间费的方式，有转账支付和现金支付两种。汪某刚把他的银行卡号或者张某民提供的银行卡号发给江某烨或刘某成，由路桥公司春光大道工程项目部财务进行支付，具体转账约10次，支付现金1次。转账到卡上时，有些资金转到汪某刚的中国银行、建设银行、成都银行卡上，有些资金转到张某民提供的中国银行、建设银行、民生银行卡上，张某民提供的卡的户名叫周荣、张某民、周强、周静雯和杜平，另外张某民还提供了一个Q攀祥商贸公司的对公账户来接收资金。现金支付时，由王某平和江某烨通知汪某刚去路桥公司第一公司领取，总共支付现金100万元，装在一个纸箱中，汪某刚在张某民租住的水晶郦城的房子里将这100万元全部拿给了张某民。对于杨某谋获得的100万元居间费，由汪某刚分多次打到杨某谋本人和他指定的他人的上海银行账户上。

## 二、汪某刚行贿案

（一）案情

2007年上半年，汪某刚在Z县成立了德法尔通汽车维修有限公司并担任总经理，德法尔通汽车维修有限公司主要从事汽车维修业务。2007年下半年，汪某刚认识了时任Z县县委常委、副县长的汪某林并慢慢熟悉，汪某林经常带着汪某刚与Z

县机关单位领导吃饭,在各机关单位领导面前汪某林总会介绍汪某刚开了一个汽车维修公司,希望这些单位多照顾汪某刚汽车修理公司的生意,果然,汪某刚汽车修理公司的生意受到了这些单位的照顾。

汪某刚在Z县交通局承担了三个项目:文双路(和谦镇的文圣桥到原Z县煤矿的公路)全段、岳龙路(岳溪到龙安)一个标段、谭锦路(谭家到锦竹)的一个标段。但Z县交通局没有将工程款完全支付给汪某刚,为了要到工程款,2012年,汪某刚到汪某林办公室,请求当时分管交通、又当过交通局长的汪某林替他向Z县交通局打招呼,将工程款拨给汪某刚。

2012年,由于汪某林曾是开达高速征地拆迁指挥部副指挥长,与开达高速三个项目部的三个项目负责人有接触,于是汪某刚请汪某林帮忙向开达高速三个项目部的负责人说情,让开达高速中交一工局用汪某刚沙场的沙,由于汪某林的帮助,开达高速项目部使用了汪某刚沙场的沙。此外,也正是因为汪某林打招呼的关系,汪某刚的哥哥李某兵成为了汪某林的司机。

汪某刚给汪某林行贿的第一次记录是在2009年春节前,汪某刚与汪某林在Z县市民广场一饭店吃完饭散步时,以拜年名义交给汪某林装有1万元钱的信封,汪某林收下;第二次是在2010年春节前,汪某刚在汪某林居住的小区里以拜年名义交给汪某林装有1万元钱的信封,汪某林收下;第三次是在2011年春节前,汪某刚开车到汪某林老丈人家接了汪某林后,以拜年名义交给汪某林装有3万元钱的信封,汪某林收下;第四次是在2012年春节前,汪某刚在人民医院附近汪某林的车上以拜年名义交给汪某林装有3万元钱的信封,汪某林收下;第五次是在2013年春节前,汪某刚在县政府楼下以拜年名义交给汪某林装有3万元钱的信封,汪某林收下;第六次是在2014年春节,汪某刚在海南交给汪某林一个装有3万元的信封,汪某林收下。汪某刚送给汪某林的这14万元全是汪某刚德法尔通汽车维修公司的备用资金。

2014年3月,汪某林交给汪某刚20万元,说以后汪某刚不用给他拜年,让江某刚用这20万元帮他投资,但利息不能超过2分,大约每年给汪某林四五万元的利息。

### (二)处理

D区人民检察院于2014年6月5日出具拘留决定书,决定以涉嫌行贿罪对犯罪嫌疑人汪某刚刑事拘留,D区公安局于6月6日开具了拘留证,同日犯罪嫌疑人汪某刚在云南省丽江市被D区人民检察院侦查人员抓获,并送至丽江市看守所寄押。入所时侦查人员向汪某刚宣布拘留,汪某刚称出具拘留证的单位是D区公安局,而现把其投入的是丽江市看守所,遂拒绝签字,但侦查人员未在拘留证上注明嫌疑人拒绝签字的情况。2014年6月8日,侦查人员将嫌疑人汪某刚押解回Q市

D区,并于次日决定对其指定居所监视居住,持续至6月20日,期间出具了4份传唤通知书。2014年6月20日,侦查人员以6月6日开具的拘留证再次对汪某刚执行拘留,汪某刚在拘留证上签字。6月26日,D区人民检察院将汪某刚涉嫌行贿案报请审查逮捕。

(三)证据材料

1. 犯罪嫌疑人汪某刚的主体身份等材料。

证据摘要:该组书证包括D区公安局刑事侦查支队城区责任区刑警大队提供的犯罪嫌疑人汪某刚的人口信息查询记录。

2. 相关书证材料。

该组书证包括(证据摘要):

(1)Q市工业园区管理委员会提供的工业园区春光大道合川段道路工程建设工程施工合同[发包方:Q市工业园区建设投资(集团)有限公司,承包方:路桥公司集团有限公司]中标通知书及相关发票、付款凭证等复印件;

(2)D区人民检察院提供的张某林的简历复印件;

(3)D区人民检察院出具的犯罪嫌疑人汪某刚的到案情况及社会危险性的说明(该案系根据Q市人民检察院职务犯罪侦查指挥中心指挥令〔2014〕9号对张某民涉嫌受贿线索的指定管辖,在查办张某民受贿案中发现汪某刚涉嫌向张某民等国家工作人员行贿及共同受贿的犯罪事实后,对其立案侦查并将其传唤到案);

(4)D区人民检察院出具的对汪某刚涉嫌行贿受贿并立案侦查的管辖问题的说明(办理指定管辖的张某民涉嫌受贿案中发现的同案犯);

(5)D区人民检察院出具的对韩某雅等相关证人的证言未获取的情况说明(因需经专案组统一安排);

(6)Q市人民检察院职务犯罪侦查指挥中心指挥令Q检侦指令〔2014〕15号(对Q市发展和改革委员会能源处工作人员张某民涉嫌受贿线索指定D区人民检察院管辖)等材料。

## 教学指导手册

### 教学对象及目标

本案例供法律硕士案例教学使用,法学本科大四学生、刑法学硕士、刑事诉讼法学硕士也可以参酌使用。

本案例主要就在刑事诉讼过程中如何保障行为人的正当权利及其救济方式，以及行贿罪、共同受贿罪的认定问题进行讲授。具体要解决的问题包括：

(1)在侦查阶段、审查起诉阶段、审判阶段，侦查机关、公诉机关如何从事各项法律活动，如何撰写起诉意见书、起诉书；

(2)在侦查、审查起诉、审判等环节中如何保障行为人的正当权利及其救济方式；

(3)刑事诉讼程序中违反要求获得的证据的证明力如何；

(4)学习在实践中如何把握行贿罪和共同受贿罪的判断标准，如何认定共同犯罪及确定各行为人所应承担的责任，尤其提出处理具体案件的思路、分析步骤、事实认定与法律分析之间的基本框架。

## 教学内容

**1. 汪某刚的行为是否构成犯罪？如果构成犯罪，定什么罪名？是一罪还是数罪？**

汪某刚的行为具有严重的社会危害性，同时也具有刑事违法性与应受刑罚惩罚性，符合我们对犯罪成立与否的全部要件。并且，该行为也明显不属于《刑法》第13条但书的出罪规定，不能适用“情节显著轻微危害不大的，不认为是犯罪”的法律规定，应当作为犯罪处理，并让其承担相应的刑事责任。

汪某刚的行为构成两个罪，分别是受贿罪和行贿罪。首先，根据《刑法》第385条的规定，国家工作人员利用职务上的便利，索取他人财物的，或者非法收受他人财物，为他人谋取利益的，是受贿罪；国家工作人员在经济往来中，违反国家规定，收受各种名义的回扣、手续费，归个人所有的，以受贿论处。具有国家工作人员身份的张某林、张某民事前共谋利用职务之便，使企业中标后，从中收取企业好处费，而犯罪嫌疑人汪某刚系由张某民所找的为其联系企业投标并出面与企业谈好处费并按比例分得好处费的共犯，汪某刚的行为应定性为共同受贿。

其次，根据《刑法》第389条的规定，行贿罪是行贿人为谋取不正当利益而给予国家工作人员财物的行为。根据2013年1月26日最高人民法院、最高人民检察院《关于办理行贿刑事案件具体应用法律若干问题的解释》的规定，不正当利益是违背公平、公正原则，在经济、组织人事管理等活动中，谋取竞争优势的情形。在本案中，汪某林为汪某刚向开达高速公路项目部推荐使用汪某刚沙场的沙的行为，属于在经济活动中谋取竞争优势，使其他市场经济主体不能获得公平的竞争机会，应当认定为不正当利益，因此，汪某刚的行为构成行贿罪。

综上,汪某刚的行为前后涉及两个不同的犯罪,分别触犯刑法中的受贿罪与行贿罪。由于汪某刚的上述两罪既不属于实质的一罪、法定的一罪,也不属于处断的一罪,所以应当数罪并罚。

**2. 提请逮捕时侦查机关提供的证据不足,审查逮捕的检察人员收集(询问、讯问)的证据是否可以作为认定有犯罪事实的依据?**

我国检察机关承担着法律监督职能,监督侦查行为是否依法进行、羁押过程中是否有违法现象,这些职能包含了防止非法取证、排除非法证据的权利和义务。《刑事诉讼法》第88条规定:"人民检察院对于公安机关提请批准逮捕的案件进行审查后,应当根据情况分别作出批准逮捕或者不批准逮捕的决定。对于批准逮捕的决定,公安机关应当立即执行,并且将执行情况及时通知人民检察院。对于不批准逮捕的,人民检察院应当说明理由,需要补充侦查的,应当同时通知公安机关。"

由此可见,人民检察院在审查公安机关提请批准逮捕的案件中,认为公安机关移送的证据达不到逮捕的条件的,应当作出不批捕的决定。在这种情况下,检察院此时的职责只是审查权,没有调查取证权,因此,审查逮捕的检察人员收集(询问、讯问)的证据不可以作为认定案件事实的证据。

**3. 请分析侦查机关侦查活动是否违法?**

侦查机关的侦查活动有以下几点违法:

(1)2014年6月6日,犯罪嫌疑人汪某刚在云南省丽江市被抓获送至丽江市看守所寄押时,汪某刚称出具拘留证的单位是D区公安局,而现把其投入的是丽江市看守所,此时对汪某刚拒绝签字的情况,根据《公安机关办理刑事案件程序规定》第121条的规定:"拘留犯罪嫌疑人,应当填写呈请拘留报告书,经县级以上公安机关负责人批准,制作拘留证。执行拘留时,必须出示拘留证,并责令被拘留人在拘留证上签名、捺指印,拒绝签名、捺指印的,侦查人员应当注明。"然而,就本案而言,侦查人员未在拘留证上注明,该行为明显是违反程序性规定的。

(2)汪某刚在丽江市看守所从6月6日被关押至6月8日,虽然侦查机关办理的是寄押手续,但在寄押前已向嫌疑人宣布了拘留,且在寄押前也出具了D区公安局于6月6日开具的拘留证,因此该行为的性质属于拘留。然而,侦查机关于2014年6月20日又以同一拘留证向犯罪嫌疑人汪某刚宣布拘留,侦查机关的行为属于使用同一个拘留证对犯罪嫌疑人进行两次拘留的违法行为。

(3)2014年6月6日侦查机关对犯罪嫌疑人汪某刚宣布拘留,6月8日返回Q市D区,应立即将犯罪嫌疑人投入D区看守所羁押。根据《公安机关办理刑事案件程序规定》第122条第2款的规定:"异地执行拘留的,应当在到达管辖地后二十四小时以内将犯罪嫌疑人送看守所羁押。”但是,侦查机关却对其采取了指定居所监视居住的强制措施,并在此期间对犯罪嫌疑人进行了讯问,这属于所外提讯的行为。

(4)侦查机关于 2014 年 6 月 6 日对犯罪嫌疑人汪某刚宣布刑事拘留,于同月 26 日将本案报捕,即犯罪嫌疑人汪某刚被拘留时间为 21 天,严重超期。原因在于,根据《刑事诉讼法》第 89 条第 1 款和第 2 款的规定,“公安机关对被拘留的人,认为需要逮捕的,应当在拘留后的三日以内,提请人民检察院审查批准。在特殊情况下,提请审查批准的时间可以延长一日至四日。对于流窜作案、多次作案、结伙作案的重大嫌疑分子,提请审查批准的时间可以延长至三十日。”由于汪某刚本身并不属于流窜作案、多次作案、结伙作案的重大嫌疑分子,因此侦查机关提请逮捕的时间已经严重超过法律规定的时间,该侦查行为属于超期羁押的行为。

**4. 如果侦查活动违法,汪某刚的供述能否作为非法证据排除?如果排除,汪某刚向审查逮捕检察人员的供述是否排除?**

最高人民法院、最高人民检察院、公安部、国家安全部、司法部《关于办理刑事案件排除非法证据若干问题的规定》第 1 条规定:“采用刑讯逼供等非法手段取得的犯罪嫌疑人、被告人供述和采用暴力、威胁等非法手段取得的证人证言、被害人陈述,属于非法言词证据。”最高人民法院《关于适用〈中华人民共和国刑事诉讼法〉的解释》第 95 条规定:“使用肉刑或者变相肉刑,或者采用其他使被告人在肉体上或者精神上遭受剧烈疼痛或者痛苦的方法,迫使被告人违背意愿供述的,应当认定为刑事诉讼法第五十四条规定的‘刑讯逼供等非法方法’。”

2014 年 6 月 8 日将汪某刚带回 D 区后,应立即将犯罪嫌疑人投入 D 区看守所,但侦查机关却对其采取了指定居所监视居住的强制措施,并在此期间对犯罪嫌疑人进行了讯问,这属于所外提讯的行为,对于所外提讯获得的嫌疑人供述,并不符合程序性的法律规定,是非法证据。但是,由于在获取嫌疑人口供的时候不存在使用肉刑或者变相肉刑,或者采用其他使被告人在肉体上或者精神上遭受剧烈疼痛或者痛苦的方法,迫使被告人违背意愿供述的情形,因而不属于非法证据排除的具体情形。

另外,《人民检察院刑事诉讼规则(试行)》第 65 条规定:“对采用刑讯逼供等非法方法收集的犯罪嫌疑人供述和采用暴力、威胁等非法方法收集的证人证言、被害人陈述,应当依法排除,不得作为报请逮捕、批准或者决定逮捕、移送审查起诉以及提起公诉的依据。刑讯逼供是指使用肉刑或者变相使用肉刑,使犯罪嫌疑人在肉体或者精神上遭受剧烈疼痛或者痛苦以逼取供述的行为。其他非法方法,是指违法程度和对犯罪嫌疑人的强迫程度与刑讯逼供或者暴力、威胁相当而迫使其违背意愿供述的方法。”因此，即使前面侦查阶段获得的证据被予以排除，后面汪某刚向检察机关的供述因不符合上述司法解释的情形，也无法得以排除。

## 预期效果

通过本教学案例课堂教学，学生能更充分地领会在侦查阶段、审查起诉阶段、审判阶段，如何规范侦查机关、公诉机关工作人员的行为，如何通过对犯罪嫌疑人的权利救济保障犯罪嫌疑人的正当权利，维护程序正义，并通过该课堂案例的学习学会如何认定行贿罪、受贿罪，对共同犯罪、数罪并罚的认识提升一个高度，逐渐学会在具体案件中整理思路、分析步骤、认定事实与进行法律分析。

## 教学计划

本案例教学工作计划如下：首先，进行理论学习，组织学生学习刑法总论关于共同犯罪、数罪并罚的知识点和刑法分则第八章贪污贿赂罪，并着重讲授行贿罪与受贿罪；其次，进行案例分析，通过具体案例指导学生在实践中如何把握对行贿行为、受贿行为及其入罪标准的判断，并在具体案例中学会共同犯罪和数罪并罚的行为分析和责任承担方式；最后，鼓励学生各自寻找有关罪名的相关案例进行对比判断，进行举一反三的巩固学习。

## 课堂时间安排

本案例可以作为专门的案例教学课程。整个案例课的课堂安排为6个课时，每课时45分钟。

如下课堂设计，仅供参考。

1. 课前计划：安排学生阅读案例及相关参考资料，对案例所涉及问题进行思考，撰写实践题答案。

2. 课中计划：（1）介绍教学目的，明确讨论主题；（2）分组讨论，回答各项思考题，讨论实践题的撰写要点；（3）小组代表提出撰写要点，学生讨论和分析；（4）教师归纳总结。

3. 课后计划：布置学生进一步思考在侦查活动中如何规制对行为人权利的侵犯及保障其救济方式，以及如何判定侦查机关获得的证据的证明力。

## 思考题和实践题

**1. 思考题**

(1)具有国家工作人员身份的人和非国家工作人员身份的人共同犯罪,应按何种罪名处罚?各行为人在承担刑事责任上有无区别?

(2)实践中如何界定“国家工作人员”?

(3)汪某林向Z县交通局打招呼拨付工程款和向开达高速公路项目部推荐使用汪某刚沙场的沙两个行为是否都符合行贿罪中“不正当利益”的要求?如何判断不正当利益?

(4)逮捕的必要性条件有哪些?犯罪嫌疑人汪某刚是否符合逮捕条件?

(5)汪某刚拒绝在拘留证上签字的行为是否合理?

(6)刑事拘留应具有哪些条件?侦查机关对汪某刚进行拘留是否符合法律规定?

(7)侦查人员未在拘留证上注明嫌疑人拒绝签字的情况,这一行为是否违法?汪某刚应如何救济自己的权利?

(8)侦查人员6月6日和6月20日分别使用同一拘留证对犯罪嫌疑人进行两次拘留,这种行为是否违法?汪某刚应如何救济自己的权利?

(9)侦查机关将犯罪嫌疑人带回D区后,对其采取指定居所监视居住并进行讯问,这一行为是否违法?汪某刚应如何救济自己的权利?

(10)侦查机关6月26日向检察机关申请逮捕时,对犯罪嫌疑人汪某刚羁押的期限是否符合法律要求?如果违法,汪某刚应如何救济自己的权利?

(11)如果你是负责本案的侦查人员,你还应收集、提取哪些证据材料?

**2. 实践题**

(1)如果你是侦查机关的工作人员,从侦查到移送审查起诉的环节中,为了保障犯罪嫌疑人的权利,应当注意哪些方面的工作?

(2)根据上述案件信息,请分析汪某刚是否构成行贿罪、共同受贿罪?

(3)关于现有案卷材料中无关键共犯张某林的讯问笔录及关键证人韩某雅等人笔录材料的问题,是否有重要影响?应如何处理?

(4)请结合本案案情,为侦查机关写一份起诉意见书。

(5)请结合本案案情,为公诉机关写一份起诉书。

(6)请结合本案案情,为汪某刚撰写一份辩护意见书。

## 参考文献

1. 张明楷:《受贿罪的共犯》,载《法学研究》2002年第1期。

2. 刘伟宏:《刑法解释的变与不变——以行贿罪构成要件“为谋取不正当利益”的解释为视角》,载《北方法学》2010年第3期。

3. 田昭岗:《我国行贿罪立法论析》,载《鲁东大学学报》(哲学社会科学版)2008 年第 2 期。
4. 冯殿美:《论受贿罪的共同犯罪问题》,载《山东大学学报》(人文社会科学版)2002 年第 3 期。
5. 赵翀:《行贿罪中"谋取不正当利益"之要件》,载《华东政法学院学报 》2005 年第 2 期。

撰稿人｜陈伟,西南政法大学法学院教授、博士生导师

# 3 CASE 王海妨害公务案

| 摘　要 |

王海妨害公务一案，主要经过在于王海为逃避交警周起处罚，采用暴力方法阻碍国家机关工作人员依法执行职务。事实认定的难点包括王海妨害公务的故意认定，交警周起执法是否规范或违法。证据收集的难点在于，对于王海妨害公务主观故意的证据如何有效收集，如何避免单纯凭借言词证据定案。辩护律师的切入点可以聚焦于，对王海妨害公务的故意认定、交警周起执法是否规范、证据的完整性、证明标准程度等方面。

| 关键词 |

妨害公务案　刑事诉讼实务　主观故意的认定　证据完整性　辩护律师的切入点　刑法的界限与规制

| 教学目标 |

随着法治国家的建构和发展，公民与公权力之间的矛盾日益加大，妨害公务的案件将不断增多。学习本案例的目的在于：(1)把握妨害公务案件的认定，即罪与非罪的界限。(2)把握妨害公务案件中主观故意的证明问题。(3)辩护律师在妨害公务案件中可以从哪几方面切入。(4)从理论上讨论整体性回避问题。(5)从宏观上探讨对于妨害公务这一类案件如何规制。

## 教学案例主文

### 一、引言

#### (一)案件基本经过

2010年11月24日10时许，被告人王海驾驶黑色轿车在南三马路的非机动车道上由西向东行驶至胜利大街至昆明南街段时,S 市甲区交警周起上前纠正其违章行为,并要求王海停车熄火,出示驾驶证,被告人王海为了逃避处罚,突然加大油门向右后方倒车,车的左前轮压在交警周起的左脚上,左前部车体撞在交警周起的左腿膝盖上,交警周起当场被刮倒在地,后经有关医院司法鉴定所鉴定,周起左膝及左足背软组织挫伤构成轻微伤。

(二)案件诉讼进展

本案由 S 市甲区公安分局侦查终结,以被告人王海涉嫌妨害公务罪,于 2011 年 2 月 21 日向检察院移送审查起诉。检察院受理后已告知被告人有权委托辩护人,依法讯问了被告人,审查了全部案件材料。检察院于 2011 年 3 月 21 日和 5 月 24 日将本案两次退回公安机关补充侦查。S 市甲区公安分局于 2011 年 7 月 4 日第三次将本案移送检察院审查起诉。期间,检察院延长审查起诉期限两次。

被害人周起于起诉阶段,通过检察院提起刑事附带民事诉讼,请求原告赔偿医药费、误工费、住院护理费、精神损失费、加班费、补助费等共计 48697.55 元人民币。

本案由 S 市甲区人民法院审理,经过法庭调查,对主要证据进行审查。法院听取了控辩双方的意见,最终判决被告人王海犯妨害公务罪,判处拘役一个月,赔偿被害人周起医疗费 5232.55 元。

## 二、案件的主要证据情况

(一)刑事诉讼证据

1. 被害人周起陈述:2010 年 11 月 24 日 10 时许,周起在和平区南三马路执行纠正交通违法任务。被告人王海驾驶黑色轿车在非机动车道行经此处,周起对王海交通违法行为进行处罚时,王海为逃避处罚向后倒车将周起刮倒致周起左脚、左腿膝盖受伤的事实。

2. 证人刘某的证言:2010 年 11 月 24 日 10 时许,刘某看见交警周起在和平区南三马路纠正被告人王海交通违法行为时,被被告人王海倒车刮倒的事实。

3. 证人何某的证言:2010 年 11 月 24 日 10 时许,何某看见交警周起在和平区南三马路纠正被告人王海交通违法行为时,被被告人倒车刮倒的事实。

4. 证人田某的证言:2010 年 11 月 24 日 10 时许,何某看见交警周起在和平区南三马路纠正被告人王海交通违法行为时,被被告人倒车刮倒的事实。

5. 警察证:被害人周起警察身份。

6. 执行公务情况说明:案发时周起正在执行公务。

7. 医院司法鉴定所司法鉴定意见书:被害人周起左膝及左足背软组织挫伤鉴定

为轻微伤。

8. 案发现场及侦查实验现场照片:案发现场被害人周起被刮倒及被告人王海驾驶车辆停放位置情况。

9. 公安机关情况说明:案发现场无监控摄像,无法调取摄像资料。补充侦查情况及公安机关在对被告人王海制作讯问笔录时,笔录内容均为其自行叙述,并确定笔录无误后亲笔签名,无诱供行为。

10. 被告人王海供述:2010年11月24日10时许,被告人王海驾驶黑色轿车由西向东行使至和平区南三马路时,行使非机动车道。正在此处执行纠正交通违法任务的交警周起对其进行处罚,被告人王海为逃避处罚,向后倒车将交警周起刮倒的事实。

(二)附带民事诉讼证据

医院住院门诊医志,住院病历,医疗收据,医疗费5232.55元,证明:被害人周起住院治疗过程及支付医疗费数额。

# 教学指导手册

## 教学对象及目标

本案例供法律硕士案例教学使用,法学本科、刑法学硕士、刑事诉讼法学硕士也可使用。

本案例就妨害公务案件的认定、证据的证明、辩护律师在诉讼活动过程中的作用等问题展开。具体要解决的问题包括:(1)从宏观上看,上升到刑法哲学层面,要考虑的问题是,随着社会转型的不断推进,社会改革的不断深化,公权力与私权利之间的矛盾日益激化,如何在刑事法层面有效地调处这两者的矛盾,如何有效地规制妨害公权力实施的行为,应该得到深入的探讨。(2)从微观刑法教义学的角度,应该探讨妨害公务案件的认定,即罪与非罪、此罪与彼罪、罪数形态等问题。(3)从刑事诉讼活动角度,应该探讨的是,考虑到妨害公务案件是公民对公权力的侵犯,然而公权力与单一的个人比起来又处于优势地位,是否有必要采取公检法三机关在地域上整体回避。(4)从刑事证据证明角度,应该着重讨论如何利用证据证明犯罪嫌疑人、被告人具有妨害公务的主观故意。

## 教学内容

**1. 如何有效地规制妨害公权力实施的行为?**

随着社会转型的不断推进,社会改革的不断深化,公权力与私权利之间的矛盾日益激化,如何在刑事法层面有效地调处这两者的矛盾,如何有效地规制妨害公权力实施的行为?

首先,要明确问题提出的背景和要达到的目的。大背景在于中国正处于社会转型时期,从公民的角度上看,公民的法治意识逐渐加强,对公权力执法规范的要求越来越高,自我权利保护意识加强。从公权力角度上看,随着改革开放的深入,市场经济的确立,政府角色逐渐从管理型政府向服务型政府迈进。然而,长期以来公权力处于优势地位,政治改革相对于经济改革又较为滞后,执法工作者在执法中常常出现暴力执法、野蛮执法等不规范执法,甚至违法执法的现象。公权力与私权利出现了矛盾,且在一些个案中出现激化。最近几年发生的打死城管等案件正说明了这一点。

其次,基于上述背景,考虑到刑法的机能不仅仅在于行为规制,还在于法益保护与人权保障。考虑到法学所要达到的目的和作用不仅仅在与规制,更在于更好的社会控制,最终达到更好的生活。作为法学研究生,应该注意到对于妨害公务罪这一类侵犯公权力的犯罪,如拒不执行判决、裁定罪、扰乱法庭秩序罪等所呈现的是私权利与公权力之间的紧张关系。"刑法改革几乎不可能治愈这种分裂社会的威胁的分离状况。但任何刑法改革计划必须注意这么明显的一个麻烦来源。"〔1〕

**2. 妨害公务罪的实体法认定要点**〔2〕〔3〕

(1)客体特征。妨害公务罪侵犯的客体为复杂客体,主要客体为国家对社会的正常管理秩序,次要客体为国家机关工作人员、人大代表、红十字会工作人员的人身权利。

(2)客观特征的认定难点。第一,关于暴力、威胁的方法。暴力,是指对国家机关的工作人员不法行使有形力,即广义的暴力。只要求针对正在执行职务的国家机关工作人员实施暴力,不要求直接对国家机关工作人员的身体实施暴力;既可以通过针对与国家机关工作人员执行职务具有密不可分关系的辅助者实施暴力,以阻碍国家机关工作人员执行职务,也可以通过对物行使有形力,从而给国家机关工

---

〔1〕 [美]哈伯特·帕克:《刑事制裁的界限》,梁根林等译,法律出版社2008年版,第279页。
〔2〕 张明楷:《刑法学》(第4版),法律出版社2011年版,第915~917页。
〔3〕 王作富主编:《刑法分则实务研究》(中),中国方正出版社2003年版,第1038~1043页。

作人员的身体以物理影响(间接暴力),以阻碍国家机关工作人员执行职务。

胁迫,是指以恶害相通告,迫使国家机关工作人员放弃职务行为或者不正确执行职务行为。恶害的内容、性质、通告方法没有限制。

暴力、胁迫行为只要足以阻碍国家机关工作人员执行职务即可,不要求客观上已经阻碍了国家机关工作人员执行职务。但是,如果行为并不明显阻碍国家机关工作人员依法执行职务的,就不应认定为犯罪;否则会造成处罚的不公平。

第二,关于依法执行职务、履行职责或执行任务。职务,是指国家机关工作人员作为公务所处理的一切实物。执行,是指一般意义上的履行、实施,而非仅指强制执行。依法,即职务的执行必须具有合法性,对国家机关工作人员的违法行为予以阻碍的,当然不成立本罪。合法意味着国家机关工作人员执行职务的行为不仅实体上合法,而且程序上合法。详言之,符合以下条件的才能认为是依法执行公务:

其一,国家机关工作人员所实施的行为,属于该国家机关工作人员的抽象的职务权限或一般的职务权限。基于依法治国的原理,国家机关工作人员的职务具有事项上、场所上的范围,此即一般的职务权限,如果超出了这种一般的职务权限,不能认定为依法执行职务。但国家机关工作人员如何分担内部事务,不影响其职务权限。

其二,国家机关工作人员具有实施该职务行为的具体的职务权限,在通常情况下,具有实施某种职务行为的抽象的职务权限的人,也具有实施该职务行为的具体的职务权限。特别是在实际上需要通过分配、指定、委任,才能认为具有具体的职务权限;否则没有具体的职务权限。

其三,国家机关工作人员的职务行为必须符合法律上的重要条件、方式与程序。在许多情况下,职务行为要取得合法性,必须符合法律规定的重要条件、方式与程序。

但应注意的是,对于法律上的一些任意规定,国家机关工作人员在执行职务时予以违反的,不应认定为非法执行职务。换言之,从保护公务与保障国民人权相调和的观点出发,只要没有违反保护执行职务的相对方的权益所必要而且重要的程序,就应认定为依法执行职务。

第三,以什么为标准判断职务行为的合法性?是以行为时为基准进行判断,还是以裁判时为基准进行判断?

其一,刑法理论存在三种学说。客观说:应当由法院通过对法律、法规进行解释,作出客观判断。主观说:应当根据该国家机关工作人员是否确信自己的行为合法进行判断。折中说:应当以社会一般人的见解作为判断合法性的标准。国内的大多数学者赞同客观说。

其二,刑法规定本罪,是为了保护合法的职务活动,而职务行为是否合法当然应以实施职务行为时为基准进行判断，即以行为时的具体状况为基准进行客观判断，而不能在事后进行纯客观的判断。

(3)主观特征的认定难点。责任形式为故意。行为人必须明知国家机关工作人员正在依法执行职务，而故意以暴力、威胁方法予以阻碍。阻碍的动机不影响本罪的成立。

**3. 公检法三机关是否有必要在地域上整体回避？**

考虑到妨害公务案件是公民对公权力的侵犯，然而公权力与单一的个人比起来又处于优势地位，是否有必要公检法三机关在地域上整体回避。

(1)问题的提出。本案的立案管辖是由S市甲区公安分局管辖，并由其侦查终结，本案的起诉机关是S市甲区人民检察院，本案的审判机关是S市甲区人民法院。按照当前的法律规定，本案的管辖不存在违法，当事人也没有提出回避申请。因此，程序完全合法。

然而，要考虑的是，本案的被害人周起是S市甲区的交警，按照现行的管辖规定与回避的有关规定，这一关系并不构成回避理由与变更管辖的理由。但是，从理论角度引申探讨，本案是不是符合由被告人居住地管辖更为适宜的条件，或者说由其他地区的公安机关立案侦查更为适宜呢？

(2)回避与变更管辖现存的问题及其理论根基的重塑。[4] 毫无疑问，回避制度和变更管辖制度在实施过程中都正面临一系列的问题。而透过这些问题，我们可以发现这两个制度与其说是在制度设计上存在缺陷，倒不如说它们的理论根基出现了致命的问题。具体而言，回避制度所赖以建立的基础是“保证案件得到公正的处理”，也就是以实体正义为归宿的价值目标；管辖变更制度则更多地考虑了提高诉讼效率、减少诉讼拖延等诉讼经济层面的价值目标，体现了一种典型的实用主义和功利主义理念。正因如此，回避与变更管辖在精神层面上就普遍地被视为两个没有任何联系的制度，也因而发生了那种只允许申请单个法官退出案件审判，却禁止申请“全体法官退出审判”或“公检法整体回避”的奇怪现象。

无偏私的裁判者——程序正义的基本要素。为维护公正的审判，裁判者必须在控辩双方之间保持不偏不倚的态度，而不得与案件或者与案件当事人存在足以影响公正审判的利害关系和特殊社会关系，也不得偏袒一方而歧视另一方。这一要素通常被称为中立性或者无偏私原则。

回避制度的理论基础。回避制度所最终保障的不是裁判的公正性，而是公正的审判过程，也就是程序的正义。事实上，一个法官因为与案件存在特殊关系而退

---

〔4〕 陈瑞华：《刑事诉讼的前沿问题》(第2版)，中国人民大学出版社2005年版，第460～466页。

出案件的审判,这一点并不需要被证明到百分百的真实程序,也不需要达到"足以影响公正处理案件"的程度。因为这种证明既难以完成,也并不为证明回避事项所需要。一个法官只要因为与案件具有某种特殊关系而无法消除人们对其公正性的合理怀疑,就足以构成退出审判活动的充足理由了。由此可见,在一个法官究竟是否应退出法庭审判并不确定,而当事人对此提出一些合理质疑的情况下,法律应当确立"先行回避"原则,以防止因为法官的公正审判资格受到质疑而导致其审判过程和裁判结论无法被普遍接受。一个简单的结论应当是回避制度应当建立在公正审判的理念基础上,回避制度的适用也应以这一理念作为解决疑难情况的理论归宿。

变更管辖制度的根基。现行的变更管辖制度建立在实用的功利主义理念基础上,以防止诉讼拖延、提高诉讼效率等诉讼经济层面的价值考虑作为解决管辖异议的理论基础。但是,如果不考虑程序正义的价值需要,不对那些明显违背公正审判原则的立案管辖或法院管辖及时作出变更的话,那么,管辖制度就可能纵容大量"有偏私的法官"充当案件的裁判者,以至于牺牲了程序正义和公平。

事实上,裁判者的中立性和无偏私性既要求单个法官在符合回避条件时退出案件的审判,也要求与案件有一定关系的公检法机关整体性退出审判活动。

(3)对本案的回顾。本案中,考虑到周起的警察身份,又考虑到周起所在单位与立案单位、审判单位存在一定关系,也许并不构成回避与变更管辖的理由,但是对于妨害公务罪等这一类侵犯公权力的犯罪,整体回避思路应该在理论上得到深入的思考。

**4. 从刑事证据角度,如何利用证据证明犯罪嫌疑人、被告人主观上具有妨害公务的故意?**〔5〕

我国司法实践面临着一个非常普遍又非常重大的问题,就是对故意与过失的判断。由于不少司法工作人员以为故意、过失决定行为的性质,习惯于从主观到客观判断犯罪构成符合性,于是在许多场合,不得不依赖口供确定行为人的心理状态。

然而,在判断行为人的主观状态时,不能仅仅以言词证据予以证明,这种从主观到主观,由主观证明主观的思路是矛盾的。正确的顺序是:在判断行为人是否具有法定的故意、过失时,必须坚持从客观到主观的顺序,而不能相反;换言之,只有在查明了客观事实的前提下,才能判断主观心理状态。在此基础上应特别注意以下几点:(1)应当以行为人实施的客观行为为基础进行判断,先判断客观行为的性质

〔5〕 张明楷:《刑法学》(第4版),法律出版社2011年版,第231~232页。

及其结果，然后考察行为人对结果的认识因素与意志因素。(2)应当以行为的相关因素为参考进行判断。行为总是在一定的客观环境下实施的，行为人在实施行为之前与之后，总会以不同形式暴露出其心理态度。因此行为的相关因素对判断行为人的心理态度能起到重要参考作用。例如，行为的时间、地点、条件、行为人与被告人之间的关系、行为人的一般表现、事前的思想流露、事后的态度等，都能从某一方面证明行为人的心理态度是何种犯罪的故意与过失。(3)不能简单地用效果逆推动机(广义的，指行为人的心理态度)。动机与效果的统一并不是一个规律，二者不统一的现象是大量存在的。因为动机不等于行为，行为不等于效果，一个动机支配下实施的行为可能出现不同的结果，一个相同的行为可能出于不同的动机。结果作为一种客观事实，当然可以作为推测行为人心理态度的一种根据，但这仅仅是一种可能性，司法工作人员一定要想到有其他种可能性；得出结论一定要经过周密的论证，排除其他各种可能，并提出充分的、切实可靠的证据。(4)合理采用推定方法。推定是英美刑事司法经常采用的一种证明方式，包括法律推定与事实推定。推定作为一种思维方式，是一个三段论推理的逻辑结构，符合三段论的公理；我国最高司法机关所作的司法解释，事实上也承认了推定是证明行为人主观心理状态的手段。[6] 因此，推定不是主观臆断，司法机关可以运用推定方法证明行为人有无故意心理状态，如根据行为人接受物品的时间、地点、品种、数量、价格等，推定行为人是否"明知"是犯罪所得。所应注意的是，推定必须以客观事实为根据，应允许被告人提出相反证据以推翻推定；推定方法只应在"故意"有无不清、又无法找出证据证明时加以运用，不得一概以推定方法代替调查取证。

回顾本案，被告人王海是否有主观故意的证明似乎比较薄弱，主要通过言词证据证明，证明过程太过简单。只能说明，王海有逃避处罚的动机，却难以说明王海有暴力的故意。

## 教学计划

1. 课前计划：安排学生阅读案例及相关参考资料，对案例所涉及问题进行思考。

2. 课中计划：(1)介绍教学目的，明确讨论主题；(2)分组讨论，回答各项思考题，讨论实践题的撰写要点；(3)小组代表提出撰写要点，学生讨论和分析；(4)教师归纳总结。

3. 课后计划：布置学生进一步思考妨害公务案件实体上与程序上的特点，既要

---

〔6〕 参见2004年12月8日最高人民法院、最高人民检察院《关于办理侵犯知识产权案件具体应用法律若干问题的解释》第9条。

从宏观上解决问题也要从微观上把握。

## 课堂时间安排

本案例可以作为专门的案例教学课内容，整个案例课的课堂可以安排4个课时，每课时45分钟。

## 思考题和实践题

**1. 思考题**

(1) 你认为本案应该由哪一公安机关立案管辖？由哪一法院审判管辖？

(2) 你认为法院的判决结果是否合理？请说明理由。

(3) 你认为刑事附带民事的赔偿范围是什么？本案法院判决的赔偿范围和数额，你认为是否合理？请说明理由。

(4) 对于不断出现的私权利与公权力之间的矛盾，请你思考在社会转型期，如何进行刑法改革以带动有效的社会控制，从而有效地调节这一矛盾？

(5) 你认为对于妨害公务的故意，应该如何运用证据予以证明？

**2. 实践题**

(1) 如果你是王海的律师，请你根据以上案情，编写你的工作计划。

(2) 针对以上案情，请你写一份辩护词。

(3) 选择一个法院，旁听一起公开审理的妨害公务案件。

## 参考文献

1. 张明楷:《刑法学》(第4版),法律出版社2011年版。
2. 王作富:《刑法分则实务研究》,中国方正出版社2013年版。
3. 陈瑞华:《刑事诉讼法前沿问题研究》(第2版),中国人民大学出版社2005年版。
4. [美]哈伯特·帕克:《刑事制裁的界限》,梁根林等译,法律出版社2008年版。

撰稿人 | 王明辉，中国刑警学院法律部教授
胡聪沛，中国刑警学院法律硕士

# 4 CASE 章国锡受贿案

| 摘 要 |

本案例以一起真实的受贿案件为蓝本，围绕受贿案件审理的一审、二审环节，涉及的知识点和技能内容包括辩护律师如何参与刑事诉讼各阶段的活动，排除非法证据的提出和处理，受贿案件的证据收集、事实认定和法律适用。本案例涵盖刑事案件的侦查、审查起诉、一审、二审等环节，涉及的实体问题包括受贿罪的认定，涉及的证据和事实问题包括非法证据的认定、非法证据排除的启动、口供的反复以及二审中的新证据。本案例对刑事诉讼中非法证据的处理问题有典型意义。

| 关键词 |

受贿罪　刑事诉讼　非法证据　辩护律师技能　二审新证据

| 教学目标 |

着重让学生把握三方面的内容：(1)辩护律师在一审、二审中如何开展辩护；(2)非法证据的排除程序；(3)受贿罪的认定。

## 教学案例主文

被告人章国锡，男，出生于浙江省象山县，汉族，大学文化，曾任宁波市东钱湖旅游度假区建设管理局建设工程前期办公室项目经办人、副主任、主任、局长助理，居住在宁波市。因涉嫌受贿罪于2010年7月23日被宁波市鄞州区人民检察院传唤，次日被刑事拘留，同年8月5日被宁波市人民检察院决定逮捕。

## 一、本案一审情况

### （一）公诉机关的指控

一审中公诉机关指控被告人章国锡身为国家工作人员，利用职务上的便利，多次非法收受他人贿赂共计76000元，其行为构成受贿罪，涉案事实如下：

1. 2005年下半年，被告人章国锡在担任宁波市东钱湖旅游度假区建设局前期办项目经办人期间，个体建筑商周某为了感谢章国锡介绍其承建钱湖人家安置房三期工程屋面防水工程，在宁波市江东区一茶室内，送给章国锡人民币10000元，章国锡予以非法收受。

2. 2007年春节、2008年春节，被告人章国锡在担任宁波市东钱湖旅游度假区建设局前期办副主任、主任期间，宁波某建设集团股份有限公司项目经理蔡某某在其公司承建东钱湖旅游度假区工程项目中，为了取得被告人章国锡在工程监管等方面的帮助，在章国锡办公送给章国锡银行卡各1张（共计价值4000元），章国锡均予以非法收受。

3. 2008年春节、2009年春节，被告人章国锡在担任宁波市东钱湖旅游度假区建设局前期办主任期间，宁波某建设股份有限公司副总经理赵某某在承建东钱湖旅游度假区工程项目中，为了取得被告人章国锡在工程监管等方面的帮助，在章国锡办公室送给章国锡银行卡各1张（共计价值4000元），章国锡均予以非法收受。

4. 2008年5月，被告人章国锡在担任宁波市东钱湖旅游度假区建设局前期办主任期间，宁波某园林公司总经理徐某某在管理东钱湖旅游度假区工程项目过程中，为了取得被告人章国锡在工程监管等方面的帮助，在宁波亚洲花园宾馆送给章国锡银行卡1张（价值2000元），章国锡予以非法收受。

5. 2009年上半年，被告人章国锡在担任宁波市东钱湖旅游度假区建设局前期办主任期间，宁波某市政建设开发公司某地分公司经理史建党为了及时取得71省道2标段工程的部分工程款，在章国锡办公室，送给章国锡现金20000元，章国锡予以非法收受。

6. 2005年至2008年，在被告人章国锡任职期间，宁波金恒工程建设监理有限公司（以下简称金恒公司）在宁波市东钱湖旅游度假区承揽监理工程过程中，为了取得被告人章国锡在工程监管等方面的帮助，由公司总经理邹某某出面，分4次送给章国锡贿赂现金36000元。被告人章国锡均予以非法收受。

### （二）被告人的辩护

被告人章国锡辩称无罪，理由如下：

1. 2007年春节前收受蔡某某2000元的银行卡1张、2009年春节前收受赵某某

2000元的银行卡1张、2008年5月收受徐某某价值2000元的家乐福超市购物卡1张是事实，但他们送银行卡或购物卡均没有具体的请托事项，跟其职务行为没有直接的关联性，同时也没有为他们谋取利益，故上述行为不是受贿。

2. 2005年至2008年，共收受金恒公司36000元是事实，但是该款是其出借注册监理工程师证书给金恒公司应得的报酬，证书本身具有价值，出借证书在行业中普遍存在，获得报酬是公开的市场规则，且出借证书与其职务行为没有关联性，故该36000元也不是受贿。

3. 除此之外，其没有收受其他的贿赂现金或银行卡。

4. 侦查机关在侦办案件的过程中严重违法，采用刑讯逼供或者变相的刑讯逼供、诱供、欺骗等手段获取其有罪口供，期间又违法延长侦查期限、对其异地羁押等，故其有罪供述均是无效的，不能作为定案的证据。

### （三）辩护人的辩护

章国锡辩护人亦作无罪辩护，认为被告人有罪供述为非法证据，而且没有证据证明被告人有罪，理由如下：

1. 本案的侦查直至审查起诉程序全部违法：2010年7月22日10时左右，被告人章国锡被反贪局侦查人员控制，没有任何的法律手续，是非法的；之后的立案、传唤、刑事拘留、逮捕均没有法律依据；二次延长侦查羁押期限、异地羁押、退回补充侦查等都没有法定的事由和相关的法律依据，都是违法的。

2. 侦查机关对被告人章国锡有罪口供的取得采取了刑讯逼供或变相刑讯逼供、诱供、欺骗等手段，公诉机关没有提供审讯录像来证明获取被告人章国锡口供的合法性，故不能排除非法获取口供的合理怀疑。因此，被告人章国锡的有罪供述不能作为定案的证据。

3. 公诉机关提供的证人史建党、周某、蔡某某、赵某某、徐某某等人的证据，形式上违法，内容不客观真实，逻辑上不符合常理，存在与被告人口供相互套取的现象，故也不能作为定案的依据。

4. 被告人章国锡收受金恒公司36000元，是其出借注册监理工程师证书获得的报酬，这是建筑行业普遍存在的一种现象，获取报酬的数额也符合市场行情；章国锡在此期间没有实际、也没有承诺为金恒公司谋取利益，故该36000元不是受贿犯罪。

### （四）一审法院采纳的证据

一审法院庭审采纳证据如下：

1. 证人蔡某某的证词，证明其系宁波某建设集团股份有限公司的项目经理。

2007年、2008年春节前,其在承建工程过程中,为了能够得到时任东钱湖建设管理局前期办副主任章国锡在工程监管方面的照顾,在章国锡办公室送给章国锡银行卡各2000元,章国锡收下了等经过情况的事实。

2. 证人赵某某的证词,证实其系宁波某建设集团股份有限公司副总经理。其公司在东钱湖承建了钱湖人家三期延伸段、光辉村安置小区等工程。2008年、2009年春节前,其为了能够得到时任东钱湖建设管理局前期办主任的章国锡在工程监管方面的照顾,在章国锡办公室送给章国锡银行卡各2000元,章国锡收下了等经过情况的事实。

3. 证人徐某某的证词,证实其系宁波某园林公司的总经理。2008年5月,其受朋友公司浙江某市政园林有限公司委托管理承建东钱湖连心路工程过程中,为了能够得到时任东钱湖建设管理局前期办主任的章国锡在工程监管方面的照顾,在亚洲华园宾馆吃饭过程中,送给章国锡银行卡2000元,章国锡收下了等经过情况的事实。

4. 证人袁某某的证词,证实其系宁波某市政园林工程有限公司的负责人。2008年其公司承建东钱湖连心路工程,其委托朋友宁波某园林公司的徐某某管理该工程等情况的事实。

5. 建设工程施工合同等书证,经被告人章国锡质证无异议。

6. 宁波东钱湖旅游度假区管委会的任职文件和岗位职责,证实被告人章国锡任职情况和职责。

7. 案发经过和传唤通知书,证实本案的案发经过以及被告人章国锡于2010年7月23日晚被传唤的事实。

8. 被告人章国锡在庭审中供认:2007年春节前收受蔡某某2000元的银行卡1张;2009年春节前收受赵某某2000元的银行卡1张;2008年5月收受徐某某价值2000元的家乐福超市购物卡1张;2005年至2008年,向金恒公司出借注册监理工程师证书,获得报酬36000元。

### (五)一审法院的裁判

一审法院认定章国锡审判前供述不能作为证据适用,被告人章国锡身为国家工作人员,利用职务上的便利,非法收受他人贿赂6000元,并为他人谋取利益,其行为已构成受贿罪,免予刑事处罚。责令其退缴违法所得6000元,上缴国库。

一审法院对非法证据的认定:

被告人章国锡原在侦查机关对起诉书指控的全部犯罪事实做了多次有罪供述,并且亲笔书写了《自我供述》《悔过书》。在庭审过程中,控方宣读了被告人章国锡的供述笔录、《自我供述》,并且当庭播放了被告人章国锡有罪供述的审讯录像片段，又提供了侦查机关盖章的和侦查人员签名的关于依法、文明办案，没有刑讯逼供、诱供等违法情况的说明。被告人章国锡辩解：其审判前的有罪供述是在被侦查机关刑讯逼供、诱供等情况下做出的违心供述，其向法庭提交了《冤案真相》《审讯过程及我的心路历程》《看守所日子》等书面材料，详细记载了何时、何地、何人对其刑讯逼供、诱供等具体情况。在庭审过程中，章国锡又多次陈述侦查人员的上述行为，以证明侦查机关违法获取其有罪供述，该有罪供述不能作为定案的依据。辩护人根据章国锡的供述提出相同的观点，并且申请本院调取相关的证据。法庭根据章国锡提供的线索，并且申请本院调取相关的证据。法庭根据章国锡提供的线索，到宁波市鄞州区看守所提取了章国锡在2010年7月28日的体表检查登记表，该表载明章国锡右上臂小面积的皮下淤血，皮肤划伤2cm。被告人章国锡和辩护人又多次申请本院要求控方提供章国锡的全程审讯录像并予以当庭质证。控方庭审中明确告知：因为审讯录像涉及机密问题，当庭播放不利于保密，故不能移送法院。辩护人又向法庭申请要求侦查人员出庭说明情况，控方也明确表示不出庭，当庭提交了侦查机关盖章的和侦查人员签名的关于依法办案、文明办案，没有刑讯逼供、诱供等违法情况的说明。

法院认为，被告人章国锡及其辩护人指出侦查机关违法获取章国锡审判前有罪供述，并且提供了相应的证据和线索，根据相关规定，控方应当移送相关的被告人章国锡的全程审讯录像予以质证，应当通知讯问人员出庭作证等，以证明侦查机关获取被告人章国锡审判前有罪供述的合法性。控方虽然出示、宣读了章国锡的有罪供述笔录、《自我供述》；播放了章国锡有罪供述的录像片段；提交了关于依法、文明办案，没有刑讯逼供、诱供等违法情况的说明，但是上述证据不足以证明侦查机关获取被告人章国锡审判前有罪供述的合法性。相反法庭却调取到了被告人章国锡的体表检查登记表，证明章国锡在审讯时受伤的事实，控方又不能做出合理的解释。故章国锡审判前的有罪供述不能作为定案的根据。被告人章国锡及其辩护人提出的该辩护意见予以采纳。

一审法院对受贿罪的认定：

1. 公诉机关指控被告人章国锡收受周某贿赂现金10000元、史建党贿赂现金20000元。经查，证人史建党原在侦查机关的多份证词就行贿的时间、次数、数额、目的以及行为细节前后矛盾；证人周某原在侦查机关的证词就与被告人章国锡的认识过程、工程的实际承建情况等事实与被告人章国锡的当庭供述相左。该情形下，被告人章国锡又当庭否认收受了周某、史建党贿赂现金，结合上述被告人章国锡审判前的有罪供述予以排除的认定，故公诉机关的上述指控证据不足，不能认定。被告人章国锡辩护人提出的相关辩护意见予以采纳。

2. 被告人章国锡在庭审中辩称：收受徐某某2000元不是银行卡，而是家乐福的购物卡。经查,首先,被告人章国锡原在侦查机关一直供述收受的是银行卡,并未提及购物卡的问题;其次,案件起诉到法院后,其提交法庭的《审讯过程及我的心路历程》等书面材料中也陈述收受的银行卡;再有,行贿人徐某某的证词证实送给章国锡是银行卡而不是购物卡。据此应当认定被告人章国锡收受的是银行卡,其上述辩解意见不予采纳。退一步说,即使被告人章国锡收受的是徐某某送的购物卡,也不影响本案的定罪和量刑。

3. 被告人章国锡收受蔡某某、赵某某、徐某某等三人贿赂银行卡各2000元行为性质的认定。被告人章国锡在收受蔡某某、赵某某、徐某某等贿赂银行卡各2000元时,担任东钱湖建设管理局前期办副主任、主任,对东钱湖辖区内的政府投资项目工程在工程质量、工程进度、工程款拨付等方面均存在监管职权,因此其收受上述三人的贿赂存在着利用职务之便的条件。而被告人章国锡收受贿赂时,也存在为他人谋取利益的意愿,因为刑法规定的为他人谋取利益包括承诺、实施、实现三个阶段,只要具有其中一个阶段的行为就应当认定为他人谋取了利益;明知他人具有具体的请托事项而收受其财物的,视为承诺为他人谋取利益。被告人章国锡在收受财物时,明知行贿人想让其在他们所承建的工程项目领域的监管方面提供便利和照顾,仍非法收受财物,应视为承诺为他人谋取利益,符合受贿罪中为他人谋取利益的构成要件。因此,被告人章国锡的上述行为符合受贿罪的特征。被告人章国锡提出的该行为不是受贿犯罪的辩护意见不予采纳。

4. 被告人章国锡向金恒公司出借注册监理工程师证书,获得报酬36000元的行为性质认定。

法庭查明:2004年年底、2005年建设初期,宁波金恒工程建设监理有限公司为了资质升级,因注册监理工程师人员不够,需要借用几本注册监理工程师的证书注册,为此公司总经理邹某某找到了被告人章国锡,要求借用章国锡原注册在宁波高专建设监理公司的注册监理工程师证书,谈妥金恒公司每年向章国锡支付8000元至10000元的报酬。于是2005年至2008年,章国锡将证书借给金恒公司,同时获得了4年共计36000元的报酬。期间,金恒公司在东钱湖辖区监理了高钱、安置小区、光辉村安置小区、钱湖人家三期延伸项目等工程,而该期间恰是章国锡任前期办副主任、主任期间,其具有对上述工程的监管职责和职权。与此同时,金恒公司还向郑某、刘某(河南安装集团有限公司员工)借用证书,支付相同的报酬。另查明,刘某每年至少到宁波一次,为金恒公司提供技术指导等服务。该事实有证人周某某、蔡某某、曹某某、黄某、刘某等人的证词,注册监理工程师证书、劳动合同、社保缴费清单、建设工程委托,监理合同、建设资金审批单、资金拨付单等书证证明,被告人章国锡对上述基本事实也予以供认。

## 二、本案二审情况

宁波市鄞州区人民法院审理宁波市鄞州区人民检察院指控被告人章国锡犯受贿罪一案，于2011年7月11日作出(2011)甬鄞刑初字第320号刑事判决。鄞州区人民检察院和被告人章国锡均不服，分别提出抗诉、上诉。宁波市中级人民法院依法组成合议庭，分别于2011年8月26日、12月14日两次公开开庭审理了本案。

### (一)原公诉机关的抗诉

宁波市鄞州区人民检察院抗诉认为，章国锡非法收受他人贿赂共计7.6万元，原判认定事实、适用法律均存在错误，量刑不当，理由如下：

1. 原判采信证据错误。侦查机关2010年7月23日传唤章国锡后，对其进行了询问，填写了相关材料，并对审讯进行同步录像，章国锡还作了二次自书交代，故侦查机关的前期侦查行为合法。原审法院调取的体检调查登记表仅反映章国锡体表伤势特征的情况，不能说明伤势形成的原因及过程，而同步审讯录像以及侦查人员的证言证实章国锡体表伤并非刑讯逼供造成。公诉机关向原审法庭提供的章国锡多次供述笔录、自书交代、悔过书以及同步审讯录像和讯问人员出具的无刑讯逼供的说明材料等证据，足以证明侦查机关获取章国锡审判前有罪供述的合法性，原审法庭以非法证据排除章国锡审判前供述，显属不当。

2. 原判认定事实错误。起诉指控章国锡分别收受周亮现金1万元、史建党现金2万元和收受蔡振武、赵信甫2008年春节前所送银行卡各2000元等事实，有行贿人证言、章国锡审判前供述、工程合同等证据证实，史建党、周亮在接受原审法庭询问时也予证实，章国锡在开庭前向法庭提交的书面材料《审讯过程及我的心路历程》对收受周亮等人贿赂也予承认，故原判对上述事实不予认定，显属错误。

3. 原判适用法律错误，定性不当。章国锡在出借证书并获取3.6万元所谓报酬时，对金恒公司在其辖区内承接的多个监理工程，存在管理与被管理关系，故章国锡收受金恒公司的3.6万元应以受贿论处。

### (二)上级检察院的意见

浙江省宁波市人民检察院支持抗诉机关的抗诉意见，为支持抗诉，出庭检察员还向法庭提供了证人沈维振、周亮、史建党等人的证言，章国锡的自我交代材料、被调查人权利义务告知书及基本情况表，书证工商行政管理局复函，建设工程合同、银行汇款凭证等证据，同时又申请法庭通知证人周亮、史建党到庭作证，并提供相关同步审讯录像供合议庭审查。

建议二审法院支持抗诉，驳回上诉。同时还认为：

1. 同步审讯录像以及侦查人员出具的无刑讯逼供的说明材料等证据充分说明

章国锡体表伤并非刑讯逼供造成,原判认定章国锡审判前供述不能作为定案根据的理由不能成立。

2. 行贿人周亮、史建党对行贿地点等具体细节在事后陈述有差异,但符合人的记忆规律。原审法院对周亮、史建党进行了调查核实,周亮、史建党在二审庭审时出庭作证,均对行贿的基本事实予以证明,且周亮的1万元系章国锡主动交代。因此,周亮、史建党的证言内容虽在细节上有变化或出入,但不影响行贿、受贿基本事实的认定。

3. 章国锡对金恒公司在东钱湖承接的多个监理工程具有监管职权,也曾在金恒公司的工程拨款付单上签字,故其出借证书并收受金恒公司3.6万元既有职务因素,又有非职务因素。

4. 章国锡辩解收受蔡振武等人银行卡系人情往来等理由均不能成立。

(三)上诉人及辩护人的意见

上诉人章国锡及其二审辩护人还向二审法庭提交了《章国锡冤案真相》等书面材料,并提供了证人余威明、徐雄文、侯德洪、徐永定、程效勇证言,书证结账单、建筑安装工程承包合同和工商登记情况,宁波市鄞州区看守所入所健康检查记录和入所健康检查登记表、提押证、证人史建党、赵信甫、蔡振武笔录的复印件、手机通话记录,宁波市第二医院×诊断报告单、章国锡的宁波市城镇职工基本医疗保险证历本和会议记录本复印件等证据材料。提出原判采信证据不当、认定事实错误、适用法律不当,请求二审法庭撤销原判,宣告章国锡无罪。理由如下:

1. 本案侦查、审查起诉程序严重违法。2010年7月22日中午,侦查机关在没有出具任何法律手续的情况下对章国锡实施人身控制,直到23日22时55分才出示传唤证;侦查机关的立案依据即史建党2010年7月21日笔录涉嫌造假,系违法立案。

2. 侦查机关刑讯逼供,非法取证。连续审讯、章国锡体表伤等证据证明侦查人员刑讯逼供、非法获取章国锡有罪供述。

3. 原判认定事实、采信证据和适用法律错误。证人史建党、周亮作假证,多份证言前后多出矛盾,二审庭审时史建党、周亮出庭作证,仍不能排除疑点,故不能作为定案证据。

4. 章国锡自认的徐雄文购物卡2000元、赵信甫银行卡2000元、蔡振武银行卡2000元,纯属朋友间的人情往来,与工程业务无关,不能以受贿罪认定。

5. 章国锡出借证书并收取报酬3.6万元,系一种行业惯例,虽属违法,但不构成犯罪。

### (四)终审法院的判决

宁波市中级人民法院认定章国锡审判前的有罪供述可以作为证据使用,章国锡受贿4万元,判处有期徒刑二年,没收违法所得7.6万元。详情如下:

1. 对非法证据的认定:二审期间,检察机关提请行贿人周亮、史建党出庭作证,提交了行贿人史建党的同步审讯录像、章国锡同步审讯录像以及侦查人员关于讯问过程合法性的证言。经合议庭、出庭检察员、辩护人共同观看同步审讯录像,确认本案线索来源正常,侦查机关系根据史建党的交代而调查章国锡,章国锡右上臂小面积皮下淤血、皮肤划伤2cm并非刑讯逼供所致。章国锡并非在刑讯逼供的情况下作出有罪供述。宁波市人民检察院出庭检察员提供的证据足以证明侦查机关获取章国锡供述的合法性。故原审中涉及的前述相关问题已经解决,章国锡审判前的有罪供述可以作为证据采用。

2. 对受贿罪的认定:关于章国锡分别收受周亮等五名行贿人共计人民币4万元贿赂的证据和认定。除收受史建党2万元一节事实系由行贿人史建党首先交代以外,章国锡收受周亮1万元、蔡振武4000元银行卡、赵信甫4000元银行卡、徐雄文2000元银行卡,均系章国锡在检察机关未掌握情况下首先交代的。上述收受4万元并为行贿人谋利的事实,不仅有章国锡的多次供述、多次亲笔书写供词,还有与之供述相符的行贿人证言证实,送钱、谋利的情节均有言词证据、书证等证据证实。二审期间,根据辩护人的申请,本院还委托宁波市公安司法鉴定中心对蔡振武证言笔录中的有关指纹进行了司法鉴定,证实蔡振武证言笔录中的指纹与蔡振武右手食指手印认定同一。故章国锡收受周亮等五人共计4万元,并为其谋利的事实清楚,证据确实、充分,足以认定。章国锡及其辩护人的相关上诉理由及辩护意见均不能成立,不予采纳,抗诉机关及出庭检察员就此提出的相关意见成立,予以支持。

关于章国锡收受金恒公司3.6万元一节。金恒公司为了使公司资质从乙级升至甲级,违规从河南省安装集团有限公司员工刘运、郑瑞彪以及章国锡处各借用了一本注册监理工程师证书,并按所谓的"市场行情"支付费用,每年7000~8000元。章国锡于2005年至2008年共收受金恒公司以借用注册监理工程师名义支付的3.6万元。该3.6万元既含有章国锡因违规出借证书而获取的违法收入,也有金恒公司借机与章国锡搞好关系谋求照顾而给予的好处费成分,原审法庭将3.6万元仅认定为出借证书的报酬不当,应予纠正。鉴于违法收入和好处费两种成分份额难以分清,且章国锡利用职务便利为金恒公司谋利的证据尚不够充分,故对该节事实可就低不作为受贿犯罪处理。但该3.6万元系违法收入,依法应予没收。

# 教学指导手册

## 教学对象及目标

本案例供法律硕士案例教学使用,法学本科(大四)、刑法学硕士、诉讼法学硕士也可以参酌使用。

本案例主要就辩护律师在刑事诉讼中进行辩护活动、提出排除非法证据、刑事上诉程序和受贿罪的认定问题进行讲授。具体要解决的问题包括:(1)在侦查、起诉、一审、上诉阶段,辩护律师可以从事哪些法律活动;(2)辩护律师在一审、二审时如何辩护,如何撰写辩护词;(3)以本案为例,剖析中国刑事司法实践中的非法证据认定问题;(4)以受贿罪为例,如何解决受贿案件的辩护问题,尤其提出辩护此类案件的辩护思路、分析步骤、事实认定与法律分析之间的脉络。

## 教学内容

**1. 辩护律师在一审、二审阶段如何维护被告人的合法权益,尤其是诉讼权利?**

担任一审辩护人需要注意查阅、摘抄、复制案件有关材料;与被告人会见和通信,告知被告人在审判阶段如何维护自己的合法权益;调查和收集证据;充分做好出庭准备;参加法庭调查;参加法庭辩论;参加休庭后的相关工作。辩护律师进行二审辩护要注意查找原诉讼文书的漏洞、错误,寻找先前程序的违法之处。

**2. 辩护律师如何阅卷?**

在刑事案件辩护中,阅卷质量的高低,直接关系到案件的成败。认真、仔细、全面地研究案卷材料,有助于律师了解案情,发现问题,提炼辩护观点,为法庭上的交锋做好充足的准备。阅卷前要全面的复制案件材料,认真研读起诉书,在此基础上,对诉讼文书、技术性材料,注意审查期限和时间问题;审查言词证据要注意笔录的制作时间、制作人及在场人、制作的地点 、笔录的签名以及是否有修改的痕迹。如有多次陈述或供述的,要关注是否存在前后不一致的情形。

**3. 什么是非法证据?**

非法证据分为非法言词证据和非法实物证据。言词证据,是指以人的语言陈述形式表现证据事实的各种证据,是实物证据的对称,包括证人证言、被害人陈述、犯罪嫌疑人、被告人供述和辩解、鉴定结论。非法言词证据,是指采用刑讯逼供等非法方法收集的犯罪嫌疑人、被告人供述和采用暴力、威胁等非法方法收集的证人证言、被害人陈述。其中"刑讯逼供等非法方法",是指使用肉刑或者变相肉刑,或者采用其他使被告人在肉体上或精神上遭受剧烈疼痛和痛苦的方法,迫使被告人违背意愿供述的情形。根据《刑事诉讼法》第54条第1款规定,采用刑讯逼供等非法方法收集的犯罪嫌疑人、被告人供述和采用暴力、威胁等非法方法收集的证人证言、被害人陈述,应当予以排除。实践中,主要存在以下几种情形:(1)通过施加肉刑或变相肉刑的方式获取犯罪嫌疑人、被告人的口供;(2)采用威胁、引诱、欺骗的手段骗取的犯罪嫌疑人、被告人的口供;(3)使用殴打、恐吓的方法取得的证人证言、被害人陈述等。实物证据,是指以物品或痕迹等实在物为其存在状态和表现形式的证据,包括物证,书证,勘验、检查笔录,现场笔录,视听资料等。非法实物证据,是指不符合法定程序收集的书证、物证。认定《刑事诉讼法》第54条规定的"可能严重影响司法公正"应当综合考虑收集物证、书证违反法定程序以及所造成后果的严重程度情况。实务中,主要考虑以下情节:(1)收集物证、书证行为违反法定程序的程度;(2)违反法定程序收集物证、书证手段所侵害的法益及其程度;(3)违反法定程序收集物证、书证的司法工作人员主观上的过错程度;(4)违反法定程序收集的物证、书证在整个证据链中所起的作用大小。如果司法工作人员在违反法定程序收集证据的过程中,存在主观恶性大、严重违反法定程序、严重侵害他人人身权利、收集到的证据是关键性证据等情形的,这一类证据则要排除,反之,经过补正或作出合理解释,则可以作为定案根据。

**4. 受贿案件的证据特点?**

由于行贿、受贿的方法多种多样,方式隐蔽;行贿、受贿往往是一对一的行为,双方警惕性较高,没有第三者在场可以证明;受贿者往往有一定的职权和地位,社会交往广泛,社会关系复杂,而且对抗侦查的能力也都比较强;受贿方或其他知情者为了自身的利益也往往不愿如实供证,因此认定受贿罪的证据少、查证困难。具体来讲,受贿罪的证据有如下特点:其一,言词证据突出。由于受贿行为往往是一对一的行为,其他人很少了解情况,行贿人和受贿人参与了受贿的全过程,清楚犯罪的全部事实,而且,受贿的款项不是特定物,不具有独立证明力,如果双方的言词证据互相印证,就可以清楚地证明案件事实。其二,间接证据比较零碎,往往难以形成证明犯罪的完整的证据锁链。其三,受贿罪中的物证,特别是特定物,如电器、贵重首饰等有很强的证明作用。其四,受贿罪中证据需要证明的事实环节较多、较复杂,如收受他人财物构成受贿罪,须以为他人谋取利益为要件,还有主体身份、职务便利、职权范围等要素,现在受到市场经济和我国传统的交往习惯的影响,许多收受财物行为的定性很复杂,尤其涉及行为人主观故意的证据很难取证。

**5. 出席二审法庭检察官的诉讼地位?**

理论界及实务界关于二审出庭检察人员的法律地位及诉讼职能之定位,较具代表性的观点有三种:其一,认为出席二审法庭的检察人员是法律监督机关的代表,出席二审法庭是在履行法律监督职能。其二,认为检察人员无论在一审、二审、再审乃至死刑复核程序中,其身份都是"公诉人",履行的都是控诉职能,而不是、也不应行使法律监督职能。其三,认为出席二审法庭检察人员的法律地位和诉讼职能不能一概而论,应当区别定位:出席抗诉案件庭审活动的检察人员是以原审检察机关对一审裁判提出抗诉为根据参加诉讼的,履行的是法律监督职能;出席上诉案件庭审活动的检察人员是在原审检察机关没有提出抗诉而只有被告人一方提出上诉的情况下参加诉讼的,仍处于公诉人的法律地位,履行的还是控诉职能。

## 课堂时间安排

本案例可以作为专门的案例教学课来进行,整个案例课的课堂安排为 6 个课时,每课时 45 分钟。

如下课堂设计,仅供参考。

1. 课前计划:安排学生阅读案例及相关参考资料,对案例涉及问题进行思考,撰写实践题答案。

2. 课中计划:(1)介绍教学目的,明确讨论主题;(2)分组讨论,回答各项思考题,讨论实践题的撰写要点;(3)小组代表提出撰写要点,学生讨论和分析;(4)教师归纳总结。

3. 课后计划:布置学生进一步思考非法证据排除的相关问题,并就该案是否可以申诉进行延伸思考。

## 思考题和实践题

**1. 思考题**

(1)辩护律师可以在什么阶段提出排除非法证据?

(2)辩护律师是否需要证明非法证据的存在?

(3)什么是非法证据?

(4)纪委在侦办案件中获得的当事人陈述如何使用?

(5)检察院在法庭上应如何应对辩方排除非法证据的请求?

(6)非法证据排除的证明责任分配。

(7)非法证据排除的证明标准。

(8)一审中没有提出的证据,二审中如何处理?

(9)受贿案中,只有行贿人的言辞及受贿人的口供是否可以定案?

(10)上诉案件的具体操作。

**2. 实践题**

(1)作为一名辩护律师,请根据本案相关情况,分析本案辩护人辩护策略的得失之处。

(2)结合本案案情,为被告人章国锡撰写一审辩护词和二审辩护词。

(3)如果章国锡就本案提出申诉,请为其撰写申诉书。

(4)根据一审、二审的相关信息,分析章国锡的行为是否构成受贿罪、数额多少。

## 参考文献

1. 王玉珏:《受贿罪司法认定的轨迹与趋势》,载《法学》2013 年第 10 期。

2. 万毅:《“全国首例非法证据排除案”法理研判》,载《证据科学》2011 年第 6 期。

3. 纵博:《“非法证据排除第一案”二审的若干证据法问题评析》,载《法治研究》2013 年第 5 期。

撰稿人｜李伟,中央财经大学法学院副教授

# 5 CASE 张辉、张高平强奸杀人案

| 摘　要 |

本案例以一起真实强奸杀人案件为蓝本,围绕该案件刑事程序各环节及涉及知识点,针对刑事程序中的侦查行为、审查起诉、审判、证明活动、辩护律师在刑事诉讼中的作用等问题进行实例分析,并且针对刑事司法实践中存在的刑讯逼供问题、非法证据的排除问题、如何避免刑事冤假错案的发生和辩护律师如何帮助犯罪嫌疑人、被告人实现诉讼权利等问题进行解析。本案例涵盖刑事侦查阶段、审查起诉阶段、审判阶段三个诉讼环节,涉及程序问题包括侦查机关的合法取证、如何保障犯罪嫌疑人、被告人的人权,证据的审查判断及运用等方面。本案例对于解决所有类型的刑事案件在司法实践中的基本刑事理念的贯彻和程序实务的操作具有参考意义。

| 关键词 |

强奸杀人案　刑事诉讼　侦查行为　证据分析　疑罪从无　审判监督

| 教学目标 |

着重让学生把握以下几个方面内容:(1)在侦查阶段,侦查机关可以进行哪些侦查活动,如何进行这些侦查活动;(2)在侦查阶段,辩护律师接受委托后应从事哪些法律活动,以确保犯罪嫌疑人的权益得到有效保障;(3)人民检察院在审查起诉中的职责应该如何实现,如何制作起诉书和公诉词,如何提出量刑建议;(4)辩护律师在审查起诉阶段、审判阶段应如何从事各项法律活动,如何提出辩护意见,如何制作辩护词,如何进行法庭辩论;(5)人民法院在审理刑事案件时作出有罪裁判应当达到什么标准、如何防范刑事冤假错案的发生、如何审查判断证据、非法证据如何排除;(6)辩护律师如何参与二审和再审程序。

# 教学案例主文

## 一、引言

### (一)案件概况

张高平、张辉叔侄奸杀案起因于十多年前一个女孩搭便车。女孩搭乘张高平、张辉的顺风车到地方下车,后被人发现该女孩被奸杀而亡。2004年4月21日,杭州市中级人民法院以强奸罪判处张辉死刑,张高平无期徒刑。半年后,2004年10月19日,浙江省高级人民法院终审改判张辉死缓、张高平有期徒刑15年。案件当事人及其亲属进行了多年申诉,2013年3月26日,案件经浙江省高级人民法院再审,宣布张辉、张高平无罪。在该案件的侦查取证、审查起诉和审判程序中,存在一些至今仍值得我们从法律层面进行审视的问题,在证据的审查和判断方面更值得深入思考。

### (二)案件起因

2003年5月18日晚,张高平和张辉开着大货车从安徽歙县去上海送货。当时正是"非典"时期,晚上9点钟左右,大货车经过县城一个"非典"检查站时被拦下。张高平当时正在后排卧铺上休息,车停下时他还让张辉快点开,结果有人爬到了副驾驶位置的窗边。一看是认识的人,请求搭车带一个女孩去杭州,张高平说他们去上海,到杭州都半夜了,不方便也不安全,对方说没事,有人接,到地方把人放下就行了。张高平于是同意了女孩搭车。在车上,他还跟女孩聊了一会,问她为什么不等到第二天搭大客车去杭州,非得半夜走。她说自己是本地人,跟母亲闹矛盾,要去杭州打工,聊了几句,张高平就又去睡觉了。到晚上11点多钟,张高平、张辉下来吃夜宵,女孩说不吃。张氏叔侄问她到底在哪里下车,她说到杭州西站,她姐夫到那里接她。张高平称开大货车,平时是不敢进市区的,到了杭州城外一个收费站,大半夜也不敢把女孩一个人扔在那,他就跟张辉说干脆进城把女孩送去西站。一路上也幸运,没碰到交警,到西站时候,没人来接女孩,她要下车到电话亭打电话,张高平把手机给她,帮她拨了号码,结果她姐夫又让她打车去钱江三桥。她问张高平从这里打车去要多少钱,张高平说至少五六十元。女孩又问西站有没有旅馆,张高平还说不下车看怎么知道有没有。女孩不吭声了,也不下车。张高平想反正他们也要经过艮秋立交桥,那里离钱江三桥就很近了,打车也就10元钱,就说把她带到那里去。

到了钱江二桥附近的艮秋立交桥，张高平下车给女孩指了指路，女孩还问张辉要电话号码。张辉给她写了三个号码，第一个是张辉的，第二个是家里的，张辉还问张高平的号码给不给她，张高平说“给她给她”，就把他的号码写在第三位。说了几句客套话分开后，叔侄两人从钱江二桥上高速，一路开到上海。

张高平的固定客户是歙县当地一家电缆公司，基本上专线跑上海送货。2003年5月23日，张高平夫妇和张辉又去了一趟上海，卸完货后，张高平去宝山区宝杨交警中队交了200元罚款，之后开车返回。晚上12点多钟，在那天晚上女孩上车的地方，交警把他们的车拦下来。警察问他手机号码，他就报给了警察，警察一听就说，“就是你，就是你，下来下来”，他们就下车了。张高平被带上一辆吉普车，是警车的牌照，警察问张高平前几天是不是带过一个女孩去杭州，张高平说是。张高平被带到派出所，把他带人的经过说清楚了，第二天又被带到杭州西湖区刑警队。张高平的电话还一直响，他怕耽误客户的事情，想接电话告诉他们出了点事，让他们找别人拉货，警察也不让接电话，他也不知道到底怎么回事。最后，他才知道，他们那天开车带的女孩名叫王冬，被人杀害抛尸水沟。

（三）案件的审讯

2003年5月19日，杭州市公安局西湖区分局接到报案。在杭州市西湖区的水沟里发现一具女尸，而这名女尸就是搭乘张辉、张高平便车的女孩王冬。公安机关经过侦查，初步认定张辉、张高平是强奸杀害被害人的疑犯。

在刑警队进行的七天七夜的审讯过程中，张辉、张高平二人都拒绝认罪，并做了两份无罪记录。之后张高平被送进浙江省公安厅看守所。在看守所里，开始有人软硬兼施逼他们认罪。张高平说他没犯罪，遭到牢头暴打，到最后都爬不起来了。张高平被逼得没办法，只能抄了牢头写好的杀人过程。他把牢头写的原稿偷偷藏起来一张。第二天提审时告诉警方自己是被逼迫的，还把原稿给警察看，可是这并没有改变什么。回到看守所，他又被牢头毒打惩罚，受到更严苛残酷的对待。

从那天被警方带走后，张高平和张辉一直被分开审问，叔侄俩的遭遇差不多，同样的刑讯逼供，同样的手段。唯一不同的是，张高平并不知道逼迫自己抄下认罪书的犯人是谁，而张辉则知道逼迫自己的人叫袁连芳，这个名字在判决书里多次出现。

2003年6月，经杭州市人民检察院批准，张辉、张高平被逮捕。

（四）一审、二审判决

张高平和张辉一遍遍地告诉办案人员整件事情的经过，在张高平看来，作案时间对不上就是证据之一。张高平不断地向警察解释，说只要查下进出杭州两个高速路的监控录像就知道他们根本没有作案时间。尽管两人多次提出要求,但是,在可查阅的卷宗里,没有任何警方调取录像的记录。而当年他们的辩护律师王亦文以律师身份前往沪杭高速路口调阅监控录像时,却被管理员告知,录像超出了两个月的保留期限,已经被销毁。

监控录像看不到,但是杭州法医对王冬的 DNA 检验报告出来了。在王冬 8 个指甲末端检出混合的 DNA 谱带是由死者与另一名男性的 DNA 谱带混合形成,排除了由死者和犯罪嫌疑人张辉或张高平的 DNA 谱带混合形成。张高平当年的律师王亦文说,这表明王冬和张高平、张辉分开后,遇到一个陌生男性并遭到奸杀的可能性非常大。但是,当时杭州市中级人民法院认为,手指为相对开放部位,不排除被害人因生前与他人接触而在手指甲内留下 DNA 数据的可能性。

2004 年 4 月 21 日,杭州市中级人民法院以强奸罪一审判处张辉死刑、张高平无期徒刑。两人不服判决,提起上诉。这一次,张辉的二审代理律师阮方民和李华则在辩护词中质疑:如果张辉是强奸者,他就是王冬死前接触的最后一名男性。既然公安机关能够从王冬的指甲中检出更早时间另一名男子留下的 DNA,为何不能从中检出在最近时间里张辉留在她指甲内的 DNA?

2004 年 10 月 19 日,浙江省高级人民法院二审改判张辉死刑、缓期两年执行,判处张高平 15 年有期徒刑。浙江省高级人民法院在终审判决中写的是:"本案中的 DNA 鉴定结论与本案犯罪事实并无关联。"

（五）牢狱 10 年申诉

二审结果出来后,张高平被关进浙江省第二监狱,张辉被关进浙江省第四监狱。

张高平在监狱里不断喊冤,不服从狱里的各种管教,不断写信申诉。他固执坚持,告诉警察他没有犯罪,请警察帮他申诉,写各种各样的申诉材料。在浙江省第二监狱服刑一年后,2005 年,张高平被转到新疆石河子监狱。

2005 年 1 月 8 日,浙江大学城市学院女生吴晶晶在乘坐勾海峰的出租车回家的途中失踪,1 月 16 日被发现已经遇害。勾海峰因为杀人被抓。勾海峰交代,因车钱与吴某发生争执,将吴杀害。2005 年 4 月 27 日勾海峰被判处死刑。看到这个消息的张高平怀疑他和张辉所涉案件的真凶就是勾海峰。因为也是在江干区出的事,抛尸地点离王冬被害地很近,作案手法也基本上相同,他就在心里想是不是勾海峰。他当时就跟警察讲,还打电话、写信给他哥哥,叫他们去看看勾海峰有没有做 DNA 鉴定,如果做了,跟那个女孩子指甲里的 DNA 对上了,就知道他们是无罪的了。但是,最终也没有回应。他在监狱里不断申诉,在遭受各种侮辱和拷打的时候保重身体,希望有一天能重获清白。

而张辉在监狱里"服从改造,表现良好,得到减刑",但是他也在不断地申诉。2008 年,张辉被转到了新疆库尔勒监狱。

在监狱外的张高发(张辉的父亲,张高平的哥哥)也奔走了 10 年。最开始带着弟弟的两个女儿去北京上访,后来他自己继续上访、申诉。他说自己每次寄信都是寄六封,法院、检察院、政法委、人大、公安部都寄过。他保存着这么多年来的火车票、汽车票、挂号信回执,厚厚一沓,还有一柜子的申诉材料。这 10 年他在申诉上访上花费了十七八万元,包括律师费、车费等开支。

(六)再审改判

一位张姓检察官看到杂志上马廷新的冤案,也看到了袁连芳的名字,发现跟张辉的认罪材料里是同一个人,就跟张高发联系,让他去找马廷新案的辩护律师朱明勇。

从 2008 年开始,张高发找了两年才找到朱明勇。2010 年 11 月 25 日,张高发终于见到朱明勇,他一直说冤枉,把信和申诉材料给朱律师看,朱律师也发现了排除张辉、张高平作案的 DNA 证据。考虑到张高平在监狱里坚持不认罪不减刑,张高发又费尽周折找到他,朱明勇觉得可能是有很大的冤情,于是决定提供免费的法律援助。

朱明勇接手案子后,开始一系列的工作。他们先去查询当时申诉的情况,从 2003 ~ 2010 年他们介入,之前的申诉连登记都没有。于是他们重新申诉立案,去查询袁连芳的一些资料,包括他减刑的理由、时间,互相印证,发现袁连芳在两个案子里都因为协助公安机关破案而减刑。

2011 年 5 月,张高平再次向新疆石河子市人民检察院监所科申诉,喊冤拒绝认罪减刑,引起了当地检察院的重视。石河子市人民检察院监所科把张高平的申诉材料寄往杭州,要求对案件进行复查。

2011 年 11 月,经过比对,吴案中勾海峰留下的 DNA 样本与当年二张案中被害人王冬指甲里提取的 DNA 相同,这说明勾海峰可能就是二张案件中的真凶,而二张的 DNA 却与案件中的 DNA 均不一致。

2012 年 2 月 27 日,浙江省高级人民法院对该案立案复查,另行组成合议庭调阅案卷,查看审讯录像,调查核实有关证据。2012 年 7 月,复查人员前往被害人王冬的安徽老家进行调查,8 月前往新疆分别提审张辉、张高平。

2013 年 1 月,浙江省高级人民法院把张辉、张高平从新疆押回杭州。

2013 年 2 月 6 日,浙江省高级人民法院审判委员会讨论认为,有新的证据证明原判决确有错误,决定再审。

2013 年春节前浙江省高级人民法院发出再审通知,并开始与朱明勇协调开庭事宜。

2013年3月20日，浙江省高级人民法院在浙江省乔司监狱对张辉、张高平一案依法进行了不公开开庭审理(因本案涉及他人隐私)。

2013年3月26日，浙江省高级人民法院经再审宣布张辉、张高平无罪。判决书中提到："本案不能排除公安机关存在以非法方法收集证据的情形，张辉、张高平的有罪供述、指认现场笔录等证据，依法应予排除，不能作为定案依据。""侦查机关使用张辉的同监犯袁某某采用类似的方法协助公安机关获取张辉的有罪供述，同时又以该同监犯的证言作为证据，直接导致了本起冤案。经再审庭审查明，本案中存在从同监犯获取及印证原审被告人有罪供述等侦查程序和行为不规范、不合法的情形。再审法庭已依法适用非法证据排除规则，对上述证据等予以排除，不能作为定案依据。"

## 二、侦查阶段侦查机关如何进行侦查行为？辩护律师应如何履行职责？

### (一)案件的审讯经过

2003年5月19日，杭州市公安局西湖区分局接到报案，在杭州市西湖区的留下街道留泗路东穆坞村路段水沟里发现一具女尸，而这名女尸就是搭乘张辉、张高平便车的女孩王冬。

2003年5月23日晚上12点多钟，张高平、张辉被带到派出所，他们把自己带人的经过向警方进行了说明。

5月24日，张高平、张辉被带到杭州西湖区刑警队。一开始他们并不知道到底怎么回事，最后，才知道他们那天开车带的女孩名叫王冬，已经被人杀害。

警方对张高平、张辉进行了几日的讯问。其过程涉及用各种方式折磨犯罪嫌疑人，如不让吃饭睡觉，拿烟头烫，往身上浇冷水等刑讯方法。

张高平拒不认罪，七天七夜做了两份无罪笔录，之后被送进浙江省公安厅看守所。在看守所里，开始有人软硬兼施逼迫其认罪，因遭受毒打，逼得没办法，张高平只能照抄了牢头写好的杀人过程。他把牢头写的原稿偷偷藏起来一张，第二天提审时告诉警方自己是被逼迫的，还把原稿给警察看，警察对此不予理睬。

张高平和张辉一直被分开审问，叔侄俩的遭遇差不多，同样的刑讯逼供，同样的手段。唯一不同的是，张辉则知道逼迫自己的人叫袁连芳。

2003年6月，经杭州市人民检察院批准，张辉、张高平被逮捕。

### (二)对于本部分需要在教师的指导下完成的任务

1. 侦查机关在对犯罪嫌疑人进行讯问时，根据目前的法律规定该如何进行？

2. 根据目前的刑事诉讼法，辩护律师何时有权利介入刑事诉讼程序？

3. 在侦查阶段，辩护律师接受委托后能够进行哪些活动，从而对犯罪嫌疑人的诉讼权利保护进行切实的帮助？

## 三、在审查起诉、一审、二审这些阶段辩护律师应如何行使辩护权？

### （一）相关证据和审判程序

本案的相关证据主要存在以下几点问题：

首先，张高平、张辉作案的时间存在疑点。只要查一下进出杭州两个高速路的监控录像就可以判断他们有没有作案时间。尽管两人多次提出要求，但是，在可查阅的卷宗里，没有任何警方调取录像的记录。当年他们的辩护律师王亦文曾以律师身份前往沪杭高速路口调阅监控录像，却被管理员告知，录像超出了两个月的保留期限，已经被销毁。

其次，张辉、张高平的有罪供述涉嫌刑讯逼供。张辉和张高平均指控自己曾经遭受一些非人的刑讯，对此检察机关没有提出证据证明讯问程序的合法性。公安机关审讯张辉、张高平的笔录和录像及相关证据证明，侦查人员在审讯过程中，存在对犯罪嫌疑人不在规定的羁押场所关押、审讯的情形；公安机关提供的张辉首次有罪供述的审讯录像不完整。

最后，杭州法医对被害人王冬的 DNA 检验报告存在第三人作案的可能。在被害人 8 个指甲末端检出混合的 DNA 谱带是由死者与一名男性的 DNA 谱带混合形成，且排除了由死者和犯罪嫌疑人张辉或张高平的 DNA 谱带混合形成的可能。

另外，张辉、张高平指认现场的录像镜头切换频繁，指认现场的见证人未起到见证作用。

2004 年 4 月 21 日，杭州市中级人民法院以强奸罪一审判处张辉死刑、张高平无期徒刑。当时杭州市中级人民法院排除上诉关键证据的理由是：手指为相对开放部位，不排除被害人因生前与他人接触而在手指甲内留下 DNA 的可能性。

一审判决作出后，张高平、张辉两人不服判决，提起上诉。

张辉的二审代理律师阮方民和李华在辩护词中对上述关键证据提出质疑：如果张辉是强奸者，那他就是被害人死前接触的最后一名男性。既然公安机关能够从王冬的指甲中检出更早时间另一名男子留下的 DNA，为何不能从中检出在最近时间里张辉留在她指甲内的 DNA？

2004 年 10 月 19 日，浙江省高级人民法院终审判处张辉死刑、缓期两年执行，判处张高平 15 年有期徒刑。判决中写的是："本案中的 DNA 鉴定结论与本案犯罪事实并无关联。"

（二）本部分需要在教师的指导下完成的任务

1. 侦查机关对案件的侦查活动满足什么条件时才能够侦查终结？

2. 人民检察院在审查起诉时要进行哪些活动？在满足什么条件时能够作出起诉的决定？

3. 根据现行刑事诉讼法，辩护律师在审查起诉阶段能够对犯罪嫌疑人提供什么样的帮助？能够通过哪些途径予以实现？

4. 根据现行刑事诉讼法，对于在侦查活动中存在的非法取得的证据及非法取证行为，审查起诉阶段和一审、二审阶段辩护律师能够提出排除非法证据的申请吗？如果能够，如何进行？

5. 审判阶段辩护律师如何进行辩护？

## 四、对于已经生效的刑事裁判如何进行申诉？再审程序通过哪些途径能够启动？辩护律师在申诉和再审过程中如何进行辩护？

（一）再审改判

二审结果出来后，张高平被关进浙江省第二监狱，张辉被关进浙江省第四监狱。

张高平在监狱里不断写信申诉。他告诉警察他没有犯罪，请警察帮他申诉，写各种各样的材料。

2005 年张高平被调到新疆石河子监狱。张高平在此服刑期间仍然坚称自己无罪，不断申诉。

2005 年 1 月 8 日，浙江大学城市学院女大学生吴晶晶失踪，后发现已经被杀害。勾海峰因为此杀人案被抓，2005 年 4 月 27 日被判处死刑。

看到上述消息的张高平怀疑真凶就是勾海峰。张高平当时就跟警察讲，还打电话、写信给他哥哥，叫他们去看看勾海峰有没有做 DNA 鉴定，如果做了，跟被害人王冬指甲里的 DNA 对上了，就知道他们是无罪的了。但是，最终也没有回应。

而张辉在监狱里“服从改造，表现良好，得到减刑”。但是他也在不断地申诉。

2008 年，张辉被调到了新疆库尔勒监狱。

在监狱外的张高发也奔走了 10 年，为张辉和张高平申诉。

一位张姓检察官看到杂志上马廷新的冤案，注意到袁连芳的名字，发现跟张辉的认罪材料里是同一个人，就跟张高发联系，让他去找马廷新案的辩护律师朱明勇。

从 2008 年开始，张高发找了两年才找到朱明勇。

2010 年 11 月 25 日，张高发终于见到朱明勇。朱律师于是就接下了案子，决定为他们提供免费的法律援助。

朱明勇接手案子后，先去查询当时申诉的情况，从 2003～2010 年介入之前的申诉连登记都没有。于是他们重新申诉立案。

去查询袁连芳的一些资料，包括他减刑的理由、时间，互相印证，发现袁连芳在两个案子里都因为协助公安机关破案而减刑。

2011 年 5 月，张高平在新疆石河子监狱里再次申诉喊冤拒绝认罪减刑，引起了新疆当地检察院的重视，于是把张高平的申诉材料寄往浙江，建议浙江省人民检察院抗诉。

2011 年 11 月，经过比对，吴案中勾海峰留下的 DNA 样本与当年二张案中被害人王冬指甲里提取的 DNA 相同，这说明勾海峰有可能就是二张案件中的真凶，而二张的 DNA 却与案件中的 DNA 均不一致。

2012 年 2 月 27 日，浙江省高级人民法院对该案立案复查，另行组成合议庭调阅案卷，查看审讯录像，调查核实有关证据。

2012 年 7 月，复查人员前往被害人王冬的安徽老家进行调查。

2012 年 8 月，复查人员前往新疆分别提审张辉、张高平。

2013 年 1 月，浙江省高级人民法院把张辉、张高平从新疆押回杭州。

2013 年 2 月 6 日，浙江省高级人民法院审判委员会讨论认为，有新的证据证明原判决确有错误，决定再审。

2013 年春节前浙江省高级人民法院发出再审通知，并开始与朱明勇协调开庭事宜。

2013 年 3 月 20 日，浙江省高级人民法院在浙江省乔司监狱对张辉、张高平一案依法进行了不公开开庭审理（因本案涉及他人隐私）。浙江省人民检察院指派检察员出庭执行职务，张辉、张高平及其委托的律师和法律援助律师到庭参加了诉讼。庭审中，合议庭依法组织检、辩双方进行了举证、质证，检、辩双方还各自发表了辩论意见。

在此次再审庭审中，出庭检察员指出，本案没有证明原审被告人张辉、张高平强奸杀人的客观性直接证据，间接证据极不完整，缺乏对主要案件事实的同一证明力，没有形成有效的证据链条。公安机关侦查程序不合法，相关侦查行为的一些方面确实存在不规范或个别侦查人员的行为存在不文明的情况。定案的主要证据两原审被告人的有罪供述不能作为定案的依据。

张辉、张高平及其辩护人均提出，两被告在被刑事拘留后长时间非法另行关押。两人的有罪供述包括指认现场的笔录，系侦查机关采用刑讯逼供等非法方法收集，公安机关对其收集证据的合法性，至今未提供充分的证据予以证明。在河南马廷新故意杀人案中，侦查机关违法使用同监犯袁某某采用暴力、威胁等方法参与案件侦查获取有罪供述；在本案中，侦查机关也违法使用张辉的同监犯袁某某采用类似的方法协助公安机关获取张辉的有罪供述，同时又以该同监犯的证言作为证据，直接导致了本起冤案。

再审庭审查明，公安机关审讯张辉、张高平的笔录和录像及相关证据证明，侦查人员在审讯过程中，存在对犯罪嫌疑人不在规定的羁押场所关押、审讯的情形；公安机关提供的张辉首次有罪供述的审讯录像不完整；张辉、张高平指认现场的录像镜头切换频繁，指认现场的见证人未起到见证作用。该案不能排除公安机关存在以非法方法收集证据的情形。张辉、张高平的有罪供述、指认现场笔录等证据，依法应予排除，不能作为定案依据。

再审还查明，本案中确实存在从同监犯获取及印证原审被告人有罪供述等侦查程序和行为不规范、不合法的情形。法庭已依法适用非法证据排除规则，对这些证据予以排除。

2013 年 3 月 26 日，浙江省高级人民法院再审宣布张辉、张高平无罪。判决书中提到："本案不能排除公安机关存在以非法方法收集证据的情形，张辉、张高平的有罪供述、指认现场笔录等证据，依法应予排除，不能作为定案依据。""侦查机关使用张辉的同监犯袁某某采用类似的方法协助公安机关获取张辉的有罪供述，同时又以该同监犯的证言作为证据，直接导致了本起冤案。经再审庭审查明，本案中存在从同监犯获取及印证原审被告人有罪供述等侦查程序和行为不规范、不合法的情形。再审法庭已依法适用非法证据排除规则，对上述证据等予以排除，不能作为定案依据。"

（二）本部分在教师的授课和指导下需要完成的任务

1. 辩护律师如何代理申诉？申诉中应当注意哪些问题？

2. 在本案的再审程序中辩护律师该如何进行辩护？应该着重注意哪些问题？

3. 人民法院在审判程序中应当如何对证据进行审查判断？什么样的证据应当根据非法证据排除规则予以排除，不得作为定案的依据？疑罪如何认定，如何处理？

## 教学指导手册

### 教学对象及目标

本案例供法律硕士案例教学使用，法学本科、刑法学硕士、刑事诉讼法学硕士也可以参酌使用。

本案例主要就专门机关、辩护律师在刑事诉讼中从事的法律活动和疑罪的认定问题进行讲授。具体要解决的问题包括:(1)在侦查阶段,侦查机关可以进行哪些侦查活动,如何进行这些侦查活动;(2)在侦查阶段,辩护律师接受委托后应从事哪些法律活动,以确保犯罪嫌疑人的权益得到有效保障;(3)人民检察院在审查起诉中的职责应该如何实现,如何制作起诉书和公诉词,如何提出量刑建议;(4)辩护律师在审查起诉阶段、审判阶段应如何从事各项法律活动,如何提出辩护意见,如何制作辩护词,如何进行法庭辩论;(5)人民法院在审理刑事案件时作出有罪裁判应当达到什么标准;如何防范刑事冤假错案的发生,如何审查判断证据,非法证据如何排除;(6)辩护律师如何参与二审和再审程序。

## 教学内容

**1. 在侦查阶段,侦查机关可以进行哪些侦查活动,如何进行这些侦查活动?**

在侦查阶段,侦查机关要收集证据,查明犯罪事实,查获犯罪嫌疑人,同时还要注意保障无罪的人不受刑事追究,保障犯罪嫌疑人和其他诉讼参与人的诉讼权利。因而,侦查机关立案后,首先要制订合理的侦查计划,选择正确的侦查途径。同时在完成上述目标的过程中,要注意严格依法办案,杜绝违法取证,保证辩护律师在侦查阶段享有的权利能够得以实现。

**2. 在侦查阶段,辩护律师如何维护犯罪嫌疑人的合法权益,尤其是诉讼权利?**

在侦查阶段,如何实现会见权,如何主张嫌疑人的合法权利,如何避免他们的权益受到侵犯是辩护律师要解决的最大问题。因而,律师接受委托后,首先要制定合理可行的辩护方案。在这一阶段,如何保障当事人不被羁押,或者在被刑事拘留或逮捕后变更为取保候审或者监视居住,对于当事人而言,是维护其正当利益的一种重要因素,因而如何与办案机关沟通,并代为主张相应利益,是辩护律师在侦查阶段应当着重解决的问题。再者,在侦查阶段犯罪嫌疑人权利受到侵犯的情况下,辩护律师如何维护他们的权利也是一项重要活动。

**3. 人民检察院在审查起诉中的职责应该如何实现,如何制作起诉书和公诉词,如何提出量刑建议?**

人民检察院对侦查终结移送审查起诉的案件进行审查核实,并作出处理意见,这是对前面侦查活动的检验,同时也是为起诉工作做好准备。审查起诉时,人民检察院要做好受理起诉案件的工作，还要按照合理方法和步骤对案件进行全面的审查，这个过程中，尤其要注意对案件证据的审查，并注意听取当事人的意见和辩护律师的意见。目前的审查起诉活动中，存在对辩护律师意见重视不够的问题，这会直接影响到当事人的合法利益。本案中，就存在这样的问题。教师在授课中，应为学生提出基本的注意要点。

**4. 辩护律师在审查起诉、审判阶段如何提出辩护意见？**

律师在审查起诉阶段的重点工作就是针对检察机关的审查起诉工作提出自己的辩护意见，尤其是针对案件中相关证据是否存在瑕疵，案件是否达到起诉的条件等方面都应当充分提出自己的辩护意见。本案中相关证据就存在一些问题，对于案件事实的证明也并未达到法定的起诉条件，教师在授课中对这些方面应当为学生提供指导意见。

庭审作为诉讼活动的重心，是律师为当事人进行辩护活动的重要阶段。律师应当事先为法庭调查和法庭辩论做好充分的准备。首先要做到阅卷翔实仔细。对卷宗、各项证据材料，尤其与定罪量刑有关的证据材料要充分解读认识，找到辩护的重点和突破点，庭审辩护才能够有备而战；对不利于辩护的证据要有明确的判定，对有利于辩护的证据要坚定提出，并做好充分的说明。这样才能让法官充分了解辩护意见。律师在法庭辩论过程中，发表意见要重点突出、说理充分，发言要遵守法庭纪律。

**5. 律师如何撰写辩护词？**

律师在刑事辩护活动中，最为核心的内容之一，就是撰写一份有分量的辩护词。撰写辩护词的具体内容包括：(1)对已有证据材料进行全面、适度且合理的分析，指出不同证据材料之间存在的差异、漏洞；(2)提出对当事人有利的证据材料，包括国家专门机关收集的证据材料和律师调查收集的证据材料；(3)对与本案定罪量刑有关的现有法律法规及司法解释进行分析，寻找对当事人有利的法律法规和司法解释上的根据，以及最高人民法院的指导性案例；(4)对案件程序性问题进行分析，指出侦查、审查起诉环节是否存在违反法律的问题；(5)对案件发生的原因等进行分析，寻找当事人从事违法行为的客观根据；(6)对其他影响定罪量刑的情节进行阐述分析。

撰写辩护词的形式要求包括：(1)证据分析与法律分析部分界限分明；(2)辩护重点突出，尤其是与定罪量刑直接有关的要点要突出；(3)层次分明，逻辑顺畅；(4)篇幅得当、语言简练易懂；(5)法律分析要有权威的论理根据；(6)语言平和、得体，忌用攻击性语言。

**6. 人民法院在审理刑事案件时作出有罪裁判应当达到什么标准;如何防范刑事冤假错案的发生;如何审查判断证据;非法证据如何排除?**

人民法院对于案件的裁判都是以控辩双方提供的证据为依据的,对于案件事实的认定离不开证据的佐证。因此深入理解我国法律规定的有罪的证明标准,正确对证据进行审查判断,才能避免错误的裁判。坚持疑罪从无,不惧外部压力。在庭审中,法官要做好指挥工作,保障控辩双方都能实现各自的诉讼权利,不偏听偏信。

**7. 律师如何在二审程序和再审程序中发挥自己的作用?**

律师在二审之前要针对一审裁判中对当事人权利保护不到位的地方和裁判不公正的地方做足准备。包括对一审的相关卷宗、证据、法律依据进行再认识,以便在二审中对上诉意见提供充分的依据。如若案件是已经生效的裁判,当事人要申诉的,作为律师要对案件中是否存在新事实、新证据,或一审、二审中没有认定的重要证据提供足够的说明和依据,如有程序问题,同样要注意提出程序性辩护意见。本案再审程序中律师对当事人的权利是如何进行维护的,是该案例的一个重点。在授课中,教师要针对二审和再审程序中律师如何进行代理辩护,对学生进行指导。

此外,通过对该案例的分析,要培养学生分析案例的法律运用能力、推理能力和实务操作能力。

## 预期效果

通过对案例的分析研究并模拟相关活动,以角色代入的方式,使学生能够熟练掌握刑事程序中的各个流程,引领学生经历案件由立案到审判的全过程,将程序问题、证据问题和实体处理问题融入其中,着重锻炼学生的实际操作能力和解决具体问题的能力。着重达到以下效果:(1)能够熟练制作刑事程序中的各种诉讼文书,比如辩护词、公诉词。(2)能够作为辩护律师制作自己的工作计划,熟悉诉讼各个阶段的工作。(3)能够解决案件办理过程中有可能出现的各种问题,比如申请变更强制措施、代理申诉等。(4)能够对掌握的刑事法律规定结合实际案件做正确的理解。

## 教学计划

教学计划安排如下:

1. 课前计划:安排学生阅读案例及相关参考资料,对案例所涉及问题进行思考,撰写实践题答案。

2. 课中计划:(1)介绍教学目的,明确讨论主题;(2)分组讨论,回答各项思考题,讨论实践题的撰写要点;(3)小组代表提出撰写要点,学生讨论和分析;(4)教师归纳总结。

3. 课后计划:布置学生进一步思考辩护律师在刑事诉讼活动中的职能,以及如何发挥其职能;思考刑事程序中如何实现对诉讼参与人的权利的保护;思考专门机关在刑事程序中如何行使自己的职权才能有效实现法律的根本目的。

## 课堂时间安排

本案例可以作为专门的案例教学课来进行,整个案例课的课堂安排为6个课时,每课时45分钟。计划每个板块用时两课时。

## 思考题和实践题

**1. 思考题**

(1)根据刑事诉讼法的规定,公安机关刑事案件的立案应当满足什么条件?在证明上有何要求?需要达到什么程度?

(2)根据现行刑事诉讼法和相关法律法规,公安机关在侦查阶段可以采取哪些侦查行为?

(3)根据现行刑事诉讼法和相关法规,公安机关在讯问犯罪嫌疑人时应当如何进行?是否必须录像?

(4)刑事逮捕应具备哪些条件?对张辉、张高平进行逮捕是否符合法律规定?达到了逮捕的条件吗?

(5)如果你是负责本案的侦查人员,你还应收集、提取哪些证据材料?

(6)根据现行刑事诉讼法,在侦查阶段,辩护律师会见在押犯罪嫌疑人,应办理哪些手续?

(7)根据本案,如果辩护律师发现在审讯时有刑讯逼供的情况,该怎样帮助嫌疑人维护自己的合法权利?

(8)根据本案的情况,侦查机关决定侦查终结是否具备法定的条件?侦查终结应具备哪些条件?如何撰写移送起诉意见书。

(9)在审查起诉阶段,检察院应该如何进行审查起诉?本案在当时的条件下达到了起诉的条件吗?

(10)在审查起诉时,如果辩护律师向检察院提出侦查阶段存在非法取证的情况,检察院该如何处理?

(11)根据现行刑事诉讼法,结合本案的情况,辩护律师可以向检察院提出哪些辩护意见?

(12)辩护律师提出查阅证据材料的申请,如果是在侦查阶段,侦查机关应如何处理?如果是在审查起诉阶段,检察机关应如何处理?

(13) 对于本案，一审时如果辩护律师提出非法证据排除的申请，该如何提出？二审中能否提出非法证据排除的申请？

(14) 庭审中对于非法证据排除的申请，法院该如何处理？谁有责任对证据的合法性进行证明？如何证明？

(15) 根据现行刑事诉讼法和相关法律规定，什么情况下能够启动审判监督程序？

(16) 假设本案中涉及的犯罪行为人确实另有其人，且仍然在世，该案件接下来该这么办？

(17) 请根据本案件的具体情况，分析刑事诉讼中如何避免冤假错案的发生？公安机关、检察机关、人民法院分别承担怎样的责任？

**2. 实践题**

(1) 如果你是张辉或张高平的辩护律师，在一审开庭前应该做哪些工作？请根据以上案情，编写工作计划。

(2) 结合本案案情，为张辉、张高平撰写辩护词。

(3) 对一审判决不服，当事人有权上诉，作为当事人的律师，请撰写一份上诉状。

(4) 根据本案案情，撰写再审的刑事判决书。

## 参考文献

1. 郑海：《刑事案件侦查》，法律出版社 2012 年版。

2. 叶青：《案例刑事诉讼法学》，中国法制出版社 2013 年版。

撰稿人 | 蔡军花，河北经贸大学法学院讲师

# 6 CASE 陈魏、张思等组织卖淫案*

| 摘 要 |

本案例以一起真实的组织卖淫案为蓝本，主要分析控、辩、审对被告人组织卖淫案件的事实认定和法律选择问题。该案例涉及的知识点和执业技能内容包括：(1)辩护律师的辩护主张如何获得法官认同；(2)法官如何选择法律并适用之；(3)法院之审级对案件的可能影响。本案例涵盖刑事第一审程序、第二审程序、律师辩护制度三方面内容，涉及的实体问题包括组织行为与协助组织行为的认定等，程序问题包括律师辩护策略、相关法律条文的收集和选择等。本案例对于实务者如何适用涉及组织卖淫罪与协助组织卖淫罪的相关法律条文具有参考意义。

| 关键词 |

组织卖淫罪　刑事诉讼　辩护律师技能　法律选择　组织卖淫行为与协助组织卖淫行为

| 教学目标 |

着重让学生把握三方面内容：(1)在法庭审理中，作为被告人的辩护人应从事哪些辩护活动、如何发表辩护意见才能最有效地保护被告人的合法利益；(2)法官如何对待辩护律师的辩护意见，如何在众多且可能有冲突的法律规范中作出选择；(3)辩护律师针对不同级别的法院，特别是一审法院和二审法院的不同特点，应采取何种辩护策略以更好地说服二审法官？

---

* 本文案例为真实案例，但已经对案例涉及之被告人、案件承办人、法官等信息作出一些技术性处理，也即案情和诉讼程序、判决结果等主要内容均为真实。说明：本案例共分为三个板块，第一部分，卖淫场所的基本情况，包括酒店之基本组织结构，内部成员等；第二部分，酒店股东、雇员等之职责分工；第三部分，陈魏、张思等组织卖淫一案的诉讼程序运行过程，包括侦查起诉环节，辩护律师的辩护，一审、二审法院的事实认定和法律适用。

## 教学案例主文

随着工业社会和市场经济的发展，卖淫现象呈现出有组织化的趋势。为了严厉打击这一现象，我国1997年《刑法》和随后的《刑法修正案（八）》对此都作了详细规范。

纷繁复杂的犯罪现象与对之规范的有限法律条文形成鲜明对比。作为律师，如何根据自己的立场作出既能说服自己，更能说服他人，特别是法官的法律解读，或者说公、检、法机关如何既能追究犯罪，又能说服被告人（及其辩护律师）和社会公众，这不仅仅是一个事实认定问题，更是一个关乎法律选择、社会生活变迁对法律条文理解和反思的问题。

### 一、月光假日温泉酒店概况

月光假日温泉酒店为有限责任公司，股东章玉东、吴其，章玉东为酒店法人、总经理，负责全面工作，吴其为副总经理，负责日常事务，酒店经理为张思。酒店共设四个部门，其一，保健部（卖淫部门），主管为陈魏（绰号是“嘎四”），负责保健部全面工作；其二，桑拿部，主管魏加艳（外号“大宝”），负责桑拿部全面工作；其三，足道部，主管邹国川，负责足道部全面工作；其四，后勤部，主管王东，主要负责财务，发工资，酒店采购，以及酒店维修。张思负责桑拿部和足道部，后勤部与保健部直接对副总经理吴其负责。

保健部即酒店卖淫嫖娼的地方，共有十多个房间，以及10多个卖淫女。保健部主管陈魏，主要工作为接待嫖客、安排嫖客到保健部房间，安排卖淫女到房间提供性服务，还负责考勤卖淫女；其不在岗时，由张思代为负责。卖淫女日常活动空间是在酒店三楼，但并不在酒店居住；更确切地说，酒店三楼为一个辅助场所，即待钟房，是小姐休息的地方，有嫖娼的客人时，服务员到待钟房喊小姐，小姐提供完性服务后又回到待钟房。

### 二、月光假日温泉酒店内部人员的权利、义务关系

首先，根据在工商部门的登记，该酒店为有限责任公司，股东有两名章玉东、吴其，也是董事会成员，更是公司经营层人员即总经理和副总经理，负责公司所有业务（包括桑拿、足道、后勤、保健部），获取所有经营利润。

其次，根据口供，章玉东和吴其聘用张思为经理，负责日常工作，聘陈魏为保健

部主管,直接对副总经理吴其负责,但在陈魏请假时,由张思代理,再聘魏加艳为桑拿部主管(对章玉东负责),王东为后勤部主管(对章玉东负责),另聘若干一般工作人员,包括保健部(卖淫场所)两名服务人员吴熙和赵伟;上述人员均领取固定工资,他们不享有分享利润的权利。

最后,从组织角度来看,作为有限责任公司的月光假日温泉酒店的成员可以分为三类,章玉东和吴其为第一类,即组织者、管理和经营者,获取酒店所有利润;张思、陈魏、魏加艳、王东为第二类,作为公司中层的高级员工,协助章玉东和吴其的工作;吴熙和赵伟等为第三类,主要从事辅助工作。

## 三、犯罪嫌疑人(被告人)的基本情况

章玉东,月光假日温泉酒店总经理,在逃。

吴其,月光假日温泉酒店副总经理,在逃。

陈魏,绰号"嘎四",男,生于1984年2月9日,身份证号码:51×1241×840209××××,汉族,初中文化,S省H县人,住H县宜东镇天罡村8组,月光假日温泉酒店保健部主管。因涉嫌组织卖淫罪于2013年7月26日被M市公安局刑事拘留,经M市人民检察院批准由该局于同年8月30日执行逮捕,现羁押于M市看守所。

张思,男,生于1982年11月24日,身份证号码:51×7221×82112××××,汉族,初中文化,S省S县人,住S县永明镇白庙双鹿村8组,月光假日温泉酒店经理。因涉嫌组织卖淫罪于2013年8月5日被M市公安局刑事拘留,经M市人民检察院批准由该局于同年8月30日执行逮捕,现羁押于M市看守所。

## 四、陈魏、张思等组织卖淫案之诉讼程序运行过程

1. 检方的公诉定性:

2013年7月25日,公安机关对该酒店进行检查时,在二楼保健部抓获卖淫嫖娼人员15人,并将陈魏现场抓获。2013年8月5日,公安机关将张思抓获归案。M市G区人民检察院于2013年12月11日以被告人陈魏、张思犯组织卖淫罪向M市G区人民法院提起公诉。

2. 被告方的辩解意见:

律师一方对公诉方的定性,即被告人陈魏、张思的行为构成组织卖淫罪有异议:

(1)被告人陈魏及其辩护律师认为陈魏的行为构成协助组织卖淫罪,理由为:

第一,陈魏仅为一名普通打工者,到月光假日温泉酒店上班是为挣工资,补贴家用。第二,到酒店上班时,酒店的运作规程已制度化,其并没有制定酒店的运作方

式,而是仅以员工身份受聘到酒店工作,在保健部也仅仅实施一般性管理工作。第三,虽身为主管,但没有实际权力,只负责员工的考勤和酒店的卫生,所有决定性的事务并不负责,且必须向副总经理报告,诸如卖淫女去留之类的问题,同时并没有获得工资之外的其他工资和奖金收入。

(2)被告人张思及其辩护律师认为,张思的行为应当认定为协助组织卖淫罪。理由为:第一,虽然被告人张思被章玉东安排为酒店经理,但在担任经理期间并不与酒店卖淫活动有关系,同时其实施的管理行为属于该酒店日常管理工作,其行为与一般酒店的经理职责没有本质的区别;在保健部主管陈魏休假期间,其确有代为对卖淫女点名的事实,但系受总经理的安排,且为临时安排,因此不宜将点名认定为对卖淫活动的管理,更不应认定为与陈魏伙同管理保健部。

第二,检察院认定张思之招募行为是组织行为,属于定性不当。酒店发布的招聘广告虽有其联系电话,但内容主要是招聘酒店的一般员工,而且广告制作和内容发布均由酒店安排,其仅负责接待来店应聘人员,因而仅有协助行为,没有组织行为。

第三,检察院认定的"以雇佣等手段,控制多名妇女从事卖淫活动"的事实不当。被告人既未参与保健部的各项管理制度的制定,也并未对卖淫女的人身自由进行限制,对违反制度的卖淫女处罚也与其无关。

简言之,被告人陈魏、张思及其辩护律师均认为其不构成组织卖淫罪,而应为协助组织卖淫罪。

3. 法院的判断:

M 市 G 区人民法院于 2013 年 12 月 25 日不公开开庭审理该案,并于 2014 年 1 月 9 日作出一审判决,支持检察院的指控,对被告人陈魏、张思犯组织卖淫罪分别判处有期徒刑五年六个月,并处罚金 6000 元和有期徒刑五年,并处罚金 5000 元。

4. 被告人陈魏、张思不服一审判决,提起上诉。二审法院(M 市中级人民法院)经过开庭审理,判决如下:

对于陈魏,其系聘用到酒店工作属实,但其受聘在酒店工作并被安排为保健部主管后,其直接参与对卖淫女的日常管理,且除固定的工资收入以外每月还有部分其他额外费用,可以认定其系组织卖淫的直接管理人,应当认定为组织卖淫罪的共犯。

对于张思,根据后勤部主管王东、桑拿部主管魏加艳及本案被告人保健部主管陈魏、服务员吴熙之证言,均证实张思负责酒店的全面工作,包括卖淫女的招聘,并有卖淫女证实主管不在时由张经理负责管理。因此,可以认定其系组织卖淫的直接管理人,应当认定为组织卖淫罪的共犯。

据此,二审法院认为一审认定事实确实充分、适用法律正确,维持原判。

# 教学指导手册

## 教学对象及目标

本案例供法律硕士案例教学使用,刑法学硕士、刑事诉讼法学硕士也可以参酌使用。

本案例主要就法官、辩护律师在刑事诉讼中从事的法律活动和卖淫类犯罪中的组织卖淫行为和协助组织卖淫行为的认定问题进行讲授。具体要解决的问题包括:(1)在审判之前的阶段,辩护律师接受委托后应从事哪些辩护活动以应对公、检、法可能的对案件事实的定罪和量刑,特别是有关联的罪名之间的可能选择;(2)辩护律师在审判阶段应如何发表辩护意见以更好地保障当事人权利和利益,以及应如何预测法官的判决;(3)以组织卖淫罪(协助组织卖淫罪)为例,探讨法官如何选择法律、适用法律,尤其要分析法官处置具体案件的思路、分析步骤等问题。

## 教学内容

### 1. 刑事辩护律师应当如何制定有效的辩护策略以应对司法机关可能的起诉和审判?

在刑事案件的审判前阶段,包括侦查和审查起诉阶段,辩护人获得案件信息的首要来源是侦查人员、审查起诉人员制作的卷宗;这些卷宗主要由被告人口供、证人证言、专家鉴定意见等证据,各种展示法律程序进程的法律文书和一些其他诉讼资料组成。

因此,首先,辩护律师应当阅读卷宗,根据卷宗材料确认哪些事实确定无疑,哪些事实可能存疑,哪些事实有矛盾和冲突。其次,在会见当事人过程中,除了听取犯罪嫌疑人的陈述外,还应该针对可疑的事实、可能有冲突和矛盾的事实向犯罪嫌疑人、被告人提出问题,以确定进一步收集证据的策略。最后,根据法律赋予律师的调查取证权,确定的收集证据策略,获得最终的关于案件的各类信息。

在前述准备工作的基础上,制定基本的辩护策略,大致有如下可能的抉择:选择有罪、无罪,还是罪轻的辩护策略;仔细盘点哪些属于可以减轻,或者可以从轻处罚的情节;对可能有争议的证据是否需要提交,或者既可能有利于被告人,但也可能不利于被告人的证据是否需要提交。

**2. 律师如何行使调查取证权?**

在实践中,律师的调查取证权往往受到很多限制,为弥补自身取证的不足,律师往往可做如下选择:其一,可以请求法院签发"准许调查决定书";其二,如果相关证人及有关单位不同意,可以请求人民检察院或人民法院收集、调取证据。

当辩护人获得的证据主要从侦查机关制作的卷宗获得时,并不表明其为全部,因而辩护律师应当根据刑事诉讼法及相关司法解释赋予的取证权向证人等主体调取证据或者在确实必要且无法获得的情况下,申请公、检、法调取证据以补充侦查机关取证的不足。

综上所述,律师的调查取证权一般分为三部分:其一,依据法律、司法解释独立调查取证;其二,经同意向受害人、证人调查取证;其三,经过申请,请求公、检、法机关取证。

**3. 律师撰写辩护词技巧?**

该问题与第一个问题不同,第一个问题是从整个案件出发,制定宏观的辩护策略和方向;而这里的问题则是辩护律师在审判阶段如何发挥自己的专业技巧,在法律的框架下发表有效的辩护意见,寻求法官认同,从而最大限度地维护和保障当事人的权利和利益。

首先,在语言上,除了用规范的法言法语外,发表的辩护意见应该温和有理,不能以偏激的言论刺激法官(如不判无罪必然造成冤案,司法必然不公正、不正义),因为法庭辩护不是公众演讲。其次,针对相同的案件事实,在不违背原则的情况下,辩护人对事实的定性(选择罪名)和量刑与法官可能的预判最好不要偏差过大,否则辩护意见很难被法官接受。最后,辩护意见应充分尊重公、检机关的判断,如果有与之不同的判断,应当充分说明理由,公、检、法与辩护人均为法律人,应当有相互尊重的态度和习惯。

**4. 庭审中,法官应如何保障辩护人的辩护职能?**

法庭审理程序是刑事诉讼程序的关键内容,更是法官获取案件信息的重要场合。法官居中主持控辩双方关于案件事实的举证、质证和认证以获取信息。由于角色、功能等差异,控辩双方特别是辩护方与法官的立场常有差异,甚至迥然不同。因此,如果辩护人能充分发表关于案件事实、法律适用的辩护意见,至少为法官更全面地分析已经阅读到的证据和信息提供了机会。

如何有效做到这一点呢? 首先,对没有争议的和没有必要的证据和信息,则不需要在法庭审理程序中展示,以此节约司法资源。其次,在庭审中,辩护人只需将有争议的证据和信息提交法庭,由控辩双方充分发表意见,以之为法官判决的基础。

**5. 如何正确认定卖淫类犯罪中组织卖淫与协助组织卖淫行为？**

虽然仅仅从词义看，“组织”与“协助”之义非常清楚，且界限分明，但放到具体生活中，特别是放到一定时段的社会生活中，“组织”与“协助”之义的区分会难以把握，曾经的组织行为可能已经演变为协助行为，而协助行为却仍然是协助行为，只不过其已经不再是协助的中心内容，只是其中的一个组成部分，甚至是不重要的组成部分，而原来的组织行为则可能成为协助的重要内容。

因此，法官等法律人要区别组织行为与协助行为有两方面内容需要关注：首先，组织与协助行为在1979年和当下的内涵和外延范围的变迁；其次，法律和司法解释对组织和协助行为的界定。进而言之，法官应当在社会生活中把握组织行为与协助组织行为的界限，并在诸多法律和司法解释中选择适合具体案件和时代发展的规范以认定事实和确定罪名。

通过对该案例的分析，要培养学生在诸多相关法律和司法解释中选择法律和规范的能力，更要培养学生在案例中的事实分析能力和法律推理能力。

## 课堂时间安排

本案例可以作为专门的案例教学课来进行，整个案例课的课堂安排为4学时，每学时40～45分钟。

如下课堂设计，仅供参考。

1. 课前计划：安排学生阅读陈魏、张思等组织卖淫罪案例的卷宗及相关案例（安排3个案例，分别为20世纪80年代的组织卖淫案，90年代后期发生的组织卖淫案和当下的组织卖淫案）以及相关的参考资料（主要是相关法律文献和资料），思考案例所涉及问题，撰写实践题答案。

2. 课中计划：（1）介绍教学目的，明确讨论主题；（2）分组讨论，回答各项思考题，讨论实践题的撰写要点；（3）小组代表提出撰写要点并分别发言，其他小组讨论和分析该小组代表的观点和逻辑推理过程；（4）教师归纳总结。

3. 课后计划：布置学生进一步思考在法律规范的积极冲突中法官该如何选择法律，以及辩护律师如何理解和思考法官的法律选择行为。

## 思考题和实践题

**1. 思考题**

（1）陈魏作为保健部（卖淫部门）的主管，在只有固定工资收入的情况下，是否可以将其工作行为界定为组织卖淫行为？如果除了基本工资外，还有其他收入的话，陈魏之行为是否可以界定为组织卖淫行为？如果陈魏还与酒店总经理章玉东、副总经理陈其一起分享利润,是否可以界定为组织卖淫行为?

(2)张思作为酒店经理,在只有固定工资收入的情况下,其管理行为是否可以界定为组织卖淫行为?

(3)如果是陈魏的辩护人,你选择组织卖淫罪还是协助组织卖淫罪作为辩护的基本策略?作为张思的辩护人,你是否有不同的选择呢?

(4)根据现行《刑法》和三十余年涉及组织卖淫罪和协助组织卖淫罪的司法解释,你能收集到多少相关规范,这些规范对此是否有明确规定,是否有冲突,这些冲突能否根据一定的原则形成一个统一、和谐的关于组织卖淫罪和协助组织卖淫罪的全景图?

(5)中国改革开放以来,经济已经发生翻天覆地的变化,卖淫嫖娼作为一种副产品也越演越烈,其行为和规模有所推进吗?有什么样的推进?这一推进需要对法律条文中的组织或协助组织行为作出新的界定吗?已有的法律条文和司法解释已经对此作出了回应,能够应付已经变化的社会生活吗?

(6)如果一审法院判决陈魏、张思构成协助组织卖淫罪,检察机关作为原告是否需要提起抗诉?如果抗诉的话,二审法院如何判断,接受一审法院的判断,还是同意检察院的抗诉判断?

(7)法官在审理陈魏、张思等组织卖淫案之前,应当做哪些准备工作?

(8)法官在法庭审理中,应当注重调查该案哪些事实?当事实没有争议时,法官是否可直接适用相关法律规范,而不需对相关事实和法律作进一步思考和反思?如果是,刑事诉讼程序中的其他主体,特别是辩护律师可以为法官提供什么样的信息、线索和辩护观点?

(9)法官在事实确定的情况下,如何选择和适用法律?如果遇到法律条文、司法解释相互冲突时,法官应当遵守哪些基本原则以祛除冲突?

(10)如果因为当事人上诉(认为其构成协助组织卖淫罪)或者检察机关抗诉(如果一审法院判决被告人构成协助卖淫罪,而检察机关认为适用法律错误的话),二审改判一审法院判决,一审法院应作何打算?在未来遇到相似案件时,应该如何判决,继续坚持,还是遵守二审法院的"先例",抑或,先请示二审法院再作判决?

**2. 实践题**

(1)如果你是陈魏的辩护律师,在审判前阶段,应该做哪些工作?请根据以上案情,编写工作计划。

(2)当一审法官判决陈魏、张思组织卖淫罪成立时,你怎么说服二审法官接受你的辩护意见?请撰写辩护意见,并将以下两方面因素涵盖在内:其一,二审程序的法律辩护与一审的不同特点;其二,如何说服法官接受你的观点。

(3)请根据以上案件信息,分析陈魏、张思等是否构成组织卖淫罪吗?如果你是法官,你应当如何选择法律,应当以什么为基础作出判决?请你撰写详细、有说服力的判决书。

## 参考文献

1. [法]维奥莱纳·瓦诺依克:《世界上最古老的行业——古希腊罗马的娼妓与社会》,邵济源译,中国人民大学出版社 2007 年版。
2. 张希坡:《中国的禁娼运动与惩治卖淫嫖娼罪》,载《法学家》1993 年第 4 期。
3. 陈有西:《组织卖淫罪死刑存废之我见——对汪红英案改判的几点法律思考》,载《中国刑事法杂志》总第 46 期。
4. 郑伟:《就这样动摇了共同犯罪的根据——论组织卖淫罪与协助组织卖淫罪的怪异区分》,载《法学》2009 年第 12 期。
5. 蒋志如:《妓女、"二奶"与中国法治建设》,载《香港社会科学学报》2011 年第 1 期。
6. 蒋志如:《人之发展与法的规制》,载《贵州警官职业学院学报》2012 年第 1 期。

撰稿人｜蒋志如,西南科技大学法学院讲师

# 7 CASE 药家鑫故意杀人案*

| 摘 要 |

本案例以药家鑫故意杀人案件为蓝本，围绕药家鑫案件中争议诸多的激情犯罪问题及引发的网络民意与刑事司法认定之关系问题进行探讨。本案例涵盖犯罪学思想、刑法基础知识探讨、刑事司法起诉及审判阶段中网络民意的认定等环节，涉及激情犯罪的概念、激情犯罪的性质、激情犯罪的刑法认定、网络民意影响刑事司法的利弊、网络民意与刑事司法的契合机制等问题。

| 关键词 |

激情犯罪　犯罪心理　网络民意　司法机制

| 教学目标 |

着重让学生把握三方面内容：(1)犯罪学上及刑法学上激情犯罪的内涵差异，激情犯罪的刑法认定，激情犯罪是否统一作为刑法上从轻处罚的酌定情节；(2)通过药家鑫案件分析犯罪人的犯罪心理以及普遍存在的大学生教育问题；(3)以药家鑫案件网络民意的发起为例，探讨网络民意在刑事司法案件中的影响，网络民意与刑事司法适用融合的机制研究，尤其提出处理具体案件的思路、分析步骤的基本框架。

## 教学案例主文

药家鑫，1989年11月7日出生，西安音乐学院大三的学生。

2010年10月20日22时30分许，药家鑫驾车从西安外国语大学长安校区驶往西安市区，当其行至西北大学西围墙外翰林南路时发生交通事故，将前方在非机动车道上骑电动车同方向行驶的被害人张妙撞倒。药家鑫下车查看，发现张妙倒地

---

* 说明：本案例共分为两个板块，分别为刑法中的激情犯罪、网络民意与刑事司法适用之关系问题。

呻吟,正在记其车牌号,因其害怕遭受张妙事后无休止的要钱纠缠,故从背包中拿出一把尖刀,连捅张妙8刀,致张妙当场死亡。杀人后,药家鑫驾车逃离。药家鑫驾车逃逸至翰林路北段郭南村口时再次撞伤行人,逃逸时被附近群众抓获,警方确认被抓获的肇事逃逸者就是撞伤张某又持刀行凶者。

2011年1月11日,西安市人民检察院以故意杀人罪提起公诉。3月23日在西安市中级人民法院开庭审理;2011年4月22日,西安市中级人民法院一审宣判,药家鑫犯故意杀人罪,判处死刑,剥夺政治权利终身。2011年5月20日,陕西省高级人民法院二审裁定,驳回药家鑫上诉,维持原判。

## 一、刑法中应如何认定激情犯罪

庭审中,药家鑫的辩护律师就药家鑫杀人的主观恶性问题辩称,“本案发生是他心里不良情绪的凝结。属于自身的心理脆弱,临时起意,可以定义为激情杀人”。[1] 希望法官从宽处理。

### (一)激情犯罪的类型特质

激情犯罪是情绪犯罪的一种类型。所谓情绪犯罪,是指由情绪所激发并主导的犯罪。在情绪犯罪中,支配行为人犯罪的动机主要是某种情绪,而非其他诸如利欲型动机、性欲型动机。

情绪犯罪可分为两种:一种是激情犯罪,另一种是非激情犯罪。激情犯罪是行为人在激情状态下实施的犯罪,而非激情犯罪是行为人在非激情类型的情绪状态(主要是心境)下实施的犯罪。所谓激情,通常指一种“强烈的、短暂的,然而是暴发式的情绪状态”。[2] 激情犯罪具有突发性、短暂性、暴力性的特点。

1. 激情犯罪的突发性

激情犯罪必定是非预谋犯罪。就犯罪诱因而言,激情犯罪源自于某种特定的外界刺激,但这种刺激不具有道德评判价值,无所谓是非对错。外界刺激是否会转化为激情具有主观性质,不存在统一的客观标准。重大事件、矛盾愿望、压抑或兴奋都具有个人主观性。因此激情犯罪无须以被害人的过错或重大过错为前提。

2. 激情犯罪的短暂性

激情犯罪必定是行为人在遭受刺激后迅即产生犯意,并立刻、即时实施犯罪。在犯罪人受到刺激和实施犯罪之间不存在足以使激情冷却下来的时间差,表现为冲突与案发在时间上的同一性,即行为人是在与被害人的冲突中作案,而不是冲突

---

〔1〕 台建林:《“药家鑫案”爆出教育偏狭之弊》,载《法制日报》2011年3月24日。

〔2〕 叶奕乾、祝蓓豆主编:《心理学》,华东师范大学出版社1988年版,第217页。

结束后又返回作案。作案凶器也是在冲突现场随机抓取,而非事先准备。也正因如此,激情犯罪的冲突地和案发地表现出同一性。

3. 激情犯罪的暴力性

激情犯罪过程就是暴力激情释放的过程。激情是一种非常强烈的情绪状态,当激情以暴发式释放时,其力量是巨大的。因而激情犯罪人内心激情的发泄总是暴力的。基于客观环境和主观因素,人在激情状态下可能犯罪也可能不犯罪,但一旦犯罪,则一定体现为暴力。

### (二)激情犯罪能否作为从轻处罚的理由?

我国刑法学界关于激情犯罪应该从轻处罚的理由大致有三个方面:一是认为激情犯罪是由被害人的不当或过错行为所引起,因此从道德角度考量,激情犯罪在一定程度上是符合法律与社会道德所维系的基本价值的要求的,可减轻其刑事责任;二是认为激情犯罪是在行为人失去理智的情况下实施的非理性行为,缺乏意志选择的自由,刑事责任能力减弱;三是认为激情犯罪行为人的人身危险性相对较小,可予从轻处罚。

1. 被害人过错是否是激情犯罪的必然诱因

一种观点:激情犯实施犯罪的最初起因是被害人的不当言行,因此从道德角度考量,激情犯的犯罪行为在一定程度上是符合法律与社会道德所维系的基本价值的要求的。

另一种观点:在常态条件下,可依据外界刺激的性质及其与行为人的关系将激情犯罪分为两大类:因行为人以外不当刺激而致的激情犯罪;因行为人以外的非不当刺激而致的激情犯罪。后者的发生更多地与行为人自身的易冲动、激惹性高、自私冷酷、心胸狭窄、固执多疑等人格缺陷有关。激情犯罪的核心在于“激情”,而非被害人的过错行为。如果激情犯罪行为是出于被害人的重大过错行为,那么,适当减轻犯罪人的刑事责任,是符合刑事归责原理的,也与许多非激情犯罪中的行为人因为被害人有重大过错而应予适当从轻处罚的道理是一致的。

2. 激情犯罪人的人身危险性问题分析

一种观点:激情犯罪人的人身危险性较小。激情犯罪行为人“一般是并无前科的偶犯,无卑劣的犯罪目的动机,易改造,深得公众舆论的同情。”〔3〕也有学者说得更直接,认为激情犯罪行为人往往事后悔恨、内疚、有自首情节,从而再犯可能性小。〔4〕甚至还有学者认为由于激情犯罪行为人的这些特点,可不予刑事处罚。“如

〔3〕 陈航:《对激情犯罪的立法研究》,载《法学评论》1995 年第 6 期。

〔4〕 杨庆民、袁志:《激情犯罪浅议》,载《青少年犯罪问题》1994 年第 5 期。

果纯粹是为了特殊预防的目的,对大多数的激情犯大可不必判处刑罚,因为他们走上相同的犯罪道路的可能性极微。”[5]

另一种观点:激情犯罪行为人具有较大的人身危险性,而且,某种程度上说,如果不经过相应的惩罚、改造和矫治,这种较大的人身危险性还会表现出恒定性。激情犯罪行为人的与爆发激情犯罪有关的并决定了其较大的人身危险性的个性缺陷主要表现为两个方面:一是激情犯罪行为人具有较高的激惹性;二是激情犯罪行为人具有内在的暴力倾向。

(三)关于激情犯罪的各国刑法规定

各国刑法关于“激情犯罪”的规定也都包括上述两个方面的因素,即情感和情绪的某种异常状态与能够导致这种异常的某种刺激因素,只是具体事项和范围不尽相同。一方面,就行为人情感和情绪的异常状态而言,一般都明文规定“愤”。其中,有的只规定了“愤”,如德国、挪威、丹麦、保加利亚、加拿大等。有的在“愤”之外还规定了其他情感和情绪类型,如“愤怒和痛苦”(瑞士),“激愤或在感情强烈压抑的情况下”(罗马尼亚),“激愤情绪”、“暴烈的情绪”和“突然的情绪”(新加坡)。有的未明文规定“愤”,只是将其包含在“激情”之中,如“强烈的情绪激动”(奥地利),“激情”(匈牙利和尼日利亚),“激情或者意识混乱的强烈冲动”(菲律宾),“强烈内心激动”和“长期处于精神刺激”(俄罗斯),“一时冲动”(越南),“强烈的精神激动状态”(朝鲜)。有的只强调行为人“失去自我控制”或“失去控制能力”的意识意志状态而淡化实际存在的情感情绪状态,如新西兰和喀麦隆。另一方面,就导致行为人情感和情绪异常状态的刺激因素而言,一般都指明刺激因素类型及其非法性,如“非法刺激或侮辱”(瑞士),“非法侵袭或者粗鲁侮辱”(丹麦),“受害人对犯罪人或其近亲属实施暴力、严重侮辱、诽谤或其他非法行为”(保加利亚),“被害人挑衅、受到暴力侵害、人格遭到严重侮辱或由于其他严重违法行为”(罗马尼亚)。有的指明刺激因素但不限于非法,如“挑衅”(新西兰),“严重而突然的挑衅”和“激烈争吵”(新加坡),“激烈的、突然的挑衅”(尼日利亚),“被害人一方存在较大的挑衅或者威胁行为”(菲律宾)。喀麦隆则具体规定了“发现自己的配偶以及自己的情人与他人通奸而受到挑衅的”特殊情形。加拿大直接指出“突然挑衅”的错误性质,即“特定的错误行为或侮辱”。[6]

“激情犯罪”正是我国刑法未具体规定但包含在酌定量刑情节概括性规定中的一种轻刑情节。《刑法》第61条可以理解为包含了酌定量刑情节的概括性规定:

---

[5] 周振杰:《激情犯基本理论研究》,载《人民检察》2006年第1期。

[6] 夏勇:《解读中外“激情犯罪”——“药家鑫杀人案”引出的话题》,载《法学》2011年第5期。

“对于犯罪分子决定刑罚的时候,应当根据犯罪的事实、犯罪的性质、情节和对于社会的危害程度,依照本法的有关规定判处。” 2010 年 2 月 8 日最高人民法院《关于贯彻宽严相济刑事政策的若干意见》第 22 项:“对于因恋爱、婚姻、家庭、邻里纠纷等民间矛盾激化引发的犯罪,因劳动纠纷、管理失当等原因引发、犯罪动机不属恶劣的犯罪,因被害方过错或者基于义愤引发的或者具有防卫因素的突发性犯罪,应酌情从宽处罚。”

总结各国刑法的“激情犯罪”,有差异,也有共同点:第一,“激情犯罪”是减轻罪责情节。第二,“激情犯罪”是感情或情绪强烈冲动的犯罪。第三,“激情犯罪”的激情是极其愤怒和严重不安。第四,“激情犯罪”的激情由一定刺激因素突然引起。第五,“激情犯罪”的刺激因素来自被害人冒犯被告人的非法行为或有过错和不道德行为。这些有共识的要求,也应为我国所遵循。据此观察药家鑫案件,就会发现被告人的杀人行为至少不符合最后一点——被害人试图看清肇事车牌号,无疑是天经地义的正常合理反应,也是值得鼓励的与违法犯罪抗争的正义之举,怎么能成为导致“激情犯罪”的不正义、不道德、不正确的刺激因素呢?这就从根本上否定了药家鑫“激情杀人”的轻刑诉求。因为,“激情犯罪”之所以值得在一定程度上原谅,关键在于被告人受到了某种“委屈”或者内心善良理念或正常情感受到了不正当、不合法、不合理的严重伤害。

## 二、网络舆情与刑事司法适用之关系分析

“药家鑫案”开庭审理时,法院曾向旁听的公民征求量刑意见。现场旁听人员收到的“旁听人员旁听案件反馈意见表”上有两个问题:您认为对药家鑫应处以何种刑罚?您对旁听案件庭审情况的具体做法和建议?参加旁听的 500 人中有 400 人是大学生,其中药家鑫的母校西安音乐学院的学生占大多数,而村民和被害人亲属仅有 25 人。

在“药家鑫案”的讨论中,很多传媒花很大的篇幅讲述药家鑫是个“优秀的学生”,性格“柔弱、温顺”,有一双“美丽的弹钢琴的手”,并且“品学兼优”、多次“获奖”,受到老师和家长的好评。他之所以杀人纯属偶然,“激情杀人”,或者因为根本无法说清的原因而杀人,总之,他是情有可原的。中央电视台《新闻 1 + 1》栏目的专题“药家鑫:从撞人到杀人”,内容主要是药家鑫满含泪水的自述,特别是哭诉其成长经历、慨叹其青春人生。整个专题不乏对药家鑫的袒护之词,一直在强调药家鑫是一个自小弹钢琴的优秀孩子,强调他那双弹钢琴的手,似乎弹钢琴的孩子是不可能杀人的。但是,一个好学生会随车携带一把刀刃长达 33 厘米的管制刀具吗?在该节目中,犯罪心理学家李玫瑾教授的言论引起了众怒,将民愤推向了高潮。对于药家鑫的犯罪根源,李玫瑾解释为当代社会背景下家庭教育的缺陷:缺少父母的心

理抚养,没有得到情感和观念交流。

媒体的表现激怒了社会公众。凤凰网的一项调查显示,在41.5万网民中,有68.2%的人认为媒体是在为药家鑫开脱。等到药家鑫的同门师妹李颖在微博上说“我要是他,我也捅……怎么没想着被害人当时不要脸来着,记车牌?”时,网民已经怒不可遏。此时,媒体仍然不断出现为药家鑫“求情”的言论,或者以人性的名义,或者以宽容的名义。《华商报》记者甚至受药家鑫父母之托,以欺骗的手段约被害人的律师张显见面,在其毫不知情的情况下发布了药家鑫的母亲向张妙的父亲当面道歉的消息。据张显在微博中透露,《南方周末》记者甚至约谈游说,“打着所谓人性、取缔死刑的幌子”“以赔偿的名义引诱”,劝说张家不杀药家鑫,但遭到张显的断然拒绝。

在这样一个典型的媒体关注强烈,网络民意成为热点的案例下,我们应该思考,网络民意究竟在司法程序中扮演什么样的角色,网络民意带给刑事司法的影响究竟是利还是弊,在网络日益发达的今天,民意能否在刑事司法的领域内得到认可?

### (一)网络舆论对司法的负面影响

1. 网络舆论造成司法权威的流失

首先,网民与司法机关在实现社会正义的途径、方式、观念上的差异致使网民对司法公正产生怀疑,导致网络舆论干预司法造成司法权威流失。网民与司法机关在看待事实与正义上所存在的巨大差异必然导致网民对司法公正产生怀疑。网民常常将司法程序理解为有意拖延,将司法活动对于证据的依赖视为“暗箱操作”,将所有对于司法活动的不满都归结于司法不公。网民对于现代司法理念的怀疑和误解动摇了司法权威的基础,在缺乏信任和服从的环境中司法权威根本就无从谈起。

其次,网络舆论强化了司法不公的社会印象,加剧了司法权威的流失。在我国社会转型过程中产生了众多严重的社会矛盾,环境宽松的网络成为了网民发泄对于这些社会矛盾怨怼与愤懑的最佳场所。网民的负面情绪在网络中相互渲染、支持、强化,催化形成一种激进而强大的负面舆论气氛。

2. 网络舆论影响司法的独立性

首先,网民和网络舆论通过对政府施压来达到影响和干预司法的目的。从刘涌案到药家鑫案,我们不难发现网络舆论汇聚社会力量向政府施压,迫使政府向司法机关施压,已经成为网络舆论影响司法的固定模式。

其次,借助于网络媒介快速形成的网络舆论审判大有替代司法审判之势。

（二）网络给司法带来的有利影响

1. 网络促进现实和谐司法

其一，网络有利于司法效果与社会效果的和谐统一。首先，通过网络网民得以充分表达其所期望获得的司法结果并使司法机关获知，司法机关据此也可以对司法审判结果的社会效应做出预判以便在法律范围内寻求司法效果与社会效果最大程度上的和谐统一。其次，当司法机关的审判结果与网民所盼望的司法结果不合而不被社会认可时，司法机关可以通过网络对做出判决的原因和依据做出合理的解释来消除误会，促使司法效果与社会效果和谐统一。

其二，网络有利于实现司法专业性与司法民主性的和谐统一。首先，网络扩大了司法民主参与主体的深度与广度。司法民主是民主价值在司法领域中的体现，其目的在于通过民主监督来防止司法擅断和司法腐败、维护司法公正。其次，网络为司法过程中司法专业性与司法民主性的良性互动提供了载体。

2. 网络为重建司法公信力带来契机

通过主动将司法活动呈现给网民、积极收集网民回馈信息、主动回应网民，司法机关得以与公众之间建立起良性的沟通循环机制，即司法公开—回馈—回应机制。在这一过程中司法机关与网民之间不再是单方面纵向的灌输与宣传，而是横向的互动与沟通；网民不再是消极的回避和接受，而是积极地参与其中。

3. 网络为推广和普及现代司法文化带来契机

“不杀他不足以平民愤”“药家鑫的死，是民心所向，是道德伦理的胜利”“药家鑫不死天理难容”“药家鑫死了、法律便活了”这些药家鑫案中网络上随处可见的口号无不体现着网民心中根深蒂固的传统司法文化。网络作为一种纵向横向全面连接社会的自由信息平台，它不仅为网民就各种社会问题的讨论提供了一个载体，同时也为新旧司法文化提供了一个思想自由竞争的超级市场。

（三）如何调节网络舆论与司法适用之间的关系

1. 建立健全网络司法监督法律法规

建立司法机关与网民间的长效沟通机制依赖于完善的网络法律法规，只有在法律的保护和规制下网民才有可能有序、理性、合法地参与到司法活动中来。然而我国网络立法滞后于网络发展步伐，导致网络参与缺乏规范、网络监管无力、网络舆论干预司法。

2. 司法机关应当建立自己的网络对话窗口

首先，通过这些窗口，司法机关可以及时、集中地将案件进展情况呈现给网民，网民则可以快捷准确地掌握案件相关信息。这样不仅为网民提供了所需信息，避免了虚假网络信息对于网民的误导；而且作为信息提供者的司法机关具有了更大的主动权，通过对案件信息披露顺序和范围在一定程度上的控制可以大大降低舆论侵害当事人的合法权利和媒介审判的风险。其次，通过司法机关的网络窗口，司法机关可以与网民进行直接的沟通避免了误会的产生。

3. 建立司法公开固定的网络模式

网络舆论干预司法的一个重要原因就在于司法程序不透明，网民只能通过自身积极参与到司法活动中来获取更多信息。以固定的形式在网络上展现司法过程不仅有利于消除网民对于司法活动的猜疑和误会，而且可以对司法机关内部施加正向压力，最大程度地减少司法腐败的可能性。庭审时间上网、裁判书上网、庭审网络直播（庭审视频上网）等都是当下司法机关最为常用的网络司法公开形式，它们应当以制度的形式固定下来。

4. 司法机关应当建立正规的网络舆论收集、回应机制

司法机关建立正规的网络舆论收集、回应机制的当务之急在于转变思维，重视网络舆论收集与回应在司法工作中的重要地位，并设立专门岗位，聘请专业人员进行网络舆论收集和回应工作。首先，收集网络舆论信息并非简单的发个调查问卷或“百度”下就可以的。在网络舆论的收集过程中不仅要收集并整理出网络舆论的主流观点，而且要知晓网络舆论主要在哪些论坛中汇集形成、有哪些舆论领袖、他们各自的观点有哪些、误导网民的虚假信息源于何处等更为详尽的信息。这些工作都需要相对专业的网络技术，并非法官所能胜任的。而准确地掌握这些信息是司法机关正确回应网络舆论的前提。其次，在对网络舆论的回应方面，我国司法机关可以借鉴西方的成功经验，建立完善新闻发言人或新闻发布会机制。利用新闻发言人或新闻发布会不仅可以扩大社会影响力，而且可以促进司法机关与媒体间的交流，避免误会和猜疑。

## 教学指导手册

### 教学对象及目标

本案例供法律硕士案例教学使用，法学本科（大四）、刑法学硕士、刑事诉讼法学硕士也可以参酌使用。

本案例主要就刑法中激情犯罪的认定、网络民意与刑事司法认定等方面进行讲授。具体要解决的问题包括：(1) 犯罪学上及刑法学上激情犯罪的内涵差异，激

情犯罪的刑法认定,激情犯罪是否统一作为刑法上从轻处罚的酌定情节;(2)通过药家鑫案件分析犯罪人的犯罪心理以及普遍存在的大学生教育问题;(3)以药家鑫案件网络民意的发起为例,探讨网络民意在刑事司法案件中的影响作用,网络民意与刑事司法适用融合的机制研究,尤其提出处理具体案件的思路、分析步骤的基本框架。

## 教学内容

### 1. 激情犯罪的类型特质有哪些?

激情犯罪的特点:突发性、短暂性、暴力性。

(1)激情犯罪的突发性。激情犯罪必定是非预谋犯罪。就犯罪诱因而言,激情犯罪源自于某种特定的外界刺激,但这种刺激不具有道德评判价值,无所谓是非对错。

(2)激情犯罪的短暂性。激情犯罪必定是行为人在遭受刺激后迅即产生犯意,并立刻、即时实施犯罪。在犯罪人受到刺激和实施犯罪之间不存在足以使激情冷却下来的时间差,表现为冲突与案发在时间上的同一性。

(3)激情犯罪的暴力性。激情犯罪过程就是暴力激情释放的过程。激情是一种非常强烈的情绪状态,当激情以暴发式释放时,其力量是巨大的。

### 2. 激情犯罪能否作为从轻处罚的理由?

我国刑法学界关于激情犯罪应该从轻处罚的理由大致有三个方面:一是认为激情犯罪是由被害人的不当或过错行为所引起,因此从道德角度考量,激情犯罪在一定程度上是符合法律与社会道德所维系的基本价值的要求的,可减轻其刑事责任;二是认为激情犯罪是在行为人失去理智的情况下实施的非理性行为,缺乏意志选择的自由,刑事责任能力减弱;三是认为激情犯罪行为人的人身危险性相对较小,可予从轻处罚。提出你的看法。

### 3. 被害人过错是否是激情犯罪的必然诱因?

关于被害人过错是否是激情犯罪的必然诱因的争议观点,我们该如何看待这些争议,并提出自己的观点。

### 4. 激情犯罪人的人身危险性问题分析

结合刑法上近代学派有关人身危险性的分析标准和结合激情犯罪人的个性特征,分析在激情犯罪情况下,激情犯罪人的人身危险性是否变小,还是会因为激情犯罪人本身的容易激动的特点，导致激情犯罪人的人身危险性增大？结合犯罪学和刑法学激情犯罪特质及人身危险性判断标准提出自己看法。

**5. 网络舆论对司法的影响有哪些？**

首先，网络舆论对司法造成不利影响，主要方面为网络舆论造成司法权威的流失、网络舆论影响司法的独立性；当然，网络舆论也会促进现实和谐司法的建立，如通过网络网民得以充分表达其所期望获得的司法结果并使司法机关获知，司法机关据此也可以对司法审判结果的社会效应做出预判以便在法律范围内寻求司法效果与社会效果最大程度上的和谐统一。

**6. 如何调节网络舆论与司法适用之间的关系？**

首先，司法机关应当建立自己的网络对话窗口。通过这些窗口司法机关可以及时、集中地将案件进展情况呈现给网民，网民则可以快捷准确地掌握案件相关信息。其次，建立司法公开固定的网络模式。以固定的形式在网络上展现司法过程不仅有利于消除网民对于司法活动的猜疑和误会，而且可以对司法机关内部施加正向压力，最大限度地减少司法腐败的可能性。最后，司法机关应当建立正规的网络舆论收集、回应机制。司法机关建立正规的网络舆论收集、回应机制的当务之急在于转变思维，重视网络舆论收集与回应在司法工作中的重要地位，并设立专门岗位，聘请专业人员进行网络舆论收集和回应工作。

## 课堂时间安排

本案例可以作为专门的案例教学课来进行，整个案例课的课堂安排为 32 个课时，每课时 45 分钟。

如下课堂设计，仅供参考。

1. 课前计划：安排学生阅读案例及相关参考资料，对案例所涉及问题进行思考，撰写实践题答案。

2. 课中计划：(1)介绍教学目的，明确讨论主题；(2)分组讨论，回答各项思考题，讨论实践题的撰写要点；(3)小组代表提出撰写要点，学生讨论和分析；(4)教师归纳总结。

3. 课后计划：布置学生进一步思考辩护律师在刑事诉讼活动中的职能，以及如何发挥其职能。

## 思考题和实践题

**1. 思考题**

(1)刑法中的激情犯罪概念?

(2)犯罪学意义上的激情犯罪与刑法上激情犯罪的概念差异有哪些?

(3)根据刑法规定,能否找到激情犯罪在刑法中的反映?

(4) 依照我国刑法及相关司法解释,对激情犯罪人该如何处理?

(5)被害人过错是否是引发激情犯罪的必然因素?

(6)我国刑法理论及实践中对被害人过错的态度是什么样的?对于激情犯罪是否如被害人过错一样对待?

(7)药家鑫案件中反映了怎样的犯罪心理?

(8)由药家鑫案件,我们该如何思考大学生的教育问题?

(9)药家鑫案件中所反映的媒体审判或者网络舆论对案件有何影响?

(10)根据现行刑事诉讼法,网络民意或者"民愤"对刑事司法的影响是利还是弊?

(11)我国在司法实践中是否存在网络民意影响司法的具体案例?

(12)如何看待网络民意与刑事司法的适用之间的关系?

**2. 实践题**

(1)如果你是药家鑫的律师,在药家鑫案件的辩护方面会提出哪些要点?

(2)如果你是刑事法官,如何看待网络民意在你所审理的案件中的作用?

## 参考文献

1. 梅传强、王敏编:《犯罪心理学》,中国法制出版社 2002 年版。

2. 周振杰:《激情犯基本理论研究》,载《人民检察》2006 年第 1 期。

3. 陈航:《对激情犯罪的立法研究》,载《法学评论》1995 年第 6 期。

4. 袁彬:《刑法的心理学分析》,中国人民公安大学出版社 2009 年版。

5. 邹兵:《论激情犯罪的刑事责任》,载《中国刑事法杂志》2004 年第 5 期。

6. 陈和华:《犯罪动机理论问题之再思考》,载《华东政法大学学报》2010 年第 5 期。

7. 孟昭兰主编:《情绪心理学》,北京大学出版社 2005 年版。

8. 陈婴虹:《论网络舆论对司法的影响》,载《中共浙江省委党校学报》2009 年第 2 期。

9. 郭为华:《网络舆论与法院审判》,法律出版社 2009 年版。

10. 高一飞:《媒体与司法关系研究》,中国人民公安大学出版社 2010 年版。

11. 季金华:《沟通与回应:网络民意在和谐司法中实现的机理》,载《法律适用》2010 年第 12 期。

12. 陈松林:《从司法民主性看人民监督员制度的正当性》,载《法学杂志》2010 年第 1 期。
13. 杨福忠:《网络征求民意法治化》,载《政治与法律》2012 年第 2 期。

撰稿人 | 张亚军,河北经贸大学法学院副教授

# 8 CASE 韩刚合同诈骗案


| 摘　要 |

被告人韩刚在转让林地承包权过程中,被指控虚构林地面积,骗取了被害人霍毅400万元的预付款,涉嫌构成合同诈骗罪。案件历经立案、侦查、起诉和审判四大刑事诉讼环节,内容包括多种刑事诉讼强制措施的适用、证据的审查判断、辩护律师的全程介入以及刑法的评价等问题。本案涉及的具体知识点和执业技能主要包括在程序上有立案的条件与程序、立案监督、网上追逃与通缉的区别、强制措施的适用、起诉的变更等;在证据上有证人证言的审查判断、刑事证明标准的理解和把握;本案的辩护律师全程参与了本案的诉讼过程,因而涉及辩护律师如何在诉讼的各个环节依法履行辩护职能的问题;在实体法上涉及合同诈骗罪的认定、合同纠纷与合同诈骗罪的界限、非法占有目的的判定问题,涉及在被告人有部分履行能力的情况下,是否还有合同诈骗罪存在余地问题,更涉及市场交易领域的欺诈行为构成诈骗类犯罪,应否有所限制以及如何限制的问题。



| 关键词 |

合同诈骗案　刑事立案　强制措施　证人证言　证明标准　起诉变更　辩护制度


| 教学目标 |

通过对韩刚合同诈骗案的讲授和研讨,使学生对刑事诉讼的主要阶段、强制措施的适用条件、起诉变更、证明标准、言词证据的审查判断等法律规定和操作有较深入的理解和把握;对辩护人依法行使辩护权以便有效维护当事人的合法权利的专业技能有全面的提高;对合同诈骗罪与合同纠纷之间的界限有清晰的认识。进而使学生们透过此案,在深入理解相关刑事法律规定的基础上,增强法律职业人的诉讼能力和诉讼技巧,提高撰写起诉书、辩护词、判决书等重要诉讼文书的写作能力。

## 教学案例主文

被告人韩刚,男,汉族,1965年9月出生于ZJ省XS市,毕业于HZ市人民警察专科学校。1986年至1995年,韩刚任HZ市XS县公安局某派出所民警,后辞职。1995年至2002年,韩刚在HZ市WX集团任贸易公司业务员、总经理助理,后辞职。2002年至今,韩刚一直做个体投资。2006年,韩刚与其胞兄韩海承包了LN省CY市建平县宋村的一块林地。2011年,韩刚在转让所承包的林地过程中,因涉嫌合同诈骗罪而被当地警方立案。此后,该案几乎历经了刑事诉讼的所有环节,涉及刑事诉讼法、证据法和刑法的诸多问题。透过本案,我们能够深刻体会刑事法的魅力与适用的艰难。

### 一、同胞兄弟闯关东,承包林地搞经营

2006年3月,韩海与亲哥哥韩刚得知LN省建平县万寿街道办事处宋村林地下面有铁矿,便从千里迢迢的南方来到此地,欲承包宋村的林地,以便伺机采矿或者发现林地下面蕴藏铁矿后将林地高价转让,以谋取利益。为此,兄弟二人共投入一百多万元,韩刚投入七十多万元,持70%的股份;韩海投入三十多万元,持30%的股份。

2006年9月28日,韩刚与宋村主要负责人商定,让其兄韩海与宋村村主任王才、村书记李芬签订承包宋村大坤兑沟村民组大驴子沟、界北沟一带林地协议书,[1]约定承包期限为10年,自2006年9月28日至2019年9月29日;承包林地的四至是,东至界北沟梁岗线杆下第一个杆为准,南至界北沟心南坡,西至山根毛石场以外,北至大驴子沟梁岗线杆以南(以下简称"9·28协议")。事后查明,"9·28协议"中四至范围内的林地面积为668亩,约0.44平方公里。韩刚、韩海、宋村村主任王才、村书记李芬都知道被承包的四至范围内的林地差不多有这些面积。自2006年签订"9·28协议"以来至2008年,韩刚和韩海一边经营着所承包的林地,一边在林地下面找矿。其间,发现了一些零星铁矿。为此,盖了一些采矿用的房子,也打了几眼矿井。但因为技术和资金不足,一直没有找到和采出大量铁矿,经营陷入困境。

---

〔1〕由于韩刚认为二人乃亲兄弟,与宋村的集体土地承包合同谁签都无所谓,就让哥哥韩海与宋村签的合同。签订此合同的当时,韩刚在场。因此,"9·28协议"中虽然只有韩海的签名,实际是两兄弟合伙承包,宋村村主任王才和村书记李芬也知道这一点。

## 二、兄嫌经营不挣钱，弟弟独获承包权

自 2007 年 10 月至 2008 年 5 月，由于没有正式的采矿权证，铁矿一直不能被开采，即便偷偷开采一些，也是入不敷出，还经常被罚。在这种情况下，韩海不想干下去了。2008 年 5 月 31 日，韩海提出将"9·28 协议"中的林地承包权全部转让给韩刚（以下简称"5·31 协议"）。经协商，兄弟二人达成转让协议。鉴于兄弟关系，哥俩口头约定韩刚给韩海转让费 30 万元（韩海有 30% 的股份），因韩刚当时无钱可付，便承诺等有了钱再给韩海，韩海也表示同意。此次兄弟二人内部的转让并未告知宋村。至此，韩刚成了这块林地的唯一承包人。

## 三、得知林地藏富矿，重签协议获期权

2008 年，LN 省政府制定了"辽西北找矿突破"项目，即在辽西北地区寻找矿产资源以促进地方经济的发展。LN 省第三地质大队随即在建平县叶柏寿镇的坤兑沟村山上勘探出铁矿分布，圈定了一个包括建平县宋村韩刚承包林地在内的、面积为 3.11 平方公里的铁矿资源带。2009 年年初，LN 省第三地质大队根据勘探结果向 LN 省国土资源厅申请了探矿权证，[2] 并开始在初步勘探出的 3.11 平方公里范围内进行钻孔勘探。由于该铁矿普查项目正在进行，尚未最终勘查成果，所得的阶段性地质资料尚未向社会公布，但已经发现该 3.11 平方公里范围内富含铁矿等矿产资源。

韩刚通过第三地质大队的勘查活动以及相关消息了解到他承包的林地可能是"辽西北找矿突破"项目中被划定的铁矿普查范围内的土地。于是，韩刚找到 LN 省地质矿产研究院的工作人员，拿出他的大坤兑沟土地的坐标点，询问其土地坐标点是否在 LN 省第三地质大队的勘查范围，在工作人员帮忙查找确认的确是在勘查范围内后，韩刚便离开了。之后，韩刚辗转找到相关人员，获得了 LN 省第三地质大队的探矿权证复印件。该探矿权证上详细记载了如下内容：探矿权人为 LN 省第三地质大队；探矿权人地址为 LN 省 CY 市长江路四段 29 号；勘查项目名称为 LN 省建平县叶柏寿镇大坤兑沟铁矿普查；地理位置为 LN 省建平县叶柏寿镇坤兑沟村；勘查面积为 3.11 平方公里；有效期限为 2009 年 11 月 16 日至 2011 年 11 月 15 日；勘查单位为 LN 省第三地质大队。

---

〔2〕 根据国土资源部《关于规范勘查许可证权限有关问题的通知》（国土资发〔2005〕200 号）规定，铁矿种勘查投入超过 500 万元人民币（含）的勘查项目，由国土资源部颁发勘查许可证。LN 省建平县叶柏寿镇坤兑沟铁矿普查项目为 500 万元，按照审批登记发证权限应由国土资源部发证，因而 LN 省国土资源厅于 2011 年 3 月 28 日注销了该项目的探矿权，而向国土资源部申办的探矿权证一直尚未办理成功。而且，国土资源的开发与利用需要相关单位在获得探矿权证后，根据勘探结果，由 LN 省国土资源厅通过招标拍卖挂牌程序，转成采矿权证后方可开采铁矿。

韩刚认为LN省第三地质大队出具的探矿权证说明在建平县坤兑沟一带3.11平方公里的范围内地下有矿产资源,只是矿产储量和品位尚不清楚。既然这个地区确实有铁矿资源,韩刚就想把探矿权证上所勘查的3.11平方公里范围内的、属于宋村又没有被他人承包的林地也承包下来,于是便找宋村村主任王才和村书记李芬商谈。2010年7月15日,韩刚与建平县万寿街道办事处宋村重新签订协议书,在“9·28协议”不变的情况下,新增两项内容:其一,约定将“9·28协议”中的原承包期的终止期由原来的“2019年9月29日”延长至“2020年12月31日”;其二,约定“LN省建平县叶柏寿镇坤兑沟铁矿普查”探矿权证转成采矿权证后,其开采范围内属于宋村的林地(此前已承包给他人的除外)也承包给韩刚(以下称“7·15协议”),并将之作为“7·15协议”的第3条。“7·15协议”的签订,意味着韩刚不但延长了“9·28协议”的期限,而且取得了宋村林地的部分期权。也就是说,如果韩刚取得采矿权,那么,属于宋村的尚未被承包的林地也应当优先承包给韩刚。至于韩刚拥有期权的详细四至和具体面积,案发前谁也说不清楚,案发后,经辽西工程勘察院测量,这些林地面积为1697.21亩。

## 四、无法办得采矿证,欲将林地转出去

然而,由于政府整顿,铁矿开采一直被迫停歇,采矿权证办理受阻,加之林地和矿上的固定开支,韩刚不免感觉到有些吃力。于是,就萌生了将林地转包出去的想法。韩刚将这一想法告诉了自己雇佣的看林人张东,让张东帮其物色承包人。一天,张东偶遇专门帮他人介绍买卖矿产的张杰,便将韩刚要转让有矿林地的信息告诉了张杰,求张杰帮忙寻找承包人。

2011年6月中旬,张杰电话联系身在杭州的韩刚询问其承包的林地是否转包出去了,并告诉韩刚阜新人霍毅想要承包这块藏有铁矿的林地。韩刚回复尚未转包,但就是因为办不下来正式的采矿权证所以停业了。张杰说采矿权证的事不用韩刚管,霍毅说他自己能办理。由于张东现在看着这块林地,韩刚本人不在建平县,韩刚让张东先给张杰介绍一下。这次通话后,韩刚给了张东两套图纸,每套图纸有两张,一张是LN省第三地质大队的探矿权证复印件,一张是大坤兑沟地形图。其中,地形图和探矿权证上的图是一样的,显示的都是3.11平方公里的范围,韩刚在这张地形图上标注了自己的四个矿井的位置,并对张东说这四个矿井的位置就是他承包的宋村大坤兑沟村民组大驴子沟、界北沟铁矿的位置。[3] 韩刚嘱咐张东,过几天张杰带霍毅来看矿,先给张杰一套图纸。

---

〔3〕 韩刚没有在这张地形图上标注宋村大坤兑沟村民组大驴子沟、界北沟铁矿的边界,只标注了四个矿井的位置,这张地形图只显示四个矿井在探矿权证3.11平方公里的范围内。

2011年6月下旬,张东找到张杰,按照韩刚的嘱托,将韩刚给他的图纸给了张杰一套。张东向张杰介绍说,老板韩刚承包的这片林地有丰富的矿产资源,LN省第三地质大队已经对这块地的铁矿资源勘查过了,现在就是没有正式的采矿权证,只要办下采矿权证就可以采矿了。张杰对张东说,霍毅说了他自己办理采矿权证,不用韩刚管办理采矿权证的事。

随后,张杰找到霍毅向其介绍说,张东说他的老板韩刚有一块3.11平方公里的林地要转让,这块林地下面有铁矿,而且已经由LN省第三地质大队勘查过了,确实有铁矿。说着,张杰将LN省第三地质大队的探矿权证复印件和大坤兑沟地形图交给了霍毅。张杰还说地下的铁矿资源能值2000多万元,只是韩刚现在办不下来采矿权证所以停产。霍毅表示,采矿权证他自己可以办,主要看资源是否好,先看看土地情况再说。

2011年6月末,张杰和韩刚沟通好了让张杰带霍毅来宋村看地。韩刚知道霍毅、张杰等人要来看地,便打电话告诉张东这几天不要出门,让其带领张杰等人看地,对方要是有诚意,再和自己谈。2011年7月初,霍毅、霍毅的朋友高猛、张杰三人来到了建平县万寿街道办事处宋村。张东接待了他们,并介绍说,韩刚是自己的老板,是杭州宋城集团的副总经理,主要负责在建平县的业务,这块林地是韩刚自己承包的,并展示了第三地质大队的探矿权证的复印件和大坤兑沟地形放大图,〔4〕说地下有丰富的铁矿资源,之前有人出2000万元买这块地韩刚都没有卖,现在韩刚在朝鲜投了一个金矿,着急用钱,所以才想低价出售这块地。霍毅听后,心想既然韩刚是着急用钱,那么转让的价格一定很低,这真是个难得的好机会。

当天,韩刚给张东打电话问霍毅、张杰等人是否来到,张东说他们到了。韩刚在电话中让张东先领着霍毅、张杰等人到小房子和矿井〔5〕那去看看,然后去垃圾处理厂〔6〕和森林公园边上第三地质大队钻孔的那个位置〔7〕看看,在垃圾处理厂和森林公园边上的钻孔位置向小房子和电视塔〔8〕方向指指,张东按照韩刚说的一一做了。在从垃圾处理厂到森林公园边上的钻孔位置的路上,张东指着采矿留下来的大坑跟霍毅等人说:"你看这个地方真不错,还不一定得出多少个奔驰宝马呢。"张东向霍毅等人所指的韩刚承包林地的范围是:东北角到垃圾处理厂,南到森林公园,西北角到电视塔,正北到一个河沟。当时张东拿着图纸对霍毅一行人说,这就是探矿

〔4〕 韩刚给了张东两套图纸,张东给了张杰一套,自己还留有一套。

〔5〕 "小房子和矿井"的位置在"9·28协议"中韩刚承包的宋村四至林地内,位于探矿权证3.11平方公里范围的西北部。

〔6〕 "垃圾处理厂"在探矿权证3.11平方公里范围属于宋村土地的东南角。

〔7〕 "钻孔位置"在探矿权证3.11平方公里范围的南端,与"垃圾处理厂"是一个方向。森林公园属于勿素台沟村,在探矿权证3.11平方公里的范围,但不属于宋村。

〔8〕 "电视塔"在探矿权证3.11平方公里范围的西北角,与"小房子和矿井"是一个方向。

权证上3.11平方公里的范围。[9] 到了地质队钻孔位置，霍毅一方有人说，这块地真不小啊，他们也认为张东为其指示的这块地有3.11平方公里那么大。

2011年7月14日，张东告诉霍毅，韩刚约他到杭州去谈承包地的事。2011年7月15日，霍毅、高猛、张杰、律师张忠四人应邀一起到达杭州，住在杭州维景酒店。2011年7月16日，韩刚和连襟俞立飞来到霍毅四人住的酒店。双方见面后，韩刚自称是杭州宋城集团的副总经理，主要负责在建平县的业务，建平县宋村的林地是他自己承包下来的，他在朝鲜有生意，缺少资金，所以要将这块地转包出去。

韩刚向霍毅等人展示了LN省第三地质大队的探矿权证复印件，介绍说探矿权证上的3.11平方公里已经由LN省第三地质大队勘查过了，地下有铁矿资源，要是能办下来采矿权证就可以采矿了。对此，霍毅说采矿权证由自己去办理，并提出看看韩刚的承包合同。韩刚向其出示了三份协议书，第一份是“9·28协议”，协议书上规定的四至是：东至界北沟梁岗线杆下第一个杆为准，南至界北沟心南坡，西至山根毛石场以外，北至大驴子沟梁岗线杆以南。以证明自己和弟弟韩海的原始承包林地的范围；第二份是“5·31协议”，以证明自己是这块林地的独立承包人；第三份是“7·15协议”，以证明自己除了实际享有“9·28协议”的林地面积外，还有与宋村达成的“LN省建平县叶柏寿镇大坤兑沟铁矿普查的探矿权证转为采矿证后，其开采范围内属于宋村的林地（此前已承包给他人的除外）也承包给韩刚”这一优先承包期权。韩刚并将上述合同复印件全部交给了霍毅。

霍毅经过实地考察，又亲眼见到了相关合同，觉得转包韩刚的承包林地确实有利可图，便决定转包这块林地。当天在杭州霍毅就与韩刚签订了意向协议书。意向书约定：韩刚将从建平县万寿街道办事处宋村承包的林地全部转包给霍毅，林地转包费和林地上房屋、设备等物权转让费合计为780万元整，霍毅先支付给韩刚预付款200万元，余款待韩刚完成以霍毅自己或者以跟霍毅合作的名义跟宋村签订有效期为20年的林地承包协议书后一次性付清，[10] 然后再与霍毅签订一份最终协议书将该片土地全部转包给霍毅经营。次日，霍毅便支付给韩刚预付款200万元。

### 五、韩刚亲自来建平，霍毅二次看土地

2011年7月末，韩刚从杭州市来到LN省建平县，为的是办理2011年7月14日与霍毅签订的意向协议书中约定的延长承包期等事宜。在此期间，霍毅提出让

---

〔9〕 事实是，这不是探矿权证上的3.11平方公里范围四至，如前文所述，这个范围由宋村、富山村、勿素台沟村共有，又正如后文村长王才证言所说的那样，张东所指示的范围是探矿权证上3.11平方公里范围内整个宋村的土地范围，而不包括其他村子的土地。

〔10〕 霍毅认为原来的“9·28协议”以及“7·15协议”中约定的10年的承包期太短，让韩刚想办法跟宋村再延长10年。

韩刚亲自带其看看他承包的林地。韩刚便与张东一起带着霍毅、张忠、张杰、高猛四人上山查看其承包的土地与铁矿。和张东第一次带霍毅等人上山看矿的路线一样,韩刚先带霍毅四人到东北角的垃圾处理厂附近,往小房子和西北角的电视塔方向指去,然后到南边的森林公园地质队钻孔附近看看,正北至一条沟,最后到矿井和小房子周围查看。案发后,经宋村村主任王才证实,东北至垃圾处理厂、南至森林公园北侧、正北至一条沟、西北至电视塔下,这个范围的土地属于宋村。

其间,为了履行双方在杭州达成意向书规定的义务,也为了让霍毅继续支付预付款,韩刚找到宋村村主任王才和村书记李芬商议延期承包合同期限至20年及要求召开村民代表会议等事宜。王才称因村民外出打工的很多,无法召集到村民代表开会。韩刚便找到大坤兑沟村民王丙喜帮其运作这件事,并支付给村民几百元不等的好处费,得到了32位村民代表的签字。2011年7月29日,韩刚与霍毅在宋村以合作的名义跟宋村签订了延期至20年的协议书,韩刚又让霍毅支付了200万元的预付款。至此,霍毅共付给韩刚400万元的预付款,还有380万元余款待签订最终协议书时付清。韩刚将400万元预付款中的近200万元用于偿还外债,近200万元交给其妻子吴瑛用于炒股票及投资理财产品。

## 六、林地面积引争议,恐遭不测去躲避

2011年8月末,韩刚再次从杭州回到了建平,目的是要与霍毅签订最终协议,以便将自己承包的林地全部转让给霍毅,并得到余下的380万元的合同转让款。但霍毅借故迟迟不予签订。2011年9月4日,霍毅终于答应要签订正式合同,但提出了要对韩刚所承包的林地面积进行实地测量后才能签订合同。韩刚就有点不高兴了,并说:“你们东北人办事真磨叽,不是带你们上山看过了吗?”霍毅坚持要对该片林地进行GPS打点并测量面积,韩刚表示反对。此时,霍毅的律师张忠给建平县国土资源局的刘华打电话让他帮忙测一下面积。刘华说当天有事来不了,第二天才能来。于是,霍毅提出去找村主任王才带着到山上确认韩刚实际承包地的四至范围。韩刚说:“愿意去你们去,我不去。”霍毅接着给宋村村长王才打电话,请王才陪同到山上看看韩刚承包土地的四至,王才回复说:“现在没有时间,等中午吃完饭下午去看吧。”放下电话以后,王才与韩刚接通了电话,王才跟韩刚说:“霍毅要去看承包地的范围。”韩刚说:“你别带霍毅到山上去看了,随便在山下指指就可以了。”王才没有同意,韩刚最后说:“那你看着办吧。”

韩刚越想越生气:本来应当早就测量的事情,为什么今天才提出?联想到这几天霍毅的种种表现,特别是强行索要原始合同的举动,便怀疑霍毅故意找茬不想支付余下的380万元而欲独吞这块林地。想到自己孤身他乡,韩刚便心生恐惧,当即决定离开建平,先去北京机场再转机返回杭州。

2011 年 9 月 4 日下午 1 时许，王才带着霍毅上山实际指认了韩刚承包的土地四至，即"9·28 协议"中的四至范围。霍毅看了之后说："不对吧，这也没有 3.11 平方公里啊?"王才说："3.11 平方公里肯定没有，也就 0.44 平方公里吧。"接着霍毅又带着王才去垃圾处理厂的山上看，询问这山是不是韩刚承包的。王才说："肯定不是，这山 2002 年就已包给别人了。"

霍毅顿时觉得被韩刚骗了，便立即给韩刚打电话询问具体情况，霍毅说："你承包给我的地方也没有 3.11 平方公里那么大呀，你这不是骗人吗？你承包给我的地不是那么大，你把 400 万元还给我，我把地都还给你。"韩刚说："我把材料都给你看了，这么长时间你干什么啦，现在说这些事，这不是你说了算，也不是我说了算，可以协商，协商不成，还有协议。你可以上杭州来找我。"两人都愤怒地结束了通话。霍毅又给张忠打电话，让张忠去宾馆找韩刚，张忠赶到宾馆的时候，韩刚已经连宾馆房间都没有退就走了。

在韩刚离开建平去往北京的途中，收到了霍毅一方的高猛发来的短信。其内容是：害怕了吧，好戏才刚刚开始。在当晚九点多的北京机场，有两个操着东北口音的男子故意找茬说韩刚偷了他们的东西，经机场派出所民警处理，韩刚方才脱身。韩刚怀疑是霍毅派人所为，意图将其留在机场。翌日，在机场派出所民警的护送下，韩刚登上飞机，飞回杭州。

## 七、公安介入变刑案，东躲西藏终被抓

2011 年 9 月 5 日，霍毅到 LN 省 CY 市公安局经济犯罪案件侦查支队报案称：霍毅承包韩刚自称在建平县万寿街道办事处宋村承包的面积有 3.11 平方公里的林地，霍毅支付 400 万元的承包费后，发现韩刚实际承包的林地面积只有 0.44 平方公里，霍毅被韩刚骗去 400 万元。LN 省 CY 市公安局经济犯罪案件侦查支队进行了刑事案件登记。

2011 年 9 月 9 日，LN 省 CY 市公安局决定对韩刚涉嫌合同诈骗案立案侦查。在没有电话联系韩刚的情况下，LN 省 CY 市公安局经济犯罪案件侦查支队即将其列为网上逃犯，而韩刚的手机一直是处于开通状态的，霍毅也在其间联系过韩刚。

2011 年 9 月 15 日，HZ 市公安局 XS 区公安分局刑侦大队根据网上逃犯信息，在韩刚岳父家实施抓捕，韩刚跳窗逃走。

2011 年 12 月 3 日，HZ 市公安局 XS 区公安分局刑侦大队根据群众举报，在韩刚连襟俞立飞家抓获韩刚。

2011 年 12 月 6 日，公安机关冻结了韩刚以及其妻吴瑛的存款账户。

2011 年 12 月 8 日，CY 市公安局刑事拘留韩刚。2011 年 12 月 10 日，CY 市公安局以"案情复杂"为由对韩刚延长拘留期限，从 2011 年 12 月 12 日延长至 2011 年

12月15日。2011年12月15日,CY市公安局又以“属多次、流窜作案”为由对韩刚再一次延长拘留期限,从2011年12月16日延长至2012年1月7日。

## 八、两次报捕不获批,强制措施屡变更

2012年1月7日,CY市公安局向CY市人民检察院对韩刚提请批准逮捕。2012年1月14日,CY市人民检察院以“现有证据不足以证明犯罪嫌疑人韩刚有合同诈骗犯罪事实”为由作出不予批准逮捕的决定。2012年1月15日,韩刚被予以释放,CY市公安局对其转为采取监视居住的强制措施。在接下来长达半年之久的监视居住中,韩刚被要求住在CY市的一家酒店,由LN省CY市公安局的2名民警一天24小时昼夜监视。

2012年2月16日,CY市公安局向CY市人民检察院对韩刚第二次提请批准逮捕。2012年2月22日,CY市人民检察院又以“现有证据不足以证明犯罪嫌疑人韩刚有合同诈骗犯罪事实”为由第二次作出不予批准逮捕的决定。

2012年7月14日,因监视居住的法定期限届满,CY市公安局对韩刚解除监视居住的强制措施,对其转为采取取保候审的强制措施。2013年7月13日,因取保候审的法定期限届满,CY市公安局对韩刚解除取保候审的强制措施,退还保证金50000元。

## 九、证人变成嫌疑犯,韩刚最终被逮捕

2011年12月9日,韩刚的看林人张东作为证人配合公安机关做完最后一次询问笔录后不知所踪。此次张东的证人证言证实:2011年7月末,韩刚与张东一起带着霍毅、张忠、张杰、高猛四人上山查看其承包的土地与铁矿,韩刚说其承包的林地在宋村大坤兑沟组大驴子沟、界北沟一带,四至协议书上都标着,肯定没有问题;上山之后,韩刚指的是探矿权证上的3.11平方公里的大概位置:东北至垃圾处理厂,南至森林公园北侧,北至一条沟,西北至电视塔。事后根据村主任王才的证言,东北至垃圾处理厂,南至森林公园北侧,北至一条沟,西北至电视塔这个范围内的土地确实属于探矿权证上的3.11平方公里范围内的宋村土地。2011年9月4日,霍毅与韩刚等人在建平县安兴宾馆准备签订全部转包的最终协议书时的谈话过程,张东表示并不清楚。

在此期间,张东写过一份材料,这份材料的内容是:“韩刚要卖给霍毅的土地一共有两处,一处是韩刚实际承包来的0.44平方公里的林地,另一处是探矿权证上的3.11平方公里范围内属于宋村的土地,等探矿权证变成采矿权证后,宋村就将探矿权证上的3.11平方公里范围内属于宋村的土地也承包给韩刚。”

2012年6月27日,LN省CY市公安局将张东确定为涉嫌合同诈骗罪的犯罪嫌

疑人,LN 省 CY 市公安局经济犯罪案件侦查支队将其列为网上逃犯,张东由证人变成了犯罪嫌疑人。

2013 年 3 月 7 日,张东到 LN 省 CY 市人民检察院投案自首。因张东重新供述案件事实,LN 省 CY 市公安局经济犯罪案件侦查支队当日将张东取保候审。此次张东作为犯罪嫌疑人的供述证实:上述材料的内容是韩刚让其写的,他根本不知道"韩刚要卖给霍毅的地一共有两处,一处是韩刚实际承包来的 0.44 平方公里的林地,另一处是探矿权证上的 3.11 平方公里范围内属于宋村的土地"的事实,因为韩刚是自己的老板,加之害怕韩刚人身报复才为韩刚做假证;另外还证实:2011 年 9 月 4 日,在霍毅与韩刚等人在建平县安兴宾馆准备签订全部转包的最终协议书时的谈话过程中,韩刚确实说过其承包的土地范围有探矿权证上 3.11 平方公里那么大。

此外,侦查机关还找到了曾参与 9 月 4 日当天合同签订过程的张东的女儿张静,她也提供了韩刚在当天向霍毅说了自己承包林地的面积有 3.11 平方公里那么大的证言。在这种情况下,CY 市人民检察院作出了批准逮捕韩刚的决定。

## 十、庭审控辩很激烈,迫使控方变起诉

作为本案公诉方的 CY 市人民检察院的起诉书指控,被告人韩刚无视法律,虚假陈述合同的履行标的;因探矿权证属于第三地质大队,不为韩刚所有,探矿权证能否转成采矿权证,是个未知数;因此,2010 年 7 月 15 日签订的合同(前述的"7·15 协议"——编者注)中新增的土地实际并未承包给韩刚,被告人韩刚欲对外转包上述两处土地(实际承包的 668 亩和"7·15 协议"中有优先承包期权的新增土地 1697.21 亩)没有实际履行能力,其以部分履行合同的方法,诱骗被害人巨额钱款,并潜逃,拒不归还,其行为构成了合同诈骗罪。

而辩护人认为,被告人韩刚将实际承包的 668 亩林地转包给霍毅的行为,没有任何问题;将"7·15 协议"中可能承包的土地范围大致指给霍毅的行为,也不能视为诈骗行为。因为本案是合同转让,当韩刚将"7·15 协议"及其复印件交给霍毅时,作为专司开矿职业的霍毅对于合同第 3 条关于期权的约定,应当心知肚明。韩刚将这部分尚未实际承包而有可能优先承包的土地的大致范围指给霍毅,是有合同依据的。这种依据合同的行为与虚构合同标的的诈骗行为有本质的区别,也不足以使霍毅陷入错误认识,从而交付 400 万元预付款。至于霍毅本人对此有何重大误解,那是他的事情,与韩刚无关。

对于辩护人提出的上述辩护意见,公诉人没有给予正面的回答。庭审后,公诉方经过研究,改变了公诉思路,将本案的焦点定在了被告人韩刚是否向霍毅声称自己承包的林地面积就是探矿权证上 3.11 平方公里那么大这个问题上,并向法庭提出了变更起诉决定书。于是,法庭再次开庭。第二次庭审中,公诉方主要依据霍毅、

张杰、张忠、高猛、张东、张静等人的证言，认定韩刚在与霍毅接触过程中，多次表明自己承包的林地面积就是探矿权证上的3.11平方公里那么大。从而认为韩刚虚构了承包面积，构成合同诈骗罪。

针对变更后的指控，辩护人认为，其一，案发后，韩刚一直否认自己曾经说过所承包的林地面积就是探矿权证上的3.11平方公里那么大。之所以拿出探矿权证给霍毅看，目的是告诉他，自己所承包的林地和取得采矿权证后优先承包的土地就坐落在探矿权证的3.11平方公里范围内。其二，现有证人证言的证明力存在重大问题。霍毅一方共有四位证人，属于利害关系人，其证言如出一辙，实际上等于霍毅的一人证言。正因如此，检方才认为证明韩刚合同诈骗罪的证据不足，而两次不予批捕。而作为韩刚雇员的张东的证言，前后变化令人质疑，前期作为证人时的证言，并没有不利于韩刚的内容。而后期被作为韩刚合同诈骗罪共犯嫌疑人的证言，则有被迫之意。其女儿张静所做的不利于韩刚的证言，是在其父被列为犯罪嫌疑人后所做的，也不能排除被迫作证的可能。辩护人申请法庭传唤二人出庭接受质证的要求没有被满足。在这种情况下，这两名父女证言的真实性大打折扣。其三，更为重要是，上述证人证言，特别是霍毅一方的证言所说的韩刚自称其承包的面积就是3.11平方公里那么大，也是他们所说的韩刚向他们所指的范围，即“东北角至垃圾处理厂，西北角到电视塔，北之河沟。”但根据宋村村主任王才的证言，这个地界都属于宋村而没有被承包的面积。也就是说，韩刚向霍毅所指的这个范围恰恰是“7·15协议”第3条所规定的属于韩刚期权的范围，而这个范围与探矿权证3.11平方公里的范围相差甚远。当韩刚将探矿权证标明的3.11平方公里和所指的上述面积全盘告诉霍毅时，即便韩刚所指的面积有3.11平方公里那么大，又怎能足以使霍毅陷入错误认识呢？其四，韩刚所得到的400万元预付款，并非欺骗的结果。因为霍毅之所以向韩刚支付400万元预付款，完全是依据韩刚向其提供的合同，而非夸大承包面积所致。因此，本案应是合同纠纷，而非合同诈骗罪。

## 教学指导手册

### 教学对象及目标

本案例供法律硕士案例教学课程使用，法学本科、刑法学硕士、刑事诉讼法学硕士也可参酌使用。

通过对本案例的讲授和本案例涉及刑事法律知识点的归纳，使学生对刑事诉讼主要阶段、刑事强制措施的适用及起诉变更等法律规定有较深入的把握；对刑事证明标准、言词证据的审查判断更加熟练；对合同诈骗罪与合同纠纷之间的界限有清晰的认识。进而使学生们透过此案，在深入理解相关刑事法律规定的基础上，增强法律职业人的诉讼能力和操作技巧，提高撰写起诉书、辩护词、判决书等诉讼文书的写作能力。

## 教学内容

### 1. 立案的条件与程序

在我国，立案是与侦查、起诉、审判、执行相并列的独立的、必经的诉讼阶段，是刑事诉讼活动开始的标志。将立案确立为刑事诉讼的开始和必经程序，最重要的意义在于限制国家刑罚权的任意发动，保障无罪的人不受刑事追诉。因此，立案有条件，只有符合“有犯罪事实需要追究刑事责任”（《刑事诉讼法》第110条）的要求，才能确立为刑事案件。从“发现犯罪事实或者犯罪嫌疑人”（《刑事诉讼法》第107条）到确定“有犯罪事实需要追究刑事责任”，公安机关和司法机关需要有一个审查和认识的过程。学生应当掌握案件的“受理”和“立案”的区别。本案中，LN省CY市公安局经济犯罪案件侦查支队于2011年9月5日对霍毅报案的登记属于案件的“受理”，而9月9日对韩刚涉嫌合同诈骗案立案侦查的决定才是“立案”。

### 2. 检察机关对公安机关立案活动的监督

因为立案是刑事诉讼必经的开始程序，没有立案，其他诉讼程序就不能依次展开。所以，司法实践中存在一些公安机关为片面追求破案率而实行先破后立、不破不立，或者基于地方利益保护等理由将符合刑事追诉条件的案件不予立案，或者将本属于民事、经济纠纷的案件作为刑事案件立案处理的做法，严重违反刑事诉讼法规定立案程序的宗旨。由是，强化检察机关对于立案活动的监督是必要的和有意义的。《刑事诉讼法》第111条只规定了检察机关对于公安机关不立案的监督制约机制，但对不应当立案而立案的监督规定阙如。对此，《人民检察院刑事诉讼规则（试行）》第555条第2款填补了这一缺漏。本案是否属于“违法动用刑事手段插手经济纠纷”的情形，老师可以组织学生讨论。

### 3. 网上追逃与通缉的区别

网上追逃与通缉不同。网上追逃属于办案协作的内容之一，针对已被决定拘留、逮捕的犯罪嫌疑人在逃的情形，通过网上工作平台发布犯罪嫌疑人的有关信息，寻求各地公安机关协助组织抓捕；而通缉则是侦查行为之一种，适用的对象为应当逮捕而在逃的犯罪嫌疑人和越狱逃跑的犯罪嫌疑人、被告人或者罪犯。本案中,CY市公安局针对韩刚的做法属于前者,但在可以联系上韩刚却没有事先联系的情况下直接将其列为网上逃犯的做法是不适当的。

**4. 拘留的期限及延长**

拘留是享有侦查权的主体在紧急情况下采取的临时剥夺犯罪嫌疑人人身自由的强制措施。临时性是拘留的重要特征,因此拘留的期限较短,随着诉讼进程的推进必然发生变更。被拘留的犯罪嫌疑人经审查认为需要逮捕的,应当在拘留后3日以内提请人民检察院审查批准。在特殊情况下,提请审查批准的时间可以延长1日至4日。对于流窜作案、多次作案、结伙作案的重大嫌疑分子,提请审查批准的时间可以延长至30日。至于如何理解"流窜作案、多次作案、结伙作案",《公安机关办理刑事案件程序规定》第125条第3款有进一步的细化规定。"流窜作案",是指跨市、县管辖范围连续作案,或者在居住地作案后逃跑到外市、县继续作案;"多次作案",是指三次以上作案;"结伙作案",是指二人以上共同作案。本案中,CY市公安局以"多次、流窜作案"为由延长韩刚的拘留期限至30日是否适当,有待商榷。

**5. 逮捕的适用条件及非羁押强制措施的变更**

逮捕是刑事强制措施中最严厉的一种。言之"最严厉",不仅因为逮捕是对犯罪嫌疑人、被告人人身自由的剥夺,更在于逮捕期限对诉讼程序的强烈依附性。鉴于逮捕即意味着较长时间的羁押,于是刑事诉讼法从证据、罪责和社会危险性三个方面严格限制逮捕适用的条件。其中,证据条件即有证据证明有犯罪事实是检察机关在审查个案时最为看重的。司法实践中,"构罪即捕"的不合理做法较为普遍。对于检察机关不批准逮捕的,公安机关应当立即释放被拘押的犯罪嫌疑人。对于需要继续侦查的,也可以采取取保候审或者监视居住等非羁押的强制措施。本案中,CY市人民检察院对于CY市公安局的两次报捕两次以"现有证据不足以证明犯罪嫌疑人韩刚有合同诈骗犯罪事实"为由不予批准,CY市公安局变更对韩刚的拘留措施为监视居住和取保候审,是符合刑事诉讼法规定的。

**6. 监视居住的执行地点**

监视居住有住所监视居住和指定居所监视居住两种类型,指定居所监视居住相比较住所监视居住更为严厉。为了体现强制措施适用的比例原则,现行刑事诉讼法从适用条件、通知家属、折抵刑期、委托辩护人、法律监督等多方面对指定居所监视居住做出了不同于住所监视居住的规定。就执行地点而言,现行《刑事诉讼法》第73条第1款规定,指定的居所不能是羁押场所或者专门的办案场所。该规定的目的在于防止监视居住沦为变相羁押，剥夺被监视居住人的自由，甚至出现刑讯逼供等侵犯犯罪嫌疑人、被告人合法权益的行为。指定的居所应当符合具备正常的生活、休息条件，便于监视、管理，能够保证办案安全等条件。本案中，CY市公安局对韩刚适用的监视居住属于指定居所的监视居住。CY市公安局的两名民警24小时昼夜监视被要求住在酒店中的韩刚的做法是否适当，值得讨论。

**7. 取保候审的保证方式**

人保（保证人担保）和财产保（保证金担保）是我国刑事诉讼法明文规定的取保候审的两种保证方式，二者是选择的关系。司法实践中存在的要求犯罪嫌疑人、被告人既提供保证人又交纳保证金，即“双保险”的做法是违反法律规定的。至于在具体的个案中公安机关如何选择适用保证的方式，则视具体的情况而定。通常，犯罪嫌疑人、被告人在当地没有固定的住所的，多选择保证金担保的方式。本案中，犯罪嫌疑人韩刚的住所地在杭州而非CY市，这应当是CY市公安局要求其交纳保证金的主要原因。

**8. 起诉的变更**

变更起诉是公诉权的基本内容之一，而公诉权是检察权的标志性权力。检察机关派员出席法庭的主要任务除控诉犯罪、提供证据、回答质疑、协助法庭调查、监督法庭审理活动以外，还包括根据法庭调查的情况修正自己的起诉决定。起诉的变更主要表现为指控事实的变更和指控罪名的变更。本案中，CY市人民检察院将起诉书指控的事实由韩刚“虚假陈述合同履行标的”变更为“虚构承包面积”，属于对指控事实的变更。

**9. 证人出庭作证与证人证言的审查判断**

证人出席法庭接受控辩双方的交叉询问，是对证人证言证明力和证据能力审查判断的最好方式。鉴于证人证言对于查明案情的重要性及司法实践中证人出庭难的问题，现行刑事诉讼法除增设证人保护和证人补偿制度外，还就证人出庭的条件和证人不出庭作证的后果作出了明确的规定。但是，刑事诉讼法对于证人出庭条件的设计赋予法官较大的自由裁量权，只有法院认为证人“有必要出庭作证的”（《刑事诉讼法》第187条）才会通知证人出庭，使得证人不出庭的实践状况没能从根本上得到改观。本案中，对于韩刚的行为定性产生重大影响的张东和张静没有被通知出庭接受对他们证言的质证，是实践中的常态，也是值得质疑之处。

**10. 评判证人证言证明力的考量因素**

证明力,是指一个证据所具有的能够证明某一待证事实是否存在的能力,与证据能力共同构成证据转化为定案根据的必备要件。证明力由两个侧面组成:一是证据的真实性、可靠性,及于证据的载体和承载的内容;二是证据的相关性,有大小强弱之分。法庭上对证据证明力的审查判断,集中围绕着如上两个方面的内容展开。对于证人证言证明力的评判,证人与案件处理结果和案件当事人的利害关系是重要的考量因素。在本案中,张杰、张忠、高猛既是目击证人,又是被害人霍毅的朋友;证人张静是张东的女儿,而张东被列为本案的共犯。这四位证人的身份会对他们证言的真实性和相关性产生怎样的影响?老师可以组织学生讨论。

**11. 矛盾证言采信的标准**

证人提供前后不一致的证言是司法实践中常有的情况,使法官在证言采信方面面临艰难选择。基于逻辑规则和经验法则,矛盾的证言不可能同时为真,那么哪个证言是真实的和可靠的,必须依据其他证据的印证和佐证。本案中,张东先后向CY市公安局提供了两份内容不一致的证言:前者证实,“韩刚要卖给霍毅的地一共有两处,一处是韩刚实际承包来的0.44平方公里的林地,另一处是探矿权证上的3.11平方公里范围内属于宋村的土地,等探矿权证变成采矿权证后,宋村就将探矿权证上的3.11平方公里范围内属于宋村的土地也承包给韩刚”。对于韩刚与霍毅等人在建平县安兴宾馆准备签订全部转包的最终协议书时的谈话内容,表示并不清楚。后者否定了之前的证言,称是在韩刚的要求下做的伪证,且证实在韩刚与霍毅等人在建平县安兴宾馆准备签订全部转包的最终协议书时,韩刚确实说过其承包的土地范围就是探矿权证上的3.11平方公里。法庭应当采信张东的哪份证言?老师可以组织学生讨论。

**12. 对定罪标准的理解和把握**

“事实清楚,证据确实、充分”是我国刑事案件定罪的标准。“事实清楚”建立在“证据确实、充分”的基础之上,而证据达到“确实、充分”的程度则必须满足三个条件:定罪量刑的事实都有证据证明;据以定案的证据均经法定程序查证属实;综合全案证据,对所认定事实已排除合理怀疑。前两个条件是对案件证据质和量的客观要求,后一个条件是对法官对于案件事实主观判断的考察。因此,我国刑事诉讼法规定的定罪标准可谓主客观相结合的证明标准。老师可以就本案例介绍的证据情况,指导学生深入理解定罪的标准及展示心证形成的过程。

**13. 侦查阶段辩护律师对犯罪嫌疑人合法权益的维护**

在侦查阶段,如何会见犯罪嫌疑人、如何主张犯罪嫌疑人的合法权益,是辩护律师要解决的核心问题。因而,律师接受委托后,要通过会见犯罪嫌疑人、向侦查机关了解犯罪嫌疑人涉嫌罪名和案件有关情况等方式掌握基本案情,并提出辩护意见。另外,避免犯罪嫌疑人被羁押,或者在被羁押后及时变更为取保候审或者监视居住,保障犯罪嫌疑人的人身自由权,也是这一阶段的一项重要工作。因而,如何利用法律赋予律师在侦查阶段的权利与办案机关沟通,并代为主张相应利益,是辩护律师在侦查阶段应当着重解决的问题。本案中,律师在检察院两次不批准逮捕过程中,都向检方提出了相关律师意见函,得到了采纳,发挥了律师应有的作用。

**14. 辩护律师调查取证权的行使**

目前刑事辩护活动中,律师的调查取证权受到较大限制并存在一定的风险,因此律师不愿意主动进行调查取证。然而,能否妥当行使这项权利,直接影响到当事人的合法利益。本案中,韩刚的辩护人曾多次与相关证人联系,试图弄清真相,但都遭到了拒绝。无奈之下,只能请求法庭去取证,但同样没有得到应允。这是当下辩护律师取证难的重要表现。因此,如何完善律师的调查取证权,并在现实中使得律师在现有法律框架下敢于取证、善于取证,避免不正当干扰,确保在不逾越法律界限的前提下取得有利证据,是授课老师讲解的重点。

**15. 辩护词的撰写**

撰写辩护词是辩护律师在整个刑事辩护活动中最为核心的工作。撰写辩护词的内容要求主要包括:第一,对已有证据材料进行全面、适度且合理的分析,指出不同证据材料之间存在的差异、漏洞;提出对当事人有利的证据材料,包括侦查机关收集的证据材料和律师调查收集的证据材料。此乃事实辩。第二,对与本案定罪量刑有关的现有法律法规及司法解释进行分析,寻找对当事人有利的法律法规和司法解释上的根据,以及最高人民法院的指导性案例。此乃法律辩。第三,对案件程序性问题进行分析,指出侦查、审查起诉环节是否存在违反法律的问题。此乃程序辩。此外,对案件发生的原因等进行分析,寻找当事人从事违法行为的客观根据,对其他影响定罪量刑的情节进行阐述分析,以便使被告人得到公平的处罚。撰写辩护词的形式要求包括:第一,证据分析与法律分析部分界限分明;第二,辩护重点突出,尤其是与定罪量刑直接有关的要点要突出;第三,层次分明,逻辑严谨,篇幅得当、语言简练易懂;第四,法律分析要有权威的论理根据;第五,语言平和、得体,忌用攻击性语言。

**16. 庭审中,辩护人辩护职能的发挥**

庭审是律师参加全部诉讼活动的重心,是展现律师素质和风采的最重要平台。律师在参与法庭调查时,事先要积极准备,全面而仔细地阅读卷宗,对各项证据材料,尤其与定罪量刑有关的证据材料要熟稔于心;对控方提出的有罪证据要有明确的判断,对于有利于被告的证据要适时提出。律师在法庭辩论过程中,发表意见要重点突出、说理充分,发言要遵守法庭纪律。本案韩刚辩护人的辩护意见针对性强,说理透彻,法理基础扎实,证据分析到位,值得借鉴。

**17. 合同诈骗罪客观构成要件的准确把握及刑法设立合同诈骗罪的立法目的**

我国刑法对于合同诈骗罪的客观构成采取的是“列举+兜底”的模式。在讲授时,应当将明确列举的行为方式的具体内涵和外延讲清楚,特别对于兜底条款的含义及范围应当运用“同类解释规则”进行限缩性的解释,而不能使之成为“口袋罪”。联系到本案,被告人韩刚的行为到底属于哪种合同诈骗罪的行为方式,应当进行重点分析。

我国刑法在普通诈骗罪之外又设立了包括合同诈骗罪在内的经济类诈骗犯罪。这样设立的立法意图是为了限制普通诈骗罪在市场交易领域的适用还是要扩张适用,值得研究。对此,应当详加分析和研究,以便使学生正确理解刑法设立特殊诈骗罪的立法目的,从而正确适用相关规定。

**18. 合同诈骗罪与民事欺诈的界限**

通说认为,合同诈骗罪与民事欺诈的关键区别是看行为人是否具有非法占有的目的。这就涉及两个问题,其一,民事欺诈行为真的没有非法占有目的吗?如果存在,那么,这一关键区别还有意义吗?其二,如何判定行为人的非法占有目的?对此,应当透过授课加以厘清。联系到本案,被告人韩刚是否具有非法占有400万元预付款的目的?能否认为其拿到预付款后不辞而别的行为是认定非法占有目的的逃匿行为?其以预付款偿还债务和投资理财的行为,能否认定具有非法占有目的?都是需要透过授课和组织研讨而加以解决的。

**19. 具备合同部分履行能力的合同诈骗罪的认定问题**

就本案而言,韩刚确实具有部分履行能力。对于具有部分履行能力的行为人来说,如何计算其诈骗的数额,有无合同诈骗罪存在的余地,都是值得研究的问题。最高人民法院的倾向性观点认为,对于具有一定履约能力,为签订合同而使用了一些欺诈手段,但主观上不具有非法占有目的,只是为了通过签订、履行合同获利,且具有积极履约的行为,即使客观上造成对方当事人财产损失,也应当通过民事方式解决,不应当追究当事人的刑事责任。[11] 如何把握最高人民法院的这一倾向性观点,这一倾向性观点是否具有普遍指导意义,应当通过讲课和研讨加以深化。

**20. 合同诈骗罪与普通诈骗罪在欺骗程度上的差别**

行为人的欺诈行为使被害人陷入错误认识,是构成诈骗类犯罪的必要条件。可是,这个必要条件是否在普通诈骗罪和合同诈骗罪之间有所差别,是值得研究的问题。对于普通诈骗罪来说,行为人的欺诈行为使得被骗者陷入错误认识从而交付财物,就可能构成诈骗罪。但是,在市场交易中,由于对交易双方相关注意义务的要求程度较高,因而,对于欺诈程度的要求也应当相应提高,如果某个欺诈行为不足以使对方陷入错误认识,或者对方存在重大过失,那么,将实施欺诈行为的一方论之以诈骗犯罪,并不妥当。就本案而言,即便韩刚对于自己承包的林地面积做了夸大宣传,但对于采矿者霍毅来说,能否足以使他陷入错误认识,是一个值得探讨的问题。对此,可通过组织学生的讨论来进一步研究这个问题。

## 预期效果

通过这一实践中真实发生的案例及其蕴含的刑事法知识和理论,引领学生经历案件由立案到审判的全过程,将程序问题、证据问题和实体问题融入其中,以培养法律硕士的实践能力和执业技巧为导向,加深学生对法律理论和法律条文的实务理解,着重锻炼和提升学生的实际操作能力和分析具体问题、解决具体问题的能力。

## 教学计划

1. 课前计划:(1)安排学生阅读案例,熟悉案情,对案例所涉及的问题进行思考;(2)安排学生查阅相关法律条文、司法解释、司法判例、理论学说;(3)根据学生对诉讼法、证据法、实体法的兴趣不同,分成兴趣组。

2. 课中计划:(1)介绍教学目的,明确讨论主题;(2)各个兴趣组根据案例抛出问题;(3)各个兴趣组讨论分析,推举代表发言,提出解决问题的路径;(4)教师进行引导性分析,归纳总结;(5)记录人将讨论过程的发言记录下来,整理成册;(6)组织模拟法庭,分配角色,增强实战能力。

---

[11] 参见沈德咏主编、最高人民法院第二庭编:《经济犯罪审判指导与参考》(2002 年第 2 卷),人民法院出版社 2003 年版,第 34 ~40 页。

3. 课后计划:(1)鼓励学生到司法实践部门调研考察,以了解实务工作者对于类似案件的观点和思维方式;(2)举办司法论坛或者小型学术研讨会,就刑事法的实务和理论问题展开深入研究,以进一步提高学生们的理论思维能力和实践能力;(3)利用辽宁大学法学院实训中心这个国家级法律实训基地平台,进行实际训练,提高学生分析问题和解决问题的能力,掌握办案技巧。

## 课堂时间安排

本案例可以作为专门的案例教学课来进行讲授,整个案例课的课堂可安排6个课时,每课时45分钟。

## 思考题和实践题

**1. 思考题**

(1)根据我国刑事诉讼法规定的立案条件,谈谈本案能否仅凭举报人一方的证言来立案?在正式立案之前,警方还应当进行哪些工作?

(2)立案与侦查的关系是什么?如何避免司法实践中“不破不立”的错误做法?

(3)“网上追逃”与通缉的条件是什么?本案中,公安机关对于韩刚实施“网上追逃”的做法是否妥当?

(4)监视居住应当如何执行?联系本案实际谈谈如何正确适用监视居住措施,以避免异化为变相羁押?

(5)如何理解延长拘留期限条件的“流窜作案、多次作案、结伙作案”这一规定?本案的嫌疑人韩刚是否符合这一条件?

(6)逮捕的条件有哪些?如何评价本案检察机关对于韩刚的三次审查批准逮捕行为?

(7)什么是起诉变更?起诉变更的内容和条件有哪些?

(8)言词证据的特点有哪些?对于言词证据的审查判断应当注意一些什么问题?作为本案焦点的“韩刚是否说过探矿权证上3.11平方公里的范围都是他自己承包的”这个问题,能否仅仅根据霍毅一方的肯定证言和张东被作为嫌疑人后的供述及张东女儿在其父被列为嫌疑人后的证言,予以证明?

(9)本案的被告人韩刚自始至终不承认指控的事实和罪名,在这种情况下,本案现有证据能否证明韩刚实施了合同诈骗行为?是否达到了排除合理怀疑的程度?

(10)侦查阶段的辩护律师享有哪些权利?如何正确行使这些权利?

(11)在审查起诉阶段,辩护律师享有哪些权利?如何正确行使这些权利?

(12)如何正确行使辩护律师的调查取证权?当辩护律师的调查取证权受阻时,应当采取哪些措施?

(13)在审判阶段,辩护律师如何做好质证的准备工作?如何依据案件的证据和事实,提出辩护意见？如果一审法院判处被告有罪，而被告人不服提出上诉，辩护律师应当做些什么？

(14)如何理解合同诈骗罪的构成要件？特别是如何解释其兜底条款的规定？

(15)学界通说认为，合同诈骗罪与合同欺诈的关键区别是有无非法占有目的。可是，民事欺诈真的不存在非法占有目的吗？以有无非法占有目的作为区别两者的关键，是否妥当？

(16)我国刑法对于市场交易领域的欺诈行为，设立了合同诈骗罪。那么，这一罪名的设立，是为了阻止普通诈骗罪在市场交易领域的适用，还是扩张普通诈骗罪在市场交易领域的适用？

(17)普通诈骗罪与合同诈骗罪在欺骗程度上是否应当有所不同？

(18)从刑事政策的角度出发，将社会生活划分为日常生活、交易市场、投资投机等几大领域，是否应该承认在不同的领域应对不同的欺诈行为做不同的入罪评价？刑法在市场交易领域的谦抑态度应否比在日常生活中更加强烈、处罚必要性更加限缩？

**2. 实践题**

(1)如果你是LN省CY市公安局经济犯罪案件侦查支队民警，请列一下对犯罪嫌疑人韩刚的讯问提纲和对相关证人的询问提纲。

(2)如果你是犯罪嫌疑人、被告人韩刚的辩护律师，请在LN省CY市人民检察院对韩刚审查批捕时，撰写不应批捕的意见书；在韩刚被监视居住、取保候审时，撰写解除、变更强制措施申请书；在审判阶段，撰写辩护词。

(3)如果你是本案的批捕检察官，请你详细说明批捕或者不批捕的理由。

(4)如果你是本案出庭支持公诉的LN省CY市人民检察院检察官，请撰写起诉书。并列出庭审时的发问提纲和公诉意见。

(5)如果你是主审本案的LN省CY市中级人民法院法官，请撰写刑事判决书。

## 参考文献

1. 张军主编：《刑法分则及配套规定新释新解》，人民法院出版社2011年版，第778页。

2. 张明楷：《诈骗罪与金融诈骗罪研究》，清华大学出版社2006年版。

3. 张明楷：《如何解释刑法中的以非法占有为目的》，载《人民法院报》2003年8月1日。

4. 高艳东：《诈骗罪和集资诈骗罪的规范超越：吴英案的罪与罚》，载《中外法学》2012年第2期。

5. 陈卫东主编：《刑事诉讼法理解与适用》，人民出版社2012年版。

6. 陈光中主编：《刑事诉讼法》（第5版），北京大学出版社2013年版。

7. 陈瑞华：《刑事证据法学》（第2版），北京大学出版社2014年版。

8. 顾永忠编著：《刑事辩护技能与技术培训学习指南》，法律出版社2010年版。

撰稿人 | 赵丙贵，辽宁大学法学院教授
侯德福，辽宁大学法学院副教授
张云鹏，辽宁大学法学院副教授

# 9 CASE 宏佑电子厂、周文凯保险诈骗案*


| 摘　要 |

本案例以一起真实保险诈骗案件为蓝本，围绕保险诈骗案件刑事程序各环节，涉及的知识点和执业技能内容包括辩护律师如何参与各阶段刑事诉讼活动，保险诈骗案件的证据收集、事实认定与法律适用等。本案例涵盖刑事侦查阶段、审查起诉阶段、审判阶段三个诉讼环节，涉及实体问题包括保险诈骗罪的认定、保险合同当事人的义务违反与刑事责任的关系，涉及证据和事实问题包括保险诈骗案件的证据收集、有罪无罪证据的分析判断、证明标准等问题。本案例对于解决其他类型经济诈骗案件具有参考意义。



| 关键词 |

保险诈骗案　刑事诉讼　辩护律师技能　证据分析　保险诈骗罪认定


| 教学目标 |

着重让学生把握三方面内容：(1)在侦查阶段，辩护律师接受委托后应从事哪些法律活动；(2)辩护律师在审查起诉阶段、审判阶段应如何从事各项法律活动，如何撰写辩护词；(3)以保险诈骗罪认定为例，如何解决经济犯罪的定性问题，尤其提出处理具体案件的思路、分析步骤、事实认定与法律分析之间的基本框架。

---

* 说明：本案例共分为三个板块，分别有关保险诈骗刑事案件中侦查阶段辩护律师如何履行职责、起诉及审判阶段的辩护律师职责和案件的实体处理三个部分。

## 教学案例主文

### 一、引　言

#### (一)宏佑电子厂概况

宏佑电子厂是台湾宏佑科技股份有限公司(以下简称宏佑股份)于2004年3月在广东省DG市SJ区投资设立的"三来一补"[1]的企业。工厂总占地面积25000平方米,厂房面积35000平方米,员工近千人,主要生产电子、电器产品及配件、数码相机、扫描仪、DVD影碟机等产品,销往欧美、亚太等地区。孙文希(内地居民)任宏佑电子厂的厂长,周文凯(台湾居民)、申启国等人分别担任财务部部长、仓库科科长等职务。[2] 宏佑股份的董事长刘文宏(台湾居民)对工厂的生产经营的重大事宜直接进行管理;按照工厂章程规定,工厂负责人及主管人员定期向刘文宏汇报工作,对重大事宜及突发事宜,应随时进行汇报。

宏佑电子厂的主要生产模式为来料组装加工。原料地位于东南亚M国。在内地组装后,产品销售到东南亚及非洲等地。该厂建筑物包括三部分:(1)生产车间及仓库。生产车间及仓库位于五层建筑物内,其中一层为仓库,二~四层为车间。(2)办公室。工厂办公室位于一幢独立的二层楼内。(3)车库。车库位于一排平房。宏佑电子厂共有仓库四个:M1仓库为成品仓,主要放置组装完工后待售的电子产品;M2、M3为原料仓,主要放置用于加工组装的零配件等;M4为呆滞料仓,主要放置生产中形成的废品,以及因错过销售期而形成的滞销产品。[3]

#### (二)宏佑电子厂与PA公司签订保险合同概况

2009年9月7日,宏佑电子厂与PA财产保险股份有限公司DG分公司(以下简称PA公司)签订《企业财产险保单》,保险项目包括房屋建筑、机器设备、存货、其他物品合计9000万元,其中存货6000万元,花费总保险费46800元。险种为"财产

[1] "三来一补"企业,是指进行来料加工、来样加工、来件装配和补偿贸易之企业。

[2] 其中周文凯系宏佑股份的财务部部长,案发前1个月,因宏佑电子厂财务主管辞职,刘文宏指派其临时兼任宏佑电子厂的财务部部长。周文凯仍由宏佑股份支付工资。

[3] 电子产品销售受市场影响具有一定的时间性。该类产品错过一定的销售期后,就很难销售出去。对于该类产品,宏佑电子厂即视为呆滞品,不再投入销售环节,而是退回原料产地后拆装成零部件。

一切险”。双方在《保险单》有关“除外责任”的规定中明确写明属于“贬值、丧失市场或使用价值等其他后果损失”不在赔偿责任范围。

双方还约定:出险后,宏佑电子厂应在第一时间向 PA 公司通报;通报后,PA 公司委托第三方远华保险公估有限公司(远华公司)评估宏佑电子厂的财产损失,宏佑电子厂应提供所有相关文件以及 PA 公司和远华公司认为有关联的文件材料;财产损失的确定,以远华公司报告为准,宏佑电子厂对报告可提出异议,远华公司应对异议进行解释;双方可就保险赔偿的具体金额进行协商。

### (三)宏佑电子厂“10·7”火灾概况

2010 年 10 月 7 日(周四)晚 10 时许,宏佑电子厂仓库发生火灾。根据 DG 市公安消防局第×大队出具的《火灾原因认定书》,火灾原因为“该厂房一楼北面提间内北墙上方的路灯照明线路短路引燃下方可燃物蔓延成灾”。火灾将 M3、M4 两个仓库放置的物品几乎全部烧毁。

### (四)宏佑电子厂向 PA 公司请求保险赔偿的情况

火灾发生后次日,刘文宏即指示孙文希、周文凯向 PA 公司通报火灾情况。PA 公司接到通报后,也及时通知了远华公司。10 月 9 日,PA 公司、远华公司的工作人员在孙文希、周文凯等人的陪同下到火灾现场查勘财产损失情况。远华公司的工作人员王江水、李文一对现场情况进行拍照、勘验,并询问了仓库科长申启国及其他工作人员,申启国向王、李二人说明了每个仓库存在的物品类型。联合勘查火灾现场后,王、李二人和 PA 公司的工作人员要求宏佑电子厂尽快将损失情况报给远华公司。孙文希提出,M3 和 M4 仓库的存货记录(包括入库记录和出库记录)也被烧毁;按照公司规定,仓库入库、出库记录每周汇总至宏佑电子厂的管理科和财务室,案发当天为周四,而周一至周四的出库和入库情况,现在还无法统计出来。王李二人提出,现在有什么报什么,事后有情况及时汇报,远华公司发现存在多报、谎报的情况也会予以扣除。

10 月 10 日,刘文宏以孙文希经营管理电子厂不善为由,免除孙文希厂长职务,并任命周文凯全权负责公司的保险理赔事宜。

10 月 17 日,周文凯汇总宏佑电子厂管理科和财务室提供的数据,估算出宏佑电子厂火灾的大致损失金额,并向 PA 公司和远华公司提供资料。损失估算方法为:10 月 7 日当时宏佑电子厂的全部财产额–未受影响的财产金额 – 过火后的财产金额。据此报损金额为人民币 96761129. 68 元,向 PA 公司索赔金额为人民币 85024694. 54 元。具体明细如下:

| 序号 | 项目 | 保险金额(人民币元) | 索赔金额(人民币元) |
|---|---|---|---|
| 1 | 建筑物(包括生产或办公用房) | 6000000 | 1887544 |
| 2 | 机器设备 | 20000000 | 3874429.42 |
| 3 | 存货 | 60000000 | 79262811.12 |
| 4 | 合计 | 86000000 | 85024694.54 |

(五)远华公司对宏佑电子厂的估算情况

远华公司接受PA公司委托,对宏佑电子厂的损失进行公估理算。远华公司的工作程序是:其公司的工作人员到达宏佑电子厂时,出示PA公司的委托书,然后要求宏佑电子厂提供相关的资料,其公司的工作人员到火灾现场进行勘查,勘查的内容包括对遭受火灾的仓库和未烧毁的仓库进行检查,清点仓库内货物型号及数量。勘查后其公司结合宏佑电子厂提供的资料确定损失货物的数量,做出估损的方案,再交PA公司及宏佑电子厂进行核对。核对时双方如有疑问,可向其公司提出异议,之后,双方会签订一份损失确认书,其公司再据此做公估报告。

远华公司依据宏佑电子厂提供的资料及现场清点情况,基于保险基本原则,估算损失程度和损失数量,确定损失数额为48389090.15万元。远华公司的根据是:(1)存货部分。对成品部分全面进行估算,估损数量按照具体清点计算,存货明细账中没有的项目予以剔除,不作估损。宏佑电子厂报损单价按照所有物品全部损失成本价报损,公估公司按照物品外包装被烟熏而里面物品没有受损、直接被烟熏但没有过火及水淋的、被直接过火及水淋的三种损失程度对物品进行分类后,分别按被保险人提供的成本价的5%、60%、100%对受损物品进行估算。对制品部分按在现场清点的产品数量,按工单拆解成每一个配件,按拆解后的配件数量进行估损,估损单价按配件的成本估算。原材料部分过火最为严重,损失金额占全部原材料部的30%左右。(2)房屋建筑部分。建筑物装修部分的损失,不是保险标的。宏佑电子厂房屋建筑部分主要受损情况是局部楼地面有起拱变形现象,一楼地面不同程度受损。此部分进行估损。(3)机器设备部分。根据现场清点的机器设备的情况,公估公司作了估损,对只是被烟熏的设备按照10%~20%的程度估损,对烟熏比较严重又被水淋的设备按50%的程度估损,对直接过火烧毁的设备按100%程度估损。按照其计算方法,PA公司应赔偿宏佑电子厂1500万元。

估损数额与理算赔付金额的差异是由于不足额投保需比例赔付问题(例如,被保险人有100万元设备,在保险公司投保金额是60万元,那么另外40万元视为其自保,如果发生损失,保险公司仅承担60%,另外40%为被保险人自保部分,需自己承担),全损物品的残值回收以及保险合同中约定的事故免赔率(免赔率是保险公司对承保的保险标的在发生责任范围内的损失时免除一部分赔偿责任的百分比)。

(六)宏佑电子厂与PA公司就理赔事宜的协商过程

2011年1月5日,远华公司将其核定的损失情况向PA公司和宏佑电子厂作了通报。按照事先约定,宏佑电子厂有权对其提出异议。刘文宏、周文凯等人阅读初步损失情况通报后,认为远华公司核定损失数额与宏远电子厂实际损失数额差距过大,于是要求远华公司重新核定损失数额,同时另行委托金辰保险公估有限公司(以下简称金辰公司)进行公估。金辰公司按照宏佑电子厂提供的材料对损失进行核定,计算损失金额至少应为6500万元人民币,按照宏佑电子厂与PA公司的保险合同约定的赔偿计算方法,PA公司应至少赔偿3000万元人民币。

2011年3月5日,宏佑电子厂代表刘文宏、周文凯与PA公司负责人、远华公司负责人召开协调会。金辰公司主管人员作为宏佑电子厂的顾问出席了会议。会议上,宏佑电子厂就远华公司的核算损失方法提出质疑,金辰公司主管人员也提出自己的计算方法。经协商核对,远华公司与金辰公司计算方法都存在不当之处。PA公司代表提出,双方能否考虑直接确定一个理赔数额。刘文宏也同意,而且宏佑电子厂火灾后急需资金恢复生产,也同意让步。双方达成谅解后,同意择日再次举行会议确定最终理赔金额。

2011年4月5日,宏佑电子厂代表刘文宏与PA公司负责人、远华公司负责人召开第二次协调会。经过协商,双方最终确定理赔金额为人民币1800万元。双方达成一致后,PA公司指示远华公司按照这一数额制作公估报告。在此次会议中,远华公司代表向刘文宏提出:他们在与金辰公司共同核对损失数额的过程中,发现金辰公司使用的部分材料中,有的存货记录中标志一些产品已经作为呆滞品作“退港”处理,而在宏佑电子厂提供给PA公司和远华公司的材料中,并没有做出标志,而是作为成品报损,因而质疑宏佑电子厂是否存在多报财产损失的情况。刘文宏回应说,宏佑电子厂向PA公司提供的全部材料都是真实的,所有材料以远华公司掌握的为准;火灾前,宏佑电子厂确实曾有呆滞品作“退港处理”,但“应该”已经在2010年10月8日向PA公司提供的损失报告中扣除,“即便有已经退港处理的物品,数额也该很小,而且这部分产品应在M4仓库中,既然双方各退一步,宏佑退的很大,大家就不要纠缠这个问题了”。最后,双方签订了《保险理赔协议书》。次日,刘文宏返回台湾,并指示临时返台的周文凯马上回到DG市处理后续事宜。

会后,远华公司根据宏佑电子厂与PA公司的约定,重新调整计算方法,最终确定损失数额为52356894.05元,理赔数额为18045974.84元。2011年5月18日远华公司将公估报告交给PA公司。

## 二、侦查阶段辩护律师应如何履行职责

### (一)PA 公司报案经过

PA 公司收到远华公司公估报告后,即着手具体理赔事宜。2011 年 5 月 25 日,PA 公司副总经理徐剑接到匿名信。信中称:宏佑电子厂在报损过程有严重谎报行为,其将已经退港的两批货物加入报损货物中,两批货物存货记录显示价值约为 1500 万元。接到信件后,徐剑即与远华公司联系,远华公司主管人员也提出,在与金辰公司核对损失数额时,发现有些报损货物已经作退港处理。随后徐剑向 PA 公司负责人汇报,认为宏佑电子厂有保险诈骗嫌疑,遂决定向当地公安机关报案。

(1)2011 年 5 月 27 日,DG 市公安局 SJ 分局接到报案后,依照《刑事诉讼法》和《公安机关办理刑事案件程序规定》进行初查。

(2)公安机关向海关调取了宏佑电子厂的退港清单,经调查发现,2010 年 10 月 4 日、5 日,宏佑电子厂确实有两批货物退港,其中,10 月 4 日宏佑电子厂用两辆货柜车将厂内编号为 90 号开头的电子电路板(PCBA)物料从 DG 海关运至香港作退港处理,10 月 5 日该厂又将一批厂内编号为 90 号开头的电子电路板物料从 DG 海关运至香港作退港处理。

(3)公安机关根据初查结果,决定立案,并将宏佑电子厂作为犯罪嫌疑单位、刘文宏、周文凯作为犯罪嫌疑人。

(4)2011 年 6 月 5 日,公安机关决定立案。立案后,即传唤犯罪嫌疑人刘文宏、周文凯,刘文宏已返回台湾而没有到案。

犯罪嫌疑人周文凯供述:

> 2010 年 10 月 7 日发生火灾。10 月 8 日,PA 公司委托远华公司到宏佑电子厂进行评估。10 月 9 日,PA 公司、远华公司来到该厂。刘文宏让其负责统计相关数据交给远华公司。当时远华公司交给他一份清单,包括资产负债表、财务明细账、损益表、分类账等。报损公司由该厂财务部门负责,作为财务主管,报损工作由其全面负责。他当时从 10 月 7 日的存货系统中将报损资料调出来报给远华公司。他还向远华公司提供了该厂的资产负债表、财务明细账、进出货的单据、发票等。提供报损资料的时候其没有对厂里的实际损失进行清点,系统里有什么就提供给公估公司,由公估公司进行清点。10 月 17 日,他汇总宏佑电子厂管理科和财务室提供的数据,估算出宏佑电子厂火灾的大致损失金额向 PA 公司和远华公司提供资料。两三天后,该厂仓库科长申启国向他提出,该厂的 M4 仓库里有一批货物(PCBA 印刷电路板)于 10 月 4 日、5 日分两批退港,但在仓库系统里没有及时清除,仍在报损的资料中。该批货物大约价值 1500 多万元。得知该情况后,其本人没有向远华公司提出修正,因为他当时考虑存在 M4 仓库的物料是退港的,个人认为呆滞料是不能进行理赔的,所以没有进行修正。而后,其立即向刘文宏汇报,刘问他是否要紧,他当时解释是退港的呆滞料,不影响理赔,刘说不影响理赔就没事,不用改。

> 他回到办公室后对申启国说不用改。其没有向远华公司说明报损里有退港物料的情况，他还考虑到远华公司会到该厂核查、清点，如果远华公司查到该批货已经退港，会要求宏佑电子厂将该批货物从报损中扣除。实际上远华公司清点了将近很长时间均没有发现其将已出港的货物报损一事。该批货物退港之前都是在系统里面存放在宏佑电子厂的M4仓库里，报损的"损失财产清册"包含了这批货物。但其退港的货物不是按呆滞料和废料报损的。他只向远华公司提供过公司的存货备跌损失。呆滞料报损的时候，都是按进货价或者成本价报的。远华公司一直没有发现在报损的材料中有呆滞料并向其提出来。宏佑电子厂之前曾经委托金辰公司代表宏佑电子厂与PA公司协商办理保险理赔事宜，刘文宏的目的是想多争取一些理赔金。当时他提供给金辰公司的损失清册中也包括已退港的那批物料，不过，金辰公司在出具损失报告时，按照他们给的材料将那批物料好像给扣除了，因为那批物料就在M4仓库中。

当日，公安机关讯问后，即决定对周文凯进行刑事拘留。

周文凯还供述：

> 他在电子邮件中向远华公司财产险业务部的李文一经理提供的库存报表中，在已经退港的物料的备注栏中标识了"备跌存货损失"，按照会计原则，远华公司应该能够注意到这些物料属于呆滞料，而呆滞料按照合同是不赔的。

而后，公安机关分别询问了本案的证人。

证人申启国：

> 火灾发生后，他按照厂里的通知，在整理货物损失的数据时，发现有一批PCBA物料在火灾前已经退港，但在系统上没有扣除，便将该情况告知周文凯，周说要请示老板，后来周没有跟他提起过这件事情。宏佑电子厂委托金辰公司再次评估损失后，金辰公司提出要核实仓库物料，周文凯对他说不要主动说PCBA物料退港的情况，让他们自己清点和核算。发生火灾时，M3仓库完全被烧毁，M4仓库并未被完全烧毁。2010年7月，宏佑电子厂有一批主要为PCBA物料存放在M3仓中，需要报废转到M4仓中。由于当时M4仓位置有限，而这批物料所占空间太大，就只是在系统里将这批物料变更为M4仓的，而实物还是在M3仓中，后来这批物料是从M3仓中装车退港的。

证人李清（宏佑电子厂资材科副科长）：

> 宏佑电子厂发生火灾后，厂长让其统计生产线和仓库被烧毁的物料，他就让申启国统计仓库被烧毁的物料，他自己则统计生产线上被烧毁的物料。当时申启国发现有一批在火灾前已经退港的PCBA物料在系统里没有录入退港，他便与申一起把这个情况反映给周文凯经理，第二天申告知他这批出港的PCBA物料已经统计在火灾损失中。他问申为什么不删除，申说他将此情况告知周文凯，周说不删除。后来他和周翻阅申启国上报

的资料统计损失金额时,周说真实的损失应该减掉里面的PCBA物料的价值,他就知道周是知道申上报的损失里有已出港的PCBA物料。

证人王秀梅(系宏佑电子厂关务员):

宏佑电子厂退港的两批物料,海关编号分别为:52172010100××××47和52172010100××××67。她负责退港物料的定车、放行,对口的是M4仓库。关于退港货物的流程为生产线将在生产过程中用坏的原材料交到专门用来放这些原料的M4仓库,由仓库做出报废明细表,在表上列出报废的原材料的料号、关务、数量等信息,报给领导签名确认后,仓库将这些原材料整理装箱,再由仓库提供资料到其关务,其关务做好资料后报关出口。

证人马金平(系宏佑电子厂资材部副科长):

M4仓库是存放报废的成品和原材料,即呆滞料,宏佑电子厂因退港的货物数量太大而M4仓库放不下,便在系统上转到M4仓库中,而实物没有转过去,装车也是从放实物的仓库装车。火灾发生前两天,有一批90开头的料号的PCBA从M2仓库报废到M4仓库,有大批量的货物退港,退港的货物没有回厂的情况。

证人陈启德(系宏佑电子厂办公室主任):

火灾发生后宏佑电子厂向PA公司索赔8000多万元,PA公司只愿赔付1500多万元,刘宏文找到金辰公司与PA公司交涉。经交涉后,宏佑电子厂与PA公司达成谅解,最终确定赔偿数额为1800万元。

证人王江水(系远华公司副总经理):

其公司对宏佑电子厂火灾损失评估的程序是,其公司的工作人员在宏佑电子厂提供的财务资料中发现有呆滞料的情况,便跟周文凯反映,并要求宏佑电子厂按呆滞料的现在价值报损,周说:“我只要最后的金额,你公司可以将这批呆滞料去掉。”宏佑电子厂没有向其公司说明在报损资料中有一批PCBA电路板货物在火灾前已经退港了,也没有通过邮件的方式通知其公司有呆滞料的事情。

证人李文一(系远华公司财产险业务部经理):

2010年10月8日,其公司受PA公司委托对宏佑电子厂火灾的损失进行公估。主要程序为,其公司的工作人员到达宏佑电子厂时,出示PA公司的委托书,然后要求宏佑电子厂提供相关资料,其公司的工作人员到火灾现场进行勘查,勘查的内容包括对遭受火灾的仓库和未烧毁的仓库进行检查,清点仓库内货物型号及数量。勘查后,其公司结合宏佑电子厂提供的资料确定损失货物的数量,做出估损的方案,再交PA公司及宏佑电子厂进行核对。核对时,双方如有疑问,会向其公司提出异议,之后,双方会签一份损失确定书,其公司据此做公估报告。该公司发现宏佑电子厂报损资料中有一批显示存放在M4仓库的90开头的物料,在对M4仓库现场查勘时无法找到这批物料的痕迹及灰烬,其公司发现后向宏佑电子厂询问相关的库存情况。周文凯向其公司提供了很多仓库入库资料,并说如果我们不相信库存有这批货就查一查入库资料。后经对周所提供的入库资料进行仔细核对,发现入库单据中存在这批货的入库资料,其公司就将这批货作为火灾损失定损了。这批物料宏佑电子厂报损的金额是1500多万元,最后理算金额为5935783.28元。远华公司在清点中没有发现M4仓库的具体位置,在宏佑电子厂提供的报损资料的明细中,明确提出M4仓库的物料在火灾中受损,远华公司基于保险的最大诚信原则,认为M4仓库在火灾中被烧毁了。宏佑电子厂一直没有向远华公司反映其所提供的索赔材料中有呆滞料、废料等物品,也没有说明提供的仓库库存清单中包含了已退港处理的货物,而宏佑电子厂提供的备跌存货损失表只有简单的几项数据,不能反映出仓库库存清单中包含了已退港处理的货物。索赔材料均是周文凯提供的,周还多次参与相关协商。

证人张文彪(系金辰公司业务部经理):

宏佑电子厂火灾发生后,PA公司没有对宏佑电子厂理赔。为此,宏佑电子厂委托金辰公司重新进行评估,并协助宏佑电子厂与PA公司进行谈判。在重新评估过程中,金辰公司工作人员发现宏佑电子厂提供的材料中有一些物料存放在M4仓库,而根据PA公司与宏佑电子厂签订的保险合同,这批物料不应该赔偿。对此,他曾经电话询问过刘文宏,刘文宏说,如果不属于赔偿范围的,可以不用管,同时又说,保险公司压得很厉害,"我们要尽可能多争取"。他也曾与周文凯联系,当时周返台处理事情,周在他的电子邮件中也提到,如果属于呆滞料的话,可以扣除,不过,要在谈判中争取主动,如果算少了,谈判中会很不利,保险公司不太讲理。金辰公司根据自己的判断,最终算出损失金额为6500万元,PA公司应至少赔3000万元。

(1)公安机关通过侦查又获得了一些证据材料。

(2)2011年6月15日,公安机关向同级检察机关提请对周文凯进行逮捕。

(3)周文凯被逮捕后,即向公安机关提出聘请律师为其辩护。由于周文凯被捕,在台湾的刘文宏遂通过传真方式指定陈启德担任临时厂长,并负责相关事宜;陈启德按照刘文宏的指示,聘请广东旭日律师所律师金河担任宏佑电子厂的辩护律师,另经周文凯同意,聘请该所律师姜磊担任周文凯的辩护律师。

(4)姜磊接受聘请后,与周文凯的妻子(大陆居民)会面。

如果周文凯妻子提出,要求律师将周文凯的生活用品带到看守所并转交周文凯,姜磊应如何处理?周文凯妻子提出周文凯患有严重的哮喘病,作为律师,你该如何处理?

2011年7月5日,姜磊到看守所会见犯罪嫌疑人周文凯。

在会见中,犯罪嫌疑人周文凯向律师交代其之所以没有向PA公司和远华公司说明有两批物料退港,完全是授意于刘文宏,而且其没有参加2011年3月5日PA公司、宏佑电子厂、远华公司、金辰公司的协调会,其不知道刘文宏说了些什么;其对大陆法律并不了解,按照中国台湾地区有关会计方面规定,远华公司能够从账面上看出哪些物料属于呆滞料,完全可以依规定排除。周文凯还提出,其就是给刘文宏打工的,事发后让他来当"替罪羊"太不公平,其完全是按照刘文宏指示做事;其有严重哮喘病,请律师想办法,让他"保外就医"。

2011年8月1日,姜磊向侦查机关申请查阅相关证据材料,并请求侦查机关派员赴台询问刘文宏。

2011年9月4日,公安机关侦查终结,决定将本案移送检察机关起诉。

## 三、辩护律师应如何行使辩护权?

2011年8月25日,宏佑电子厂辩护律师金河、周文凯辩护律师姜磊到台湾台北市会见了刘文宏和刘文宏的秘书徐慧云,并先后制作了两份调查笔录。

刘文宏称:

> 火灾发生后,应远华公司的要求,宏佑电子厂提供了全部的财务报表等资料,并告知远华公司M4仓库的性质,财务报表中列出呆滞料的备跌损失,远华公司完全清楚两批物料的性质属于呆滞料,而且不在赔偿范围之内。仓库科长申启国通过周文凯提出原始资料中包括未除账的退港物料后,其表示无须理会或更改,因为退港物料受海关监管,公开可查,呆滞料不保,资料包含呆废品不影响理赔的数额,宏佑电子厂已全部提列备跌损失,公估公司应知道M4仓库的物料无价值,不属理赔范围;定损是公估公司的责任。所以他认为没有必要改动原来已提交的资料,不改不影响理赔。2010年11月初,宏佑电子厂将未除账的已退港物料全部除账完毕。证明远华公司明知M8是呆废料不予理赔,仍然列入理赔构成,明显是坑害宏佑电子厂。

徐慧云称:

> 火灾发生后其派员协助远华公司进行勘查工作的情况,包括生产工序、产品种类、料件编号、仓库的位置、性质、物料、仓储类别等并提供了系统的财务报表、库存明细表及全部的相关文件,财务上已将呆滞料提列了备跌损失项目,宏佑电子厂还向远华公估介绍了M8的物料的性质,其认为火灾受损产品不包括M8项的料件;账务报表中明确列出呆废料的备抵损失。

金河、姜磊二位律师按照台湾地方法律,在当地法院公证处对上述笔录进行公证;这些调查笔录均有广东省公证协会所作的台湾公证书正副本相符核验证明。

2011年9月11日,金河、姜磊将在台湾取得的笔录提交给DG市第一人民检察院,同时,二辩护律师请求查阅案卷材料,姜磊还请求再次会见周文凯。

姜磊在会见周文凯时,周文凯称:

> 宏佑电子厂于2010年10月17日向PA公司和远华公司提供资料的行为,仅仅是提供而已,并非正式的报损行为,公安机关认为其报损不属实;2011年6月5日,即其被刑事拘留当日,公安将打印好的笔录叫他签名。2010年11月中旬,在与远华公司王江水会谈时,他向王江水讲述了M4仓是呆滞料仓;他在给王江水发送的电子文档中,在二批退港物料中标志了"备跌损失",王江水应该知道这些物料属于呆滞料。

姜磊和金河还先后向其他证人进行调查。

马金平称:

> 曾向远华公司公估人员提供了仓储平面图,并详细标明了仓储的位置,介绍了物料的编号、性质及摆放的位置。其作为资材科副科长,认为这些物料属于M4项下待退港的物料,远华公司公估人员对M4项下是什么东西及M8属退港是十分清楚。

邹桂香(宏佑电子厂会计)称:

> 火灾发生后,宏佑电子厂将资产负债表书面文件,交给远华公司的李文一经理,表上有提列7000多万元的备抵存跌损失。属于备抵存跌的物料,过一段时间后就形成呆滞料,并做退港处理,就是交给原料生产地工厂拆除零部件。退港的两批物料上都标志了"备抵存货损失"。

当律师询问"你有否指着地上的灰烬向远华公司的人员说那些就是已退港的物料或说过类似的话,以及坚称未能清点到或无法清点到部分(包括90号料)均在一楼的原材料仓中严重过火烧毁了?",马金平、方中华(宏佑电子厂仓库保管员)、于少军(宏佑电子厂保安队长)、卢耀宗(宏佑电子厂仓库保管员)均予以否认。

律师还向检察机关提供了一些书证,其中:

(1)由宏佑电子厂提供的《领退明细表》,证明:其一,退港物料在火灾之前未完全除账。其二,火灾后,退港材料在一个月内除账完毕。以此证明,宏佑电子厂并没有故意隐瞒两批物料退港的情况。

(2)远华公司公估报告中附带的"宏佑电子厂存货损失明细表",其中在两批退港物料的部分材料的备注栏里,存放地点标注为"M4仓"。律师认为,远华公司知道,已退港两批物料应存放在M4仓,属于呆滞料。

(3)《PA公司的保险公估委托书》,该份材料内容为,PA公司委托远华公司对其公司承保的标的进行公估、理算,被保险人为宏佑电子厂,载明了承保出险情况、委托事项,其中一项委托事项为收集与定损有关的财务报表、库存记录、设备清册、修复发票等资料。据此,律师认为,宏佑电子厂当时只是负责提交资料,并不是报损及索赔。

(4)宏佑电子厂资产负债表(在远华公司公估报告中),在退港物料目录的备注中标志有"备抵存货损失"。律师认为,宏佑电子厂确实没有隐瞒,没有夸大损失,远华公司应剔除备跌损失,以存货净值定损。

DG市第一人民检察院承办人员在审查起诉时发现,从公安机关移送的案卷材料看,公安机关没有对远华公司是否明知涉案两批退港物料属于呆滞料的问题进行查证,因此建议对本案退回公安机关补充侦查。

2011年10月15日,检察机关决定退回公安机关补充侦查。

侦查机关按照检察机关退回补充侦查决定书及补充侦查提纲的要求,进行补充侦查。2011年11月15日,再次将案件移送DG市第一人民检察院审查起诉。

2011年12月14日,DG市第一人民检察院向DG市第一中级人民法院提起公诉。

DG市第一人民检察院指控:

> 被告人周文凯系宏佑电子厂的财务主管和临时负责人,负责处理本案火灾的报损和索赔工作。2010年10月4日、5日,宏佑电子厂分别用两辆货柜车将厂内编号为90号开头的电子电路板(PCBA)物料从东莞海关运至香港作退港处理,海关编号分别为:52172010××××××××47和52172010××××××××67。上述两批物料退港处理后,宏佑电子厂没有及时在仓库管理系统内将该两批物料完全清除,系统内显示该两批部分物料依然存在于仓库内。2010年10月7日晚10时许,宏佑电子厂因电线短路导致厂房、仓库发生火灾,烧毁电子原材料、纸皮、胶纸废品等财物一批。宏佑电子厂火灾发生后,该厂工作人员将仓库管理系统内显示存在的货物作为损失上报给负责该厂火灾报损工作的周文凯,再由周报送给负责公估的远华保险公估有限公司(远华公司)。宏佑电子厂仓库科科长申启国在统计报损数据过程中发现火灾报损资料包含该厂上述已退港处理的部分电子电路板物料,申随即将该情况告知周文凯,周文凯得知该情况后再上报给该厂总经理刘文宏(台湾居民,另案处理),后刘没有要求周对保险索赔资料进行修正,周仍然将包含该厂上述已退港处理的部分电路板物料的数据作为火灾损失向PA财产保险股份有限公司DG分公司(PA公司)索赔。
>
> 2011年4月5日,PA公司与宏佑电子厂签订了《保险理赔协议书》,保险金为18045974.84元。经过远华公司统计,宏佑电子厂在2010年10月7日火灾中定损金额为48389090.15万元,报损货物中包含了10月4日、5日退港的部分货物的定损金额15213743.15元,理算金额为5935783.28元。诈骗PA公司保险金金额为5935783.28元。

针对上述的指控,公诉机关提供的证据包括PA公司的报案材料、PA公司副总经理梁鸿的陈述,证人申启国、李清、王秀梅、马金平、陈启德、王江水、李文一、张文彪、邹桂香等人的证言;火灾现场勘查笔录、现场图、照片、火灾现场勘验笔录及现场图,到案经过,货物报关单,咨询服务合同,保险单;宏佑电子厂的营业执照复印件;保险公估委托书及变更通知书,远华公司营业执照复印件;电子物证检查笔录;远华公司关于宏佑电子厂火灾中退港物料报损及理算金额的说明;宏佑电子厂退港物料明细清单;PA公司营业执照复印件一份,报案书,确认书,保险理赔协议书,受案登记表,火灾原因认定书,扣押物品清单,补充会议纪要,厂房平面图及主要窗口联络表;周文凯的名片,知会函,索赔资料清单;宏佑电子厂提供的备抵存货损失表,诉讼代表人证明书,喜人台胞件台胞证复印件;宏佑电子厂提供的现场照片,等等。公诉机关据此认为,被告单位宏佑电子厂为牟取非法利益,夸大损失的程度进行保险诈骗,数额特别巨大;被告人周文凯身为宏佑电子厂财务主管及临时负责人,负责报损和理赔工作,系单位犯罪直接责任人员。被告单位宏佑电子厂、被告人周文凯的行为均已共同触犯《刑法》第198条第1款、第3款之规定,均应当以保险诈骗罪追究其刑事责任。提请法院依法判处。

## 四、保险诈骗罪的认定

2012年2月20日,DG市第一中级人民法院开庭审理本案。

庭审过程中,被告单位宏佑电子厂提出其不构成犯罪。理由为:(1)其不知理赔的范围,其是配合远华公司的要求提交资料,之所以没有来得及在系统上将退港物料除帐,是因材料太多,不存在刻意隐瞒。(2)远华公司作为专业公司应当知道理赔的范围,宏佑电子厂配合远华公司做好对火灾现场的清点工作,并已明确告知工厂每一仓库的情况及仓库用途,其中M4仓为呆滞料仓。(3)1800万多元的保险金是最后双方协商出来的数字,宏佑电子厂从未看过远华公司的公估报告,远华公司将不能理赔的东西作出定损,并非宏佑电子厂骗保。(4)火灾发生后其厂本应获得23000万元的理赔,PA公司只协商理赔1804万多元,故宏佑电子厂没有夸大损失。

被告单位的辩护人提出宏佑电子厂不构成犯罪。理由是:(1)在事实方面,火灾发生后,宏佑电子厂按远华公司的要求提供所有财务、仓储、进出货凭证、保单等资料,没有刻意隐瞒及骗保。宏佑电子厂全力配合远华公司清点,并如实告知仓别及货品编号,包括M4的位置、性质;应远华公司的要求周文凯的手提电脑已交给远华公司审查一周,电脑载有所有的资料及有关M4性质、9月两批退港物料等。(2)远华公司故意将保单明确规定不属于理赔范围的M4项呆滞料列入理赔。(3)宏佑电子厂没有骗保的故意,当其员工发现提供给远华公司的资料包含退港物料时没有修正,理由为远华公司应依法独立进行勘查、定损、理算;废料受海关监管,公开可查;周文凯手提电脑已交远华公司下载财务数据,远华公司已全部掌握宏佑电子厂的财务资料;宏佑电子厂已在财务上对呆废料提列100%备跌损失;远华公司清楚M4项物料没有价值,不属理赔范围。(4)理赔金额1800万多元,没有具体理赔事项及构成,此是双方商谈出来的,并非基于宏佑电子厂提供的任何资料计算所得。(5)根据金辰公司公估报告,不包括M4仓呆滞料及已退港物料,PA公司应理赔宏佑电子厂至少3000万元,同宏佑电子厂协议仅获理赔1800多万元。证明宏佑电子厂根本没有夸大损失。(6)远华公司利用其专业优势,将M4仓呆滞料列入理赔,是陷害宏佑电子厂。

被告人周文凯在法庭上提出其不构成犯罪。理由是:(1)起诉书认定其负责报损及索赔工作不是事实。其仅是配合远华公司的工作,提供资料及联系工作,而远华公司有核实及估价的责任。(2)起诉书认定其将有错的资料报给公估公司报损不是事实,其不认为其所提供的资料是用来索赔的,其曾将资料有误的情况告诉刘文宏总经理,并告知有误的资料是报废仓的货物,均已提列损失,故刘总认为不用向远华公司更正,且远华公司曾拿走其笔记本电脑,存货情况他们是清楚的。(3)起诉指控其将退港的货物作为损失资料提交给远华公司进行诈骗,但诈骗的金额却用远华公司的定损情况来认定,明显不公。(4)PA公司控告宏佑电子厂诈骗,公诉机关使用的是PA公司的数据,其从未看过远华公司的公估报告,不知理赔金如何算出。(5)PA公司签订理赔协议之后没有支付宏佑电子厂款项,其厂不存在诈骗。

被告人周文凯的辩护人姜磊提出,周文凯不构成犯罪,周是台湾上市公司派来监督宏佑电子厂财务工作的,火灾发生后负责提供资料,周文凯不是宏佑电子厂的员工,与宏佑电子厂没有劳动关系,从未在宏佑电子厂领取工资、海外津贴,他既不是宏佑电子厂的领导、董事或股东,也没有夸大损失、骗取保险金,以及牟取非法利益的动机及目的,故周文凯不应承担骗保的刑事责任。

## 教学指导手册

### 教学对象及目标

本案例供法律硕士案例教学使用,法学本科(大四)、刑法学硕士、刑事诉讼法学硕士也可以参酌使用。

本案例主要就辩护律师在刑事诉讼中从事的法律活动和保险诈骗罪的认定问题进行讲授。具体要解决的问题包括:(1)在侦查阶段,辩护律师接受委托后应从事哪些法律活动;(2)辩护律师在审查起诉阶段、审判阶段应如何从事各项法律活动，如何撰写辩护词；（3）以保险诈骗罪认定为例，如何解决经济犯罪的定性问题，尤其提出处理具体案件的思路、分析步骤、事实认定与法律分析之间的基本框架。

## 教学内容

**1. 在侦查阶段辩护律师如何维护犯罪嫌疑人的合法权益，尤其是诉讼权利？**

在侦查阶段，如何会见当事人、如何主张当事人的合法权利，是辩护律师要解决的最大问题。因而，律师接受委托后，首先要制定合理可行的辩护方案。在这一阶段，如何保障当事人不被羁押，或者在被刑事拘留或逮捕后变更为取保候审或者监视居住，对于当事人而言，是维护其正当利益的一种重要因素，因而如何与办案机关沟通，并代为主张相应利益，是辩护律师在侦查阶段应当着重解决的问题。

**2. 律师如何行使调查取证权？**

目前刑事辩护活动中，律师的调查取证权受到较大限制，由于各种原因律师也不愿意主动进行调查取证。然而，能否妥当行使这项权利，直接影响到当事人的合法利益。本案中，律师十分积极而全面地进行了各种调查取证活动。律师在调查取证中，如何避免不正当干扰，如何确保不逾越法律界限，是从事刑辩工作的难点。教师在授课中，应为学生提出基本的注意要点。

**3. 律师如何撰写辩护词？**

律师在刑事辩护活动中，最为核心的内容之一，就是撰写一份有分量的辩护词。撰写辩护词的具体内容包括：（1）对已有证据材料进行全面、适度且合理的分析，指出不同证据材料之间存在的差异、漏洞；（2）提出对当事人有利的证据材料，包括侦查机关收集的证据材料和律师调查收集的证据材料；（3）对与本案定罪量刑有关的现有法律法规及司法解释进行分析，寻找对当事人有利的法律法规和司法解释上的根据，以及最高人民法院的指导性案例；（4）对案件程序性问题进行分析，指出侦查、审查起诉环节是否存在违反法律的问题；（5）对案件发生的原因等进行分析，寻找当事人从事违法行为的客观根据；（6）对其他影响定罪量刑的情节进行阐述分析。撰写辩护词的形式要求包括：（1）证据分析与法律分析部分界限分明；（2）辩护重点突出，尤其是与定罪量刑直接有关的要点要突出；（3）层次分明，逻辑顺畅；（4）篇幅得当、语言简练易懂；（5）法律分析要有权威的论理根据；（6）语言平和、得体，忌用攻击性语言。

**4. 庭审中，律师应如何发挥辩护职能？**

庭审是律师参加全部诉讼活动的重心，是展现律师素质和风采的最重要平台。律师在参与法庭调查时，事先要积极准备，全面而仔细地阅读卷宗，对各项证据材料，尤其与定罪量刑有关的证据材料要熟稔于心；对控方提出的有罪证据要有明确的判断，对于有利于被告的证据要适时提出。律师在法庭辩论过程中，发表意见要重点突出、说理充分，发言要遵守法庭纪律。

**5. 如何正确认定经济类刑事案件？**

经济类刑事案件，往往涉及大量的经济法律问题。就本案而言，主要涉及保险法的规定，本案实体方面核心问题在于：(1)宏佑电子厂、周文凯是否实施了隐瞒真相的行为？(2)宏佑电子厂、周文凯是否有诈骗的故意？

解决这两个问题，要对以下三个问题作出判断：(1)火灾发生后，宏佑电子厂将当时统计出的材料交给 PA 公司和公估公司，是否属于正式的报损行为？(2)刘文宏、周文凯发现已报给 PA 公司的材料中包括退港物料时，自认为属于呆滞料且不在赔偿范围内，是否有义务告知 PA 公司和公估公司？(3)公估公司是否有义务发现并核实火灾的实际损失情况？如果它没有发现，是否影响案件定性？

对于经济类刑事案件的定性，很重要一点是要明确当事人的法律义务和合同义务，以及违反义务的性质。

此外，通过对该案例的分析，要培养学生分析案例的法律推理能力。

## 课堂时间安排

本案例可以作为专门的案例教学课来进行，整个案例课的课堂安排为 6 个课时，每课时 45 分钟。

如下课堂设计，仅供参考。

1. 课前计划：安排学生阅读案例及相关参考资料，对案例所涉及问题进行思考，撰写实践题答案。

2. 课中计划：(1)介绍教学目的，明确讨论主题；(2)分组讨论，回答各项思考题，讨论实践题的撰写要点；(3)小组代表提出撰写要点，学生讨论和分析；(4)教师归纳总结。

3. 课后计划：布置学生进一步思考辩护律师在刑事诉讼活动中的职能，以及如何发挥其职能。

## 思考题和实践题

**1. 思考题**

(1)PA 公司应向哪一公安机关报案？该案由何地公安机关立案侦查？PA 公司报案时，应提供哪些资料？

(2)根据现行刑事诉讼法和《公安机关办理刑事案件程序规定》，公安机关在接到报案后，应如何处理？

(3)根据现行刑事诉讼法和《公安机关办理刑事案件程序规定》，刑事立案的条件有哪些？本案是否符合刑事立案的条件？

(4)刑事拘留应具备哪些条件？公安机关对周文凯进行拘留是否符合法律规定？如果周文凯认为刑事拘留有误，他该怎么做？

(5)如果你是负责本案的侦查人员，你还应收集、提取哪些证据材料？

(6)根据现行刑事诉讼法，对周文凯进行逮捕是否符合法律规定？检察机关在决定逮捕时，能否将周文凯是台湾居民、一旦逃跑无法抓捕归案作为对其进行逮捕的理由？

(7)在侦查阶段聘请律师，应遵守哪些法律规定？如果犯罪嫌疑人提出聘请律师，侦查机关应如何处理？

(8)周文凯的妻子提出要去看守所会见周文凯，作为律师，姜磊应如何回答？

(9)根据现行刑事诉讼法，在侦查阶段，辩护律师会见在押犯罪嫌疑人周文凯，应办理哪些手续？

(10)根据现行刑事诉讼法，辩护律师应如何提出取保候审申请？

(11)对于姜磊提出查阅证据材料的申请，侦查机关应如何处理？侦查机关如何获得刘文宏的口供？

(12)本案是否存在超期羁押的情况？如果存在这种情况，侦查机关应如何处理？侦查终结应具备哪些条件？如何撰写移送起诉意见书。

(13)对于辩护律师请求查阅卷宗材料的请求，检察机关是否允许？辩护律师会见周文凯，是否需要得到检察机关的批准？

(14)检察机关收到律师提供的证据材料，应如何处理？

(15)检察机关提起公诉应符合哪些条件？

**2. 实践题**

(1)如果你是周文凯的辩护律师，在这一阶段应该做哪些工作？请根据以上案情，编写工作计划。

(2)结合本案案情，为周文凯撰写取保候审申请。

(3)针对以上起诉意见，为被告人周文凯撰写辩护词。

(4)请根据以上案件信息，分析宏佑电子厂、周文凯的行为是否构成保险诈骗罪。

撰稿人 | 时延安，中国人民大学法学院教授

# 10 CASE 应志敏、陆毅走私废物、走私普通货物案

| 摘 要 |

本案以一起案情相当简单的走私废物、走私普通货物案为载体，围绕被告人以为走私的是废旧电子产品、确实不知走私物品中夹带了应当缴纳关税的普通货物时能否认定其具有走私普通货物罪的犯罪故意，以及能否直接适用司法解释处理本案等问题点，通过理论讨论与模拟法庭表演，使学生熟悉刑事案件一审的庭审程序，体会各种司法人员的角色，合格地撰写起诉书、辩护词、刑事判决书，能够参与与其角色相符的各项庭审活动。本案例对于犯罪故意证明、司法解释适用等司法实务中经常出现的疑难问题具有普遍指导意义。

| 关键词 |

走私犯罪刑事诉讼实务　犯罪故意证明　司法解释适用　司法人员角色及相应法律文书

| 教学目标 |

通过对应志敏、陆毅走私废物、走私普通货物案的理论分析与模拟法庭表演，使学生熟悉刑事案件一审的庭审过程，体会各种司法人员的角色，解决实务中的一些常见疑难问题。具体而言包括：(1)体会检察官的角色，学会制作起诉书和公诉意见书，并能合理进行量刑建议；(2)体会辩护律师的角色，学会撰写辩护意见，学会质证与进行法庭辩论，掌握辩护技巧；(3)体会法官的角色，能够正确分析证据、事实，并撰写刑事判决书，合理对被告人定罪、量刑；(4)能够解决走私犯罪刑事案件中的常见疑难问题。

## 教学案例主文

### 一、引言

主客观相统一是我国刑法的基本原则。据此，要认定行为人构成故意犯罪，必须能够证明行为人具有相应的犯罪故意，但就实务而言，犯罪故意的证明常常是困难的。同时，有些案件如果直接套用司法解释或者规范性文件，有可能出现主客观不统一的现象，此时是维护主客观相统一的基本原则尽量避免适用司法解释或者规范性文件还是维护司法文件的权威性直接适用司法解释或者规范性文件，都是实务中反复出现的、令人困惑的难题。陆毅走私废物、走私普通货物案在这些问题上表现得尤为突出，具有代表性，值得学习、研究。

### 二、案件基本事实

2010 年 4 月左右，应志敏（男，32 岁）、陆毅（男，27 岁）在上海认识香港人孙平。孙平以高薪请求二人参与从香港走私废旧电子产品到广东的活动，具体分工为由孙平从香港收集废旧电子产品，并从香港发货运至上海保税区，由应志敏、陆毅二人负责采用伪报品名等方法代理报关申报进境，然后由二人将货物运至广东，交给在广东等候的孙平。应志敏、陆毅对此表示同意，还专门去广东实地察看了收货公司等情况。自同年 6 月起，应志敏、陆毅等人按事先分工共同从事走私活动。

2011 年 4 月 1 日，上海海关缉私部门查封、扣押了 20 个由被告人应志敏、陆毅以瓦楞纸板名义进口的装有走私货物的集装箱。经清点、理货和鉴别，上述走私货物主要为：属于危险类废物的废旧线路板、废电池等共计 32290 公斤；属于国家禁止进口的固体废物的废旧复印机、打印机、电脑等共计 349812 公斤；属于国家限制进口的可用作原料的固体废物的硅废碎料共计 7270 公斤；另有进口胶带、全新的轴承、全新的车载 CD 机、全新的非家用缝纫机机头、全新的缝纫机配件等普通货物若干吨，涉及税额七十余万元。

2011 年 4 月 2 日，被告人应志敏、陆毅被抓获。二人到案后，如实供述了上述事实。但孙平已经行踪不明。此外，上海海关缉私部门还追缴到赃款 300 万元。

另查明，被告人应志敏曾于 2008 年 9 月，因犯走私普通货物罪被上海市第一中级人民法院判处有期徒刑 2 年，2009 年 11 月刑满获释。

上述事实，有下列证据予以证实：

1. 被告人陆毅、应志敏的供述证明：他们共同起意伙同香港人孙平走私废旧电子产品,具体负责通关和运输事宜等。

2. 被告人陆毅、应志敏的供述、证人孙根宝、潘剑英、徐英杰、刘晓龙等人的证言和相关物流公司的调度日记、进出保税仓库货物台帐记录、进出库明细及《仓储协议》等以及被告人陆毅、应志敏的供述证明:陆毅、应志敏等人采用伪报进口瓦楞纸板等方法从事走私活动等事实。

3. 查获的3套《中华人民共和国海关进口货物报关单》及相应的7套《中华人民共和国海关保税区进境货物备案清单》与虚假发票、装箱单等证明:2011年3月31日和4月1日,被告人陆毅、应志敏通过物流公司为进境的7票货物以瓦楞纸板的名义办理进境备案和将前6票货物分3笔向海关办理进口报关;同时上述7票货物于3月31日直接运至区外装拆箱地点,并未按保税区仓储转口的规定将货物运进外高桥保税区内物流公司仓库。

4.《中华人民共和国海关进出口货物化验鉴定书》、《海关罚没物品入库单》、中国外轮理货总公司的理货清单、《扣押物品、文件清单》等证明:上海海关缉私部门扣押了涉案7票货物中的5票货物,共计20个集装箱。经委托清点、理货,发现其中主要货物为:旧线路板、次级品显示屏、旧机箱、旧光驱等电子电器类产品以及奶粉、胶带、非家用缝纫机头等,共计408余吨。

5. 中国环境科学研究院固体废物污染控制技术研究所出具的编号为20110063HB的《进口物品固体废物属性鉴别报告》证明:上述扣押的货物中,废旧线路板、废电池共计32290公斤,属于危险类废物;废旧复印机、打印机、电脑等共349812公斤,属于国家禁止进口的固体废物;硅废碎料共计7270公斤,属于国家限制进口的可用作原料的固体废物。

6.《中华人民共和国上海海关涉嫌走私的货物、物品偷逃税款海关核定证明书》和上海市价格认证中心出具的编号为沪价认缉鉴贰〔2011〕29号的《关于海关扣押清单所涉二手电子产品及新品的价格鉴定结论书》证明:上述扣押的胶带、非家用缝纫机头等货物偷逃应缴税额70余万元。

7. 编号为3851的《扣押物品、文件清单》证明:上海海关缉私部门追缴到300万元。

8.(2008)沪一中刑初字第212号《刑事判决书》和上海市公安局长宁分局新泾派出所出具的《人户分离的重点人口联系单》证明:被告人应志敏于2008年9月因犯走私普通货物罪被本院判处有期徒刑两年等,于2009年11月刑满获释。

9.《案发经过》等证明:两名被告人的到案经过。

## 三、控辩双方观点

本案中,侦查机关和公诉机关未能查获到有关被告人应志敏、陆毅为废旧电子产品代办通关手续的书面合同,无法查证被告人应志敏、陆毅是否明知走私的废旧电子产品中夹带应当缴纳关税的普通货物。但是,2002 年 7 月最高人民法院、最高人民检察院、海关总署《关于办理走私刑事案件适用法律若干问题的意见》第 6 条"关于行为人对其走私的具体对象不明确的案件的处理问题"的规定,"走私犯罪嫌疑人主观上具有走私犯罪故意,但对其走私的具体对象不明确的,不影响走私犯罪构成,应当根据实际的走私对象定罪处罚。但是,确有证据证明行为人因受蒙骗而对走私对象发生认识错误的,可以从轻处罚"。2006 年 11 月 14 日最高人民法院《关于审理走私刑事案件具体应用法律若干问题的解释(二)》第 5 条规定:"对在走私的普通货物、物品或者废物中藏匿刑法第一百五十一条、第一百五十二条、第三百四十七条、第三百五十条规定的货物、物品,构成犯罪的,以实际走私的货物、物品定罪处罚;构成数罪的,实行数罪并罚。"据此,上海市人民检察院第一分院起诉指控被告人应志敏、陆毅违反海关法规,逃避海关监管,采用伪报品名的方式进口固体废物逾 389 吨、进口普通货物偷逃应缴税额 74 万余元,其行为已构成走私废物罪、走私普通货物罪,应当数罪并罚。

被告人应志敏及其辩护人对起诉指控应志敏犯走私废物罪的事实、证据、罪名均无异议。其辩护人辩称:应志敏的行为不构成走私普通货物罪。理由是:不能简单依据货柜中货物的客观状况分别定罪并实行数罪并罚;应志敏等人并非货源组织者,也非收货人(或者非货主),仅作为代理进口商主要负责废旧电子产品的通关业务,并不明知其所走私的废旧电子产品中还夹藏进口胶带、轴承等普通货物,故其主观上不具有走私普通货物的故意。

被告人陆毅及辩护人对起诉指控陆毅的行为构成走私废物罪的事实、证据、罪名均无异议。其辩护人辩称:陆毅仅明知走私废旧电子产品,而不明知废旧电子产品中夹藏有普通货物,故其行为不构成走私普通货物罪。

## 四、本案疑难问题

1. 在走私废物犯罪案件中,被告人确实不知所走私的废物中夹带了应当缴纳关税的其他货物、物品的,能否认定被告人具有走私普通货物、物品罪的犯罪故意?

2. 被告人确实不知所走私的废物中夹带了应当缴纳关税的其他货物、物品时,是否适用相关规范性文件认定被告人构成走私普通货物、物品罪?

3. 一次走私行为中,夹带、藏匿其他物品构成其他走私犯罪的,是以一罪论处还是应当数罪并罚?

# 教学指导手册

## 教学目标

通过讨论应志敏、陆毅走私废物、走私普通货物案并进行模拟法庭表演,使学生熟悉刑事案件一审的庭审程序,体会各种司法人员的角色并完成相应的任务,解决走私犯罪实务中的一些常见疑难问题。具体而言包括:(1)体会检察官的角色,学会制作起诉书和公诉意见书,并能合理进行量刑建议;(2)体会辩护律师的角色,学会撰写辩护意见,能够熟练参与庭审,学会质证与法庭辩论,掌握辩护技巧;(3)体会法官的角色,能够分析证据、事实,撰写刑事判决书,合理对被告人定罪、量刑;(4)能够解决走私犯罪刑事案件中走私犯罪故意的证明、司法解释的适用、罪数的处理等常见疑难问题。

## 教学内容

### 1. 管辖

中国人与外国人(包括港澳台地区的居民)相勾结,在我国境内实施犯罪的,包括预谋在我国境内实施犯罪的,属于在中华人民共和国领域内犯罪,对于参与预谋或者实行犯罪的外国人(包括港澳台地区的居民),我国司法机关有权对其追究刑事责任。

### 2. 主观心态的证明

主观心态属于主观的内容,存在于行为人内心,在不存在直接证据或者犯罪嫌疑人、被告人拒不承认其具有某种犯罪的犯罪故意的前提下,如何证明犯罪嫌疑人、被告人具有该种犯罪故意,是司法实务中经常碰到的问题。对此,一般通过刑事推定技术认定犯罪嫌疑人、被告人是否存在犯罪故意,当然,如果犯罪嫌疑人、被告人如果能够进行合理的反驳,这一推定能够被推翻。对于走私犯罪故意的认定,2002 年 7 月 8 日最高人民法院、最高人民检察院、海关总署《关于办理走私刑事案件适用法律若干问题的意见》第 5 条规定如下:

关于走私犯罪嫌疑人、被告人主观故意的认定问题

“行为人明知自己的行为违反国家法律法规,逃避海关监管,偷逃进出境货物、

物品的应缴税额,或者逃避国家有关进出境的禁止性管理,并且希望或者放任危害结果发生的,应认定为具有走私的主观故意。

走私主观故意中的‘明知’是指行为人知道或者应当知道所从事的行为是走私行为。具有下列情形之一的,可以认定为‘明知’,但有证据证明确属被蒙骗的除外:

(一)逃避海关监管,运输、携带、邮寄国家禁止进出境的货物、物品的;

(二)用特制的设备或者运输工具走私货物、物品的;

(三)未经海关同意,在非设关的码头、海(河)岸、陆路边境等地点,运输(驳载)、收购或者贩卖非法进出境货物、物品的;

(四)提供虚假的合同、发票、证明等商业单证委托他人办理通关手续的;

(五)以明显低于货物正常进(出)口的应缴税额委托他人代理进(出)口业务的;

(六)曾因同一种走私行为受过刑事处罚或者行政处罚的;

(七)其他有证据证明的情形。"

上述司法解释是典型的运用刑事推定技术认定走私犯罪故意的适例。

**3. 主客观相统一对刑事审判的指导意义**

主客观相统一是刑法的基本原则,无论是定罪还是量刑,都要求行为人的主观方面必须与客观方面相一致,禁止客观归罪或者主观归罪。刑事审判不应违背主客观相统一原理。

2002年7月8日最高人民法院、最高人民检察院、海关总署《关于办理走私刑事案件适用法律若干问题的意见》第6条"关于行为人对其走私的具体对象不明确的案件的处理问题"的规定,"走私犯罪嫌疑人主观上具有走私犯罪故意,但对其走私的具体对象不明确的,不影响走私犯罪构成,应当根据实际的走私对象定罪处罚。但是,确有证据证明行为人因受蒙骗而对走私对象发生认识错误的,可以从轻处罚"。该规定存在违反主客观相统一原理的嫌疑。从定罪原理分析,对于主观认识与实际犯罪对象不同的情形,一律以实际犯罪对象定罪,违背了主客观相统一原则,也与刑法第14条关于故意犯罪的规定不符。

应当认为,上述意见所确定的"以实际走私的货物、物品定罪处罚"仅适用于有走私的概括故意的犯罪情形:一是意识上,行为人没有走私具体对象的意思;二是意志上,行为人对实际走私对象不反对,有没有都无所谓。如果行为人对走私犯罪对象的认识非常明确,并在此基础上形成了确定的故意,并对其他走私对象明确反对,即使最终在走私货物中发现其他走私物品,也不能适用该规定。

如果行为人不具有走私的概括故意,对走私对象中夹带的其他货物确实不明知的,根据主客观相统一原则,就夹带的货物部分不应认定行为人走私犯罪。当代刑法的主流认识既反对主观归罪,也反对客观归罪,绝大多数国家的司法实践都明确将主客观相统一原则作为定罪的基本原则。根据主客观相统一原则,认定行为人构成犯罪,除了要求行为人客观上实施了具有严重社会危害的行为,还要求行为人主观上对所实施的危害行为具有一定的罪过。无论是故意的罪过,还是过失的罪过,根据《刑法》第 14 条、第 15 条的规定,必须体现的一个共性就是行为人对所实施的危害行为具有一定认识或者应当具有一定认识。如果这个前提不存在,行为人就不存在故意、过失的罪过,根据主客观相统一原则,也就不构成犯罪。

基于上述分析,在具体案件中,如果行为人具有走私的概括故意,对其以实际走私的物品定罪处罚并无不妥;但是,如果行为人不具有走私的概括故意,对其以实际走私的物品定罪处罚则违背了主客观相统一原则。

本案证据证实,应志敏、陆毅主观上具有走私二手废旧电子产品入境的明确故意,亦即二被告人主观上明确知道其帮助走私的对象是废旧电子产品,二被告人自始至终都不知道也无法知道走私的货物中含有其他普通货物,即在案证据无法证实二被告人对走私对象中含有普通货物主观上具有放任态度,由此证实二被告人不具有走私的概括故意。在确定应志敏、陆毅缺乏走私普通货物主观故意的前提下,仅凭其走私的废旧电子产品中混有普通货物,认定应志敏、陆毅构成走私普通货物罪与走私废物罪两个罪名,显然属于客观归罪。

**4. 一次走私行为中,夹带、藏匿其他物品的罪数**

司法实践中,一人既走私普通货物,又走私其他特定物品的情况并不少见。有人认为,对于走私多种不同对象的,应实行数罪并罚。但是,这种观点显然不符合刑法的基本原理,因为一个行为绝对不可能按数罪处罚(立法有明文规定的除外)。如果一人一次性既走私了废物,又走私了普通货物,那么,此时则属于一行为触犯了数个罪名,成立想象数罪,不应实行数罪并罚,只能按其中一个犯罪处理。

**5. 如何合理适用司法解释**

司法解释具有法律约束力,各级审判机关在审理案件时,应当适用司法解释。但是,司法解释具有原则性,且部分司法解释自身也可能存在一些问题,因此,不分具体情形直接适用司法解释来处理案件,有时可能会出现不当结果。例如,最高人民法院、最高人民检察院、海关总署《关于办理走私刑事案件适用法律若干问题的意见》公布后,不少法院在办理走私犯罪案件时基本上是按照这一原则处理的,但正如本案那样,直接适用该意见,是明显违反主客观相统一原理的。因此,应当对该意见做限缩解释——该意见中所确定的“以实际走私的货物、物品定罪处罚”

的规定仅适用于有走私的概括故意的犯罪情形。这样,本案就可以避免适用上述司法解释。

**6. 产生事实认识错误时,如何认定行为人的犯罪心态**

产生事实认识错误时,应严格根据错误理论来认定行为人的犯罪心态。对事实的认识错误分为具体的事实认识错误与抽象的事实认识错误。具体的事实认识错误,是指行为人认识的事实与实际发生的事实虽然不一致,但没有超出同一犯罪构成的范围,即行为人只是在某个犯罪构成的范围内发生了对事实的认识错误,因而也被称为同一犯罪构成内的错误。具体的事实错误主要包括对象错误、打击错误与因果关系的错误。对于具体的事实错误,存在具体的符合说与法定的符合说的争论。前者认为,行为人所认识的事实与实际发生的事实具体地相一致时,才成立故意的既遂犯;后者认为,行为人所认识的事实与实际发生的事实,只要在犯罪构成范围内是一致的,就成立故意的既遂犯。我国的刑法理论采取法定符合说。抽象的事实认识错误,是指行为人所认识的事实与现实所发生的事实,分别属于不同的犯罪构成;或者说,行为人所认识的事实与所发生的事实跨越了不同的犯罪构成,因而也被称为不同犯罪构成间的错误。抽象的事实错误只有对象错误与打击错误两种情况。根据法定符合说,对于抽象的事实认识错误,应当在主观故意与客观事实相一致的范围内认定犯罪。详言之,不能仅根据行为人的故意内容或仅根据行为的客观事实认定犯罪,而应在故意内容与客观事实相符合的范围内认定犯罪。在重罪不处罚未遂,以及在重罪处罚未遂但轻罪的既遂犯重于重罪的未遂犯的情况下,如果重罪与轻罪同质,则在重合的限度内成立轻罪的既遂犯。

在本案中,二被告人未能认识到走私的废物中夹带了其他物品,属于抽象的事实认识错误,对此应否定二被告人犯罪故意的存在。

**7. 对于二被告人夹带20余吨普通货物走私入境的行为应如何处理**

应志敏、陆毅主观上不明知废物中夹带有普通货物,故其行为不再构成走私普通货物罪,但是二被告人实施走私的行为客观上使20余吨的普通货物顺利入境,这种关联后果虽然不影响罪质,但完全不予评价,与没有此种关联后果的情形不予区别,也不合理。可以将本案夹带的普通货物作为走私废物罪的量刑情节,酌情从重处罚,以体现罪责刑相适应原则。

## 预期效果

1. 通过本案深化一些基本刑法理论。例如,在处理走私犯罪案件时,应当坚持主客观相统一原则，行为人对于走私物品的种类确实不知的，不能认定其对该类物品具有走私故意。

2. 使学生学会正确适用司法解释。在司法解释适用于具体案件可能产生不合理结论时，应当对司法解释作限缩解释，使案件免于适用该司法解释。

3. 使学生掌握刑事案件一审的庭审程序，积极体会各种司法人员的角色，能够撰写与角色相符的各类法律文书。

## 教学计划

本案例分为2次（每次3个课时）进行教学。第一次教学内容为在教师主持下进行课堂讨论，解决思考题；第二次教学内容为解决实践题（进行模拟法庭表演），充分消化、吸收各种思考题的结论。课堂教学计划安排如下：

1. 课前安排：事先发放材料，安排学生阅读案例，对案例所涉及问题收集资料，进行初步思考。

2. 第一次课教学计划：（1）介绍教学目的，明确讨论主题；（2）对学生进行分组，分组讨论各项思考题；（3）小组代表提出本组观点，与其他小组进行交流；（4）教师适当回答部分疑难问题，但不对案件表态（以便为后面学生进行模拟法庭表演留下充分空间）；（5）指定同学扮演模拟法庭的角色，安排其进行课后准备（撰写好所需法律文书，熟悉庭审程序，为模拟法庭做好充分准备）。

3. 第二次课教学计划：（1）被指定角色的同学进行模拟法庭；（2）未参与表演的同学对模拟法庭进行点评、打分；（3）授课教师评析模拟法庭表演，分析案件疑难问题。

## 课堂时间安排

整个案例课的课堂安排6个课时，每课时45分钟。其中前3次课作为第一教学单元，解决本案例所留的思考题，后3次课作为第二教学单元，解决本案例所留的实践题（进行模拟法庭表演）。

## 思考题和实践题

**1. 思考题**

（1）如果孙平出现在内地，我国司法机关是否有权追究其走私罪的刑事责任？

（2）在缺乏直接证据时，如何证明被告人有犯罪故意？

（3）被告人产生认识错误时，如何认定被告人的主观心态？

（4）主客观相统一原理对于处理刑事案件有何具体指导意义？

(5)如何适用司法解释,才能保证案件结论的合理性?
(6)虽然孙平未被同时审判,应否在孙平、应志敏与陆毅之间区分主从犯?
(7)孙平、应志敏各自存在哪些量刑情节?
(8)在本案中,被告人应志敏、陆毅的行为是否构成走私普通货物罪?
(9)对被告人应志敏、陆毅的行为应否以走私废物罪与走私普通货物罪数罪并罚?
(10)被告人应志敏、陆毅的行为客观上使高达七十余万元税款的普通货物被走私入境,可否将此作为走私废物罪的量刑情节予以评价?

**2. 实践题**

两名同学扮演被告人,两名学生扮演检察官,两名学生扮演辩护律师,三名同学扮演法官,一名同学扮演人民陪审员,一名同学扮演书记员,四名同学扮演法警,围绕本案举行模拟法庭表演。

模拟法庭基本要求:
(1)两名扮演检察官的同学应事先写出公诉书以及公诉意见书,参与法庭指控,进行法庭质证,提出明确的量刑建议;
(2)两名扮演被告人的同学做好出庭准备和自我辩护准备;
(3)两名扮演辩护律师的同学应事先写出辩护词,为被告人进行法庭辩护;
(4)三名扮演法官、一名扮演人民陪审员的同学,尤其是扮演审判长角色的同学主持好庭审,并应事先大致准备好刑事判决书草稿,并根据庭审情况适当修改判决书,在审判结束时当庭宣判;
(5)参与模拟法庭表演的同学,可以根据需要自行增加一些非关键性案件材料(如被告人详细信息、案发具体地点等)。

## 参考文献


1. 莫开勤、颜茂昆:《走私犯罪》,中国人民公安大学出版社 2003 年版。
2. 梁争:《走私罪研究》,法律出版社 2013 年版。
3. 张大春:《走私犯罪刑事证据研究》,中国海关出版社 2013 年版。
4. 熊选国、任卫华:《刑法罪名适用指南:走私罪》,中国人民公安大学出版社 2007 年版。
5. 向朝阳、成凯等:《走私罪立案追诉标准与司法认定实务》,中国人民公安大学出版社 2010 年版。
6. 郭彦东、王锦亚:《审理走私普通货物、物品犯罪案件若干问题》,载《人民司法》1999 年第 2 期。
7. 王显荣 :《伪报贸易性质走私犯罪研究》,载《政治与法律》2008 年第 7 期。
8. 曹坚:《以主客观相统一的视角检视走私犯罪的主观故意》,载《政治与法律》2007 年第 2 期。


撰稿人 | 李立众,中国人民大学法学院副教授

# 11 CASE 何可楠、马跃敲诈勒索案

**摘 要**

本案例以司法实践中真实的敲诈勒索案件为蓝本,围绕敲诈勒索案件的认定和刑事诉讼程序各环节,涉及实体和程序两大方面的问题。实体方面的问题主要围绕敲诈勒索罪的认定展开,包括罪与非罪的认定和罪间区分。程序方面的问题主要围绕刑事诉讼中侦查人员、公诉人和律师的诉讼活动展开,包括立案侦查、审查起诉、律师辩护等多个环节。本案例对于解决其他类似案件具有参考意义。

**关键词**

敲诈勒索案　刑事诉讼　法律职业活动　敲诈勒索罪认定　自力救济限度

**教学目标**

通过案例的讲授和研讨着重让学生学习和掌握以下三方面内容:(1)理解和掌握刑事诉讼各环节的流程以及律师、侦查人员、公诉人等在诉讼过程中的活动内容。(2)理解和掌握敲诈勒索罪的构成要件,罪与非罪的认定、此罪与彼罪的区分。(3)学习和掌握各种诉讼文书的书写。

## 教学案例主文

### 一、引言

(一)本案涉案人员

犯罪嫌疑人:

1. 何可楠,女,1981年6月3日出生,汉族,高中文化,户籍所在地:A省B市C区,甲单位员工,现住A省B市C区。

2. 马跃,男,1976年7月30日出生,汉族,大学本科文化,户籍所在地:A省B

市D区，甲单位员工，系B市人民代表大会代表，现住A省B市D区。

被害人：

李光明，男，1978年8月23日出生，汉族，大学本科文化，户籍所在地：A省B市D区，无业，现住A省B市D区。

涉案人员之间的关系：

何可楠和马跃系甲单位同事，李光明是何可楠通过QQ聊天结识的网友，马跃因买房经何可楠介绍同李光明相识。何可楠和马跃系李光明诈骗案[1]的受害人，何可楠和马跃涉嫌敲诈勒索李光明。

（二）李光明诈骗案概况

2007年5月，李光明对其朋友张某谎称自己认识乙单位的主管领导，能够以远低于市场价的价格（每平方米2300元）购买该单位在F小区的集资房。张某信以为真，向李光明提出购买一套80平方米的房子的要求，但是由于手头钱不够，只能先给李光明4万元[2]定金。李光明为了尽快将这4万元骗到手，就声称先帮张某垫付剩下的预付款。随后，张某交给李光明4万元现金。

2007年7月至2012年3月，李光明以同样的手段，向郑某、王某、孙某某以及何可楠、马跃行骗，以交纳购房定金、人情费、购房款以及入住费等名义先后从被害人手中骗取80余万元。2013年10月，李光明因涉嫌诈骗罪被B市公安局D区分局刑事拘留。经查，李光明案发时无固定工作，且从未在乙单位工作过，根本不认识乙单位的领导，也没有帮被害人在F小区买房的能力。李光明所称自己有能力帮被害人在F小区购买集资房的说法均为李光明为了诈骗而编造，诈骗所得钱款主要用于个人挥霍。

2014年1月，B市D区人民法院依法判决李光明成立诈骗罪，判处有期徒刑13年并处没收财产。

（三）李光明向何可楠、马跃行骗经过

何可楠与李光明系网上认识的网友，后来关系不错，两人以兄妹相称。

2010年年初，李光明称自己以前是乙单位的工作人员，和该单位的领导关系不错，找领导办过单位集资买房的事情，所以能够买到该单位在F小区的集资房，2300元左右一平方米。何可楠当即表示自己愿意买两套，一套100平方米，一套50平方米。李光明称买房子的话需要交上购房定金和给领导的好处费，100平方米定金5

---

〔1〕 本案已经审结，李光明因犯诈骗罪已被判刑。

〔2〕 本案中出现的金钱数额均指人民币。

万元,50平方米定金2万元,人情费3万元,共计10万元。何可楠称自己可能一次性拿不出来这么多现金,但是会尽力凑钱。李光明称,能拿多少就先拿多少,不够的让当哥的给你垫着,等手上有钱了再还给哥。

随后,何可楠分三次将自己凑到的3万元、5万5千元、1万5千元现金交给了李光明并交了身份证、户口本复印件。何可楠的三次交款李光明均出具了收条。

2010年10月,何可楠在聊天时无意中向自己单位的同事马跃提起自己有一个"亲戚"叫李光明,是乙单位的工作人员,能通过他认识乙单位的领导买到该单位的集资房。马跃心动,表示要购买一套100平方米的房子。3天以后,何可楠将李光明带到其所在的甲单位与马跃见面,李光明称,买房子的话,需要先缴纳购房定金5万元,人情费2万元,但是人情费在办购房手续的时候再给就行,现在先把购房定金交上。马跃表示自己现在没有这么多现金,让李光明等一段时间以后再来拿钱。李光明让马跃尽快筹钱,说好多人等着要房子,早把钱交了心安,马跃随即应允。

2010年11月初,马跃约李光明来甲单位取购房定金。在该单位办公楼五楼,在何可楠在场的情况下,马跃将5万元现金交给李光明,李光明出具了收条。

2010年11月末,李光明又一次来到甲单位与马跃见面,向马跃索要身份证、户口本复印件以及2万元人情费。马跃称自己的户口本没在身上,让李光明第二天再过来取。第二天在甲单位的办公楼五楼,马跃将人情费2万元以及自己的身份证、户口本复印件交给了李光明。

之后,何可楠、马跃多次向李光明提起办理购房手续的事情,李光明均以房子还没有盖好以及领导忙于其他事情等借口推脱。

## 二、主体内容

### (一)基本案情

2010年年初,何可楠将购房定金和人情费交付李光明,此后购房一直无进展。

2011年12月20日,何可楠的朋友金某要买房子,想让何可楠给参谋一下,何可楠于是向金某推荐自己托李光明买房的F小区,随后二人一同到F小区售楼处看房,何可楠顺便向售楼小姐询问F小区中是否有100平方米和50平方米的户型,因为此前何可楠托李光明在F小区买的两套集资房即分别为100平方米和50平方米户型。售楼小姐告知何可楠F小区并无此两种户型,何可楠旋即心生疑虑,怀疑被李光明骗了。于是发短信给李光明确认,在短信中李光明告诉何可楠,帮其买的房子是单位内部自建的集资房不对外出售,售楼处自然不卖何可楠要买的那两种户型的房子,房子手续得等到春节过后才能办理。

2012年2月8日,春节过后何可楠给李光明打电话询问房子手续的事。在通话中李光明告诉何可楠自己在外地出差，得半个月之后才能回来，等他从外地回来再办房子手续的事。何可楠觉得李光明是在敷衍自己，怀疑李光明压根没出差。于是决定第二天到李光明工作的乙单位找他。

2012 年 2 月 9 日，何可楠到乙单位找李光明，然而经询问，乙单位现在并无李光明这个人，而且该单位也没有在建的集资房。何可楠于是又给李光明打电话，要问个究竟。在通话中李光明继续敷衍何可楠，何可楠与李光明通过电话后，觉得自己十有八九是被骗了，于是给自己当律师的朋友王某打电话，将自己托李光明购买乙单位集资房的情况大体告诉了王某，王某经过调查，证实李光明不在乙单位工作。何可楠最终确定自己被骗了。何可楠确定自己被骗后不知该如何是好，也不知该如何面对同事马跃，但最终还是决定上班后尽快将被骗的事告诉马跃。

2012 年 2 月 13 日，何可楠到单位上班，午饭时在单位食堂碰到了同事马跃。马跃主动问及房子手续的进展，何可楠遂将他们被骗的事告诉了马跃。二人相约下班后再商量解决的办法。下班后，二人在单位楼下的咖啡馆商量解决的办法，马跃在下班前曾咨询过在法院和公安局工作的朋友，朋友建议他别报警，否则被骗的钱款难以追回。因此马跃主张不通过报警的方式解决被骗的问题，而是约李光明出来聊聊，私下追回被骗的钱款。但李光明一直躲着他们，于是何可楠主张把事情挑明，称如果李光明不出来和他们谈给他们退钱就报警，马跃同意何可楠提出的解决办法。何可楠下班回到家后，给李光明打电话，李光明没有接电话，何可楠遂给李光明发短信，将知道自己被骗的事情挑明，并约李光明出来同她和马跃当面商量退款的事，否则就将李光明行骗的事捅出去，让电视台曝光这件事并且还要报警。李光明遂答应后天晚上请何可楠和马跃吃饭，当面商量退款的事。

2012 年 2 月 15 日，李光明请何可楠、马跃到小肥羊火锅店吃饭并商量解决的办法，三人到达后未及点菜就先开始商谈退款的事，何可楠要求李光明不仅要退款还要补偿因房价上涨给自己造成的损失，让李光明自己看着给。李光明问何可楠给三倍赔偿行不行，何可楠表示同意。李光明称自己现在没钱还，但可以打欠条。马跃见状也要求李光明赔偿自己因房价上涨带来的损失。李光明为了安抚何可楠和马跃，同意当即给何可楠写下一张 30 万元的欠条，给马跃写下一张 20 万元的欠条。

写下欠条后，何可楠和马跃就经常打电话或发短信向李光明催要还款，李光明一直以手上没钱为由予以推脱。何可楠为了让李光明痛快还钱，曾经到李光明居住的小区门口“守株待兔”，可是一直未见到李光明。

2012 年 3 月 7 日，何可楠参加了初中同学聚会，在酒桌上何可楠对自己的好朋友王强讲起此事，让王强给自己出出主意以促使李光明还钱。王强从与何可楠的对话中得知李光明有一个正在上幼儿园的女儿，于是建议何可楠吓唬一下李光明，将李光明的女儿骗出来玩,然后给李光明打电话说女儿在她手上,如果不还钱后果自负。何可楠采纳了王强的建议,伺机行动。

2012年3月30日,何可楠到李光明的女儿小芳所在的幼儿园谎称自己是小芳父母的朋友将小芳接出,从幼儿园接出后,何可楠带小芳到附近的游乐场玩,小芳在旋转木马上玩的时候,何可楠给李光明打电话,称小芳在自己身边,如果李光明今天不还钱明天就看不到女儿了。李光明在得知女儿的处境后心急如焚,立刻赶到银行给何可楠汇去了12万元。何可楠在钱到账后将在游乐场玩累了的小芳送回了家。

2012年4月10日,何可楠给李光明打电话以父亲生病住院自己急需用钱为由,让李光明给她银行卡上打6万元。李光明称自己手头上只有4万元,何可楠遂让李光明将4万元打到她的银行卡上,李光明当天将4万元钱汇入何可楠的银行卡。

2012年6月15日,何可楠给李光明打电话说结婚要买车,需要用钱,让李光明给卡上打2万元钱。当天,李光明通过银行卡转账的形式给何可楠汇去了2万元。

2012年7月3日,何可楠给李光明打电话说结婚要买点新衣服,现在手上钱不够,需要点钱。李光明说自己手上没钱,但可以将自己的信用卡交给何可楠使用,何可楠使用李光明的信用卡刷卡消费2万元。

在签订欠条后,马跃曾多次向李光明催要欠款,李光明均以手上没钱为由敷衍,马跃在得知李光明已向何可楠还过钱却迟迟不向自己还钱这一事实后,十分生气,遂决定向李光明摊牌。

2012年10月3日,马跃给李光明打电话,以不还钱就报警来促使李光明还钱。

2012年10月5日到10月7日,李光明先后三次共给付马跃8万元,其中第一次是在马跃单位楼下的星巴克咖啡馆当场交付现金4万元,后两次是通过银行卡转账的方式每次给付2万元。在李光明给付马跃8万元后直到案发前,马跃未再给李光明打电话催要过欠款。

### (二)诉讼过程

2014年4月6日,B市公安局C区分局决定对何可楠、马跃涉嫌敲诈勒索一案立案侦查。

2014年4月7日10时,B市公安局C区分局对犯罪嫌疑人何可楠、马跃执行刑事拘留,并向其宣读拘留证,由犯罪嫌疑人签字确认,送第二、三看守所实施羁押。

2014年4月7日14时,B市公安局C区分局就犯罪嫌疑人何可楠被执行刑事拘留事宜向其家属进行通知。

2014年4月7日15时,B市公安局C区分局指派两名侦查人员前往第二、三看守所对犯罪嫌疑人何可楠、马跃进行讯问。

2014年4月10日，B市公安局C区分局因何可楠特殊情况，根据《刑事诉讼法》第89条第1款之规定，决定延长对犯罪嫌疑人何可楠(于2014年4月7日10时被执行拘留)的拘留期限，时间从2014年4月10日10时至2014年4月14日10时，并向犯罪嫌疑人何可楠进行宣读、确认。

2014年4月11日，B市公安局C区分局就何可楠、马跃涉嫌敲诈勒索被害人李光明一案向B市C区人民检察院提请批准逮捕。

2014年4月15日，B市C区人民检察院经审查认为，犯罪嫌疑人何可楠涉嫌犯有敲诈勒索罪，符合逮捕条件，根据《刑事诉讼法》第79条、第88条的规定，作出批准逮捕的决定。

2014年4月15日，B市C区人民检察院经审查认为，犯罪嫌疑人马跃犯罪情节轻微，不需要判处刑罚，根据《刑事诉讼法》第88条、第173条的规定，作出不批准逮捕的决定。

2014年4月15日，B市公安局C区分局对马跃作出给予行政拘留12日的行政处罚决定。

2014年4月30日，B市公安局C区分局以何可楠的行为涉嫌敲诈勒索罪为由将其移送B市C区人民检察院审查起诉。

2014年5月16日，B市C区人民检察院将何可楠涉嫌敲诈勒索一案向B市C区人民法院提起公诉。

## 三、本案相关证据

以下证据按时间顺序编排

证据1　短信记录(一)(何可楠与李光明)

通信时间：2011年12月20日11:05—13:00

短信内容：

11:05何：“我今天陪朋友去A楼盘看房，那里根本没有我要买的户型，这是什么情况？”

12:20李：“单位内部盖的集资房不对外出售，售楼处不卖你要买的那两种户型，放心吧，我办事你还不放心吗”

12:30何：“李哥，你办事我不是不放心，但我买的房子手续什么时候能办完，我这都等了快2年了，等的花儿都谢了”

12:45李：“你也知道，年底不好办事，等春节过后就能办手续了”

13:00何：“好，我知道了，李哥我这事你再多上点心，过一阵请你吃饭”

证据2　通话录音(一)(文字版)(何可楠与李光明)

通话时间:2012年2月8日10:00—10:05

通话内容:

何:"哥,年过得怎么样啊?上班了没?"

李:"年过的挺累,整天喝酒打麻将,比上班还累。你呢过得怎么样?"

何:"我这因为房子的事,年都没过好,整天盼着过完年办手续呢?哥,你什么时候有空咱去把房子的手续办了呗?"

李:"我最近在外地出差,等我回去就能办,你再等等,好事多磨,别着急。"

何:"哥,你给我个准信,什么时候能办,马跃这几天也在催我这个事。"

李:"我还得半个月能回去,到时咱们再联系,现在有点事,先挂了。"

何:"那好吧,等你回来再联系。"

证据3　通话录音(二)(文字版)(何可楠与李光明)

通话时间:2012年2月9日14:15—14:20

通话内容:

何:"哥,我今天去你们单位办事,顺便问了问集资房的事,你单位的人怎么说没这事呢?"

李:"你可能问的是临时工吧,单位内部的集资房只卖给有编制的正式工,临时工可能不知道这事,你去我们单位办什么事啊?"

何:"哥,你跟我说实话,这房子到底有没有?"

李:"我还能骗子吗,这房子肯定有啊,等我回去就能办手续。"

何:"哥,你现在是在那单位工作吗?我打听你,你单位的人怎么说没有这个人啊?"

李:"那是他们搞错了,我都在单位工作这么多年了,估计你问的新来的人。我这马上开会了,先不说了,等出差回去当面聊房子的事。"

证据4　短信记录(二)(何可楠与李光明)

通信时间:2012年2月13日20:00—20:45

短信内容:

20:00何:"哥,怎么不接电话,忙着呢?"

20:30李:"正陪领导吃饭呢,不方便接电话。"

20:32何:"哥,你现在怎么还骗我,我和马跃已经知道被你骗了,你不在B单位工作,集资房也压根不存在,你就别装了,整点实诚的,我们要和你当面谈谈退钱的事。"

20:35李:"我现在是不在那工作了,但我当初没想骗你们,我也是让人给骗了。我现在手上没钱,钱都拿去办事了。"

20:40何:"你现在说什么我都不相信了,来不来谈你看着办吧,马跃认识电视台和公安的人,你要是不还钱我们就把这事捅出去,你这是诈骗,要判刑的。"

20:42 李:"咱们有话好好说,什么都可以商量,我现在真在外地,过几天回去,到时我和你们当面谈退款的事。"

20:44 何:"我们等不了了,就后天晚上,你要是不来我们就报警。"

20:45 李:"你也别冲动,冲动是魔鬼,我后天晚上请你俩吃饭,咱们当面聊。"

**证据5 通话录音(三)(文字版)(何可楠与李光明)**

通话时间:2012年4月2日16:00—16:05

通话内容:

何:"哥,筹到钱没有,现在急等着用钱呢。"

李:"最近股市行情不好,你也是知道的,我的那几只股票全线飘绿,你别着急。"

何:"哥,你是不是在敷衍我啊,我刚才问你女儿小芳你最近在干什么,你女儿说你都好几天没回家了。"

李:"你见到我女儿了?"

何:"她现在和我在一起呢,你放心,只要你痛快还钱,她不会有事的。"

李:"你这是在威胁我?"

何:"我也是被逼出来的,你要是今天不还钱,明天你就见不到女儿了。"

李:"你别胡来,我现在就打电话筹钱,你等我电话。"

**证据6 通话录音(四)(文字版)(何可楠与李光明)**

通话时间:2012年4月10日15:20—15:25

通话内容:

何:"哥,我爸昨天住院了,现在要手术急需要钱,你看能不能尽快给我卡上打6万元?"

李:"我这手头上没那么多钱,昨天卖了只股票,手上只有4万元,要不都打给你。"

何:"那好吧,哥你尽快给我打钱吧,今天钱能打过来吗?就打我建行卡里,卡号一会我给你发过去。"

李:"好,我现在就去银行给你转账。"

何:"谢谢哥。"

**证据7 通话录音(五)(文字版)(马跃与李光明)**

通话时间:2012年10月3日15:03—15:07

通话内容:

马:"老李,最近你电话怎么总打不通呢,我那钱你得抓紧还啊。"

李:"我在农村老家呢,可能信号不好,我正想办法筹钱呢,一弄到钱就先还给你。"

马:“我已经等不及了,你得尽快还我,借我钱的朋友也在催我还钱。就这几天吧,你得把钱还给我,否则我就报警,我问过公安的朋友,说你这是诈骗,要坐牢的,你看着办吧。”

李:“马哥,你别着急,我这几天就给你筹钱。”

马:“那好,就10月7日之前。”

李:“好,我抓紧筹钱。”

证据8　讯问笔录(一)

时间:2014年4月7日15时00分至2014年4月7日16时00分

地点:第二看守所

讯问人:×××、×××,工作单位:B市公安局C区分局

记录人:×××,工作单位:B市公安局C区分局

被讯问人:何可楠,性别:女,年龄:33,出生日期:1981年6月3日

现住址:A省B市C区

户籍所在地:A省B市C区

问:你什么时间,因何事被刑事拘留?

答:2014年4月7日因涉嫌敲诈勒索罪被刑事拘留的。

问:你认识一个叫李光明的人吗?

答:认识。

问:你和李光明是什么关系?

答:我们是网友,后来关系处的不错,我们以兄妹相称。

问:你把你找李光明买房子的经过说一下。

答:2010年年初,李光明称由于自己以前是乙单位的职工,和该单位的领导关系不错,找领导办过单位集资买房的事情,所以能够买到该单位在F小区的集资房,2300元左右一平方米。我当即表示自己愿意买两套,一套100平方米,一套50平方米,给了李光明10万元,其中3万元的人情费。10月左右,我的同事马跃听说我买房子的事情后,也通过我找到李光明买房子,给了他7万元,其中2万元的人情费。

问:李光明给你和马跃买到房子没有?

答:没有。

问:你和马跃给李光明的钱现在在何处?

答:还给我们了。

问:还了多少?

答:还了我20万元,还给马跃8万元。

问:还你和马跃的钱是一起还的吗?

答:不是。

问:为什么还你20万元?

答:本金10万元,剩余的是李光明给我的补偿款。

问:李光明为什么要给你补偿款?

答:因为2011年12月20日,我的朋友金某要买房结婚,叫我去给参谋一下,我和金某是发小,关系不错,就想以后住一个小区能经常走动。于是我们就去了F小区售楼处看房,我顺便向售楼小姐询问F小区中是否有100平方米和50平方米的户型,因为我之前托李光明买的就是100平方米和50平方米户型的房子。售楼处工作人员说的确有房子在建,但是并没有我所要的户型及面积,我怀疑被李光明骗了。后来我找李光明询问房子手续的事,他就找借口敷衍我,我就去他所说的单位找他,发现那个单位根本没有他这个人,我才发现自己被骗了。2012年2月13日,我和马跃商议约李光明出来商量退款的事,并打电话给李光明,告诉他,如果他不答应的话就把他行骗的事捅出去,找电视台曝光还得报警,李光明就答应隔一天晚上请我和马跃吃饭,当面商量退款的事。在吃饭的时候我以没买到房子受到损失为由向李光明多要钱,作为对我们的赔偿,具体数额是李光明提出的,并且李光明还说自己现在没钱还,于是主动给我和马跃一人打了张欠条,分别是30万元和20万元。

问:你们问李光明要钱的时候还说了什么?

答:就说这事就私下解决算了,只要给我们钱,这事就算了。

问:李光明给你的20万元是怎么给你的?

答:第一次是我带李光明的女儿去游乐场,谎称他不给我钱的话就再也见不到他女儿了,他给我转了12万元,第二次因为我父亲生病要用钱,就问李光明要6万元,他给我转了4万元,第三次我结婚要买车,让李光明给我转了2万元,最后一次是我买衣服用他的信用卡刷了2万元。

问:……

答:……

**证据9 讯问笔录(二)**

时间:2014年4月7日15时00分至2014年4月7日16时00分

地点:第三看守所

讯问人:×××、×××,工作单位:B市公安局C区分局

记录人:×××,工作单位:B市公安局C区分局

被讯问人:马跃,性别:男,年龄:38,出生日期:1976年7月30日

现住址:A省B市D区

户籍所在地:A省B市D区

问:我是B市公安局C区分局的工作人员(出示执法证件),现依法向你询问本案的有关问题,请你如实回答,对与本案无关的问题,你有拒绝回答的权利,听清楚了吗?

答:听清楚了。

问:……

答:……

问:你什么时候通过什么人找李光明买的房子?

答:2010年10月,通过同事何可楠认识的李光明,11月初,在我单位办公楼五楼我和李光明就买房事由达成协议,给了他5万元首付,当时何可楠在场作为证明人。

问:你后面是否还给过李光明钱?

答:11月末的时候李光明向我索要身份证及户口簿复印件时,我给了他2万元人情费。

问:交给李光明的钱现在在何处?

答:李光明还我了8万元。

问:李光明为什么多还你钱?

答:2012年2月,何可楠告诉我李光明是骗子,我们俩就商议要找李光明把钱要回来,就给他打电话说,如果他不还钱的话我们就报警,李光明就说再找我们当面商量还钱的事儿。中间隔了一天,李光明请我和何可楠吃饭,在吃饭的时候,我和何可楠对李光明说因为他没把房子给我们买下来,造成了我们不少损失,就让他给我们赔偿,李光明就问我们要赔多少,我们就说得赔3倍吧。李光明当时说没有那么多钱,就提出打给何可楠30万元的欠条,给我打了20万元的欠条。

问:签欠条时你和何可楠有没有说过恐吓李光明的话?

答:我没说过,何可楠是否说过具体我记不清了。

问:李光明分几次给你的钱?

答:给了三次,第一次是在我单位楼下的星巴克咖啡馆交给我4万元现金,后两次是通过银行卡转账的方式每次给我转了2万元。

问:你知道李光明还给何可楠多少钱吗?

答:不知道。

问:你们为什么认为被骗了不报警?

答:我咨询过公安局和法院的朋友,他们说如果报警的话,钱八成就追不回来了。

问:……

答:……

**证据10　讯问笔录(三)**

时间:2013年10月8日9时00分至2013年10月8日11时00分

地点:第一看守所

讯问人:×××、×××,工作单位:B市公安局D区分局

记录人:×××,工作单位:B市公安局D区分局

被讯问人:李光明,性别:男,年龄:36,出生日期:1978年8月23日

身份证号码:××××××××××××××××××

现住址:A省B市D区

户籍所在地:A省B市D区

问:我是B市公安局D区分局的工作人员(出示执法证件),因你涉嫌诈骗罪,现依法向你询问本案的有关问题,请你如实回答,对与本案无关的问题,你有拒绝回答的权利,听清楚了吗?

答:听清楚了。

问:说一下你的简历?

答:……

问:你骗谁了?

答:张某、郑某、王某、孙某某等几人。

问:你以什么名义骗的他们?

答:我以能买到乙单位在F小区的集资房为名骗的他们。

问:你把经过说一下?

答:……

问:你还骗过谁?

答:骗过何可楠和她的同事,好像叫马跃。

问:你是怎么骗他们的?

答:也是以能买到乙单位在F小区的集资房的名义。

问:骗了他们多少钱?

答:何可楠10万元,她的同事7万元。但钱已经还给他们了。

问:你是如何还钱的?

答:用骗其他人的钱还的。

问:你还了何可楠和马跃多少钱?

答:还了何可楠20万元,马跃8万元。

问:你为什么多还他们钱?

答:2012年2月,何可楠和马跃应该是发现我骗他们,就打电话找我要钱,当时说如果不还钱的话就报警,我当时比较害怕,就答应他们两天后约他们出来面谈。后来在面谈的时候,何可楠说我没买成房子给她们造成了损失,让我赔偿他们,我问他们赔多少,他们说得赔3倍吧,由于何可楠打电话时已经警告我不还钱的话就报警,所以很害怕,就按照她说的3倍还吧,但是由于我没有那么多钱,就给他俩说能不能先打欠条,以后有钱了再还他们。他俩也同意了,我当时为了少还一点,就说还马跃20万元,他也没在意,就给何可楠签了30万元的欠条,马跃20万元的欠条。

问:你已经还给了何可楠和马跃多少钱?

答:已经给了何可楠20万元,马跃8万元。

问:你分了几次还何可楠和马跃钱的?

答:分四次还的何可楠,第一次是她把我女儿骗出去,恐吓我如果不给她钱她就让我女儿消失,我当时很害怕就给了她12万元;第二次是她说她父亲生病了,问我要6万元,我当时没那么多钱,就给她转了4万元;第三次是她说买车,我给转了2万元;第四次是她拿我的信用卡刷了2万元。马跃好像是三次,第一次是在他们单位楼下的星巴克咖啡馆交给了4万元现金,后两次是通过银行卡转的,每次2万元。

问:……

答:……

**证据11 收条**

2010年5月28日,李光明收何可楠30000元购房款,并签署收条一张。

2010年6月29日,李光明收何可楠55000元购房款,并签署收条一张。

2010年9月28日,李光明收何可楠15000元购房款,并签署收条一张。

2010年11月5日,李光明收马跃50000购房款,并签署收条一张。

2010年11月28日,李光明收马跃20000购房款,并签署收条一张。

**证据12 欠条**

2012年2月15日,李光明向何可楠签署30万元欠条一张,约定一年内还清。如没有按期偿还,自愿按每天500元利息付给何可楠。并在欠条中标明"本还款行为为本人自愿,如发生一切法律问题,本人自愿承担一切后果"字样。

2012年2月15日,李光明向马跃签署20万元欠条一张,约定一年内还清。如没有按期偿还,自愿按每天500元利息付给马跃。并在欠条中标明"本还款行为为本人自愿,如发生一切法律问题,本人自愿承担一切后果"字样。

**证据13 F小区房型面积及售价基本情况**

| 房型 | 面积(平方米) | 单价(元/平方米) | 售价(元) |
|---|---|---|---|
| 一室一厅 | 64 | 6310 | 403840 |
| 两室一厅 | 88 | 6280 | 552640 |
| | 79 | 6300 | 497700 |
| 三室一厅 | 118 | 6240 | 736320 |
| | 135 | 6160 | 831600 |

证据14 2010年至2013年F小区房价(均价)基本情况

| 年份 | 2010 | 2011 | 2012 | 2013 |
| --- | --- | --- | --- | --- |
| 价格(元/平方米) | 4510 | 6240 | 6430 | 6620 |

# 教学指导手册

## 教学对象及目标

本案例供法律硕士案例教学使用,法学本科(大三、大四)、刑法学硕士、刑事诉讼法学硕士也可使用。

本案例主要就刑事诉讼中的程序规则问题以及敲诈勒索罪的认定问题进行讲授,具体要解决的问题包括:(1)如何处理侦查过程中的证据收集的瑕疵问题。(2)审查起诉的条件,如何在实践中把握酌定不起诉的适用。(3)敲诈勒索罪的认定问题,如何在实践中区分敲诈勒索罪与非罪,以及敲诈勒索罪和抢劫罪、绑架罪之间的区分。

## 教学内容

### 1. 律师如何维护当事人的合法权益

在审前程序中,律师的介入是维护当事人合法权益的重要方式,我国刑事诉讼法也为律师介入审前程序提供了法律依据。但是,律师在接受当事人委托后,在审前程序中,律师应当采取哪些辩护方案、辩护策略,在法律允许的范围内尽可能地保障当事人的人身、财产权利。例如,在本案中,律师如何帮助犯罪嫌疑人在被刑事拘留后变更强制措施为取保候审等。

### 2. 审查起诉的条件

众所周知,检察院在审查起诉过程中通过对案件的审查可能得出不同的结论,针对不起诉,我国刑事诉讼法规定有法定不起诉、酌定不起诉、证据不足不起诉和附条件不起诉,其中有些认定很客观,比如证据的缺乏、未成年人的认定,但是大部分条件的认定有很大的不确定性,例如,情节轻微的、危害不大的认定。在司法实践中,应如何把握好这种动态的平衡,应当更多地限制公诉机关的自由裁量,还是相应地加强自由裁量。

**3. 证据的认定问题**

证据是认定案件事实的重要基础，因此在对证据的认定上要紧紧把握证据的真实性、关联性和合法性。在本案中，如何认定询问/讯问笔录、短信记录、通话录音、收条欠条等证据的证据能力和证明力是实践中的重要环节。

（1）本案中，马跃系B市人民代表大会代表，假设办案人员在不知其特殊身份的情况下将马跃刑事拘留，此时作出的询问笔录能否作为定案的证据使用。

（2）在司法实践中，由于办案人员的疏忽或者其他原因，导致证据的收集可能存在一些瑕疵。例如，假设在询问何可楠、马跃的过程中，讯问人员没有坚持双人询问等等，此时我们将如何认定这些有瑕疵的证据。

**4. 敲诈勒索罪的认定**

作为侵犯财产类犯罪的一种，敲诈勒索罪和许多其他侵犯财产类犯罪（如诈骗罪、抢劫罪等）之间的界限在一些情况下难以准确界定。就本案而言，核心问题在于：（1）手段行为的认定，何可楠、马跃以报警的方式要挟李光明，让李光明还钱，这种手段行为有没有达到敲诈勒索罪所要求的程度。（2）如何认定本案中被告人的非法占有目的，何可楠、马跃向李光明索要3倍赔偿是属于合法利益，还是非法利益。（3）如果成立犯罪，犯罪数额的认定问题。（4）如何认定财产性利益，在本案中，马跃并没有获得自己被诈骗的钱款之外的财产，只是有一张欠条，这张欠条能不能解释成一种财产性利益。（5）如何认定何可楠将李光明的女儿小芳骗出来进而催要还款的行为。

**5. 共犯问题的认定**

共同犯罪形态是犯罪中的一个重要形态，如何认定共犯是理论上和实践上的难题。理论上关于共犯的学说非常之多，应当选择何种理论去指导司法实践对犯罪圈的划定有着重要意义；在司法实践中，如何认定共犯。以本文案例为例，何可楠的同学王强的行为是否成立共犯，认定为共犯会不会过分扩大处罚范围，而不认定为共犯，出罪的理由是什么。

## ■ 课堂时间安排

本案例可以作为专门的案例教学课来进行，整个案例课的课堂安排6个课时，每课时45分钟。

如下课堂设计，仅供参考。

1. 课前计划：安排学生阅读案例及相关参考资料，对案例所涉及问题进行思考，撰写实践题答案。

2. 课中计划：(1)介绍教学目的，明确讨论主题；(2)分组讨论，回答各项思考题，讨论实践题的撰写要点；(3)小组代表提出撰写要点，学生讨论和分析；(4)教师归纳总结。

3. 课后计划：布置学生进一步思考辩护律师在刑事诉讼活动中的职能，以及如何发挥其职能。

## 思考题和实践题

**1. 思考题**

(1)案件的管辖权问题。对于本案，谁有管辖权，如果管辖权发生冲突该如何处理？

(2)侦查机关立案的条件。对于本案，侦查机关是否应当立案？

(3)刑事拘留的条件。对于本案，侦查机关对犯罪嫌疑人采取的刑事拘留措施是否合法？

(4)取保候审的条件。对于本案，犯罪嫌疑人何可楠是否符合取保候审的条件？

(5)侦查机关收集证据过程中应注意的问题，证据的收集规则、瑕疵证据的补证、非法证据的排除等。本案中是否存在瑕疵证据，如果存在应如何补证？是否存在非法证据，如果存在应当如何排除？

(6)检察机关批准逮捕的条件。对于本案，犯罪嫌疑人何可楠是否符合逮捕的条件？

(7)检察机关不起诉的条件，包括法定不起诉、酌定不起诉、证据不足不起诉和附条件不起诉的条件。对于本案，检察机关以何种理由对犯罪嫌疑人马跃作出不起诉决定？检察机关的理由是否存在问题？

(8)检察机关提起公诉的条件。对于本案，对犯罪嫌疑人何可楠是否应提起公诉？

(9)律师在刑事诉讼程序中的地位和作用，律师的可为与不可为。律师会见权行使的程序及权利救济、阅卷权行使的程序及权利救济、犯罪嫌疑人(被告人)的会见权和阅卷权问题、律师申请变更强制措施的程序及权利救济等问题。

(10)刑事诉讼程序中证据的运用问题，主要包括证据的证据能力和证明力等问题。

(11)敲诈勒索罪的罪与非罪问题。①敲诈勒索行为的性质和程度要求，对暴力胁迫应如何理解？②自力救济的限度，刑法、民法和行政法三者的界分问题。③财产性利益能否作为敲诈勒索罪以及其他侵财类犯罪(如诈骗罪)的犯罪对象？

(12)敲诈勒索罪与相关罪名的区分。在司法实践中，敲诈勒索罪与抢劫罪、诈骗罪、绑架罪等罪名之间的区分经常成为疑难问题，请思考出现罪间区分难题的原因以及解决之道。

(13)非法占有目的的认定。对于本案，何可楠和马跃主观上是否具有非法占有目的？在司法实践中非法占有目的应如何认定？

(14)犯罪数额的认定。对于本案，如果何可楠成立犯罪，犯罪数额应如何认定？

(15)共同犯罪的认定。对于本案,是否存在共同犯罪?何可楠与马跃、何可楠与王强之间是否存在共犯关系?

**2. 实践题**

(1)结合本案案情,试为何可楠撰写取保候审申请书。

(2)结合本案案情,试撰写何可楠敲诈勒索案的起诉书。

(3)结合本案案情,试为何可楠撰写辩护词。

(4)结合本案案情和相关法律规范,试以小组的形式(3人至5人)讨论分析本案中各行为人的行为性质。

## 参考文献

1. 张明楷:《刑法学》,法律出版社2011年版。

2. 樊崇义主编:《刑事诉讼法学》,法律出版社2013年版。

3. 刘中发:《刑事案例诉辩审评:敲诈勒索罪》,中国检察出版社2014年版。

4. 陈兴良:《敲诈勒索罪与抢劫罪之界分——兼对"两个当场"观点的质疑》,载《法学》2011年第2期。

5. 叶良芳:《权利行使与敲诈勒索罪的界限》,载《中国刑事法杂志》2007年第3期。

6. 董玉庭:《行使权利的疆界敲诈勒索罪与非罪的理论解析》,载《法律适用》2004年第9期。

7. 张明楷:《财产性利益是诈骗罪的对象》,载《法律科学》2005年第3期。

撰稿人 | 王志远,吉林大学法学院教授

# 12 CASE 陈诗祖、张成钢涉嫌绑架、敲诈勒索案


**| 摘　要 |**

本案例以一起真实的刑事案件为蓝本，以向学生提供浓缩案卷证据材料的方式，培养学生运用我国刑事法律办理案件的能力。本案例涉及我国《刑法》规定的绑架罪、抢劫罪、敲诈勒索罪三个罪名的认定和相关犯罪的既遂与未遂、主犯与从犯的区分，以及法院变更指控罪名、刑事附带民事诉讼赔偿范围、共同犯罪案件的辩护、诉讼证据的运用以及诉讼证明标准等一系列问题。本案例涉及的问题具有一定的代表性，可供办理其他案件时参考。



**| 关键词 |**

绑架罪　抢劫罪　敲诈勒索罪　共同犯罪　刑事诉讼　诉讼证明


**| 教学目标 |**

拟让学生把握三个方面的内容：一是《刑法》规定的绑架罪、抢劫罪、敲诈勒索罪的认定以及既遂与未遂、主犯与从犯的区分；二是法院在审理刑事案件尤其是共同犯罪案件时一些程序上的问题，如多名被告能否聘请同一名律师辩护、在逃犯在审理期间到法院投案自首、变更指控罪名、附带民事诉讼赔偿范围等问题；三是刑事诉讼证明及相关规则，如鉴定意见和办案经过作为证据使用的形式要求、“事实清楚，证据确实、充分”证明标准的理解等。

## 教学案例主文

### 一、案情简介:京都市南城区公安局起诉意见书

**京都市南城区公安局**
**起诉意见书**

南公刑诉字〔2011〕第32号

犯罪嫌疑人陈诗祖,男,1992年5月19日出生于江南省平潭县,汉族,初中文化程度,农民,户籍地为江南省平潭县扬河镇梅花村瓦屋村民组40号。因涉嫌犯敲诈勒索罪,于2013年7月26日被羁押,同年8月31日被逮捕。现羁押于京都市南城区看守所。

犯罪嫌疑人张成钢,男,1994年1月3日出生于长江省平安市,朝鲜族,初中文化程度,无业,户籍地为长江省平安市乐园小区农基家属楼3单元3楼303。曾因敲诈于2012年9月27日被京都市公安局西城分局行政拘留14日。现因涉嫌犯敲诈勒索罪,于2013年7月26日被羁押,同年8月31日被逮捕。现羁押于京都市南城区看守所。

犯罪嫌疑人陈诗祖、张成钢犯绑架、敲诈勒索一案,经群众举报,我局于2013年2月26日立案侦查,犯罪嫌疑人陈诗祖、张成钢已经抓获归案,现该案已经侦查终结。

经依法侦查查明,犯罪嫌疑人陈诗祖、张成钢和何浩(在逃)、张军(在逃)等人于2013年2月26日5时许,在京都市南城区半壁店后街一饭馆内,以王志军强奸何浩的女友陈艳为由,将王志军带至附近何浩的暂住地室内,对王志军进行殴打并持砍刀等物相威胁,逼迫王志军交付赔偿费。王志军被迫编造了自己驾车撞伤人需要就医资金的虚假理由,通过电话向其亲属求救。后犯罪嫌疑人陈诗祖和何浩挟持王志军回到王志军的住处,劫取其现金人民币2700元。当日14时许,犯罪嫌疑人陈诗祖、张成钢和何浩等人挟持王志军至位于本市南城区的消防总医院门口,准备从应王志军约定到该地的其亲属手中接收现金,因故未果,遂携带王志军的汽车钥匙、行驶证、驾驶证等物逃离现场。

后犯罪嫌疑人陈诗祖、张成钢及何浩等人多次电话联系王志军,向其索要现金人民币一万元,扬言若不给钱,将会继续对其实施殴打行为,并将继续留置其汽车钥匙、行驶证、驾驶证等物。2013年3月15日23时许,犯罪嫌疑人陈诗祖和何浩等人在本市南城区金玉歌厅门口,遇在此等候载车的王志军,遂继续向其索要现金人民币2000元,未果,后对王志军进行殴打,致王志军右手无名指第一节指骨骨折、右小指指骨可疑骨裂,经鉴定为轻微伤(偏重)。

上述犯罪事实清楚,证据确实、充分,足以认定。

犯罪嫌疑人陈诗祖、张成钢的行为已经触犯《中华人民共和国刑法》第二百三十九条、第二百七十四条之规定,构成绑架罪、敲诈勒索罪。依照《中华人民共和国刑事诉讼法》第一百六十条的规定,现将此案移送审查起诉。

此致

京都市南城区人民检察院

京都市南城区公安局(公章)
2013年10月15日

## 二、证据材料

证据1

### 犯罪嫌疑人陈诗祖于2013年7月26日的供述

在2013年2月底的一天,在陈艳说发现强奸她的人后,何浩就叫上我、张成钢、张军一起带着这个人来到我的租住地。陈艳摸了摸他的手,确认就是他强奸了她,何浩便叫我们打他,张成钢便先后打了他几嘴巴、踹了两脚。后来陈艳又不能肯定了,何浩说这个人有2000元在家,送派出所就拿不回来了。于是,何浩拿了一把日本武士刀,我拿了一把刀,张成钢拿了一根棍子,吓唬他,让他承认强奸的事,并告诉他,陈艳当时被拿走了两部手机,外出旅游的机票也被退了,要他拿一万元出来赔偿陈艳的损失。然后这个人便向家人打电话说出了交通事故,让把钱送到消防总医院门口。随后,何浩又单独叫着我一起带着这个人到他的住处拿了2500元。将他带回住处拿了钱之后,我与张成钢等人又带着他来到消防总医院。何浩先是扣留了此人的驾驶证和行驶证,然后我与他一同见到他的家人,他跟家人说是撞车了,少则5000元,但来的人与我和他发生了争吵,于是我便与张成钢等人离开了。

2013年3月15日,我没有到南城区金玉歌厅门口,更没有打人。

签字:陈诗祖

询问及记录人:民警王勇　李强

证据2

### 犯罪嫌疑人张成钢于2013年7月26日的供述

我在2013年3月的一天,被陈诗祖叫到一家饭店,陈诗祖说老大何浩有点事要我们做。到了饭店后,在陈艳说有一个男的长得像强奸她的人后,何浩、我与陈诗祖等人就带着这个人一起回到住处。他不承认自己强奸陈艳,何浩、陈诗祖和我等人就动手打了他。后陈艳对我与张军说可能不是他,何浩、陈诗祖和我等人拿着刀和刀壳威胁这个人,说陈艳被强奸时被拿走了两部手机,并耽误了去海口,向他要损失费。这个人便向家人打电话说自己出了车祸,需要钱。随后,我便回屋睡觉了。直至中午12时左右,何浩又带着陈诗祖和我一起带着这个人开着他的车去了一家医院,我与何浩下车后打了一辆车等着,陈诗祖与他去了医院门口,我看见来的人要打陈诗祖,便与何浩等人离开了。

2013年3月15日,我没有到南城区金玉歌厅门口,更没有打人

签字:张成钢

询问及记录人:王勇　李强

证据3

## 被害人王志军向公安机关作的陈述

2013年2月26日早晨5时多的样子,我在东阿饭店吃饭时,突然被进来的几个男的和一个女的怀疑强奸了那个女的,该女的还摸摸我手心说"像他",后来我就与这些人一起来到了他们的住处。接着这些人就开始殴打我,并拿出两把刀威胁,向我要钱。我就以自己出了车祸为由向家里打电话,让家人拿一万元钱到消防医院。中午12时多,我与这些人一起回到自己在半壁店租的房里给他们拿了2700元钱。后来我与这些人又一起来到消防医院,其中一个男的和我一起见了我家里人,我小声对我妹妹说"打110,报警",但我妹妹没有听明白,我就故意与家里人吵架,这些人见这情形就跑了。

后来他们多次打电话联系我,向我索要现金人民币10000元,扬言若不给钱,将会继续对我实施殴打行为,并将继续留置我的汽车钥匙、行驶证、驾驶证等物。2013年3月15日22时许,我在本市南城区金玉歌厅门口,又遇到了先前打我的几个男的,他们向我索要现金人民币2000元,我手上没带那么多钱,他们便殴打我,还说如果下次碰到了还不给钱接着打,碰一次打一次。被打后,我去医院就诊,诊断为右手无名指第一节指骨骨折、右小指指骨可疑骨裂,后经鉴定为轻微伤(偏重)。

签字:王志军

询问及记录人:王勇　李强

证据4

## 被害人王志军辨认笔录

在公安机关提供的两张犯罪嫌疑人的图片(每张各有10位人头照片)中,第一张图片中2号(陈诗祖)就是2013年2月26日拿砍刀威胁他的人,第二张图片中的6号(张成钢)就是当日拿棍子威胁他的人。

第一张图片中2号(陈诗祖)和第二张图片中的6号(张成钢)在2013年3月15日

晚上殴打过我。

附:2 张图片(略)

签字:王志军

侦查员:高哲人　林花

证据 5

**证人王新艳(被害人王志军的妹妹)的证言**

我叫王新艳,女,1993 年 8 月 24 日出生,汉族,京都市人,住京都市洪山区新新公寓 B 座 123 号 1203 室。在 2013 年 2 月 26 日那天,大概中午十一点左右,我接到我二哥王志军的电话,他说他开车把人给撞了,在消防总医院,要一万块钱。我大哥王志刚也接到了电话。下午两点左右,我们俩赶到了消防总医院,看到二哥和一个陌生人在一起,他看到我俩后什么都没说,就问我们有没有带钱,我们俩说让我们先看看被撞的人,于是我们三个就吵了起来。然后大哥把二哥叫到一边,和他说了些什么,之后又打了个电话,后来那个陌生的东北人就借口走了。

证人:王新艳

询问及记录人:王勇　李强

证据 6

**证人王志刚(被害人王志军的哥哥)的证言**

我是王志刚,男,1988 年 1 月 23 日出生,汉族,京都市人,住京都市洪山区新新公寓 B 座 123 号 1201 室。大概是在 2013 年 2 月 26 日,中午十一点吧,我接到我弟弟王志军的电话,我妹妹王新艳也接到了他的电话。他告诉我们说他开车出车祸了,撞了人,现在在消防总医院,让我和妹妹赶紧送一万元过去。下午两点多我们俩到了医院,王志军看到我们之后也没说就问我们钱在哪里,他旁边还有一个东北人,我们都不认识,我说要先见见被撞的那个人,后来我们就吵了起来。我觉得事情有点不对劲,就把王志军拉到一边,他小声和我说"他们诈钱,赶快报警",我又问他是怎么诈的,他没和我说实话,于是我就打了"110",说有人打架,其实是想让警察来帮忙,之后那个东北人就借口离开了。

证人:王志刚

询问及记录人:王勇　李强

证据 7

**证人李曼蔓(犯罪嫌疑人陈诗祖的女朋友)的证言**

我是李曼蔓,女,1996 年 6 月 14 日出生,汉族,住京都市汉阳区路安小区 4 号楼 507 室。是在 2013 年 2 月 25 日左右,早上八点吧,何浩、小钢、陈诗祖、陈艳、小雨他们都来了,还带着一个陌生男子。进屋后,这名男子就蹲在地上,何浩问他女朋友陈艳这名男子是不是就是强奸他的人，陈艳说好像是，但是这个男的一口否认，小钢和陈诗祖就开始动手打他，逼他承认。然后陈诗祖拿出一把砍刀，威胁他让他说该怎么办，何浩让他赔偿两部手机损失费、陈艳去海南的路费还有精神损失费。后来何浩让他筹钱，那个男的就拿出手机打了个电话，和电话里的人说自己出了车祸，急需用钱。下午1点左右，陈诗祖和小钢等人就和他一起出去了。

证人：李曼蔓

询问及记录人：王勇　李强

证据8

**急救中心急诊病历**

病历记载内容为：姓名：王志军，性别：男，就诊时间：2013年3月15日22∶35。

主要诊断：软组织挫伤，右无名指第一节指骨骨折。

合并诊断：右小指一节指骨可疑骨裂。

处置：(1)右手正斜位；(2)请骨科会诊；(3)建议到眼科做进一步检查。

证据9

**被害人王志军人体损伤程度鉴定意见**

**人体损伤程度鉴定意见书**

南法鉴〔2013〕第28号

姓名：王志军　性别：男　年龄：33

经本鉴定中心鉴定：被鉴定人右手无名指第一节指骨骨折、右小指指骨可疑骨裂，鉴定为轻微伤（偏重）。

京都市南城区法医鉴定中心

2013年3月16日

证据10

**起赃经过**

2013年7月26日，我公安机关在抓获犯罪嫌疑人陈诗祖、张成钢的过程中，在其住所查获赃款人民币2700元，以及被害人王志军汽车钥匙、行驶证、驾驶证。公安机关随机将赃款赃物扣押。

京都市南城区公安局刑事大队

2013年8月31日

证据 11

**犯罪嫌疑人张成钢作案所用"棍子"、犯罪嫌疑人陈诗祖作案所用砍刀**

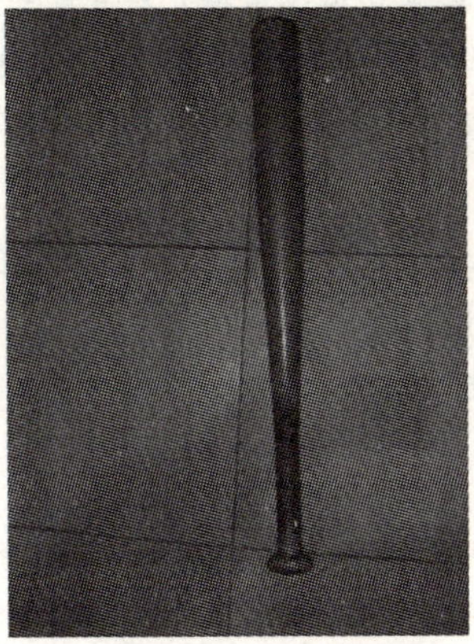

被告人张成钢作案所用"棍子"

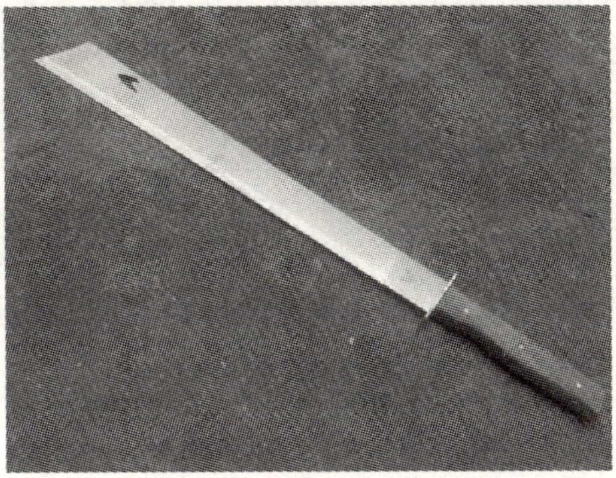

犯罪嫌疑人陈诗祖作案所用砍刀

证据 12

**立案决定书**

立字(2013)07 号

根据《中华人民共和国刑事诉讼法》第一百零七条之规定,决定对抢劫、强奸陈艳案立案侦查。

京都市南城区公安局
2013 年 2 月 18 日

证据 13

**抓获经过**

2013 年 2 月 26 日,公安机关接到被害人王志军报案,随即立案侦查。于 2013 年 7 月 26 日,将犯罪嫌疑人陈诗祖、张成钢抓获,并查获嫌疑人不法所得赃款及被害人物品。

京都市南城区公安局刑侦大队
2013 年 8 月 31 日

证据14

**犯罪嫌疑人陈诗祖身份证明**

户别:农业户口;户主姓名:陈诗祖;住址:江南省平潭县扬河镇梅花村瓦屋村民组40号;性别:男;民族:汉;出生日期:1992年5月19日;出生地:江南省;身高:173厘米。(此证据由侦查机关向犯罪嫌疑人陈诗祖户籍所在地公安机关调取)

证据15

**犯罪嫌疑人张成钢身份证明**

户别:非农业户口;户主姓名:张成钢,住址:长江省平安市乐园小区农基家属楼3单元3楼303室;性别:男;民族:朝鲜族;出生日期:1994年1月3日;身高:176厘米。(此证据由侦查机关向犯罪嫌疑人张成钢户籍所在地公安机关调取)

证据16

**被害人王志军户口簿复印件**

户别:农业户口;户主姓名:王志军;住址:京都市南城区永安小区3号101室;出生日期:1980年6月14日;出生地:京都市;身高:178厘米。(此证据由被害人王志军向公安机关提供)

## 教学指导手册

### 教学目标

通过本案例的教学讨论,试图让学生掌握如下知识和技能:一是我国《刑法》规定的绑架罪、抢劫罪、敲诈勒索罪的认定以及既遂与未遂、主犯与从犯的区分;二是法院在审理刑事案件尤其是共同犯罪案件时一些程序上的问题,如多名被告能否聘请同一名律师辩护、在逃犯在审理期间到法院投案自首、变更指控罪名、附带民事诉讼赔偿范围等问题;三是刑事诉讼证明及相关规则,如鉴定意见和办案经过作为证据使用的形式要求、"事实清楚,证据确实、充分"证明标准的理解等;四是掌握常用刑事法律文书的写作。

## 教学内容

### 1. 抢劫罪与绑架罪的区别

抢劫罪与绑架罪在实践中容易被混淆，本案中公安机关的起诉意见书错误地将本案定性为绑架罪。绑架罪与抢劫罪都使用暴力、胁迫或其他手段加害或威胁被害人，同样都有非法获取他人财物的目的。二者的区别主要在于：

(1)犯罪的手段不同，前者是绑架并控制他人后以加害被绑架人相威胁，要求被绑架人亲属或其他关系人给付财物，后者则是当场劫取财物；

(2)索取财物的时间、地点不同，前者是先有绑架行为，后有勒索财物行为，后者是当场劫取或强迫被害人交出财物；

(3)索取财物的数额不同，前者要按照犯罪嫌疑人的要求将一定数额的财物送到一定地点，犯罪嫌疑人可以漫天要价，具有随意性，后者则一般都是限于被害人随身携带的财物；

(4)实现犯罪目的的方式不同，前者是通过把被绑架人作为人质胁迫被绑架人的亲属或其他利害关系人出钱赎人，犯罪目的必须通过被绑架人以外的第三人实现，后者则是直接从被害人身上劫取财物，不与第三人发生关系。

### 2. 如何正确理解主犯与从犯的认定标准

《刑法》第 26 条第 1 款规定："组织、领导犯罪集团进行犯罪活动的或者在共同犯罪中起主要作用的，是主犯。"据此，主犯分为两种，即组织、领导犯罪集团进行犯罪活动的犯罪分子，以及在共同犯罪中起主要作用的犯罪分子。

如何认定共同犯罪人的作用是主要还是次要，在司法实践中经常发生混淆甚至错误，这就会导致主犯与从犯认定的随意性，并进而影响到罪刑相适应原则的适用。所谓"起主要作用"，是指共同犯罪人对共同犯意的形成、共同犯罪行为，以及共同犯罪的危害结果所具有的决定性作用。根据刑法中"主客观相统一"的原则，从主观上来看，主犯的作用主要表现在促成共同犯罪故意，并使之强化。具体而言，包括：(1)发起共同犯罪的犯意，即共同犯罪中的造意行为或教唆行为。(2)策划共同犯罪的行为，即选择犯罪目标、制订犯罪计划的行为。从客观上来看，主犯的作用主要表现在对共同犯罪行为及其危害结果所起的决定和推动作用，包括：(1)纠集共同犯罪人。(2)指挥共同犯罪人的行为。(3)共同犯罪的积极参加者和主要实行者。(4)对犯罪结果起决定性作用的共同犯罪人。将主、客观两方面的作用相结合，就可以准确地认定共同犯罪中的主犯。

《刑法》第 27 条第 1 款规定："在共同犯罪中起次要或者辅助作用的，是从犯。"

据此,从犯包括两类共同犯罪人:第一,在共同犯罪中起次要作用的犯罪分子,即次要实行犯。这类共同犯罪人虽然直接实施了具体犯罪构成客观要件的行为,但是在整个犯罪活动过程中较之主犯所起的作用要小。第二,在共同犯罪中起辅助作用的犯罪分子。根据分工分类法,这类犯罪分子实为帮助犯。通常表现为准备或提供犯罪工具,排除犯罪障碍,指示犯罪地点和犯罪对象,打探和传递有利于犯罪实施和完成的信息,在犯罪实施过程中把门望风,等等。

需要特别指出的是,有些共同犯罪,犯罪人之间有时只是简单的分工,并无明确的主从之分,因此在这类犯罪中一般都会认定为主犯。本案中的两名被告即是如此,都应认定为主犯。

**3. 理解敲诈勒索罪既遂与未遂的区分标准**

根据《刑法》规定,犯罪有既遂和未遂之分。犯罪既遂即故意犯罪的完成形态,是指行为人实施的犯罪行为已经具备了刑法分则规定的某一犯罪的全部构成要件。犯罪既遂的类型包括以下四类:一是行为犯,指以危害行为的完成作为犯罪客观要件齐备标准的犯罪。只要行为人完成了刑法规定的犯罪行为,犯罪的客观方面即为完备,犯罪即成为既遂形态。二是举动犯,指按照法律规定,行为人一着手犯罪实行行为即构成既遂的犯罪。三是结果犯,指由危害行为和危害结果共同构成犯罪的客观方面的犯罪。缺少危害结果,犯罪的客观方面就不具有完整性或者说犯罪客观方面的要件就不齐备。四是危险犯,指危害行为和危害行为所造成的危险状态共同构成犯罪客观方面完整性的犯罪。

行为人已经着手实施犯罪,由于意志以外的原因而未得逞的,是犯罪未遂。犯罪未遂必须符合3个条件;一是犯罪分子已经着手实施犯罪;二是犯罪未得逞;三是犯罪未得逞是由于犯罪分子意志以外的原因。

根据《刑法》第274条的规定,敲诈勒索罪,是指以非法占有为目的,对被害人使用威胁或要挟的方法,强行索要数额较大的公私财物的行为。在行为人具有非法强索他人财物的目的,实施了敲诈勒索他人较大数额钱财的行为后,犯敲诈勒索罪的构成要件已具备,如果因此非法取得受害人的财物,就构成敲诈勒索罪的既遂。如果行为人仅仅使用威胁或要挟手段,被害人并未产生恐惧情绪,因而没有交出财物;或者被害人虽然产生了恐惧,但并未交出财物,均属于敲诈勒索罪的未遂。

**4. 法院在审理后发现检察院起诉罪名错误,判决时能否变更指控罪名?**

法院变更指控罪名,是指法院在刑事案件庭审结束后,认为检察机关指控被告人所犯的罪名与法院审理查明的犯罪事实不相符合时,按照法院审理认定的罪名,对被告人作出有罪判决。

我国刑事诉讼法对人民法院是否享有指控罪名变更权没有作出明文规定;但最高人民法院《关于适用〈中华人民共和国刑事诉讼法〉的解释》(以下简称《刑诉解释》)第241条第2项规定:"起诉指控的事实清楚,证据确实、充分,指控的罪名与审理认定的罪名不一致的,应当按照审理认定的罪名作出有罪判决",第243条规定:"审判期间,人民法院发现新的事实,可能影响定罪的,可以建议人民检察院补充或者变更起诉;人民检察院不同意或者在七日内未回复意见的,人民法院应当就起诉指控的犯罪事实,依照本解释第二百四十一条的规定作出判决、裁定"。

需要指出的是,上述规定虽然具有合理性,但在实践中,此规定对被告人行使辩护权可能带来不利影响。这是因为:被告人及其律师都是围绕着检察院指控的罪名来展开辩护的。但法院最后却认定被告人犯有彼罪,既剥夺了被告人事先获知指控罪名和理由的权利,也剥夺了被告人为反驳此项罪名进行辩护的机会。尤其是当法院将检察院指控的轻罪名变更为重罪名时,对被告人尤为不利。因此,理论界建议,合议庭在决定变更指控罪名时,最好先行告知控辩双方,具体方式可如下操作:首先,由合议庭在休庭后将欲变更为何种罪名的初步意向在休庭后一定期限内以书面方式通知控辩双方,并给予双方一定的准备时间;其次,重新开庭,让控辩双方对法院拟变更的罪名发表各自意见;最后,在充分听取控辩双方意见的基础上正式确定罪名并作出最终判决。这样,既体现了法院的审判权和主导权,又尊重了检察机关的公诉权和被告人的辩护权,也保证了不违反辩论原则、辩护原则。

**5.如何理解《刑事诉讼法》关于"犯罪事实清楚,证据确实、充分"的证明标准?**

刑事诉讼中有罪判决的证明标准问题,是我国刑事诉讼法学界和司法实务界长期关注的一个热点问题。近十多年以来,经过"客观真实"和"法律真实"的大讨论,人们对证明标准有了更深刻的认识,对于我国刑事诉讼法关于"证据确实、充分"的规定也有了更深入的理解。

为了便于司法人员在实践中准确把握"证据确实、充分"的证明标准,2010年《关于办理死刑案件审查判断证据若干问题的规定》第5条将之细化为五项内容:(1)定罪量刑的事实都有证据证明;(2)每一个定案的证据均已经法定程序查证属实;(3)证据与证据之间、证据与案件事实之间不存在矛盾或者矛盾得以合理排除;(4)共同犯罪案件中,被告人的地位、作用均已查清;(5)根据证据认定案件事实的过程符合逻辑和经验规则,由证据得出的结论为唯一结论。有的学者将之概括为"结论唯一"标准或者"唯一性"标准,并把"唯一性"解释为"排除其他可能性",认为只有对主要事实的证明达到"唯一性",才能保证裁判认定的案件事实与客观事实相符。

随着2012年新《刑事诉讼法》的颁布，刑事案件的证明标准又有了新的发展。从新《刑事诉讼法》第195条的规定来看，认定被告人有罪的证明标准仍然是“证据确实、充分”，但其第53条对这一标准的内涵作了新的规定，具体包括以下三项内容：(1)定罪量刑的事实都有证据证明；(2)据以定案的证据均经法定程序查证属实；(3)综合全案证据，对所认定事实已排除合理怀疑。这里关于“排除合理怀疑”的规定，进一步明确了刑事案件的证明标准，为司法机关准确适用这一标准提供了法律依据。

**6. 我国附带民事诉讼的赔偿范围包括哪些？**

《刑法》第36条第1款规定：“由于犯罪行为而使被害人遭受经济损失的，对犯罪分子除依法给予刑事处罚外，并应根据情况判处赔偿经济损失。”《刑事诉讼法》第99条规定：“被害人由于被告人的犯罪行为而遭受物质损失的，在刑事诉讼过程中，有权提起附带民事诉讼。被害人死亡或者丧失行为能力的，被害人的法定代理人、近亲属有权提起附带民事诉讼。如果是国家财产、集体财产遭受损失的，人民检察院在提起公诉的时候，可以提起附带民事诉讼。”据此，结合相关司法解释，我国刑事附带民事诉讼的赔偿范围仅限于因人身权利受到犯罪侵犯而遭受的物质损失或者财物被犯罪分子毁坏而遭受的物质损失。

需要特别指出的是，我国刑事附带民事诉讼的赔偿范围仅包括因人身权利受到侵犯而遭受的物质损失或者财物被犯罪分子毁坏而遭受的物质损失，而不包括因盗窃、诈骗、抢劫、贪污等侵犯财产罪而直接被犯罪人占有的财产损失。犯罪分子非法占有、处置被害人财产而使其遭受物质损失的，人民法院应当依法予以追缴或者责令退赔。被追缴、退赔的情况，人民法院可以作为量刑情节予以考虑。经过追缴或者退赔仍不能弥补损失，被害人向人民法院民事审判庭另行提起民事诉讼的，人民法院可以受理。

**7. 刑事诉讼中证据运用及证明责任**

本案在证据运用上涉及的问题包括：(1)鉴定意见作为证据采纳的形式要求。根据《刑诉解释》第85条的规定，鉴定文书缺少签名、盖章的，不能作为定案的根据。(2)被告方承担证明责任问题。在现代刑事诉讼中，原则上由控方承担证明被告有罪的证明责任，被告没有义务证明自己无罪，但在少数情况下有义务证明自己无罪。例如，在被告主张自己不在案发现场、没有作案时间时，就有义务就此提供相关证据。《刑事诉讼法》第40条还规定：“辩护人收集的有关犯罪嫌疑人不在犯罪现场、未达到刑事责任年龄、属于依法不负刑事责任的精神病人的证据，应当及时告知公安机关、人民检察院。”

## 课堂时间安排

本案例可以作为专门的案例教学课来进行，整个案例课的课堂安排 8 个课时，每课时 45 分钟。

如下课堂设计，仅供参考。

1. 课前计划：安排学生阅读案例及相关参考文献，对案例所涉及的问题进行思考，初步撰写实践题答案。（由学生课外完成）

2. 课中计划：(1)教师介绍教学目的，明确讨论主题；(2)分小组讨论，回答各项思考题，讨论实践题的撰写要点；(3)各小组代表汇报讨论结果；(4)教师归纳和总结。

课时分配如下：(1)第 1 ~ 2 课时，讨论本案涉及的刑法问题；(2)第 3 ~ 4 课时，讨论本案涉及的刑事程序问题；(3)第 5 ~ 6 课时，讨论本案涉及的证据问题；(4)第 7 ~ 8 课时，教师课堂展示部分学生为本案撰写的法律文书，并进行点评、总结。

3. 课后计划：布置学生进一步思考如何科学把握刑事审判案件事实认定的基本规律，深化对我国定罪证明标准的理解。

## 思考题和实践题

**1. 思考题**

(1)结合本案案情，总结绑架罪与抢劫罪在构成要件上的最大不同。

(2)结合案件案情，谈谈敲诈勒索罪犯罪既遂与未遂的区分标准。

(3)本案中的犯罪嫌疑人陈诗祖和张成钢能否认定为从犯？如果你是本案的公诉人，针对辩护人提出的两被告人系从犯的主张，你将如何回应？

(4)结合本案，人民检察院在审查起诉时，应当着重审查哪些内容？人民检察院的起诉书能否更改侦查机关起诉意见书对案件的定性？

(5)根据《刑事诉讼法》和有关司法解释，本案中证据 9“鉴定意见”和证据 10“起赃经过”能否作为起诉和审判定罪的证据使用？为什么？

(6)如果你是刑事辩护律师，犯罪嫌疑人陈诗祖和张成钢的亲属共同委托你，作为他们的辩护人，你将如何处理？

(7)如果法院在审理陈诗祖和张成钢犯罪案件的过程中，本案在逃的犯罪嫌疑人何浩、张军直接到法院投案自首，法院该如何处理？能否对此两名投案犯一并审理并判决？

(8)本案的被害人王志军对被犯罪嫌疑人抢走的钱财，能否提起刑事附带民事诉讼？对于因犯罪嫌疑人殴打致伤所支付的医疗费，能否提起刑事附带民事诉讼？

(9)本案中犯罪嫌疑人的行为是构成抢劫罪还是绑架罪？如果检察院以绑架罪起诉，人民法院审理后认为判处抢劫罪更为合适，法院应当如何处理？

(10)根据本案证据材料，本案抢劫（绑架）数额应当认定为2500元还是2700元，为什么？

(11)本案中有关"2013年3月15日23时许，犯罪嫌疑人陈诗祖和何浩等人在本市南城区金玉歌厅门口敲诈勒索王志军"的犯罪事实，在犯罪嫌疑人拒不承认的情况下，仅凭本案现有的证据材料，法院能否认定？

(12)本案中的犯罪嫌疑人张成钢在案发前1年内曾因犯敲诈勒索被行政拘留，能否据此认定其为累犯？此情节对其量刑有无影响？

(13)本案中如果被告人主张"2013年3月15日23时许，陈诗祖和张成钢根本未到本市南城区金玉歌厅门口"之案发现场，对此主张之事实，由谁承担证明责任？如果辩护律师事先调查收集到了此类证据，该辩护律师应当怎么做？

(14)就证据的学理分类而言，辨认笔录属于什么类型的证据？

**2. 实践题**

(1)根据本案证据材料，如果你是公诉人，以检察院的名义为本案撰写起诉书。

(2)如果你是本案的公诉人，请根据本案证据材料，草拟本案的举证提纲。

(3)假如本案中，人民检察院的起诉书完全采纳公安机关的起诉意见书认定的事实和适用法律的意见，请分别以被告人陈诗祖和张成钢的辩护人的身份撰写辩护词。

(4)如果你是本案的辩护人，请根据本案证据材料，草拟出本案的质证提纲。

(5)如果你是本案被害人王志军的律师，请分别以被害人代理人和附带民事诉讼原告代理人的身份撰写本案的代理词和附带民事起诉状。

(6)针对上述起诉意见和辩护词，结合本案案情，以人民法院的名义为本案写一审判决书。

## 参考文献

1. 林亚刚：《论抢劫罪司法认定中的几个疑难问题》，载《法学评论》2013年第3期。

2. 陈兴良：《敲诈勒索罪与抢劫罪之界分——兼对"两个当场"观点的质疑》，载《法学》2011年第2期。

3. 曹坚：《绑架罪与相似罪名的界分问题》，载《政治与法律》2011年第2期。

4. 龙宗智：《中国法语境中的"排除合理怀疑"》，载《中外法学》2012年第6期。

5. 刘仁奇：《我国法院变更罪名研究——以公诉事实同一性理论为基础的实体条件设定》，载《当代法学》2010年第6期。

6. 卞建林、韩旭：《刑事被告人证明责任》，载《法学论坛》2002年第3期。

撰稿人｜陈学权，对外经济贸易大学法学院教授、博士生导师

# 13 CASE 赵某某失火案

| 摘　要 |

本案例以一起真实失火案件为蓝本，围绕失火案件刑事程序各环节，涉及知识点和执业技能内容包括辩护律师如何收集失火罪案件的证据、如何运用法定证据种类的审查规则等。本案例涵盖刑事侦查阶段、审查起诉阶段、审判阶段三个诉讼环节，涉及实体问题包括失火罪的认定、失火罪与其他相关罪名认定标准，涉及证据和事实问题包括失火案件的证据收集、有罪无罪证据的分析判断、证据审查标准、证明对象等问题。本案例对于解决其他类型过失犯罪案件具有借鉴意义。

| 关键词 |

失火罪　刑事诉讼　法定证据种类　证据能力　证据规则

| 教学目标 |

通过本案的法理分析和实践解读，从以下三个方面培养学生解决问题的能力：(1)侦查阶段，侦查机关可以收集证据的法定形式包括哪些；(2)围绕各个法定证据的证据能力和证明力的问题，我国法律确立了哪些证据规则；(3)以失火罪认定为例，如何解决过失犯罪定性问题，尤其提出处理具体案件的思路、分析步骤、事实认定与法律分析之间的基本框架。

## 教学案例主文

### 一、白金国际大厦概况

沈阳白金国际大厦(以下简称白金大厦)位于沈阳市大西区童年大街390号，东侧为北京大街，南侧为停车场，与二环相邻，西侧与民航宿舍相邻，北侧与黄金大厦毗邻。白金大厦建筑栋数三栋，由南向北依次为B、A、C座塔楼，成“品”字形布局，A座塔楼向西突出。A座45层，B、C座37层，总建筑面积:227859平方米。其中，A座45层(11层设备层，12～26层客房，27～45层写字间，28层避难层)，建筑高度180米，建筑面积58038平方米；B座37层(11～37层公寓，20层避难层)，建筑高度150米，建筑面积36003平方米；C座37层(11～37层写字间，20层避难层)，建筑面积35635平方米。三栋建筑底部地上1～10层、地下1～3层相互连通形成整体裙楼。裙楼1～10层为大堂、商店、健身中心、餐饮等，建筑面积98181平方米。地下1～3层为机械式立体汽车库，设备用房，员工餐厅等。

白金裙房南侧墙体面3～8层中间区域设置一个LED大屏幕，长43.9米，高24.6米，周围装修材料为玻璃幕墙，11～37层外墙装修为铝塑板，造型部分为双层铝板，房间玻璃为三层玻璃。

## 二、赵某某燃放烟花情况

2011年2月2日，很多人选择在白金酒店欢度除夕，在2日23时～3日24时期间，白金酒店及其顾客纷纷在白金酒店附近燃放鞭炮。

2011年2月3日零时许，赵某某与其女友张某某在白金大厦B座室外南侧停车场西南角处燃放烟花爆竹。赵某某先后将其预先购置的印有"金碧辉煌"字样的红色C级组合烟花和印有"永恒之情"的蓝色B级组合烟花一个点燃，并在观看烟花燃放后二人返回酒店。在烟花的燃放说明中，均明确标示有：燃放时，放置在坚实、平坦、干燥的广阔地面，避开空中电线等障碍物且远离建筑物、交通工具、易燃危险品和人群80米以外；同时在显著位置标示警示语：严禁在高层建筑及居住集中地带燃放。

## 三、白金国际大厦火灾发生概况

白金大厦外立面烧损情况，A座东、南、西三侧外立面有烧损情况，其中南侧烧损严重，烧损痕迹下沿线较低。B座四个侧面的外立面装修保温材料基本烧损，南侧外立面燃烧痕迹下沿线较低，其中西数第4(1108室)、第5(1109室)个窗户范围内，11～37层外立面烧损情况明显严重于南侧其他部位。

在白金大厦外围，南至白金大厦南侧新世界工地(距白金大厦150米)，东至童年大街路东，西至民航宿舍的范围内，共发现3处烟花残骸：(1)位于B座室外南侧停车场西南角处(与B座南墙距离10.8米，与西南墙角距离16米)有一具烟花残骸，保存相对完整，其外包装显示名为"金碧辉煌"88发装的C类烟花。在该烟花残骸东侧2.2米处，有另一具烟花残骸，烧损严重，仅残留部分烟花底座堆积在地面上。(2)在白金大厦南侧南二环入口处，距离大屏幕中心地面58米，有11个放完的魔术弹。(3)白金大厦西南侧、南二环路基上，距大屏幕中心地面处71米处，发现有一个魔术弹。

B 座公寓楼与裙房(1～10 层)在南侧形成一个平台,东西走向,距地面高 49 米,长 45 米,宽 1.3 米,外沿宽 0.7 米,高 0.53 米。11 层窗户窗框长 2.35 米,高 1.95 米,窗台高 0.52 米,窗户为封闭式结构。平台上堆积大量建筑材料燃烧后的残骸。大厦 B 座 11 层外部装饰材料及轻体烧损情况呈现以 1109 房间为中心向两侧逐渐减轻。其中,1109 房间东侧的 1110 房间外烧损痕迹呈现西重于东。1108 和 1110 房间南侧玻璃仅部分炸裂,屋内靠近南侧窗户处有烟熏痕迹。1109 房间南窗玻璃完全炸裂脱落,屋内沙发靠近南窗一侧过火。屋内物品烧损情况由南向北依次减轻,屋内北侧未过火仅有烟熏痕迹。证明是由 1109 房间外向东西两侧和上部蔓延。

1109 房间外窗框西侧弯曲变形重于东侧,下框重于上框。窗户内侧木质墙板和上沿木板烧损情况西侧重于东侧。其中,西侧墙板全部过火烧损,东侧墙板距离顶部 0.4 米位置范围内有烧损痕迹。1109 房间室内西侧墙面靠近南窗部分有烧损痕迹,东侧墙面有烟熏痕迹,室内吊顶靠近南窗烧损情况西侧重于东侧。铝制窗框下框体 0.5 米至 1.3 米范围内烧损严重有缺失。缺失部分对应的屋内茶几南窗有烧损痕迹。1109 房间南窗对应平台围墙内铝制构件烧损严重,烧损程度向东西两侧逐渐减轻。经过大面积清理,1109 房间对应平台地面上残留少陵小块律师塑料草坪,地面及草坪上,发现少量微小的黄色泥土状颗粒。两侧房间对应地面上残留的塑料草坪逐渐增多,未发现黄色泥土状颗粒。

在 B 座 32～36 层南侧外立面有 5 排射灯,对其路线进行勘查,未发现短路痕迹。在 B 座 1108～1109 房间南侧平台及之间外立面未发现其他电气线路。

## 四、白金大厦除夕夜燃放烟花现场概况

依据白金大厦旁的名车大道汽车服务有限公司监控录像、交警支队监控录像、白金酒店防损部保安员询问笔录,有白金防控部工作人员进行现场指认,认定白金燃放爆竹区域的最南端起点位于距离白金酒店 B 座南墙东西伸线 8 米处,最北端终点位于黄金酒店正门前方。烟花爆竹是沿童年大街由北向南依次摆放,共计三排,第一排为鞭,缠绕于绿化带处的铁栅栏上及马路崖下,第二排为礼花,放置于公交专用道与第一机动车道分割线上,第三排为礼花,放置于第一与第二机动车道分割线上。经计算,第一排礼花的最南端距离白金酒店东南墙角直线距离为 27.5 米,第二排礼花的最南端距离白金酒店东南墙角直线距离 31 米。经对沈阳白金酒店清购单与库存剩余烟花爆竹进行对比核查,采取排除法,确认白金酒店除夕当晚燃放烟花及鞭炮共计 20 个品种,90 箱。

## 五、火灾现场实验概况

沈阳市消防支队在其外置楼梯 10 层转角处侦查与白金火灾现场起火点处所铺

设同一型号、同一材质塑料草坪燃烧速度、火焰高度、燃烧持续时间等相关数据。实验结论证明:从燃烧纸条接触塑料草坪至草坪开始燃烧约7秒钟,从草坪开始燃烧至形成稳定高度、稳定热量火苗约9秒钟,从形成稳定高度、稳定热量火苗至燃烧结束约6.5分钟。上述内容说明此类塑料草坪容易燃烧,且燃烧持续稳定。

## 六、火灾财产损失的评估概况

爱华评估咨询报告的鉴定意见认为,白金大厦火灾损失合计9384.36万元。火灾财产损失具体包括:沈阳白金大厦A、B、C座及裙房的外立面和相关公告部分的火灾财产损失;白金大厦A座39户业主户内火灾财产损失;白金大厦B座473户业主户内火灾财产损失;白金大厦C座29户业主户内火灾财产损失;北方航空城41户业主户内火灾财产损失;23台车辆的火灾财产损失。

火灾起火点平面图(见图1~图3)。

**图1 沈阳白金国际大厦南侧立面图**

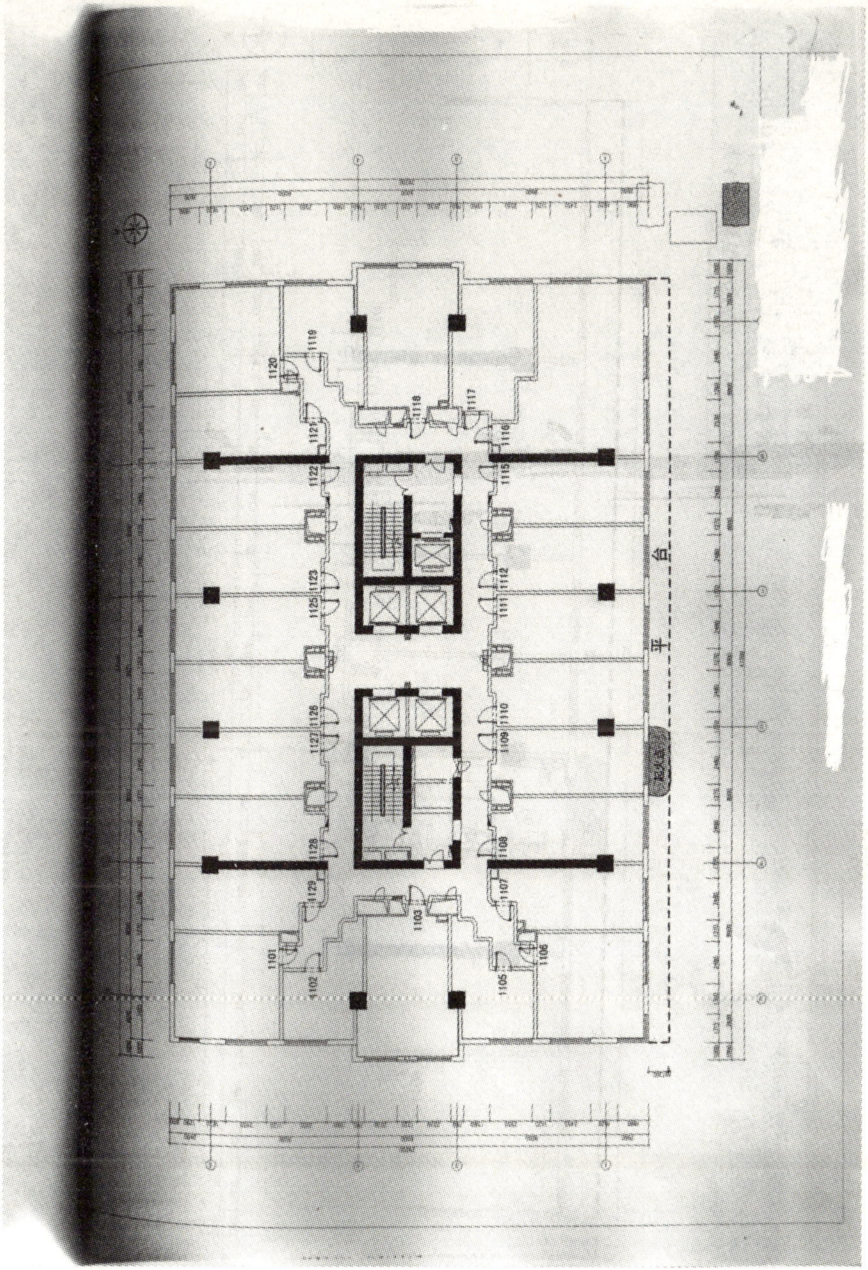


**图 2　沈阳白金国际大厦起火点楼层平面图**

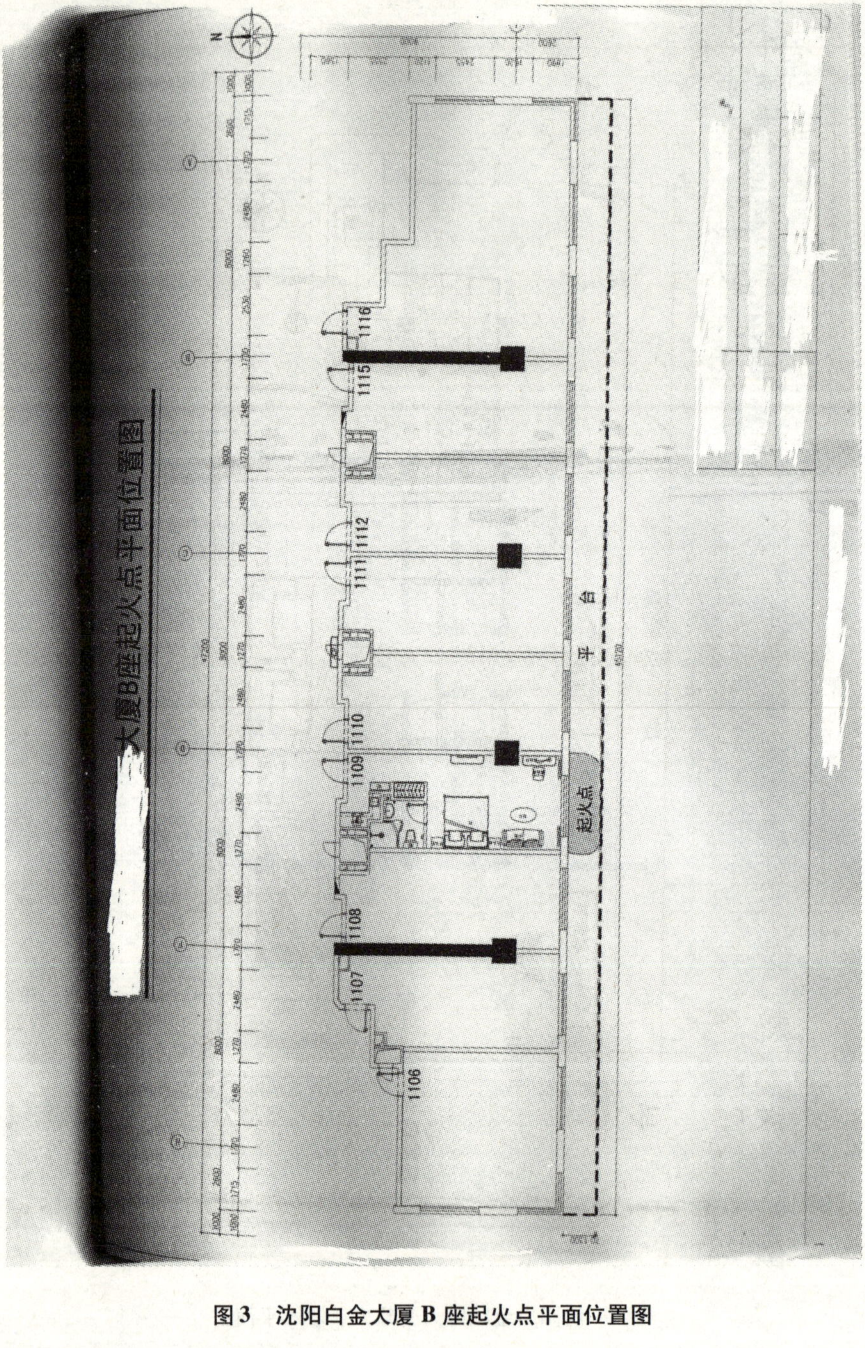


**图3　沈阳白金大厦B座起火点平面位置图**

# 教学指导手册

## 教学对象及目标

本案例面向法律硕士案例教学，法学本科（大三、大四）、刑法学硕士、刑事诉讼法学硕士案例教学亦可使用。

本案例主要围绕刑事诉讼中法定证据种类的运用规则和失火罪的认定问题进行讲授。具体要解决的问题包括：(1)侦查阶段，侦查机关可以搜集证据的法定形式包括哪些；(2)围绕各个法定证据的证据能力和证明力的问题，我国法律确立了哪些证据规则；(3)以失火罪认定为例，如何解决过失犯罪定性问题，尤其提出处理具体案件的思路、分析步骤、事实认定与法律分析之间的基本框架。

## 教学内容

### 1. 根据法律的规定，侦查机关收集证据的法定种类有哪些？

2012年《刑事诉讼法》在对证据的概念作出较大修改（正）的同时，还对证据的法定种类作了适度的扩展。该法除了将原来的"鉴定结论"改称为"鉴定意见"以外，还增加了"辨认笔录""侦查实验笔录""电子数据"三种新的法定证据形式。最终确定刑事诉讼证据的法定形式包括：物证、书证、证人证言、被害人陈述、被告人供述和辩解、鉴定意见、笔录证据、视听资料、电子数据。

### 2. 物证、书证证据规则的内容是什么？

对物证、书证的审查，除了要遵循证据审查的一般方法以外，还应根据这两类证据的特点以及证据收集方式的特殊性，适用一些专门的审查规则。(1)对传来证据的限制使用。对于物证、书证的证明力，司法人员首先需要审查其是否为原物、原件，这是根据最佳证据规则所确立的审查方法。(2)对物证、书证的鉴真。司法人员需要检验物证、书证的来源、收集、提取、保存、出示等一系列的程序，确认物证、书证在收集、保管及鉴定过程中是否受到破坏或者改变。(3)对物证、书证的鉴定。司法实践中，常常出现司法人员根据其常识或经验难以判断物证、书证证明力的情况，此时可以委托司法鉴定机构进行鉴定，并提交鉴定意见。(4)物证、书证收集程序合法性的审查。人民法院需要审查物证、书证的收集程序、方式是否符合法律及有关规定。

**3. 鉴定意见的证据规则内容是什么?**

2012年《刑事诉讼法》将“鉴定结论”改为“鉴定意见”,这意味着鉴定人所提交的鉴定意见仅仅属于一种“证据材料”,而不是作为定案根据的“结论”。(1)非法证据排除规则的适用。最高人民法院、最高人民检察院、公安部、国家安全部和司法部关于《办理死刑案件审查判断证据若干问题的规定》对鉴定意见的证据能力提出了明确要求,并首次确立了针对非法鉴定意见的排除规则。作为排除规则适用对象的非法鉴定意见分为四类,它们分别是“鉴定人资格和条件的缺陷”“鉴定程序和方法的错误”“送检材料鉴真程序的违法”以及“鉴定文书形式要件的欠缺”。(2)鉴定人出庭作证规则。控辩双方只要对鉴定意见存有异议,法院也认为有必要的,就应当通知鉴定人出庭作证;鉴定人如果不出庭,法院可将鉴定意见排除于法庭之外,而不得作为定案的根据。

**4. 视听资料与电子数据的证据规则是什么?**

对于视听资料和电子数据,法庭在审查其证明力和证据能力方面,要遵循一些共同的规则。(1)审查视听资料、电子数据是否具有较为完整的保管链条。(2)遇到控辩双方对视听资料、电子数据的制作过程和内容提出异议,法庭对这两类证据存在疑问的,应当委托鉴定机构进行鉴定,提交鉴定意见。(3)审查制作过程的合法性和规范性,也就是视听资料、电子数据的来源是否合法,制作、储存、传递、获得、收集、出示等环节是否合法,是否有取证人、制作人、持有人、见证人的签名或者盖章。(4)审查这类证据内容的真实性和相关性,法庭要审查视听资料、电子数据是否存在剪裁、拼凑、篡改、添加等伪造、变造情况,以避免那些虚假、不相关的视听资料、电子数据被错误地采纳为定案的根据。(5)结合案件其他证据,对视听资料和电子数据进行综合审查,解决这些证据与其他证据之间存在的矛盾。

**5. 证人证言的证据规则是什么?**

(1)非法证据排除规则。证人证言笔录所适用的非法证据排除规则有两大类:一是强制性排除规则,适用于那些取证手段存有严重违法情况的“非法证言”;二是可补正的排除规则,适用于那些在收集程序和方式上存在不规范情况的“瑕疵证言”。强制性排除规则主要适用于四种“非法证言”。第一种,对于侦查人员“以暴力、威胁等非法手段取得的证人证言”;第二种,对于“询问证人没有个别进行而取得的证言”;第三种,对于那些“没有经证人核对确认并签名(盖章)、捺指印的书面证言”;第四种,“询问聋哑人或者不通晓当地通用语言、文字的少数民族人员、外国人,应当提供翻译而没有提供的”。在针对证言的强制性排除之外,还确立了可补正的排除规则,适用于那些在取证程序和方式上存在不规范情况的瑕疵证言,主要包括以下四种:一是询问笔录没有填写“询问人、记录人、法定代理人姓名或者询问起止时间、地点的”;二是“询问证人的地点不符合规定的”;三是询问笔录没有记载“告知证人应当如实提供证言”和证人相关法律责任内容的;四是询问笔录反映出“在同一时间内,同一询问人员询问不同证人的”。遇有这种瑕疵证言,法庭可以责令办案人员作出必要的程序补正,如弥补原来的不规范取证做法,或者重新制作一份规范的证据笔录。

(2)证人出庭作证规则。证人证言只有在同时符合以下三项条件的情况下,法庭才会通知证人出庭作证:一是证人证言“对案件定罪量刑有重大影响”;二是公诉人、当事人或者辩护人、诉讼代理人“对证言存有异议”;三是法院认为证人“有必要出庭作证的”。

(3)证言印证规则。证人当庭证言与庭前书面证言发生矛盾,法庭应当优先采纳当庭证言。司法解释为法庭作此选择设置了两个前提条件:一是证人当庭能够对其翻证作出“合理解释”;二是当庭证言要“有相关证据印证”。

**6. 侦查人员如何询问证人?**

询问证人是获得证人证言的重要方式,其进行须符合法定程序,具体要求如下:(1)询问证人必须由侦查人员(不得少于2人)进行。(2)询问地点。侦查人员可以到证人的所在单位或者住所进行询问,但是必须出示检察院或者公安机关的证明文件;必要的时候也可以通知证人到检察院或者公安机关提供证言;侦查人员询问证人不得另行指定其他地点;侦查人员可以在现场询问证人,应当出示工作证件。(3)单独询问原则。侦查人员询问证人,应当分别进行询问。不满18周岁的未成年证人需通知其法定代理人到场;询问聋、哑证人要有通晓聋、哑手势的人做翻译并记入笔录。

**7. 被告人供述和辩解的证据审查内容?**

对犯罪嫌疑人、被告人供述和辩解应当进行细致的审查判断,只有经过查证属实以后,才能将其作为定案的根据。主要从以下几个方面进行审查:第一,犯罪嫌疑人、被告人的自然情况。其是一时激愤情况下的犯罪或者是初犯或是过失犯罪的犯罪嫌疑人、被告人,在犯罪后容易悔过,其真实供述或者辩解的可能性较大。而累犯、有预谋等犯罪的犯罪嫌疑人、被告人的供述或者辩解虚假的可能性较大。第二,犯罪嫌疑人、被告人供述和辩解的动机。第三,侦查机关取得犯罪嫌疑人、被告人供述的手段。首先,应当审查口供是否为合法取得,由此判断其真实或者虚假的可能性大小。其次,应当确认有无暴力、胁迫、引诱、欺诈等非法取证行为,以确定是否应当排除这些非法证据。第四,犯罪嫌疑人、被告人供述和辩解是否符合情理。第五,犯罪嫌疑人、被告人供述和辩解与其他证据是否相互印通。

**8. 侦查阶段,如何讯问犯罪嫌疑人?**

侦查阶段讯问犯罪嫌疑人是实践中获得证据的重要手段,讯问犯罪嫌疑人的具体要求如下:(1)讯问犯罪嫌疑人,必须由侦查人员(不得少于2人)负责进行。(2)未羁押犯罪嫌疑人可以传唤到犯罪嫌疑人所在市、县内(所在市、县外则违法)的指定地点或者到他的住处进行讯问,但是应当出示公安机关或者检察院的证明文件。犯罪嫌疑人已经被拘留、逮捕的应在看守所进行讯问。(3)讯问程序。首先,表明讯问人员身份。其次,告知犯罪嫌疑人如实供述自己罪行可以从宽处理的法律规定。再次,讯问犯罪嫌疑人是否有犯罪行为。如果犯罪嫌疑人承认有犯罪行为,即让其陈述有罪的情节;如果犯罪嫌疑人否认有犯罪事实,则让其作无罪的辩解。最后,根据其陈述提出问题。对侦查人员的提问,犯罪嫌疑人应当如实回答,但对与本案无关的问题,有权拒绝回答。同案犯罪嫌疑人的讯问,应当分别进行。(4)制作讯问笔录。犯罪嫌疑人请求自行书写供述的应当准许。讯问结束后将笔录交给犯罪嫌疑人阅读或者向其宣读,并由犯罪嫌疑人在每一页签名、捺指印,笔录中有改动的地方应经由犯罪嫌疑人捺指印确认,笔录最后一页应有犯罪嫌疑人亲笔书写“以上笔录我看过(或向我宣读过),和我说的相符”,并签名、捺指印,写明日期,拒绝签名、捺指印的在笔录上注明。

**9. 如何认定失火罪?**

(1)失火罪的构成要件。A 客体要件:本罪侵犯的客体是公共安全,即不特定多数人的生命、健康或重大公私财产的安全。从实践来看,本罪对公共安全的危害通常表现为,危害重大公私财产的安全和既危害不特定多数人的生命、健康,又危害重大公私财产安全两种情况。B 客观要件:本罪在客观方面表现为行为人实施引起火灾,造成严重后果的危害公共安全行为。首先,行为人必须有引起火灾的行为。失火一般发生在日常生活中,如吸烟引起火灾,取暖做饭用火不慎引起火灾,如果在工作中严重不负责任或擅离职守;或者在生产中违章作业或强令他人违章作业而引起火灾,则分别构成玩忽职守罪或者重大责任事故罪。如果火灾不是由于行为人的失火行为引起的,而是由于自然原因引起的,不构成失火罪。其次,行为人的行为必须造成严重后果,即致人重伤、死亡或者使公私则产遭受重大损失。仅有失火行为,未引起危害后果,或者危害后果不严重,不构成失火罪,而属一般失火行为。最后,上述严重后果必须是失火行为所引起,即同失火行为有着直接的因果关系。

C 主体要件:本罪主体为一般主体,凡达到法定刑事责任年龄、具有刑事责任能力的人均可成为本罪主体。国家工作人员或者具有从事某种业务身份的人员,在执行职务中或从事业务过程中过失引起火灾,不构成失火罪。D 主观要件:本罪在主观方面表现为过失。既可出于疏忽大意的过失,即行为人应当预见自己的行为可能引起火灾,因为疏忽大意而未预见,致使火灾发生;又可出于过于自信的过失,即行为人已经预见自己的行为可能引起火灾,由于轻信火灾能够避免,结果发生了火灾。如果查明火灾是由于不可抗拒或不能预见的原因所引起,如雷击、地震等引起的火灾,则属于意外事故,不涉及犯罪问题。

(2)与非罪的界限。按照法律规定,失火行为是否造成严重后果,是区分失火罪与非罪的界限。这类案件情况比较复杂。首先,要查明行为人的行为与失火事件的发生有没有刑法上的因果关系。其次,要查明损失的大小。火灾的发生虽与行为人的过失行为之间有因果关系,但由于及时扑灭而没有产生危害后果,或者造成的损失轻微的,也不构成失火罪,可由公安机关按照《治安管理处罚法》的规定处罚,或者由有关单位给予批评教育或者行政处分。

(3)与自然火灾的界限。自然火灾,是由于地震、火山爆发、雷击、天旱等引起的火灾,不是人为原因造成的,当然不构成犯罪。

**10. 失火罪与其他罪名的区别?**

(1)与放火罪的区别。失火罪与放火罪在客观上都表现为与火灾有关的危害公共安全的行为,都侵害了社会公共安全。但两者有明显的区别:首先,在客观方面,失火罪必须造成致人重伤、死亡或者使公私财产遭受重大损失的严重后果,才能成立。放火罪并不以发生上述严重后果作为法定要件,只要实施足以危害公共安全的放火行为,即能成立。放火罪有既遂、未遂之分。失火罪是过失犯罪,以发生严重后果作为法定要件,不存在犯罪未遂问题。其次,主体要件处罚年龄不同,年满14周岁不满16周岁的人即可构成放火罪;失火罪中年满16周岁的人才负刑事责任。主观罪过形式不同:放火罪由故意构成,失火罪则出于过失。这是两种犯罪性质的根本区别所在。司法实践中在认定这种案件时,会发生过失犯罪转化为故意犯罪的情况。

(2)与重大责任事故罪的区别。这两种犯罪的主观罪过形式都是过失;从现象上看,都可能引发火灾,造成严重的危害后果。但两者有明显区别:犯罪主体不同。失火罪的犯罪主体是一般主体:重大责任事故罪的犯罪主体是特殊主体,即必须是工厂、矿山、林场、建筑企业或其他企业、事业单位的职工。客观方面不同。重大责任事故罪必须是发生在生产、作业过程中,由于违反管理、规章制度,或者强令工人违章冒险作业,因而发生严重事故:而失火罪一般是由于在日常生活中用火不慎而引起火灾。因此,对过失引起火灾的,应全面分析其犯罪构成要件各个方面的特点,根据行为人所触犯的相应刑法条文定罪量刑。

(3)与危险物品肇事罪的区别。两者都是过失犯罪,但区别在于:首先,犯罪主体不同。失火罪是一般主体,危险物品肇事罪的犯罪主体主要是从事生产、储存、运输和使用危害物品的职工,只有在特殊情况下,其他人员才可构成该罪的犯罪主体。其次,犯罪客观方面不同。危险物品肇事罪在客观方面也可能表现为引起火灾,但它是在生产、储存、运输和使用易燃性物品时,由于违反有关管理规定而发生重大火灾,失火罪则不限于此,而且一般是由于日常生活中用火不慎而引起火灾。

### 11. 失火罪量刑的标准是什么?

《刑法》规定,犯失火罪的,处3年以上7年以下有期徒刑;情节较轻的,处3年以下有期徒刑或者拘役。司法实践中,失火罪的情节轻重,最高人民法院没有制定统一的标准,在失火行为造成了严重后果,构成失火犯罪的情况下,一般在法定的基本量刑档次内给行为人裁量刑罚。也就是说,失火行为造成了致人重伤、死亡或使公私财产遭受重大损失的严重后果,一般在3年以上7年以下有期徒刑这一量刑档次内裁量刑罚。但是,在失火行为造成了严重后果的前提下,综合考察分析犯罪行为人主客观方面的情况,如果情节较轻的,在3年以下有期徒刑或者拘役这一量刑幅度内裁量刑罚。这是特殊的量刑幅度,适用于"情节较轻的"的情况,如果综合考察分析犯罪行为人主客观方面的情节,不属于情节较轻的,则只能在基本的量刑幅度内裁量刑罚。至于何为情节较轻,不能只看一个方面的情况,而应该综合分析主客观诸方面的情况,行为人的刑事责任年龄和刑事责任能力,如是否属于已满16周岁未满18周岁的未成年人,是否属于限制刑事责任能力人等;行为人的主观恶性程度,如行为人的一贯表现,犯罪后的态度等;犯罪客观方面的情况,如犯罪造成的具体损害情况,犯罪的时间、地点,犯罪侵犯的对象等。

### 12. 如何正确运用证据证明失火罪能否成立?

失火罪是由于行为人的过失引起火灾,造成严重后果,危害公共安全的行为。这是一种过失危害公共安全的犯罪。本案中认定赵某某失火罪成立的主要实体问题为:(1)赵某某燃放的烟花是否为白金大厦起火的唯一原因;(2)已有证据能否直接证明赵某某燃放的烟花是白金大厦失火的原因,各组证据能否构成证据链条;(3)能否排除案发现场附近其他燃放点引起白金大厦火灾的可能。

## 课堂时间安排

本案例可以作为专门的案例教学课来进行,整个案例课的课堂安排6个课时,每课时45分钟。

如下课堂设计,仅供参考。

1. 课前计划:布置学生阅读案例及收集相关参考资料,归纳出对案例所涉及的主要争议问题并对其进行思考,撰写实践题答案。

2. 课中计划:(1)介绍教学目的,拟定分组讨论争议焦点;(2)分组讨论,回答各项思考题;(3)小组代表提出实践题撰写要点,学生互相分析和点评;(4)情景模拟,各组对结合本案撰写的实践题的内容进行重现,学生互相点评,教师总评;(5)教师归纳总结。

3. 课后计划:布置学生进一步思考证据的法定种类的证据规则,以及庭审中如何审查证据的证明能力。

## 思考题和实践题

**1. 思考题**

(1)控辩双方在法定证据种类之外提交的证据应如何认定?

(2)物证和书证有哪些不同特点?

(3)将"鉴定结论"变更为"鉴定意见",有哪些意义?

(4)鉴定意见的法律性质为何? 其属于实物证据,还是言词证据?

(5)运用非法证据排除规则可以对鉴定意见予以排除的情形包括哪些?

(6)鉴定人出庭作证的条件? 如果鉴定人不出庭,会有怎样的程序后果?

(7)被告人、辩护律师是否有权启动鉴定程序?

(8)鉴定意见与证人证言有何区别?

(9)将"电子证据"改为"电子数据"列为法定证据形式,修改的意义为何?

(10)作为一种对实物证据鉴别真伪的方法,鉴真与鉴定有何区别?

(11)在证人出庭作证难以得到保证的情况下,如何证明某一实物证据的独特性?

(12)对于物证、书证、视听资料、电子数据,从其来源、收集提取、保管直到出示给鉴定人或者交由法庭辨认,如何在各个环节保证证据的同一性?

(13)视听资料、电子数据为何种证据属性?

(14)电子数据包括的形式有哪些?

(15)我国的专家证人制度与大陆法系国家的技术顾问有何区别?

(16)有何措施可以保障鉴定人出庭作证?

(17)证人应当出庭作证而没有出庭的,对于证人在庭外所作的证言笔录,是否予以排除?

(18)询问证人为什么需要"个别进行"?

(19)侦查人员对其在执行职务过程中所目击的犯罪事实,可否作为证人证言向法庭提出?

(20)被告人的供述和辩解与证人证言的区别是什么?

(21)是否应将得不到其他证据印证的口供予以排除?

(22)勘验、检查、辨认、侦查实验等笔录证据与鉴定意见的区别是什么?

(23)视听资料不同于其他证据的特殊性是什么?

(24)电子数据的特点有哪些?认定电子数据的标准是什么?

**2. 实践题**

(1)结合本案案情,分组模拟侦查人员讯问赵某某的情景,并制作一份讯问笔录。

(2)结合本案案情,分组模拟律师会见赵某某的情景,并制作一份会见笔录。

(3)结合本案案情,分组模拟侦查人员询问证人赵某某女友的情景,并制作一份证人询问笔录。

## 参考文献

1. 陈光中:《刑事诉讼法》,北京大学出版社 2012 年版。
2. 何家弘:《刑事诉讼中科学证据的审查规则与采信标准》,中国人民公安大学出版社 2012 年版。
3. 张明楷:《刑法分则的解释原理》,中国人民大学出版社 2011 年版。
4. 聂立泽:《过失犯罪与故意犯罪之关系新解》,载《法学杂志》2010 年第 12 期。
5. 陈瑞华:《评〈刑事诉讼法修正案(草案)〉对审判程序的改革方案》,载《法学》2011 年第 11 期。

撰稿人 | 佟金玲,沈阳师范大学法学院讲师

# 14 CASE 许霆盗窃案


| 摘　要 |

利用银行柜员机 ATM 故障恶意取款的行为属于盗窃，具有秘密窃取的特征，恶意提取 ATM 机中的现金之行为属于“盗窃金融机构”。“盗窃金融机构”在一定时期内具有刑罚上加重处罚的必要性。刑法修正案（八）对盗窃罪定罪情节和量刑规范进行修订，具有合理性。利用银行柜员机故障恶意取款的行为，不属于把“合法占有”变为“非法所有”，不构成侵占罪；也不属于“恶意透支”，不构成信用卡诈骗罪；更不属于民法上的“不当得利”，因为严重到犯罪程度的侵权故意非常明显。刑法第 63 条第 2 款规定“特别减轻处罚条款”在程序上必须经最高人民法院核准，在实体上要满足“行为的社会危害性较低”和“公众的接受程度较高”等要件。被害人过错可以作为酌定量刑情节，但金融机构对因 ATM 机器故障出现的损失有权依法追缴。应通过推进司法公开、加强新闻法制建设等方式改善媒体、民意与司法之关系。



| 关键词 |

盗窃罪　盗窃金融机构　特别减轻处罚


| 教学目标 |

此案例为近年来最为轰动的刑事法案例之一，几乎引起所有刑事法学者和司法界人员的关注，媒体和网络的热炒度也仅次于薄熙来案件。由于立法存在某些缺陷，其中的理论争点比较多，判决时分歧意见极大，到现在仍然有不少学者对最高人民法院最后核准的重审判决的理由存在一定的质疑。

此案涉及刑法立法技术、解释技术、盗窃罪与侵占罪的界限、刑法犯罪与民法不当得利的界限、减轻处罚的依据、刑事诉讼程序的完善、传媒（民意）与司法等重大理论问题，确为盗窃类犯罪和涉及银行柜员机犯罪的典型案例，对于丰富教学实践，发展刑法和刑事诉讼法理论，联系有关理论与实践，具有重要意义。通过这一案例的研究学习，讨论以下问题：（1）盗窃罪是否以“秘密窃取”为条件；（2）“盗窃金融机构”如何解释，ATM 机器是否属于“金融机构”；（3）“盗窃金融机构”加重处罚之合理性；（4）盗窃罪刑法条文的依法修改问题；（5）盗窃罪与侵占罪的界限；

(6)盗窃罪与信用卡诈骗罪的界限;(7)侵占罪与不当得利的界限;(8)刑事特别减轻处罚的法定依据;(9)刑事特别减轻处罚的法定程序;(10)金融机构在机器故障时出现损失的法律责任;(11)传媒、民意与司法之关系。

## 教学案例主文

2006年4月21日,许霆在银行柜员机出现故障的情况下,使用自己实名的银行卡实施了盗窃行为。该案于2007年11月20日一审判决,认为许霆的行为具有盗窃金融机构,数额特别巨大的情形,构成盗窃罪,判处无期徒刑。该判决经媒体报道后引发了社会的激烈争论。在舆论的高度关注下,广东省高级人民法院于2008年1月9日撤销一审判决,发回重审。法院经过重审的一审、二审,最终于2008年8月20日由最高人民法院核准,以盗窃罪在法定刑以下判处被告人许霆5年有期徒刑。但是关于本案的争论依旧没有结束,争议点主要在于定罪与量刑的两方面。案件涉及刑法立法技术、解释技术、盗窃罪与侵占罪的界限、刑法犯罪与民法不当得利的界限、减轻处罚的依据、刑事诉讼程序的完善、民意与司法等问题,将此案确定为盗窃犯罪和涉及银行柜员机犯罪的典型案例,对于丰富教学实践,发展刑法和刑事诉讼法理论,加强理论与实践的联系等,均具有重要意义。

### 一、基础事实

2006年4月21日晚21时许,许霆到广州市天河区黄埔大道西平云路163号的广州市商业银行自动柜员机(ATM)取款,同行的郭安山(已另案处理)在附近等候。许霆持自己不具备透支功能、余额为176.97元的银行卡准备取款100元。当晚21时56分,许霆在自动柜员机上无意中输入取款1000元的指令,柜员机随即出钞1000元。许霆经查询,发现其银行卡中仍有170余元,意识到银行自动柜员机出现异常,能够超出账户余额取款且不能如实扣账。许霆于是在21时57分至22时19分、23时13分至19分、次日零时26分至1时6分三个时间段内,持银行卡在该自动柜员机指令取款170次,共计取款174000元。许霆告知郭安山该台自动柜员机出现异常后,郭安山亦采用同样手段取款19000元。同月24日下午,许霆携款逃匿。广州市商业银行发现被告人许霆账户交易异常后,经多方联系许霆及其亲属,要求退还款项未果,于2006年4月30日向公安机关报案。公安机关立案后,将许霆列为犯罪嫌疑人上网追逃。2007年5月22日,许霆在陕西省宝鸡市被抓获归案。案发后,许霆及其亲属曾多次与银行及公安机关联系,表示愿意退赔银行损失,但同时要求不追究许霆的刑事责任。许霆至案件重新审理结束之日2008年3月31日,仍未退还赃款。

另外,2006年4月21日17时许,运营商广州某公司对涉案的自动柜员机进行系统升级。4月22日、23日是双休日。4月24日(星期一)上午,广州市商业银行对全行离行式自动柜机进行例行检查时,发现该机出现异常,即通知运营商一起到现场开机查验。经核查,发现该自动柜员机在系统升级后出现异常,1000元以下(不含1000元)取款交易正常;1000元以上的取款交易,每取款1000元按1元形成交易报文向银行主机报送,即持卡人输入取款1000元的指令,自动柜员机出钞1000元,但持卡人账户实际扣款1元。

## 二、控方意见

广东省广州市人民检察院指控:2006年4月21日,许霆伙同郭安山(另案处理)至广州市天河区黄埔大道西平云路的广州市商业银行ATM提款机,利用银行系统升级出错之机,多次从该提款机取款。至4月22日许霆共提取现金人民币175000元。之后,携款潜逃。该院当庭宣读、出示了受害单位的报案陈述,证人黄某某、卢某、赵某某等人的证言,公安机关出具的抓获经过,受害单位提供的银行账户开户资料、交易记录、流水清单、监控录像光碟,郭安山和许霆的供述等证据,据此认为许霆以非法占有为目的,盗窃金融机构,数额特别巨大,其行为已触犯《刑法》第264条第1项之规定,构成盗窃罪,提请广州市中级人民法院依法判处。

## 三、辩方意见

许霆辩解:(1)其发现自动柜员机出现异常后,为了保护银行财产而把款项全部取出,准备交给单位领导。(2)自动柜员机出现故障,银行也有责任。

## 四、辩护律师意见

1. 本案事实不清,证据不足。理由如下:(1)许霆只记得其银行卡内有170多元,具体数额记不清楚,证实其账户余额为176.97元的证据只有银行出具的账户流水清单,无其他证据印证。(2)账户流水清单记录的时间、次序有误。(3)银行的自动柜员机为何出现错误、出现何种错误不明确。因此,本案无法得出许霆账户只有176.97元及其每取款1000元账户仅扣1元的必然结论。

2. 被告人许霆的行为不构成犯罪,应当作出无罪判决。理由如下;(1)许霆以实名工资卡到有监控的自动柜员机取款,既没有篡改密码,也没有破坏机器功能,其行为对银行而言是公开而非秘密。许霆取款是经柜员机同意后支付的,其行为是正当、合法和被授权的交易行为。因此,许霆的行为不符合盗窃罪的客观方面特征，不构成盗窃罪。(2)许霆通过柜员机正常操作取款，在物理空间和虚拟空间上都没有进入金融机构内部，因此，许霆的行为不可能属于盗窃金融机构。(3)许霆的占有故意是在自动柜员机错误程序的引诱下产生，有偶然性；自动柜员机出现异常的概率极低，因而许霆的行为是不可复制、不可模仿的；本案受害单位的损失已得到赔偿，许霆的行为社会危害性显著轻微；现有刑法未对本案这种新形势下出现的行为作出明确的规定，法无明文规定不为罪，应对其作出无罪判决。(4)许霆的行为是民法上的不当得利，因该不当得利行为所取得财产的返还问题，应通过民事诉讼程序解决。

## 五、证据材料

1. 广州市商业银行出具的报案陈述，证实：2006 年 4 月 24 日(星期一)上午，广州市商业银行恒福支行 ATM 管理中心在对全行离行式自动柜员机交易情况进行电脑监控时，发现安装在黄埔大道西平云路 163 号的离行式自动柜员机在 4 月 21 日晚出现取款交易异常，经通知运营商一并到现场开机清点查验和查看监控录像，发现自动柜员机短款 196004 元。经查看日志，发现该自动柜员机在 1000 元以下(不含 1000 元)取款交易正常，但对超过 1000 元的取款交易，自动柜员机则按 1 元的金额形成交易报文向银行主机报送，造成上述情况的原因是运营商于 2006 年 4 月 21 日 17 时对该机进行系统升级后出现异常。经核查，发现 4 月 21 日 21 时 56 分至 4 月 22 日 12 时 34 分，有人持卡号为 6224××××××××××××03 和 6224××××××××××××07 的广州市商业银行借记卡以及卡号为 9559××××××××××××13 的农业银行卡，连续恶意操作，取款 186 次，共涉及多占金额 193806 元，其中卡号为 6224××××××××××××03 的银行卡户名为许霆。另有卡号为 6224××××××××××××03 和 9559××××××××××××18 的两名客户取款 2 笔，涉及多占金额 2198 元。该行监察保卫部接报后，即根据开户资料查找许霆，找到其工作单位，该单位保安部负责人反映许霆已于 4 月 24 日下午突然请假回山西老家，拨其手机无人接听，随即联系许霆的求职担保人要求协助通知许霆退款，亦未果，因而报案。

2. 广州市公安局经济犯罪侦查支队出具的接受刑事案件登记表、广州市公安局天河分局冼村派出所出具的接受刑事案件登记表、立案决定书及侦办广州市商业银行柜员机内现金被盗窃案件情况说明，证实：广州市商业银行于 2006 年 4 月 30 日向广州市公安局经济犯罪侦查支队报案，同年 5 月 26 日此案转由广州市公安局天河区分局办理，该局于同月 30 日立案后，于次月 19 日对犯罪嫌疑人许霆办理上网追逃。同年 11 月 12 日，该局侦查员到山西临汾市找到许霆的父亲许某某，许某某称许霆未回家，只与家中通过一次电话，但未说自己在哪里，该局侦查员向许某某说明了许霆盗取银行柜员机内款项的情况，并让其劝许霆早日投案并退还款项，其当时提出能否在退还款项后不再追究许霆的法律责任，侦查员说明帮助退清赃款及投案自首后可以减轻处罚，但拒绝其提出的退款后不再抓捕、不追究法律责任的要求。许霆被抓获后，许霆的父亲曾致电该局侦查员表示愿意帮许霆退款，但要求公安机关不追究许霆的法律责任，释放许霆，侦查员拒绝了许霆父亲的要求。许霆被带回广州市后，许霆的母亲也曾联系侦查员表示愿意为许霆退赃，但几天后又称许霆的行为不是盗窃，拒绝退还赃款。此后许霆的亲属未再联系为许霆退还赃款之事。

3. 西安铁路公安处宝鸡车站公安派出所出具的抓获经过、广州市公安局天河分局冼村派出所出具的抓获情况说明，证实：被告人许霆于2007年5月22日在陕西省宝鸡市火车站进站时被公安人员抓获，后被广州市公安局天河区分局带回审查。

4. 证人黄某某（广州市商业银行监察保卫部副经理）的证言，证实：2006年4月24日，广州市商业银行恒福支行ATM管理中心在对全行离行式自动柜员机交易情况进行例行检查时，发现安装在平云路163号的自动柜员机在4月21日晚上的取款交易出现账户扣账为1元的情况。因为该行自动柜员机取款金额为100元或者100元的整数倍，不可能出现100元以下的数额，所以恒福支行马上将情况通报了自动柜员机的运营商。随后运营商与商业银行个人银行部一起派人到平云路163号的自动柜员机现场开机查验，发现柜员机的现金已经全部被取光。随即查看自动柜员机流水日志，发现自动柜员机在不超过1000元的取款交易时正常（不含1000元），而1000元以上的取款交易则出现异常，对1000元以上的取款交易，自动柜员机按1元的金额形成交易报文向银行主机报送，即持卡人指令取款1000元，自动柜员机亦出钞1000元，但持卡人实际扣账为1元。造成这种情况的原因是运营商于2006年4月21日17时对平云路163号的自动柜员机系统升级后出现异常。4月21日17时许，该行放入该自动柜员机20万元人民币，在案发前几个客户取款属于正常取款。经查账，自动柜员机总共短款达196004元。经核查，发现4月21日21时56分至4月22日12时34分，有客户拿着卡号为6224××××××××××××03和6224××××××××××××07的商业银行借记卡、卡号为9559××××××××××××13的农行卡在该柜员机恶意取款。经查询开户资料，卡号为6224××××××××××××03的银行卡户名是许霆，开户日期是2006年2月6日。根据许霆的开户资料，其和时任个人银行部经理的卢某找到许霆的工作单位，该单位的赵部长反映许霆在2006年4月23日晚曾跟他说过要回家考公务员，并收拾衣服之类的东西走了，连手续都没办。于是他们请求赵部长联系许霆，但赵部长打了电话之后说许霆已关机，并说之前曾和许霆有短信联系，大概内容是赵部长让许霆回来把手续办了，另外还有一些钱要结算给他，但许霆说不要了，他们就请求赵部长联系到许霆的入职担保人刘先生，对方在电话里答应见面谈，但后来拒绝见面，并说不想插手此事。他们联系许霆的担保人时已告知许霆恶意提款的事。其从未接到过许霆本人或其家属表示退赃的电话，也没有人和其联系过此事。4月30日，其代表银行向广州市公安经济侦查支队报案。

5. 证人卢某（广州市商业银行营业管理部副总经理）的证言，证实：2006年4月24日上午，广州市商业银行发现有人在2006年4月21日晚利用该行位于平云路163号的离行式柜员机的故障，进行多次恶意提款，通过核查该机流水账的持卡人资料，发现其中一名持卡人为许霆。柜员机出现的异常情况是超过1000元的取款交易，柜员机只按1元的金额形成交易报文向其主机报送。即持卡人输入取款1000元，柜员机也出钞1000元，但是持卡人账户实际扣账1元。出现上述异常是运营商于2006年4月21日17时许对该柜员机系统进行升级造成。2006年4月24日下午其和本行保卫部的黄某某根据开卡资料找到许霆的工作单位，该单位的保安部赵部长反映许霆已回家考公务员，其间赵部长拨了许霆的电话，许霆未接，但给赵部长发短信表示已回家。案发后约一个月，一自称是许霆的人打电话给其商量如何处理此事，并说因为钱被人偷了，没有这么多钱还，只还一半左右行不行，其当时说希望全部还清，对方说肯定还不清了，最多只有一半左右，其就跟对方说希望他早日到公安机关自首，把事情处理好，之后对方就将电话挂了。在2007年2月或3月，有自称是保安部长的人打电话说要商量许霆的事，其当时就向对方说明自己已调离原工作岗位，让对方与银行保卫部联系。

6. 证人赵某某（广州市某物业公司保安部部长）的证言，证实：许霆是其单位的保安员。2006年4月24日上午许霆向其提出辞职，理由是回山西老家考公务员。4月24日下午广州市商业银行的工作人员向其了解许霆的情况，其记得当时好像拨了许霆的电话没人接，随即用手机发了短信给许霆，要他回来结算工资或留下联系方式以便将工资寄给他，当时许霆复了短信称工资不要了。约一个月后，许霆来电话说生活全乱套了，弄得家不能回，表示还是想退钱给银行，但又说钱被偷了五万元，又花掉了一万多元，如果银行愿意，他愿意退回这些钱。其就把银行卢经理的电话给了许霆，但过了约二十分钟，许霆又打来电话，内容大概是说银行方面说了已经报案，钱就算退回也要坐牢，跟着就说那就算了，等抓到再说吧，后挂了电话。此后许霆未再与其联系。2007年上半年，许霆的担保人刘某某找到自己表示许霆家人想退钱，希望能给一次机会，自己当时说此事要和银行联系，刘某某当即和银行的卢某取得联系，卢某讲已调离原部门，要刘某某到商业银行总部找人，刘某某问了怎么去就离开了，后来有无找银行不清楚。此外，许霆在2006年4月24日已经用了一个新手机号码发信息给其，后来两次来电话，也是用该号码。

经辨认照片，赵某某指认出被告人许霆就是其所在单位的保安员。

7. 广州市商业银行提供的被告人许霆的开户资料，证实：许霆的账户于2006年2月6日开立，账号为1024××××××××18，预留了身份证复印件。

8. 广州市商业银行提供的完整流水记录数据和涉案账户取款交易明细，证实：卡号为6224×××××××××××03的银行卡于2006年4月21日21时56分3秒插卡，21时56分16秒查询，21时56分41秒取款1000元，21时57分9秒再次查询；21时57分21秒至22时20分21秒共指令取款55次，每次1000元，其中最后一次交易失败，共计取款54000元；23时12分57秒插卡，23时13分23秒至23时19分59秒共取款16次，每次取款1000元，共计取款16000元；23时23分5秒插卡，23时23分33秒指令取款1000元，交易失败，未取出款项；次日凌晨0时26分04秒插卡，0时26分22秒至1时06分22秒共取款100次，前96次每次取款1000元，后4次每次取款2000元，共计取款104000元。

9. 广州市商业银行提供的账户流水清单，证实：2006年4月21日，卡号为6224×××××××××××03的银行卡（户名为许霆，账号为1024××××××××18）原有存款余额176.97元，于2006年4月21日至4月22日期间，在涉案自动柜员机上先后取款171次，其中167次每次扣账1元，4次扣账2元账户最后余额为1.97元。

10. 广州市商业银行科技研发部出具的关于该行综合业务系统交易日期切换机制说明，证实：该行综合业务系统在每日晚23时左右开始进行日终处理，同时切换系统会计日期，在进行系统会计日期切换后，把新的会计日期作为交易日期进行记账。

11. 位于广州市黄埔大道西平云路163号的广州市商业银行自动柜员机的照片，经被告人许霆指认，确认是其取款地点。

12. 广州市商业银行提供的银行监控录像光碟及经被告人许霆签认的银行监控录像截图，证实：许霆及郭安山于2006年4月21日、22日在涉案自动柜员机上取款。

13. 广州市天河区人民法院于2007年5月21日作出的（2007）天法刑初字第560号刑判决书，证实：郭安山与许霆于2006年4月21日至22日，利用广州市商业银行自动柜员机系统出错之机，连续多次分别提取银行款项19000元和17万余元，事后郭安山向公安机关自首并退出赃款18000元，天河区人民法院以盗窃罪判处郭安山有期徒刑一年，并处罚金1000元。

14. 山西省临汾市公安局经济技术开发区分局北城派出所出具的常住人口详细信息、调查回复表，证实：被告人许霆的身份情况。

15. 郭安山的供述及对被告人许霆的辨认笔录，证实：2006年4月21日晚21时许，许霆到广州市平云路的商业银行自动柜员机取款，其在马路对面等候，但隔了很久也没见许霆回来,很纳闷就过去找许霆,见到许霆后喊他的名字,许霆吓了一跳,很惊恐的样子,还满脸是汗,问他怎么那么久,许霆也没说什么,其和许霆就一起回到宿舍。在宿舍见到许霆钱包里塞满钱,衣服兜里也都是钱,很奇怪,因为之前许霆说他卡中只有100多元,只能取出100元,就问他,开始许霆不肯说,后来才讲他只想取100元,但多按了一个"0",那取款机就真的吐出1000元来,可能是那台柜员机出错才会这样。其看许霆取出的钱大约有四五万元,也很心动,就和许霆回到那台柜员机取钱。到柜台机后,许霆先取钱,因为自己很少用自动柜员机,就让许霆教如何用,许霆又取出一二万后,其就用自己的一张农业银行卡插进柜员机取钱,许霆在一旁教其取款,果真取出了3000元,但自己卡中只有860多元,第四次要取1000元却无法取出。之后两人又回去拿了塑料袋再次回到现场,其先用自己的农业银行卡取出5000元,之后又无法取出了,许霆就接着取,取了好多钱,差不多一个小时才停下来,之后其试了几次,但都取不出钱,就回去休息。第二天,其用假名刘阳办了一张假身份证,以该身份证开了一张商业银行卡。当天中午12时许,其去到上述柜员机用商业银行卡取款,取出10000元左右,之后无法再取出钱就走了。后来见到许霆,许说要辞职不干,留下来太危险,自己后来也辞职回湖北老家。其和许霆原来都做保安,许霆取了大约十七八万元,没有分给其赃款。

经辨认照片,郭安山指认了被告人许霆就是2006年4月21日晚与其在平云路163号的商业银行自动柜员机取款的人。

16. 被告人许霆的供述及对郭安山的辨认笔录,证实:2006年4月21日晚21时许,其和郭安山结伴外出,自己去广州市平云路附近的商业银行自动柜员机取款,郭安山在附近等候。其广州市商业银行卡是工资卡,卡中只有一百多元。其插入自己的商业银行卡,想取出100元出来,但不知怎么多按了一个"0",那柜员机竟真的吐出1000元,其当时觉得不可思议,就立即查询自己卡中的余额,但钱还是那么多,于是就又连续以每次1000元取了许多次,总共取出55000元。由于取钱花了很长时间,郭安山等不及就过来找,见到其取了那么多钱,就很奇怪,问怎么回事,自己就把事情的原委告诉他,之后两人回到单位宿舍,其把钱拿出来,郭安山见了很心动,就让其帮他取钱。于是当晚23时许,其和郭安山回到那台自动柜员机,用自己的商业银行卡又取出一万多元,之后郭安山用他的农业银行卡取出3000元,后因交易限制取不出钱,两人就又回到宿舍。次日零时许,其拿了一个塑料袋和郭安山又回到那台柜员机处,郭安山用他的卡取出几千元无法再取出钱,其接着用自己的银行卡取钱,一直取了很长时间,取出十万元左右,之后郭安山又用他的卡试着取钱,还是取不出钱,于是两人就回到宿舍。其一共取了17.4万元。其从未见过有这么多钱,头都蒙了,知道这样做不对,但又心存侥幸,做完这件事就一直很后悔。其在取款的第二天还正常上班,到了4月24日下午3时许坐车回山西,没和公司领导打招呼就不辞而别了,回到山西省临汾后,发现原来用报纸包着塞在被子里的5万元不见了,就没有回家,到一家酒店住下。后来也一直不敢回家,在临汾呆了一个月,然后去太原,和朋友合伙开了一间网吧,其投资10万元,后来这网吧亏本了。

经辨认照片,被告人许霆指认了郭安山就是2006年4月21日与其在广州市平云路的自动柜员机取款的人。

## 教学指导手册

### 教学目标

许霆案是近期在社会上引起广泛关注与争论的一起普通的刑事案件,不少民众与学者都卷入其中发表见解,而且分歧还很大。各种意见有着不同的出发点和落脚点,结论自然不同,然而,法院终归要依据"以事实为依据,以法律为准绳"的原则对该案作出定论。在许霆案的争论中,可以看到我国法律规定乃至司法都有不尽完善之处,但我们首先应在法律的理性与轨道上来看待,然后在法律的框架内实现公正。这正是人民法院所追求的法律效果与社会效果的统一,许霆案的审理过程也充分说明了这一点。在这个意义上说,许霆案的激辩将会起到推动我国法治建设的作用。综观"许霆案"的整个案情,主要应解决如下几个争议:第一,许霆的行为是否构成犯罪(罪与非罪)?第二,如果许霆的行为构成犯罪,那么应该如何定罪?法院所认定的"盗窃金融机构"是否正确(此罪与彼罪)?第三,一审判决为无期徒刑,二审改判为5年有期徒刑,量刑是否合理(罪轻与罪重)?

### 教学内容

#### 1. 盗窃罪是否以"秘密窃取为条件"

(1)盗窃罪的定义。《刑法》第264条规定对盗窃罪的构成要件的表述是"盗窃公私财物,数额较大或者多次盗窃的……",并没有明确规定"秘密窃取"的行为要件,故而刑法学界对盗窃罪的客观方面是否以"秘密窃取"为必要条件发生了争议。1998年3月10日最高人民法院出台了《关于审理盗窃案件具体应用法律若干问题的解释》以此来细化盗窃罪的构成要件及盗窃罪的数额、情节、对象、非法占有目的等问题。该司法解释第1条规定:"根据刑法第二百六十四条的规定,以非法占有为目的,秘密窃取公私财物数额较大或者多次盗窃公私财物的行为,构成盗窃罪。"

上述最高人民法院的解释给司法实践以明确的指导,但刑法学理论界的纷争并未平息。对盗窃罪的行为要件,是否以"秘密窃取为必要",存在对立的学说。

(2)盗窃罪是否以"秘密窃取为条件"所涉及的争议点。第一,肯定说。在我国,刑法理论和司法实践中的通说都认为,盗窃罪的行为只能表现为秘密窃取他人财物的行为。从我国刑法规定来看,盗窃罪在客观方面应以秘密行为为要件,在理论上,一般也认为盗窃罪在客观方面表现为秘密窃取。赵秉志教授也主张,"盗窃罪的本质特征是对他人财物的秘密窃取。"秘密窃取,是指实施盗窃行为的行为人,采取隐秘的、自认为不为财物所有人或保管人所知的方法将财物取走。换言之,取财的秘密性是盗窃罪区别于其他侵犯财产犯罪的本质特征之一。还有的学者明确指出"盗窃罪客观方面表现为如下两种行为,即秘密窃取数额较大的公私财物的行为和多次盗窃公私财物的行为。"虽然刑法对此并没有明文规定,但是在1998年最高人民法院《关于审理盗窃案件具体应用法律若干问题的解释》中已经明确认可。由于秘密窃取行为是盗窃罪客观方面的本质特征,也是盗窃罪区别于其他财产犯罪的重要标志,所以如何正确理解秘密窃取行为,就成了把握盗窃罪客观方面的关键。

第二,否定说。张明楷教授认为,盗窃罪的行为是窃取他人占有的财物。窃取,是指使用非暴力胁迫手段(和平手段),违反财物占有人的意志,将财物转移为自己或第三者(包括单位)占有。首先,窃取行为虽然通常具有秘密性,其原本含义也是秘密窃取,但是,如果将盗窃限定为秘密窃取,则必然存在处罚上的空隙,造成不公正现象。所以国外刑法理论与司法实践均不要求秘密窃取,事实上完全存在公开盗窃的情况。盗窃行为的本质是侵害他人对财物的占有,即一方面盗窃行为破坏或者排除了他人对财物的占有;另一方面建立了自己或第三人对财物的新的占有,建立新的占有与秘密窃取之间没有直接联系。

(3)许霆的行为是否属于秘密窃取。盗窃罪中的秘密窃取,是指行为人采取自认为不被财物所有人或者保管人当场发觉的方法,违背财物所有人、保管人的意志,利用非暴力的手段劫取财物的行为。即秘密具有主观性、相对性的特点,主观性指的是行为人主观上自认为其行为未被发觉,至于实际是否被发觉不影响秘密性的成立,相对性是指行为的秘密性只是相对于财物的所有人或者保管人而言,至于是否被其他人发觉并不影响。秘密性还只是相对于行为实行当时而言,至于行为事后是否会被发觉也不影响秘密性的成立。而窃取指的是行为人的行为具有违背财物所有人、保管人的意志性和手段的非暴力性。本案中,柜员机只是银行用于经营、保管资金的智能工具,当柜员机出现故障时,已不能正确执行和代表银行的意志。许霆利用银行柜员机出现的故障,连续恶意取款。许霆取款时不仅明知柜员机出现了故障,而且通过第一次取款的成功,知道银行工作人员不会当场察觉到其恶意取款行为，上述事实足以说明许霆主观上产生了非法占有银行财产的目的。虽然许霆持有本人的银行卡，柜员机旁也有监控录像，这些都只是使银行事后能查明许霆的身份，但不足以使银行能够当场发觉并制止许霆的恶意取款行为，所以许霆的行为具有秘密窃取的特征。

**2.“盗窃金融机构”如何解释，ATM机器是否属于“金融机构”**

盗窃罪中“金融机构”的含义与一般的金融机构和特指的金融机构有所交叉，主要是指具有合法储备或者拥有经营资金资格的金融机构。盗窃罪中金融机构应该具备以下两个特征：

(1)具有合法资格。盗窃金融机构，是指盗窃具有合法资格的金融机构的行为，盗窃非法金融机构，不构成盗窃金融机构。盗窃金融机构行为不能等同于一般盗窃犯罪，其不仅仅是侵犯到公私财产，而且还对金融秩序造成了严重破坏，非法金融机构其本身就是在扰乱金融秩序，因此其资金的安全不能作为盗窃金融机构所保护的法益。因此，对于盗窃那些非法的金融机构资金，数额达到特别巨大的行为，不能以盗窃金融机构论处，而应根据具体情况以一般盗窃行为对待。

(2)储备或者拥有经营资金。盗窃金融机构，是指盗窃金融机构中的经营性资金。因此，在对盗窃金融机构进行的认定过程中，“金融机构”与“金融机构的资金”是两个联系密切但又不能混淆的概念：前者是犯罪对象的范围，后者是犯罪对象，在司法认定中，应首先明确盗窃罪中所指的“金融机构”的含义，然后再在其含义范围内进行犯罪对象的认定。只有这样，才不至于在认定过程中产生混乱导致错误认定。而对于金融机构经营性资金的判定，需要考虑两点：

一是由金融机构显名占有。金融机构显名占有，是指金融机构具有采取以明确的方式向不特定多数人表明其对资金占有的义务。其中的“明确”的程度，应采用能让一般人了解的标准。强调显名占有的意义是为了突出金融机构资金的特殊性，对不特定多数人起到警示作用。如果在金融机构没有对其资金进行能使不特定多数人察觉的显名性标示的情况下，行为人在不可能获知资金性质的情况下对其进行了盗窃，由于缺乏非法占有金融机构资金的主观故意，对其就不能以盗窃金融机构进行认定。在日常生活中，金融机构的资金通常以显名的方式出现在公众面前，如营业场所会注明金融机构的名称、ATM机的机身上会注明所属某某银行；在资金的转移过程中，金融机构的运钞车也会在车身明显处注明“金融押运”、“严禁靠近”等警示性标语，并且都由身着制服的专业人员跟随押运。这些方式都是金融机构在以显名的方式向人们警示这些资金属于金融机构，如果以这些资金为犯罪对象，将会构成以金融机构资金为犯罪目标的严重刑事犯罪。这种情况下，金融机构已经尽到显名标示的义务，如果有行为人对其进行盗窃，就应该对其以盗窃金融机构论处。

二是属于金融机构的经营性资金。资金的所有权属于金融机构还不能成为认定盗窃金融机构的充分条件,在资金满足了金融机构以显名的方式占有和属于金融机构所有后,还应该最后满足这些资金属于金融机构的经营性资金这一条件。根据司法解释,行为人盗窃的应该是金融机构的经营性资金,这个范围相对于上面提到的金融机构所有的资金又要更加狭窄一些,因为金融机构所有的资金形式呈现多样化,有一部分资金并不是被“金融机构”直接用于进行经营业务活动的,比如金融机构所有的办公用品或者交通工具等,他们虽然是金融机构开展业务活动所使用到的,但其并没有被用来进行如贷款、储蓄或者结算等专门业务活动中。因此,在司法认定中,对这一部分资金也需要予以排除。

**3.“盗窃金融机构”加重处罚之合理性**

通常来说,刑法选择提高某种犯罪行为的处罚是基于某种犯罪行带来了较其他犯罪行为更加严重的社会危害结果,以及犯罪行为人体现出来得更加深刻人身危险性的考虑。在盗窃金融机构中,行为人敢于选择金融机构进行盗窃以及其行为所造成的严重危害结果就能从主客观两方面验证刑法加重对其处罚的原因与合理性:

(1)客观上的根据。第一,侵害特殊法益。金融机构的资金与一般市场经营者资金有所不同:由于职能或业务需要,金融机构在经营过程中必然吸收和累积大量的公共财产,金融机构的资金的特殊性表现在这些财产并不完全属于金融机构,而是金融机构通过向社会融资的方式筹集,代为经营管理,日后向客户偿本付息,金融机构担负看护这些巨额资金安全的重要责任,所以金融机构的资金实质是巨额公共财产,盗窃金融机构所侵犯的特殊法益就是“金融机构掌握的巨额公共财产的安全”。

第二,侵害多重法益。刑法加重对盗窃金融机构处罚的原因除该行为侵犯法益特殊外,还在于行为所带来的严重社会危害,严重的社会危害来自该行为侵犯的多重客体。我们认为,盗窃金融机构的行为侵犯了多重客体,其社会危害程度远甚于一般盗窃行为。一般的盗窃罪侵犯的是单一客体,即公私财产所有权,而盗窃金融机构的行为除侵犯到国家和社会以及金融机构的财产所有权以外,还侵犯了金融机构的公信力和正常的金融秩序。一方面,金融机构是吸收或者储存社会资金的专门机构,具有管理和经营这些资金的职能,巨额资金一旦丢失,社会投资者会对金融机构保管财产的能力产生怀疑,金融机构业务无从开展,并且在我国,大部分金融机构都属于国家控股,国家通过金融机构对社会资金进行宏观调控,金融机构丧失信用,资金大量流失,国家无法准确掌握资金动向,引导和调控社会资金,最终损害的还将是国家和整个社会的利益。另一方面,金融机构巨额资金的失窃必然导致金融机构遭受巨大经济损失并出现内部资金流转和结算的困难,还可能出现社会公众争相挤兑的情形,将严重破坏金融秩序,更会造成公民对社会治安的深深恐惧和担忧,丧失对个人财产的安全感。因此,盗窃金融机构给社会带来的巨大恐慌也是加重处罚该行为的一个重要理由。

(2)主观上的依据。犯罪分子的主观恶性反映出其对侵害法益所持的态度,也反映出其非难可能性程度。金融机构是大量社会财富聚集的重要场所,金融机构资金的动向关系到整个金融市场的稳定和秩序,金融机构对其采取了极为严密的管理和防盗措施,任何人未经授权和允许都不能随意接近这些资金,凡是在盗窃金融机构过程中被发现的行为人都面临较一般盗窃行为更高的风险。因此,相对于一般的盗窃对象,行为人盗窃金融机构的难度巨大,要求行为人具备较一般盗窃行为更为强硬的心理态度和高超的技术手段,行为人不满足一般盗窃所带来的相对微小非法利益而以金融机构存放的巨额资金为盗窃目标,表现了其排除重重困难占有巨额资金的主观意图,凸显出了其较一般盗窃更为严重的主观恶性。因此,从立法的角度来考察,将"盗窃金融机构,数额特别巨大"的法定刑升格,旨在威慑和打击那些为满足个人巨大贪欲而不计后果,铤而走险的犯罪分子。

**4. 盗窃罪刑法条文修改问题**

《刑法修正案(八)》第39条将刑法第264条修改为:"盗窃公私财物,数额较大的,或者多次盗窃、入户盗窃、携带凶器盗窃、扒窃的,处三年以下有期徒刑、拘役或者管制,并处或者单处罚金;数额巨大或者有其他严重情节的,处三年以上十年以下有期徒刑,并处罚金;数额特别巨大或者有其他特别严重情节的,处十年以上有期徒刑或者无期徒刑,并处罚金或者没收财产。"

依据《刑法修正案(八)》规定,盗窃罪不再以盗窃财物数额较大为唯一构成要件,只要是入户盗窃,不管有没有偷得财物,都已触犯刑法,构成"入户盗窃",涉嫌盗窃犯罪,一律追究刑事责任。其法条修改前后出现以下主要变化:

(1)将盗窃罪状表述为五种情形,更具体、更具可操作性。《刑法修正案(八)》将原来的盗窃数额较大和多次盗窃两种罪状表述为五种情形:一是盗窃公私财物,数额较大;二是多次盗窃;三是入户盗窃;四是携带凶器盗窃;五是扒窃。罪状表述更具体、更具可操作性。

(2)取消了盗窃罪适用死刑的规定。刑法修正案实施前,刑法规定盗窃金融机构,数额特别巨大;盗窃珍贵文物,情节严重的,最高可以判处死刑。刑法修正案(八)取消了这一规定,也即,当下犯盗窃罪,无论何种情况,最高只能判处无期徒刑。

与1997年《刑法》第264条的规定相比,盗窃罪的基本罪状做了较大幅度的变化,由原来的两种罪状增加为五种罪状。此次基本罪状的修改,不仅是盗窃罪行为类型数量上的增加,更主要的是体现了盗窃罪在理论和司法实践中一些新的趋向。

趋向一,犯罪门槛降低。根据《刑法修正案(八)》的规定,盗窃罪中的"多次盗窃、入户盗窃、携带凶器盗窃、扒窃"这些行为类型并没有"数额较大"的要求,也即行为人实施盗窃行为,只要符合其中的某一犯罪情形,就可以盗窃罪论处,而不问其盗窃所获取的财物价值是否达到传统的盗窃罪的数额标准。这一规定与西方大多数国家关于盗窃罪的规定非常相似。西方国家在盗窃罪的犯罪构成上一般都没有罪量要求,即只要实施盗窃行为,侵犯财物占有人的合法权益,就可以盗窃罪进行定罪量刑。例如,《德国刑法典》未对盗窃罪规定起刑点,亦即只要实施盗窃行为,都要受到刑事机关的追诉,只是对"所盗窃之物价值甚微的",法律规定为告诉才处理,盗窃所得财物的价值不影响盗窃罪的认定。此外,意大利、瑞士等国的刑事法律也都没有规定盗窃罪的起刑点。

传统的盗窃类犯罪需要达到数额较大才能定罪量刑,是典型的数额犯,入罪有一定的数额上的门槛,而《刑法修正案(八)》中关于"多次盗窃、入户盗窃、携带凶器盗窃、扒窃"这四种行为类型没有规定数额要求,由此可见,我国的刑事立法降低了盗窃罪入罪门槛,也进一步扩大了打击盗窃的犯罪圈。

一方面,盗窃罪入罪门槛的降低是我国打击日益猖獗的盗窃行为的需要,符合一定的刑事政策。例如,近年来发案率较高的"入户盗窃、扒窃"行为,给人民群众的合法利益和社会的稳定带来了巨大的危害,对这些类型的盗窃行为用刑法进行规定,有利于遏制这些违法犯罪行为的发生。另一方面,入罪门槛的降低也有一定的弊端,把本来属于《治安管理处罚法》规制的治安案件纳为刑事案件,使案件基数大大增加,在很大程度上增加了诉讼负担,也体现了盗窃罪"泛刑化"的趋势。

趋向二,盗窃的对象要求放宽。盗窃的对象,是指实施盗窃行为所获取的他人占有的财物。传统的盗窃罪对盗窃所获得的财物有价值大小和价值范围上的要求。1997年《刑法》第264条将盗窃罪的基本罪状规定为"盗窃公私财物,数额较大或者多次盗窃的",已充分说明一般的盗窃行为必须达到数额较大才能入罪;多次盗窃是否构成犯罪,司法实践中也是按照累计数额是否达到数额较大来进行评价。而所盗财物的数额计算方法,最高人民法院在1997年11月4日《关于审理盗窃案件具体应用法律若干问题的解释》中也进行了规定,即以财物的交换价值或经济价值为标准。因此,传统的刑法理论认为只有在所盗财物达到数额较大的价值标准,才有进一步对盗窃行为进行定罪量刑的必要,如果所盗财物没有交换价值或者经济价值较小,刑法就没有必要进行追究。

关于盗窃财物的价值范围,刑法理论一般认为财物的价值就是指财物客观的经济价值或交换价值，如家电、车辆、名画、金钱等，都具有客观的价值。可以肯定的是，作为盗窃对象的财物必须具有一定的价值。司法实践中，作为盗窃罪对象的财物，一般都是具有客观价值的财物，是否构成数额较大，也都可以用财物的经济价值来衡量。随着近年来刑法理论和实践的发展，盗窃罪财物价值的范围有进一步扩大的趋势。有学者指出，财物的价值不仅包括交换价值、金钱价值，还包括使用价值。没有交换价值但有使用价值的物品也可以成为盗窃罪财物的对象。笔者认为，《刑法修正案（八）》对盗窃罪基本罪状的修改正体现了这一观点，其增加的“入户盗窃、携带凶器盗窃、扒窃”等行为类型，法律本身没有规定这些犯罪情形的数额要求，与传统的要求一定价值标准的盗窃罪相比，一些不具有经济价值，但对所有人具有使用价值的物品也成为盗窃罪规制的对象。例如，一些存放在家里的留念照片、文件材料，随身携带的身份证、信用卡等，客观上不具有经济价值或经济价值甚微，但法律规定表明，行为人入户盗窃、扒窃而窃取这些物品的就可以盗窃罪论处。把这些盗窃对象纳入盗窃财物的价值范围，正是《刑法修正案（八）》增加盗窃行为类型的应有之义。

**5. 侵占罪与盗窃罪的界限**

侵占罪和盗窃罪在犯罪主体和客体上并无区别，两者的区别主要体现在三个方面：一是犯罪对象不同，前者的对象一般是动产，且只能是行为人在犯罪以前就已经合法持有的他人财物；后者的对象包括动产和不动产，且必须是行为人在犯罪之前并不持有的他人财物。二是犯罪的客观方面不同，前者在客观方面既可以表现为秘密的方式进行，也可以表现为公开的方式进行，且必须是拒不退还或拒不交出他人财物的，才构成犯罪；而后者在客观方面只能表现为以秘密手段进行，即使窃取他人财物之后又主动退还的，也构成犯罪。三是犯罪的主观方面不同，前者的犯意只能产生于持有他人财物之后；后者的犯意则只能产生于非法获取他人财物之前。

根据我国《刑法》第 270 条的规定，所谓侵占罪，是指将代为保管的他人财物，或者将合法持有的他人的遗忘物、埋藏物非法据为己有，数额较大，拒不退还或拒不交出的行为。其犯罪对象仅限于三种财物：一是代为保管的他人财物；二是他人的遗忘物；三是他人的埋藏物。侵占罪与其他侵犯财产犯罪的一个关键区别即在于：侵占包括两个密不可分的行为特征，即由“合法持有”转变为“非法侵吞”。行为人已合法持有他人的财物，是构成侵占罪的前提条件。“代为保管”是指财产所有人、保管人基于委托关系以合法的方式将财物的占有权转移给行为人，这里的委托关系不一定要有成文的合同，如委托合同、保管合同、仓储合同等，只需根据日常生活规则，事实上存在委托关系即可。显然，许霆利用 ATM 机出现故障恶意取款十七万余元的行为,只是由于银行在管理上的过失引起的,并不属于基于银行委托引起的代为保管行为。事实上,许霆在案发后迅速携款潜逃的行为,无疑在一定程度印证了许霆的行为是代为银行保管财物看法的荒谬性。"遗忘物",是指财物持有者由于疏忽而暂时失去控制且知道忘于特定地点的财物,与拾得方的行为无关。具体到许霆案,在ATM机出现故障之前,其中的现金始终在银行的控制之下,没有脱离银行的占有,不存在被遗忘的问题。而且,如果把许霆恶意取得的十七万余元解释为"遗忘物",无疑与社会一般人对"遗忘物"的理解不同,有违社会常识。综上所述,许霆对银行资金不存在"合法持有"这一前提,不符合侵占罪的犯罪客观方面要件,其行为不构成侵占罪。值得注意的是,侵占案是告诉才处理的案件,是自诉案件的一种。根据刑法关于告诉才处理的规定,所谓告诉才处理,是指被害人告诉才处理,如果被害人因受胁迫、威吓无法告诉的,人民检察院和被害人的近亲属也可以依法告诉。本案中,银行并没有依法提出告诉,而是在案发后直接向公安机关报案。而且,银行也并没有受到胁迫和威吓。所以,如果把许霆的行为认定为侵占罪,在法律处理上存在诸多不当之处。

**6. 盗窃罪与信用卡诈骗罪的界限**

许霆的行为不符合信用卡诈骗罪的犯罪构成。信用卡诈骗罪作为一种特殊的诈骗罪类型,其犯罪客体是复杂客体,即国家对信用卡的管理制度和他人的财产所有权。而许霆恶意取款的行为侵犯的只是银行的财产权,并没有侵犯国家对银行卡的管理制度。因为许霆是持自己合法有效的银行卡,基于ATM机的故障而恶意超额取款,并没有采取信用卡诈骗罪犯罪构成客观方面的四种行为方式:即许霆的行为不属于"使用伪造的信用卡、使用作废的信用卡和冒用他人的信用卡"的情况,其恶意取款的行为也不属于信用卡诈骗罪中的"恶意透支"。而认为许霆构成信用卡诈骗罪的观点,主要涉及对"恶意透支"的理解与解释问题。

该观点认为:"由于ATM机出现故障,许霆使用卡内仅存一百七十余元的借记卡恶意取款十七万余元,表明其借记卡已经具备了透支功能。如果他是以非法占有为目的,经发卡银行催收后仍不归还,那就是恶意透支。"事实上,许霆持有的银行卡为借记卡,并非具有透支功能的信用卡(贷记卡和准贷记卡),其恶意超额取款的客观事实并不足以佐证其使用的借记卡就具有透支功能。"透支"在法律上具有特定的具体含义。在银行法上,"透支",是指在银行设立的账户已无资金或资金不足的情况下,经过银行批准,允许客户以超出其账上资金的额度支用款项的行为。许霆的所谓"恶意透支"不仅未经银行批准,而且完全是违背银行意志的。所以,许霆恶意取款的行为不符合信用卡诈骗罪的客观方面行为方式,其行为不构成信用卡诈骗罪。

**7. 侵占罪与不当得利的界限**

有人认为许霆的行为属于民法上的不当得利,那么事实是否如此呢?所谓不当得利,是指没有法律或合同上的根据取得了利益,致使他人受到损失的事实。不当得利作为一种法律事实,与民事法律行为、无因管理及侵权行为等同为债的发生根据。《民法通则》第92条明确规定:"没有合法根据,取得不当利益,造成他人损失的,应当将取得的不当利益返还受损失的人。"尽管发生不当得利的原因有事件,也有行为,但不当得利本质上属于事件,与人的意志无关,其不以得利人有行为能力或识别能力为前提,不是由受益人的意志决定而取得的。因而其不同于与人的意志有关的民事法律行为、无因管理及侵权行为等债的发生根据。

反观许霆的行为,第一次取款1000元,其账户实际扣款仅1元,是在ATM机出现故障的情况下无意中提取的,其获得的999元超额款项,显然与许霆的意志无关,也不存在合法根据,其受益与银行受损具有明显的因果关系,认定属于民法上的不当得利,并无不妥。甚至在许霆第二次取款时,若他是出于要确认ATM机是否真的出了故障而再试一次,就仍可认定这是民法上的不当得利。但在其已经明确认识到ATM机出了故障,且在自己账户余额不足的情况下,仍反复操作取款170余次,获利17万余元,则不应也不能认为是不当得利。此时,许霆的主观心态已发生了转化,由意外受益的心理改变为非法占有的意图,此时其行为的不当得利性质也随之发生了质变,由意外被动的获得转变成为主动侵犯银行财产权益,已然是一种故意侵权行为了。而侵权行为达到严重程度即可构成犯罪。显而易见,许霆第一次至少是第二次取款后实施的其余170余次恶意取款行为,并非基于认识错误而产生,不符合民法上不当得利作为一种与行为人意志无关的事件的本质属性,一如行为人以非法占有为目的而恶意实施抢劫、诈骗等侵权行为,虽也不当获得了利益,但并不认为是民法上的不当得利一样。因此,如果不区分清楚许霆实施第一次取款行为获得的意外受益与其后利用ATM机故障连续多次实施的侵犯银行财产的恶意取款行为的界限,而全都认定为是不当得利,显然混淆了刑法与民法的界限。

**8. 刑事特别减轻处罚的法定依据**

(1)规范根据。《刑法》第63条第2款规定:"犯罪分子虽然不具有本法规定的减轻处罚情节,但是根据案件的特殊情况,经最高人民法院核准,也可以在法定刑以下判处刑罚。此即我国刑法中的特别减轻制度。"

(2)实质根据。最高人民法院核准许霆案判决的理由是:"许霆在发现自动柜员机发生故障的情况下临时起意盗窃,其行为具有一定的偶然性,与有预谋、有准备盗窃金融机构的犯罪相比,主观恶意性相对较小;许霆是趁自动柜员机发生故障之机,采用输入指令取款的方法窃取款项,与采取破坏手段盗取钱财相比,犯罪情

节相对较轻。”我们认为,适用特别减轻程序应考虑以下实质根据:

第一,行为的社会危害性。对于行为的社会危害性的考量,笔者认为,应从以下几方面考察:一是犯罪行为造成危害后果严重程度。二是行为人的主观恶性。三是犯罪的常发性。发生率高意味着法益受侵害的概率高,国民就具有更强烈的受害预测性,由此产生的报复欲更强,而对发生率高的犯罪须适用较重的刑罚才能满足社会的公正报应观念,反之亦然。在“许霆案”中,许霆非法获财行为的发生概率极低,银行再次受害的可能性也极小,法益再次受侵害的可能性小,国民的报复欲也就很低,因而其社会危害性也就明显低于普通盗窃罪。四是被害人过错程度。在“许霆案”中,作为受害方的银行对事件的发生与否起着重要作用。五是行为人意志自由的程度。“许霆案”中,金钱的巨大诱惑对行为人的意志自由产生了深刻的影响,其适法行为的可期待程度显著降低,许霆非法取财的行为即是脆弱人性的表现。

第二,公众可接受性。行为的社会危害性实质上是一种社会评价,而在这种社会评价中,民众的朴素感情起着举足轻重的作用。民众的朴素感情无疑会对刑事司法包括刑法解释与定罪量刑活动产生重大的影响。然而,由于民意是以抽象的形式而存在的,因此对其内容需要进行仔细的甄别。首先,法律是一种固定化的民意,或者说,法律就是最高的民意;进言之,依法办事就是遵从民意。其次,虽然在大多数情况下民意是通过媒体表现出来的,但媒体并不能完全代表民意。考察某一媒体是否代表民意关键要看媒体对案件事实(一些重要的细节)以及相关规定是否进行了客观、全面的报道,社会上流传的案情与实际案情是否相差太远。如前所述,在许霆非法获财行为的定性上民众并未达成共识,也即未能形成主流的民意,但在对许霆刑事责任的追究方面民众却表现出惊人的一致——认为对许霆处以无期徒刑显属过重。民众之所以对行为定性的敏感性要远低于对量刑的敏感性,是因为对行为定性需要非常专业的知识,而对量刑的敏感更多的是出于一种朴素的感情,而正是这种朴素感情构成了民众认同刑法的基础,构成了刑法正义的基础。“许霆案”的案情简单明了,新闻报道客观、全面,因而媒体的报道和社会舆论可以视为民意的体现。民众对“许霆案”量刑的一致意见,实质上代表了社会对许霆实施的非法取财行为危害性的判断,而这一判断理应得到尊重。

**9. 刑事特别减轻处罚的法定程序**

(1) 该程序适用的对象只限于对不具有刑法规定的减轻处罚情节的被告人在法定刑以下判处刑罚的案件,其他案件不能适用也不必适用该程序。根据罪刑相适用原则,对被告人所适用的刑罚,必须同他所实施的犯罪相适用。如果没有法定的减轻处罚情节,就不得对其减轻处罚,更不得在法定刑以下判处刑罚。但是,这一点并不是绝对的,我国刑法也没有将其绝对化。所以刑法规定了例外,即对于不具有刑法规定的减轻处罚情节的被告人,人民法院根据案件的特殊情况,也可以在法定刑以下判处刑罚。这就赋予了人民法院在这些案件处理上的自由裁量权。

(2)该程序适用的主体是地方各级人民法院和最高人民法院。在我国,人民法院是国家的审判机关,只有人民法院在刑事诉讼中才有权对被告人决定应否适用刑罚,应当适用什么样的刑罚。地方各级人民法院虽然可以根据案件的特殊情况,对不具有法定减轻处罚情节的被告人在法定刑以下判处刑罚,但必须报送最高人民法院核准。未经最高人民法院核准,判决是没有发生法律效力的判决。最高人民法院作为适用该程序的主体,其主要任务就是根据法定程序对地方各级人民法院报核的案件依法予以审查,然后决定是否予以核准。

(3)该程序是一种审判程序,适用的阶段,只限于审判阶段。在其他诉讼阶段,不存在这一程序。对被告人在法定刑以下判处刑罚是人民法院的权力,人民法院行使这一权力的阶段就在审判阶段。《刑事诉讼法》第12条明确规定,未经人民法院依法判决,不得对任何人确定有罪,更不得未经确定有罪而处以刑罚,包括在法定刑以下判处刑罚。

(4)该程序是"对不具有法定减轻处罚情节的被告人在法定刑以下判处刑罚判决"的必经程序,它的启动无须当事人或者人民检察院的诉讼行为,只要人民法院作出了这种判决,无论当事人是否上诉、人民检察院是否抗诉,也无论该判决是否属于二审终审的判决,都自然要引发该程序,因为作出这种判决的人民法院如果不将判决依照法定程序报请最高人民法院核准,其判决就不能发生法律效力。

**10. 金融机构在机器故障时出现损失的法律责任**

现在随着ATM犯罪的日益猖獗,关于ATM犯罪后的损失承担也引发了越来越多的争议。中国现在的金融行业大多采用这样的政策:无论犯罪方式是怎样产生,犯罪行为如何实施,持卡人有多大过错,银行有多大过错,都由持卡人先行承担相应的损失,在刑事案件得以侦破的情况下,再由行为人承担相应的刑事责任和民事责任;而实际情况却是许多ATM犯罪并没有得到侦破,犯罪嫌疑人没有抓获,或即使抓获了犯罪嫌疑人,犯罪嫌疑人有能力承担刑事责任却没有能力承担民事责任,持卡人只有独自承担全部的损失,而银行却"袖手旁观""毫发无伤",因此而引发的民事纠纷也长期没有得到很好的解决。

各个金融机构采取让持卡人先行承担所造成的损失,其依据来源于中国人民银行的《银行卡业务管理办法》和各个金融机构自行制定的一些格式条款:中国人民银行的《银行卡业务管理办法》和中国农业银行制订的《金穗借记卡章程》就规定"凡密码相符的交易均视为持卡人所为"。中国人民银行的《银行卡业务管理办法》

第52条第5款也规定发卡银行应当向持卡人提供银行卡挂失服务,并在章程或有关协议中明确发卡银行与持卡人之间的挂失责任。从该条款来看,中国人民银行授权各大银行在章程和协议中自行与持卡人约定发卡银行和持卡人之间的挂失责任的承担。当仁不让的,各家发卡行都在各自发行的银行卡章程中规定挂失的风险一律由持卡人承担:如中国银行制订的《长城人民币信用卡章程》第13条就明确规定"长城卡如遇丢失或被盗窃,持卡人应持本人身份证或其他有效证明,立即到附近的中国银行分支行办理书面挂失手续,并按规定交付挂失手续费,挂失之前及挂失次日24小时内,所造成的挂失卡风险仍由持卡人承担";中国交通银行制订的《太平洋信用卡章程》也规定"在发卡机构受理挂失前及受理挂失的次日24时前,所发生的各项支出和所造成的经济损失均由持卡人承担";中国工商银行的《牡丹国际信用卡章程》也有类似规定。更重要的是,在信用卡挂失之前的经济损失由持卡人承担几乎已经成为中国银行业的惯例。例如:2004年3月和4月在绵阳发生的金穗借记卡在ATM上使用后被吞,后造成卡上的钱被犯罪分子窃走;两名持卡人到当地农行投诉,要求给以补偿,绵阳市农行就是以以下两个理由拒绝的"一是按中国人民银行的《银行卡业务管理办法》和中国农业银行《金穗借记卡管理办法》的规定"凡密码相符的均视为持卡人所为;二是银行的自助设备是通过卡和密码进行交易证明的,而不可能对持卡人的生理特征进行验证"。

有人以银行的过错来否认许霆行为的有罪性。该观点认为,许霆之所以多取了17万余元,只是因为许霆利用了银行的ATM机程序出错这一机会。但这一机会是银行造成的,而不是许霆造成的。人非圣贤,孰能无过?银行应该担负起引诱许霆犯错的故意,而不应该追究许霆的责任。清华大学法学院许章润教授就认为:"一个普通公民在没有预谋的情况下,以非暴力的方式拿去了不属于他的钱财,就要为此付出终身自由的代价,法律太苛刻了。本案之所以发生,银行应该负起'引诱'的责任,银行应该向被告人道歉";"相反,对因银行提供的服务不完善而引发的人性恶的一面,引发不良贪念,银行应该道歉,甚至可以向银行提起附带民事诉讼。"有的论者为了论证银行的过错,举出英国《每日邮报》的例子,说英国东部约克郡赫尔市的多部ATM机(银行自动提款机),在2008年3月18日出现"储户取一赠一"的故障,以致出现上百人排队取款的现象,取到钱的喜笑颜开并纷纷打电话通知其亲友来取款,事后银行不但没有追究取款者的责任,反而向客户道歉。

诚然,许霆多取银行资金的行为是在银行的自动取款机程序出错的情况下实施的,但是,银行自动取款机出错仅仅是许霆实施该行为的条件之一,而最主要的还是许霆自身的原因。在银行取款机出错的情况下,让许霆主动向银行联系并告知银行自动取款机出错可能比较苛刻,但是许霆不去以占有为目的而实施非法取款行为却是他完全可以做到的。至于许霆在庭审中辩解说是其行为为了替银行保存资金的说法不能成立。主张以银行的过错来否定许霆过错的说法,显然过于迁就和宽宥了许霆的有罪行为。北京大学法学院教授陈兴良明确指出,许多人以银行的过错来否定许霆行为的有罪性,但银行的过错只是许霆犯罪的诱因;它为许霆盗窃行为提供了某种条件,但并不能由此否定许霆行为的有罪性。

我们主张,在储户没有过错的情况下出现损失,银行不能过重地利用格式条款增加储户在民法上自行承担损失的责任,而是应当通过购买特定保险和追究第三方(侵权人或犯罪人)的赔偿责任来弥补储户的损失。但当储户直接恶意利用银行的机器故障或业务过失获利时,银行有权就储户的恶意行为追缴损失,即使该损失被恶意挥霍而难以追回。此时凭借法院的裁判和执行文书,作为坏账处理。

**11. 传媒、民意与司法的关系**

传媒、民意对司法的作用:(1)传媒和民众能有效对司法发挥监督作用。民意和媒体对司法进行监督,有助于司法判决体现最大限度的正义,最终提高司法公信力。民意和媒体监督司法,本身就是对法律权威的维护,因为能否让老百姓满意和信任也是现代司法公正与否的基本评判标准,如果失去了老百姓的信任,司法裁判将无法获得基本的正当性而难以保持生命力和安定力,法官也难以获得应有的尊重和认可。当司法置于民众和媒体的监督之下,司法活动必然透明化、公开化,司法过程中的腐败行为无处可藏。当每一次的司法活动体现的都是司法正义,表达的都是民众的意愿,司法的公信力必然提升。(2)传媒是民意和司法沟通的桥梁。司法机关通过媒体能满足民众的知情权,媒体可以将司法活动的有关咨询及评论意见提供给公众,以促成公众讨论,形成公众意见,有效发挥舆论监督功能。特别是现在,随着计算机的普及,互联网技术的发展,网络媒体为民意的表达提供了更加便捷的途径,庞大的网络群体的意见对于公共政策的形成发挥着越来越大的作用,有时甚至影响着司法的审判结果。在许霆案、邓玉娇案、张伟铭醉驾案的审判过程中我们不难发现,网络民意的身影,虽然网络民意的真实性和可信性尚受质疑,但网络媒体已不可否认地成为越来越重要的民意表达渠道和官方获得信息的途径。

传媒、民意与司法的矛盾:(1)影响司法独立。司法独立要求法官对于司法权的独立行使,无论是在审前阶段还是在审判阶段。不仅法院要独立于立法机关和行政机关等外来力量的干预,法官在依法行使其审判权的时候,也只需要依照法律的要求和良心的命令独立行使其职权。而民意则不同,民意的主要表达渠道就是媒体,在网络媒体发达的今天,社会公众可以自由地以网络为平台,发表自己的意见。这样,就会在客观上给法官带来很大的压力,使法官在裁判的时候,可能放弃法律思维而使用道德思维,更多考虑案件公布后会不会受到民意的否定。如是,可能造成民意审判、媒体审判,而破坏了司法的专业性、独立性。(2)影响司法公正。司法独立是司法公正的前提和保障,理想中的司法者似乎只为抽象的法律条文、原则和价值服务,然而司法活动总是在一定的时间和空间中发生和进行的,各种社会因素无法从中排除出去,而必然在法律适用过程中自觉不自觉地体现出来,其中,民意对司法审判的巨大压力和影响就是很突出的一例。如果在审判中,法官的独立性受到了影响,那么,司法公正这一重要价值也难免因牵连而受到损害。原因在于法官要保持公正,不偏不倚地按照法律办案,首先就应该排除一切外来的干扰,包括来自行政、新闻舆论等的干扰,以及其他利诱或不当影响,而当媒体和民意对法官产生了干扰,最终将影响到司法的公正性。

正确处理传媒、民意与司法的关系:(1)发挥传媒的正面引导作用。民意的形成经历了一个从无到有的过程,这一过程可以分为事实了解一价值判断一达成共识三个阶段。社会公众首先通过媒介对相关事实的报道形成一定的感知,在此基础上根据自身所接受的道德原则形成意见,继而把这种倾向通过某种途径表达出来。其中媒体对案件事实的报道中对民众的价值判断影响重大。在目前,个别媒体为了追求新闻轰动效应而违背媒体该有的职业道德,对案件进行不真实报道,严重误导了民意。媒体应通过正确的新闻报道及评论使公众理性地看待案件,形成正确的舆论导向。(2)进一步推进司法公开。司法是为人民服务的,但司法并不需要一味地盲从民意。司法正确引导民意的方式主要通过以下途径进行:一是切实推进庭审公开、裁判文书公开,公民在旁听过程中见证庭审,既监督司法腐败又接受了法制教育;而裁判文书的依法全面公开,使判决内容、结果和理由为广大公众知晓,提高了裁判的可接受度。二是树立优秀法官典型和遴选优秀案例进行广泛宣传。对正面的法官形象和优秀的法律案例进行坚持不懈地宣传,有助于提升司法权威、提升司法公信力。

## ■ 预期效果

针对许霆案中的相关刑法适用问题,展开充分讨论,使法硕学生在学习过程中了解刑法适用中关于罪与非罪、此罪与彼罪、罪轻与罪重的界限问题。针对这一具体案件而言,课堂讨论应达到的效果是对于盗窃罪的成立要件,盗窃金融机构罪中的“金融机构”的界限和范围,盗窃罪和侵占罪、信用卡诈骗罪等在实际案例中的区分,刑事处罚的减轻、加重问题以及刑事法律程序中的舆论和民意导向等问题,学生能够产生自己的见解,在老师的引导和同学们的互相讨论中建立自己的思维方式。最后是能够在一定程度上培养学生将刑法的具体理论联系到具体的司法实践当中,并建立从实践中分析理论问题的思维框架。

## 教学计划

1. 要求学生提前进行相关准备,只给出案情大概,要求学生自己收集相关材料,学生在进行案例讨论之前,需要了解盗窃罪与侵占罪的界限、刑法犯罪与民法不当得利的界限、减轻处罚的依据、刑事诉讼程序的完善、民意与司法等问题。

2. 进行小组讨论并总结。课堂讨论总结的关键是:归纳发言者的主要观点;重申其重点及亮点;提醒大家对焦点问题或者有争议观点进行进一步思考;建议大家对案例素材进行扩展性研究和深入分析。

3. 进行情景讨论并总结。情景模拟的关键在于能使人进入"角色",通过案例中的特定情景,面临"问题",描述介绍,深层隐含,做决策分析,从中掌握到足够的知识和提高学习使用者的能力。

## 课堂时间安排

1. 课后自行阅读资料:约 3 小时;
2. 小组讨论并提交分析报告提纲:约 3 小时;
3. 情景模拟、进一步讨论:约 3 小时;
4. 课堂讨论总结:约 3 小时。

## 思考题和实践题

1. 盗窃罪是否以"秘密窃取为条件"。
2. ATM 机器是否属于"金融机构"。
3. 以许霆案为原型,建构新的法律事实,进行庭审模拟。

## 参考文献

1. 赵秉志、张心向:《刑法裁判不确定性现象解读——对"许霆案"的重新解读》,载《法学》2008 年第 8 期。
2. 周安平:《许霆案的民意:按照大数法则的分析》,载《中外法学》2009 年第 1 期。
3. 张明楷:《许霆案的刑法学分析》,载《中外法学》2009 年第 1 期。
4. 白斌:《刑法的困境与宪法的解答——规范宪法学视野中的许霆案》,载《法学研究》2009 年第 4 期。
5. 陈瑞华:《脱缰的野马——从许霆案看法院的自由裁量权》,载《中外法学》2009 年第 1 期。

6. 张明楷:《许霆案减轻处罚的思考》,载《法律适用》2008 年第 9 期。
7. 顾培东:《公众判意的法理解析——对许霆案的延伸思考》,载《中国法学》2008 年第 4 期。
8. 杨兴培:《"许霆案"的技术分析及其法理思考》,载《法学》2008 年第 3 期。
9. (2008)穗中法刑二重字第 2 号刑事判决。

撰稿人 | 陈灿平,法学教授
白冬,法学教授
于滨,天津市北辰区助理检察官、天津财经大学法律硕士
胡鑫,天津市第二中级人民法院助理审判员、天津财经大学法律硕士

# 15 CASE 曾跃生故意杀人案

|摘 要|

本案例以一起真实杀人案为蓝本，围绕案件审判的各个环节展开，涉及的知识点和司法技能内容包括杀人动机与主观恶性的实践性认定、精神病医学鉴定意见证明力的司法判断、刑事案件的调解方法等。本案例涵盖刑事诉讼调查阶段、调解阶段、审判阶段三个环节，涉及的客观与事实问题包括杀人证据的收集、犯罪嫌疑人主观恶性的客观性分析判断、刑事审判与民事调解之间的联系、精神鉴定程序的启动与进行等；涉及法律问题包括杀人证据的法律性分析、犯罪嫌疑人主观恶性的法律性认定、鉴定意见的“科学”性的法律性判断、鉴定意见证明力的法律性确认等问题。本案件对解决其他类似杀人案件和需要精神鉴定的刑事案件具有参考意义。

|关键词|

杀人案　主观恶性　刑事调解　精神鉴定

|教学目标|

着重让学生把握三方面内容：(1)在调查阶段，法官在处理因民间矛盾引发的刑事案件时如何分析案发原因以及在被告人主观恶性的分析中应考察哪些客观性因素；(2)在审判阶段，法官如何对被告人认识能力与意志控制能力进行辨别、在控辩双方对鉴定意见存在分歧时如何处理、如何对鉴定机构专业性与鉴定意见权威性之间的关系进行判断、如何对鉴定意见的科学性与法律性进行判断、如何对鉴定意见证明力与社会环境之间的关系进行分析；(3)在调解阶段，刑事案件中附带民事案件调解结果对刑事判决结果有无影响以及有什么影响等。

## 教学案例主文

### 一、案发事由与调查阶段

2012年8月,家住衡南县车江镇宣陂村老屋组的何际利经人介绍,为被告人曾跃生所居住的衡阳市石鼓区明翰路34号1单元居民楼维修下水管道。在修理的过程中,曾跃生家(304户)的下水管道被拆掉,致其家中厕所漏水,房间弄脏。同年8月14日晚,曾跃生与何际利在该栋楼房挨家检查,直到检查完七楼的704户,仍未查出漏水原因。此时,曾跃生想到自家厕所下水管道连续几日漏水,且何际利办事拖拉,心生怨恨,冲上前去从背后抱住何际利,将何际利摔倒在地。邻居王某某、刘某某和曾跃生的妻子王小某见状,上前劝阻。何际利从地上爬起对曾跃生叫道:"要的,老曾,你搞我的话我也要搞死你。"听到此话,曾跃生从正面用双手抱起背对704户门口的何际利腰部,致何际利双脚悬空。随后用力将何际利的上半身抱出栏杆外从七楼扔下,何际利坠楼,当场死亡。作案后,曾跃生逃往衡阳市蒸水桥北河堤附近,用碎玻璃划手自杀。为求救治,曾于次日(8月15日)早上7时许,谎称自己被抢劫托路人报警,随后被送往衡阳市中心医院救治。曾跃生于当日被闻讯赶来的公安机关抓获。

法院经调查发现:被告人曾跃生因修水管等琐事与被害人何际利产生纠纷,采取双手抱起何际利将其摔下楼的方式,致何际利死亡。其行为已构成故意杀人罪。而且,被告人曾跃生身体状态欠佳。右眼视力为0.04,左眼基本失明,经石鼓区残疾人联合鉴定为三级伤残,完全丧失劳动能力。其下岗后一直待业,家庭经济困难。在这种状况下,被告人及其家人仍竭尽全力赔偿被害人经济损失,获得被害人的谅解,化解双方矛盾。这反映了被告人真诚悔罪、积极认罪的态度。被告人曾跃生虽未构成自首情节,但其畏罪自杀被抢救过来后,如实供述自己犯罪行为,当庭自愿认罪。

案发后,衡阳市公安局石鼓分局潇湘派出所委托湘雅二医院司法鉴定中心对被告人曾跃生实施危害行为时是否有刑事责任能力进行鉴定,其鉴定意见为:被鉴定人曾跃生目前诊断为抑郁症,实施危害行为时有限定(部分)责任能力。被害人家属对该份鉴定意见存在异议,申请重新鉴定。衡阳市公安局石鼓分局又委托湖南省芙蓉司法鉴定中心重新鉴定。结论为:根据被鉴定人调查材料、精神状况检查及实验室检查,考察被鉴定人目前未发现精神病性症状。其作案时意识清楚,且存在辨认和控制能力,评定为完全刑事责任能力。

## 二、本案的审查阶段

本案中,公诉机关提供湘雅二医院司法鉴定中心与湖南省芙蓉司法鉴定中心出具的两份司法精神医学鉴定意见书。该两份鉴定意见对被告人曾跃生作出了限制与完全刑事责任能力两种不同的认定。被害人家属与辩护人对鉴定意见均提出异议并申请重新鉴定。《刑事诉讼法》第192条规定,法庭审理过程中,当事人和辩护人、诉讼代理人有权申请重新鉴定。法庭对于上述申请,应当作出是否同意的决定。相关司法解释也对这类同一人身伤害已存在两份以上不同鉴定意见,且被告人与被害人之间不能形成一致认识的情况,在法院认为有必要时,可以重新鉴定。可见,我国采用的是大陆法系职权主义模式,鉴定权的启动系司法权的一部分。法官可以依职权决定重新鉴定或根据公诉机关、当事人的申请,决定对某一专门问题重新鉴定。鉴于本案存在两份完全相左的鉴定意见,被告人与被害人家属对鉴定意见争执较大,而刑事责任能力的大小又直接影响被告人的量刑,合议庭决定对被告人曾跃生重新作精神鉴定。但由于精神医学鉴定的费用过高,耗时过长。最终,由衡阳市医学会对被告人曾跃生曾在天马医院接受的治疗是否系精神疾病方面进行鉴定,以判定曾跃生是否具有精神病史。最终得出:被告人曾跃生曾在天马医院所采用的治疗方案和使用的治疗药物,并非针对精神疾病。法官决定对几份鉴定意见作全面分析,并最终确立其法律性证明力。

湘雅二医院对曾跃生辨认力和控制力分析到:"作案前1个月,被鉴定人诉躯体不适在家休息未再外出工作,至2012年8月6日因全身乏力、失眠、抑郁1月住衡阳市天马医院治疗,诊断植物神经功能紊乱,具体治疗未提供,同年8月13日好转出院。以上说明,被鉴定人既往有精神病史,呈发作性病程特点,间歇期社会功能完好,发病期社会功能明显受损。"从上述表述可以看出,湘雅二医院依据被告人曾在衡阳市天马医院所做的诊断判定曾跃生有精神病史,并处于疾病发作期。在案件审理的过程中,合议庭同意被害人家属的申请,通过衡阳市医学会对曾跃生在天马医院住院治疗是否系精神疾病方面进行了鉴定。专家鉴定意见系"医方所采用的治疗方案和所使用的治疗药物,与各类精神疾病无关;植物神经功能紊乱不是一个精神疾病的诊断,许多躯体疾病都可以伴随植物神经功能紊乱的症状。"据合议庭调查了解,天马医院是卫生局正式批准成立的专家专科医院,它的医疗范围包括心脑血管病、中医疑难症、颈腰椎病、中医科、妇科、儿科、内科等,在当时并没有涵盖精神疾病方面。故湘雅二医院依据曾跃生曾在天马医院所做的诊断,判定曾跃生具有精神病史且控制力减弱的意见,缺乏科学依据。

精神疾病的评定,通常考量被鉴定人是否有家族病史、案件经过、知情人对被鉴定人精神状况的有关证言、被鉴定人医疗记录和相关检查等情况,分析、判断被告人作案时精神状态,并给出被告人刑事责任能力的评定意见。对于鉴定意见的证明力,应当结合其他证据进行审查判断。从本案的其他证据材料综合分析案件全过程,自然、合乎正常人逻辑。2012年8月初,被害人何际利在维修被告人曾跃生所居住的居民楼(衡阳市石鼓区明翰路34号)下水管道时,拆掉曾跃生家中(304户)的下水管道,致其家持续几天漏水,曾跃生为此极为不满。直到2012年8月14日,曾跃生与何际利挨家挨户检查,还未查出原因。曾跃生心里很生气。他的供述材料表述"我心里越想越生气。心想这个何师傅修个水管搞得我家中成天漏水,漏了四五天,问题一直解决不了,而且家中因为漏水搞得卫生都每天要搞几次,我心里很烦躁"。于是,曾跃生便在该栋楼704户门口从何际利背后抱起,将何摔倒在地。当何际利从地上爬起谩骂曾跃生时,矛盾进一步升级。何际利对曾跃生说"老曾,你搞我的话我也要搞死你",曾跃生一时冲动,抱住何际利的腰部将何从7楼扔下。在曾跃生与何际利发生冲突时,曾跃生的妻子和该栋楼的404户住户都在现场劝阻,但仍未控制事态发展。404户住户陈述,"我看到姓何的扑通一声倒在地上,姓曾的压在姓何的身上,我赶紧将老曾抱开,劝他这个小事没必要搞大,打架不值得。姓曾的便说过不下去了,太欺侮我老实人。姓曾的老婆拉住曾的手,却被曾一把甩开,曾一把抱住姓何的就往楼下丢"。实施犯罪行为后,曾跃生意识到自己行为的后果。他采取用玻璃碎片割喉的方式自杀。并表示当时"因为我杀了人,一心求死"。以上证据显示,由于被害人将被告人家中下水管道弄坏,被告人心生不满,动手摔被害人,再到被害人一句"老曾,你搞我的话我也要搞死你",彻底激怒了被告人。被告人从将被害人摔下楼,再到畏罪自杀,整个过程,作案动机与手段和结果符合常理。被告人具有认识到自己的行为已经危害到他人生命,并触犯法律的辨认能力,且能以自己的意志控制行为发生的控制能力,应当对其行为承担完全刑事责任能力。但合议庭认为,现有证据证明被告人曾跃生具备完全刑事责任能力仍未达到确实充分的程度,而鉴定人被认为是帮助法官发现真相、实现正义的使者。第二次开庭审理时,法庭邀请湘雅二医院的主任医生王小平教授出庭。他向法庭详细介绍了抑郁症的相关情况。随着社会经济的发展,人们生活压力增大,8%的人患有抑郁症。但抑郁症的判断标准和抑郁症到何种程度达到刑法上的限制刑事责任能力,在现代医学上没有一个统一的标准。由于抑郁症为波动性状态,鉴定时发病也难以判断作案时是否发病,即使一个人确诊为抑郁症患者,也仅仅是凭借医生的临床经验作出的主观性判断。因此,法庭不能完全依据鉴定机构作出的鉴定意见来判定被告人的刑事责任能力,而应结合具体情况进行综合评判。

湘雅二医院司法鉴定中心与湖南省芙蓉司法鉴定中心出具的两份司法精神医学鉴定意见书对被告人曾跃生作出了限制与完全刑事责任能力两种不同的认定。被害人家属与辩护人对鉴定意见均提出异议并申请重新鉴定。湘雅二医院依据曾跃生曾在衡阳市天马医院所做的诊断判定其有精神病史,并处于疾病发作期,据此认定其为限制刑事责任能力。法院委托衡阳市医学会对曾跃生在天马医院住院治疗是否系精神疾病方面进行鉴定。专家鉴定意见显示,天马医院所采用的治疗方案和所使用的治疗药物,与各类精神疾病无关;法院调查了解到,天马医院也无精神疾病方面的治疗权限。故湘雅二医院判定曾跃生具有精神病史且控制力减弱的意见,缺乏科学依据。

法院认为,鉴定意见作为证据的一种,并不具备预定的证明力,对于证据证明力的判断仍然属于裁判者自由裁量的范围,法官应审查其与案件待证事实的关联性,以及与其他证据是否存在矛盾。综合全案证据分析,被告人曾跃生具有认识到自己的行为已经危害到他人生命,并触犯法律的辨认能力,且能以自己的意志控制行为发生的控制能力,具备完全刑事责任能力。故采用湖南省芙蓉司法鉴定中心出具的鉴定意见。

### 三、本案的调解阶段

被害人何际利育有两子一女,从何际利遇难那天,其子女情绪异常激动。案件从侦查到公诉阶段虽经多次调解,均因双方分歧较大而未达成一致意见。被害人家属为此多次到信访部门上访,并在衡阳市市政府门口拉横条闹访,拍摄照片。其扬言,结果若未达到他们所谓的公正,将逐级上访到北京。进入审判阶段,合议庭认为,本案双方矛盾尖锐,处理不好很可能引起涉诉信访,并将调解工作作为本案的重点。被告人曾跃生生有一男一女,其长女已离婚,没有固定工作。其子一直从事保安工作,收入较低。其子表示,在已支付被害人 17000 元的丧葬费后已无能力赔偿被害人。经合议庭反复调解后,被害人家属将赔偿要求从 30 万元降低到 20 万元。但被告人曾跃生的儿子在将自己小产权房抵押借到 8 万元后表示无力筹集资金。2013 年 11 月 8 日,在湖南省衡阳县人民法院进行第二次庭审后,被害人的次子组织十余人携带器械尾随被告人的家属到达衡阳市区,并在珠晖区某饭店围守被告人家属。合议庭得知此事后,立马劝解双方并组织第四次调解。考虑到被告人的儿子确实已无赔偿能力,合议庭邀请被告人的母亲和妹妹参加调解。通过对曾跃生的家人耐心做工作,被告人曾跃生的三个妹妹同意将其三人出资为曾跃生母亲购买的房屋转让给被害人家属,以求得被害人家属谅解。再由被告人的儿子按该房以 9 万元的价格折价补偿给被告人的妹妹。该套住房系 20 世纪 90 年代的拆迁房,面积仅为 55 平方米,折价后仍未完全达到被害人的要求,但对于被告人曾跃生和其三个下岗待业的妹妹,这个经济并不宽裕的大家庭来说,已是能力的极限。面对这样的局面,合议庭结合被告人的家庭情况和本案的利害关系再次向被害人家属释明道理。终于,双方达成调解协议,曾跃生的三个妹妹将其名下住房交由中介公司交易,所得房款由被害人何际利的亲属受领,被害人的亲属对被告人曾跃生的犯罪行为表示谅解。

## 四、案件判决

本案法官确认被告人有完全刑事责任能力,且犯罪事实清楚。但本案有以下酌情从轻因素:第一是坦白情节,《刑法》第67条第3款规定:"犯罪嫌疑人虽不具有前两款规定的自首情节,但是如实供述自己罪行的,可以从轻处罚;因其如实供述自己罪行,避免特别严重后果发生的,可以减轻处罚。"最高人民法院《关于处理自首和立功具体应用法律若干问题的解释》第4条规定:被采取强制措施的犯罪嫌疑人、被告人和已宣判的罪犯,如实供述司法机关尚未掌握的罪行,与司法机关已掌握的或者判决确定的罪行属同种罪行的,可以酌情从轻处罚;如实供述的同种罪行较重的,一般应当从轻处罚;第二是当事人主观恶性与案件性质,根据最高人民法院《关于贯彻宽严相济刑事政策的若干意见》第22条的规定,对于因恋爱、婚姻、家庭、邻里纠纷等民间矛盾激发引发的犯罪,因劳动纠纷、管理失当等原因引发、犯罪动机不属恶劣的犯罪,因被害方过错或者基于义愤引发的或者具有防卫因素的突发性犯罪,应酌情从宽处罚;第三是调解结果,最高人民法院《关于刑事附带民事诉讼范围问题的规定》第4条规定:被告人已经赔偿被害人物质损失的,人民法院可以作为量刑情节予以考虑。

综合考虑以上因素,衡阳市中级人民法院于2013年11月22日作出(2013)衡中法刑一初字第19号刑事判决:被告人曾跃生犯故意杀人罪,判处无期徒刑,剥夺政治权利终身。宣判后,被告人曾跃生提出上诉。

湖南省高级人民法院于2014年6月24日作出(2014)湘高法刑一终字第48号刑事裁定书:驳回上诉,维持原判。

# 教学指导手册

## 教学目标

着重让学生把握三方面内容:(1)在调查阶段,法官在处理因民间矛盾引发的刑事案件时如何分析案发原因以及在被告人主观恶性的分析中应考察哪些客观性因素;(2)在审判阶段,法官如何对被告人认识能力与意志控制能力进行辨别、在控辩双方对鉴定意见存在分歧时如何处理、如何对鉴定机构专业性与鉴定意见权威性之间的关系进行判断、如何对鉴定意见的科学性与法律性进行判断、如何对鉴定意见证明力与社会环境之间的关系进行分析;(3)在调解阶段,刑事案件中附带民事案件调解结果对刑事判决结果有无影响以及有什么影响等。

## 教学内容

**1. 在杀人案件的调查阶段法官要考察的相关事实有哪些?**

在调查阶段,查清被告人的杀人动机、起因、所处社会环境、平时表现、社会关系状况等,这对判定被告人的主观恶性有着重要意义。因此,法官在受理案件后,不能只停留在阅读案卷的层面上,要深入案发现场进行深入调查,了解被告人和被害人的生活状况,从方方面面判定被告人的主观恶性,这对保证定罪量刑的准确性是必不可少的。

**2. 对于当事人彼此之间有着特殊关系的刑事案件的处理,法律有什么特别规定?**

根据最高人民法院《关于贯彻宽严相济刑事政策的若干意见》第22条的规定,对于因恋爱、婚姻、家庭、邻里纠纷等民间矛盾激发引发的犯罪,因劳动纠纷、管理失当等原因引发、犯罪动机不属恶劣的犯罪,因被害方过错或者基于义愤引发的或者具有防卫因素的突发性犯罪,应酌情从宽处罚。本案属于民间矛盾引发的犯罪,具有犯罪对象特定、犯罪地点特定的特点。本案中被告人曾跃生据其邻居反映一贯为人老实,没有很深的主观恶性,应区别于一般严重的暴力犯罪,酌情从轻判处。这不但不会给当地群众带来不安全感,还能增强刑事判决的社会接受性。

**3. 法官为什么要对刑事案件中的附带民事诉讼进行调解?这种调解有什么作用?**

刑事案件中的附带民事诉讼不但是一个独立的案件,而且两者之间有着密切的联系。民事诉讼调解涉及的各种因素与刑事判决中的定罪量刑所要考量的各种因素之间有着很大的重合度。把民事调解与刑事控辩交易有机结合起来,是法官在司法实务中的一项重要技巧,这有利于刑事判决的准确性与公正性,也有利于案结事了、社会和谐。在本案中,被告人的家属基本满足被害人的合理、合法赔偿请求。且被告人的赔偿数额虽然不及有些案件,但已穷尽被告人甚至被告人全家之力,这也充分反映被告人真诚认罪与悔罪的态度。而通过法院数次组织双方调解、沟通,被害人家属也清楚被告人的家庭情况,感受到被告人一方的诚意,出于真心表示谅解。

最高人民法院《关于刑事附带民事诉讼范围问题的规定》第4条:被告人已经赔偿被害人物质损失的,人民法院可以作为量刑情节予以考虑。最高人民法院《关于常见犯罪的量刑指导意见》规定:对于积极赔偿被害人经济损失并取得谅解的,综合考虑犯罪性质、赔偿数额、赔偿能力以及认罪、悔罪程度等情况,可以减少基准刑40%以下;积极赔偿但没有取得谅解的,可以减少基准刑的30%以下;尽管没有赔偿,但取得谅解的,可以减少基准刑的20%以下。

**4. 法官在刑事案件中如何启动精神鉴定程序?**

《刑事诉讼法》第192条规定,法庭审理过程中,当事人和辩护人、诉讼代理人有权申请重新鉴定。法庭对于上述申请,应当作出是否同意的决定。可见,我国采用的是大陆法系职权主义模式,鉴定权的启动系司法权的一部分。此外,法官可以依职权决定重新鉴定或根据公诉机关、当事人的申请,决定对某一专门问题重新鉴定。鉴于本案存在两份完全相左的鉴定意见,被告人与被害人家属对鉴定意见争执较大,而刑事责任能力的大小又直接影响到被告人的量刑,法院决定启动重新鉴定。

**5. 刑事案件中鉴定意见的证明力如何认定?**

最高人民法院《关于适用〈中华人民共和国刑事诉讼法〉的解释》第84条第8项、第9项规定,对鉴定意见应当着重审查以下内容:鉴定意见与案件待证事实有无关联;鉴定意见与勘验、检查笔录及相关照片等其他证据是否矛盾。鉴定意见作为证据的一种,并不具备预定的证明力。对于其证明力的判断,应审查其与案件待证事实的关联性,以及与其他证据是否存在矛盾。从本案的其他证据材料综合分析案件全过程,该案矛盾冲突是自然发生的。曾跃生有3次供述详细交代作案经过,每一次供述内容基本一致,且陈述案件的起因到案发经过再到最后畏罪自杀,条理清楚、记忆有序。而目击证人的证言也证明在现场对曾跃生进行劝阻,但仍未控制事态发展。且证人证言与被告人的供述相互印证本案中当事人之间的确存在着现实矛盾与冲突,曾跃生作案时意识清楚。曾跃生由开始的与被害人发生纠纷,到之后的动手摔倒被害人,再到被害人的言语彻底激怒了他,促使其实施将被害人摔下楼,最后畏罪自杀。整个过程,曾跃生作案动机与手段和结果符合常理。曾跃生具有认识到自己的行为已经危害到他人生命,并触犯法律的辨认能力,且能以自己的意志控制行为发生的控制能力,应当对其行为承担完全刑事责任。

**6. 在刑事案件司法实务中,法官如何采信鉴定意见?**

司法实务中,鉴定意见享有"科学证据"的美誉,被赋予极强的证明力。但具体到每一份鉴定意见,都是鉴定人运用专业知识所完成。鉴定人知识掌握的程度、鉴定程序的规范化都将影响到鉴定意见的真实性。尤其是精神病医学方面的鉴定,本案其中一份鉴定意见诊断被告人曾跃生为抑郁症,实施危害行为时为限制刑事责任能力。但抑郁症的判断标准和抑郁症到何种程度达到刑法上的限制刑事责任能力，在现代医学上没有一个统一的标准。即使一个人确诊为抑郁症患者，抑郁症为波动性状态，鉴定时发病也难以判断作案时是否发病，仅仅凭借医生的临床经验作出主观性的判断，故不可以轻信鉴定意见。对鉴定意见证明力的认定还应结合案件其他证据，进行综合判断。同时，法官对所采信的鉴定意见，应将采信的理由在判决书中予以阐述，告知当事人，保证案件处理结果的公正。

## 预期效果

1. 通过本案学习，使同学们对特殊社会关系中的案件定性、特殊客观条件下主观恶性的确认、鉴定意见的判断、刑事判决与民事调解之间的关系这几个关键性问题有新的思考。

2. 通过对以上问题的思考，使同学们对刑事司法实践中有关事实确定与法律定性、民事调解与刑事判决、刑法权威性与社会接受度、鉴定的专业性与证据的法定性之间的关系有深层次的新理解。

3. 通过以上思考与理解，使同学们对我国的刑法理论与刑事诉讼制度的完善有自己的分析。

## 教学计划

1. 课前计划：安排学生阅读案例及相关参考文献，对案例所涉及问题进行思考，撰写实践题答案。

2. 课中计划：(1)介绍解析目的，明确讨论主题；(2)分组讨论，回答各项思考题，讨论实践题的撰写要点；(3)小组代表提出撰写要点，学生讨论和分析；(4)教师归纳总结。

3. 课后计划：布置学生进一步思考法官在杀人案件中的特别职能，以及如何发挥其职能。

## 课堂时间安排

本案例可以作为专门的案例教学课来进行，整个案例课的课堂安排 4 个课时，每课时 45 分钟。

1. 教学调查阶段一个学时，45 分钟。

2. 教学审查阶段二个学时，90 分钟。

3. 教学调解阶段一个学时，45 分钟。

## 思考题和实践题

**1. 思考题**

(1)由民间矛盾引发的犯罪,有哪些特点?

(2)根据最高人民法院《关于贯彻宽严相济刑事政策的若干意见》,对于民间矛盾引发的犯罪该做哪些处理?

(3)认定犯罪嫌疑人的主观恶性要考查哪些客观现实因素?

(4)在司法实践中,对刑事案件中的附带民事诉讼进行调解应注意哪些问题?民事调解与刑事判决之间有什么关联?

(5)根据《刑事证据规则理解与适用》,我国对鉴定人与鉴定机构的资质、鉴定程序、鉴定的基础材料、鉴定规程与方法有哪些规定?司法实践中,如何避免对犯罪嫌疑人的精神鉴定的滥用?如何防止犯罪嫌疑人一方以所谓"精神问题"为理由来躲避应有责任?如何保证鉴定的公正性与可接受性?

(6)我国原《刑事诉讼法》对鉴定的相关规定表述为"鉴定结论",但全国人民代表大会常务委员会《关于司法鉴定管理问题的决定》的表述是"鉴定意见",修改后的2012年《刑事诉讼法》也表述为"鉴定意见"。你如何看待这个变化?在司法实践中如何认识鉴定的"科学性"?

**2. 实践题**

(1)如果你是本案法官,应该做哪些工作?根据本案案情,编写工作计划。

(2)结合本案案情,为本案撰写判决书。

(3)结合本案案情,为本案撰写刑事附带民事调解书。

(4)请根据案件相关信息,分析如何对曾跃生启动精神鉴定,如何根据鉴定意见认定曾跃生的精神状态。

## 参考文献

1. 张爱艳:《精神鉴定意见的司法判定》,载《法学论坛》2011年第4期。
2. 储槐植:《死刑司法控制:完整解读刑法第四十八条》,载《中外法学》2012年第5期。
3. 郑允展、钟育周:《刑事附带民事调解的若干法律难题与对策》,载《法治论坛》(第18辑)。
4. 最高人民法院刑事审判第三庭编著:《刑事证据规则理解与使用》,法律出版社2012年版。

撰稿人 | 王斌林,南华大学文法学院副教授
廖玲玲,衡阳市中级人民法院审管办副主任

# 16 CASE 李某某利用未公开信息交易案

**| 摘　要 |**

本案例以一起真实利用未公开信息交易案件为蓝本,围绕"老鼠仓"案件刑事程序的各个环节所涉及的法律知识要点和律师执业技能展开。从纵向来看,本案例涵盖行政执法、刑事侦查、审查起诉及刑事审判四个阶段。从横向来看,本案例涉及实体和程序两个方面,实体方面的问题主要涉及利用未公开信息交易案件中"未公开信息"的认定、犯罪数额的判断及刑事责任的确定等,程序方面的问题主要涉及庭前会议、非法证据排除及证人出庭作证等。本案例是一起轰动一时的基金经理"老鼠仓"案件,认真研读本案例,对于办理证券类犯罪案件具有重要意义。

**| 关键词 |**

"老鼠仓"　未公开信息　刑事辩护　非法证据排除

**| 教学目标 |**

力求让学生掌握三方面内容:(1)法律适用方面,利用未公开信息案件中"未公开信息"的判断、违法所得的认定、刑事责任的确定;(2)诉讼实务方面,辩护律师在侦查、起诉、审判等阶段如何有效开展辩护;(3)文稿撰写方面,辩护律师如何撰写辩护词、取保候审申请书等常见刑事法律文书。

## 教学案例主文

自《刑法修正案(七)》增设利用未公开信息交易罪以来,已有韩刚、郑拓、许春茂等多名原基金从业人员因"老鼠仓"而入刑,证券、保险从业人员涉嫌"老鼠仓"的消息也已见诸报端。然而,相对于高速发展的金融证券市场和纷繁复杂"硕鼠偷食"行为,现行立法的规定略显抽象、模糊和滞后,对于规制和打击"老鼠仓"行为似有力不从心之处,司法实践中还存在较多疑难问题。本案例是一起轰动一时的基金经理“老鼠仓”案件,认真研读本案例,对于办理证券类犯罪案件具有重要意义。

## 一、主体身份

上诉人(原审被告人)李某某,男,原系某基金管理有限公司投资决策委员会主席、投资总监兼该公司蓝筹股票证券投资基金(以下简称蓝筹基金)经理;因涉嫌犯利用未公开信息交易罪于2011年8月13日被刑事拘留,同年8月26日被逮捕。

## 二、案件事实

2005年8月至2009年5月,被告人李某某担任某基金管理有限公司投资决策委员会主席、投资总监,2007年8月开始兼任该公司蓝筹基金经理。在此期间,李某某参与该公司所有基金的投资决策,并对蓝筹基金进行股票投资拥有决定权。2009年4月7日,在某基金管理有限公司旗下蓝筹基金、成长股票证券投资基金(以下简称成长基金)进行工商银行和建设银行股票买卖的信息尚未披露前,李某某指令五矿证券深圳华富路证券营业部(现为五矿证券深圳金田路证券营业部,以下简称五矿金田营业部)总经理李某君,在名为“岳某某”“童某某”实为李某某等控制的证券账户内,先于或同期于某基金管理有限公司买入工商银行、建设银行股票,累计成交额人民币52263797.34元(以下币种未经注明均为人民币),并于同年6月将上述股票全部卖出,股票交易累计获利8992399.86元,同时分得股票红利1723342.50元。

## 三、相关证据

认定上述事实的证据有:某基金管理有限公司的营业执照,某基金管理有限公司出具的《关于李某某任职的情况说明》、《关于李某某任职情况和岗位职责说明》、相关劳动合同、交银施罗德公司相关董事会决议、《关于李某某同志担任本公司基金经理的任职报告》、《基金管理公司董事、独立董事、基金经理任职登记表》、《证券投资基金行业高级管理人员任职资格申请表》、《某某蓝筹股票证券投资基金招募说明书》、李某某离职申请、某基金管理有限公司领导办公会议决议、某基金管理有限公司上报基金经理注销申请报告、某某蓝筹基金的基金经理变更公告,某基金管理有限公司《投资管理制度》、《关于李某某投资交易系统权限的情况说明》,某基金管理有限公司投资决策委员会相关会议纪要及决议,蓝筹基金、成长基金相关成交汇总表、股票交易详情表,某基金管理有限公司提供的《关于各基金2009年投资工商银行和建设银行的信息披露情况说明》、《李某某登录交易系统日志》、蓝筹基金、成长基金2009年半年度报告,中国证券监督管理委员会(以下简称中国证监会)《关于李某某涉嫌利用未公开信息交易案有关问题的认定函》,上海沪港金茂会计师事务所有限公司出具的《关于李某某涉嫌利用未公开信息交易情况的司法鉴定意见书》,证人周某某、李某、袁某梅(系李某某妻子)、袁某松(系袁某梅哥哥)、廖某某(又名虞某某)、李某君的证言,李某某本人的供述等。

### 四、争议焦点

本案件涉及的主要争议点包括:(1)李某某在侦查、审查起诉、一审期间的认罪供述是否应作为非法证据予以排除?(2)涉案证券账户中工商银行、建设银行股票是否系李某某指令李某君购买的?(3)李某某是否基于未公开信息决定买入相关股票?(4)本案所涉工商银行、建设银行是两支超级大盘股,有关基金建仓这两只股票是否足以推动股价进而影响到本案的定性?(5)如何认定本案中的违法所得?(6)被告人李某某是否有自首情节?

## 教学指导手册

### 教学对象及目标

本案例供法律硕士案例教学使用,法学本科(大四)、刑法学硕士、刑事诉讼法硕士也可以参酌使用。

本案例主要就辩护律师在刑事诉讼过程中的法律活动和利用未公开信息交易罪的认定问题进行讲授。具体要解决的问题包括:(1)法律适用方面,利用未公开信息案件中"未公开信息"的判断、违法所得的认定、刑事责任的确定;(2)诉讼实务方面,辩护律师侦查、起诉、审判等阶段如何有效开展辩护;(3)文稿撰写方面,辩护律师如何撰写辩护词、取保候审申请书等常见刑事法律文书。

### 教学内容

**1. 在刑事侦查前,律师如何向基金经理等有关人员提供法律咨询?**

通常而言,利用未公开信息交易案件的查处先行政后刑事,即先由证券监管部门查办,涉嫌犯罪的再移交公安经侦部门侦查。很多涉嫌"老鼠仓"案件的当事人在案发前即有所察觉或接受证券监管部门的调查,需要专业律师向其提供法律咨询和帮助。此阶段,为当事人提供精准的法律建议、维护其合法权益尤为重要。

**2. 在侦查阶段，律师如何调查取证？**

侦查、公诉机关侧重于收集指证犯罪嫌疑人（被告人）有罪的证据，辩护律师则侧重于收集对犯罪嫌疑人（被告人）有利的证据，证明犯罪嫌疑人（被告人）无罪或者罪轻。授课教师宜结合案情，从书证、证人证言乃至司法鉴定意见等各方面，指导学生收集相关证据。在“老鼠仓”案件中，应注重收集到案经过、信息敏感期等方面的证据。

**3. 在审查起诉阶段，律师如何有效开展辩护工作？**

审查起诉阶段，辩护律师应在熟悉案情、分析证据、研究法律的基础上，就涉嫌罪名、犯罪情节、犯罪金额等方面与检察机关充分沟通、发表意见，尽可能维护犯罪嫌疑人的合法权益。在“老鼠仓”案件中，检察机关起诉认定的事实、数额、到案经过及量刑建议等，对案件的最终认定具有举足轻重的作用。

**4. 在审判阶段，律师如何撰写辩护词、发表辩护意见？**

庭审是查明案件事实、出示和质疑证据、交换控辩意见的绝佳良机，也是展示刑辩律师风采的最好舞台，撰写有质量的辩护词至关重要。总体而言，在撰写前，要做好会见被告人、阅读案卷、收集证据及查询资料等方面的工作，形成正确的辩护思路；在撰写时，要结合具体案卷，从事实、证据和法律层面，发表有利于被告人的辩护意见，力求切中要害、有理有据、层次分明、简略得当。在庭审前，要认真准备，全面细致阅卷，做好阅卷记录，对有关证据材料尤其是涉及争议焦点的证据材料熟稔于心；在庭审过程中，要不卑不亢、有礼有节参与事实调查、质证和法庭辩论等各个环节，发表有利于被告人的辩护意见。

**5. 如何认定利用未公开信息交易案件？**

本案的争议焦点在于：(1)李某某的认罪供述是否应作为非法证据排除？(2)相关股票是否系李某某指令李某君购买的？(3)买入相关股票是基于未公开信息还是专业知识？(4)相关股票的规模大小是否影响案件的定性？(5)“老鼠仓”案件的违法所得如何认定？(6)被告人李某某是否有自首情节？

## 课堂时间安排

本案例可作为专门的案例教学素材进行，整个课程可安排6个课时，每课时45分钟。如下课堂设计，仅供参考。

1. 课前计划。安排学生阅读案例及相关参考资料，对案例所涉及问题进行思考,撰写实践题答案。

2. 课中计划。(1)介绍教学目的,明确讨论主题;(2)分组讨论,回答各项思考题,讨论实践题的撰写要点;(3)小组代表提出撰写要点,学生讨论和分析;(4)教师归纳总结。如条件允许,可采取模拟法庭的方式学习本案例。

3. 课后计划。请学生结合本案例,撰写学习心得体会,并就本案的争议焦点撰写一篇小论文。

## 思考题和实践题

**1. 思考题**

(1)“老鼠仓”案件通常如何案发?

(2)本案应由何机关侦查?侦查机关在接到案件后应开展哪些工作?

(3)犯罪嫌疑人何时开始有权聘请辩护人?

(4)在侦查阶段,辩护律师如何开展辩护工作?

(5)在审查起诉阶段,辩护律师如何开展辩护工作?

(6)辩护律师如何提出取保候审申请并撰写相关法律文书?

(7)在“老鼠仓”案件中,如何认定信息敏感期和未公开信息?

(8)在“老鼠仓”案件中,如何认定交易金额和获利(避损)金额?

(9)在“老鼠仓”案件中,是否存在“情节特别严重”的情形?也就是说,被告人有几档刑期?

(10)在庭前会议中,律师应如何准备材料和发表观点?如何申请排除非法证据?

**2. 实践题**

(1)结合本案争议焦点,为李某某撰写辩护词。

(2)请根据以上信息,分析李某某的行为是否构成利用未公开信息交易罪。

(3)关注开庭排期信息,到法院旁听一起利用未公开信息交易案庭审。

## 参考文献

1. 孙玮、魏凯:《利用未公开信息交易罪的司法认定》,载《人民司法·案例》2013 年第 4 期。

2. 王涛、汤琳琳:《利用未公开信息交易罪的认定标准》,载《法学》2013 年第 2 期。

3. 古加锦:《利用未公开信息交易罪司法适用的疑难问题研究》,载《政治与法律》2015 年第 2 期。

4. 刘宪权:《论利用未公开信息交易罪法定刑的设置及适用》,载《现代法学》2016 年第 9 期。

5. 孙谦:《援引法定刑的刑法解释——以马乐利用未公开信息交易案为例》,载《人民检察》2016 年第 4 期。

撰稿人 | 王欣元,华东政法大学刑法学博士

# 17 CASE 吕某QQ号码盗窃案

| 摘 要 |

盗窃QQ号码构成什么罪不能单纯地从盗窃QQ号码本身来看，要结合盗窃QQ号码前后的行为综合来认定，其可能涉及的犯罪有盗窃罪、侵犯通信自由罪、非法获取计算机信息系统数据、非法控制计算机信息系统罪、侵犯公民个人信息罪等。吕某QQ号码盗窃案一审法院认为QQ号码不属于刑法意义上的财产保护对象，不构成盗窃罪，但侵害了被害人的通信自由，且情节严重，因此构成侵犯通信自由罪。二审法院认为本案中的QQ号码经由双方当事人的交易具有了财产性质，可以成为盗窃罪的犯罪对象，且数额较大，因此构成盗窃罪。本案例涉及的知识点和执业技能包括如何准确认定案件性质，辩护律师如何参与各阶段刑事诉讼活动，如何为当事人申请取保候审，法规竞合、牵连犯和数罪并罚，刑罚裁量等刑事案件的实体和程序问题。

| 关键词 |

盗窃罪　QQ号码　侵犯通信自由罪　律师执业技能　法规竞合

| 教学目标 |

本案例通过对QQ号码等虚拟财产及发生在虚拟网络空间中的行为的分析，重点使学生对盗窃QQ号码的行为有一个全面的认识，让学生明白如何通过对法律概念、法律规范的合理解释以扩大其适用范围。在律师执业技能上，通过撰写辩护词，并结合一、二审法院对案件的不同处理，让学生深刻理解辩护律师的理论素养在刑事诉讼中的重要性。

## 教学案例主文

### 一、案件过程介绍

2013年7月初，被告人吕某在网上发布了想出售QQ号码（号码是79461）的消息，被害人张某看到消息后在网上与其联系表示想购买该 QQ 号码，并商定以 4500 元人民币成交。2013 年 7 月 10 日，双方在郑州市二七区航海路汽车客运总站当面交易，吕某自称名叫杨宁宁，与张某签订了合同，张某给其 4500 元，吕某则把 QQ 号码 79461 以及密码（123456）、密保问题、密保邮箱、绑定的邮箱及一张身份证复印件等都给了张某。号码卖出两天后，被告人吕某又想把 QQ 号码再要回，于是 2013 年 7 月 12 日在郑州市二七区新圃西街其公司的办公室，用电脑在腾讯公司的网站上，对该 QQ 号码进行了申诉，并填写了各项资料，号码被其成功申诉找回，并重新设置了新的密码 81025。2013 年 7 月 12 日下午，被害人张某因登录不上这个 QQ 号码，就打电话给吕某，吕某说帮张某申诉回来但一直没结果，之后张某又打电话给吕某仍说在申诉，再后来就联系不上吕某了，被害人张某于是向当地公安机关报案。

## 二、侦查和审查起诉

公安机关接到被害人报案后，由郑州市公安局二七分局立案侦查，于 2013 年 7 月 27 日将犯罪嫌疑人吕某抓获并刑事拘留。当日，犯罪嫌疑人吕某将 4500 元退还被害人张某。之后，河南仟安律师事务所律师张安民接受委托担任吕某的辩护人，并向侦查机关提出对吕某取保候审的申请，于 8 月 2 日获准取保候审。在侦查阶段张安民律师指导吕某向被害人张某真诚道歉，获得了被害人的谅解，并出具了请求不再追究被告人刑事责任的谅解书。侦查机关起获了犯罪嫌疑人吕某在计算机硬盘上的电子证据及其他证据材料之后，案件侦查终结，并向郑州市二七区人民检察院提请审查起诉。公诉机关经过审查，认为符合起诉条件，于 2014 年 2 月 15 日向郑州市二七区人民法院提起公诉。法院受理案件后，决定对被告人吕某继续取保候审。

## 三、证据材料

1. 被告人吕某的供述：2013 年 7 月，其在网上发布了想出售 QQ 号码（号码是 79461）的消息，后来张某在网上与其联系表示想购买该 QQ 号码，双方商定以 4500 元人民币成交。2013 年 7 月 10 日，双方在航海路汽车客运总站当面交易，张某给其 4500 元，还签订了合同。之后其就把 QQ 号码 79461 以及密码（123456）、密保问题、密保邮箱、绑定的邮箱都给了张某。号码卖了两天后，其又想把 QQ 号码再要回来，于是 2013 年 7 月 12 日在郑州市二七区新圃西街其公司的办公室，用电脑在腾讯公司的网站上，对该 QQ 号码进行了申诉，并填写了各项资料以后，该号码就被申诉成功，重新找回。其重新把这个 QQ 号码的密码设置成了 81025，这样张某就无法登录这个 QQ 号码，该号码就归其本人所有。后来张某给其本人打电话说 QQ 号码上不去了，其说帮助他申诉，其实这个号码现在已经属其本人所有了。再后来张某打电话,其不想给他QQ号码也不想给他退钱,就不理他,把他的手机号码列入手机黑名单。因为这种五位数的QQ号码很稀有,其本人想试试如果能盗回来就不给张某了,这样既得了4500元,QQ号也弄回来了。

2.被害人张某的陈述:2013年7月初我在郑州二手网站上看见有一个卖腾讯QQ号码的,号码是79461。后与对方商定以4500元价格买下。2013年7月10日在郑州客运总站,双方签订了合同,我给对方4500元,对方给我一份身份证复印件,还给了QQ号码、密码、密码保护资料。我当时就在网吧把密码、密码保护都修改了。用这个QQ号码有两天,在2013年7月12日下午,我就登录不上这个QQ号码了。就赶快给卖给我号码的人打电话,他说帮我申诉回来,之后打电话给他,他说一直在帮我申诉,再后来就联系不上了。

3.电子物证检查报告:证实QQ号码在被告人吕某计算机硬盘上的最后使用时间为2013年7月27日11时。

4.QQ转让合同一份:证实双方转让QQ号码的有关情况。

5.收条、谅解书各一份:证实被害人张××收到被告人退还的4500元,并请求不再追究被告人的刑事责任。

6.受理案件经过、抓获经过、被告人身份证明:证实了本案的相关事实。

以上证据由公诉机关提交并经当庭质证、认证予以证实。

## 四、审判过程

### (一)一审过程及判决

1.公诉机关的指控:河南省郑州市二七区人民检察院以郑二检刑诉(2014)55号起诉书指控被告人吕某犯盗窃罪,提请法院依法惩处。

2.被告人和辩护人的辩解:被告人吕某对起诉书指控的基本犯罪事实不持异议。辩护人的意见认为,QQ号码不是财物,不是盗窃罪的对象,被告人吕某的行为不是秘密窃取的盗窃行为。另外,被告人吕某归案后认罪态度较好,且退赔被害人损失并取得被害人谅解,因此建议法庭对被告人从轻处罚。

3.一审及其判决:郑州市二七区人民法院依法组成合议庭,公开开庭审理了此案。郑州市二七区人民检察院指派代理检察员朱青出庭支持公诉。被告人吕某及其辩护人张安民到庭参加了诉讼。

法院审理认为:随着互联网的日益普及,QQ因其在通信功能上所具备的方便快捷的技术特征,被越来越多的用户所接受,已成为目前国内流行的网络通信方式。根据全国人大常委会《关于维护互联网安全的决定》第4条第2项的规定,非法截获、篡改、删除他人电子邮件或者其他数据资料,侵犯公民通信自由和通信秘密的，依照刑法有关规定追究刑事责任。被告人吕某在明知 QQ 号码(79461)转让给他人的情况下，又通过向网站申诉的手段将该 QQ 号索回，使拥有该 QQ 的用户无法使用。被告人的行为造成了侵犯公民通信自由和通信秘密的后果，情节严重，其行为已构成侵犯通信自由罪。

依照我国法律规定，盗窃罪的犯罪对象是公私财产。但我国的相关法律尚未将 QQ 号码等虚拟财产纳入刑法保护的财产之列。QQ 号码不属于刑法意义上的财产保护对象。因此，公诉机关对被告人吕某提出盗窃罪的指控，指控罪名所涉及犯罪对象与法律规定不符，被告人吕某的行为不构成盗窃罪。对公诉机关指控的罪名本院不予支持。对于辩护人辩称被告人吕某的行为不构成盗窃罪的意见，理由成立本院予以采纳。

根据《刑法》相关规定，隐匿、毁弃或者非法开拆他人信件，侵犯公民通信自由权利，情节严重的，处一年以下有期徒刑或者拘役。被告人吕某侵犯他人通信自由，情节严重，依法应在上述量刑幅度内判处刑罚。在量刑时，本院同时又考虑了被告人认罪态度较好、退还被害人损失及取得被害人谅解，可以酌定从轻处罚的情节。根据被告人吕某的犯罪情节和悔罪表现，适用缓刑确实不致危害社会，可以宣告缓刑。

依照《刑法》第 72 条第 1 款，第 73 条第 1 款、第 3 款，第 252 条及全国人大常委会《关于维护互联网安全的决定》第 4 条第 2 项及最高人民法院《关于执行〈中华人民共和国刑事诉讼法若干问题的解释〉》第 176 条第 2 项的规定，判决如下：被告人吕某犯侵犯通信自由罪，判处拘役四个月，缓刑六个月。（缓刑考验期限，从判决确定之日起计算。）

### （二）二审过程及判决

1. 检察机关的抗诉：郑州市二七区人民法院审理郑州市二七区人民检察院指控原审被告人吕某犯盗窃罪一案，于 2014 年 3 月 26 日作出(2014)二七刑初字第 201 号刑事判决。宣判后，原审被告人吕某服判不上诉，郑州市二七区人民检察院提出抗诉。抗诉意见称吕某的行为应当按盗窃罪定罪处罚。郑州市人民检察院出庭检察员支持郑州市二七区人民检察院抗诉意见。

2. 原审被告人和辩护人的辩解：原审被告人吕某的辩护人认为原判认定事实清楚、证据充分，定罪及量刑适当，建议维持原判。

3. 二审及其判决：郑州市中级人民法院受理后，依法组成合议庭，于 2014 年 6 月 28 日公开开庭审理本案，郑州市人民检察院指派检察员娄长岭、张海舰出庭履行职务，原审被告人吕某及其辩护人张安民到庭参加诉讼，2014 年 12 月 1 日作出(2014)郑刑二终字第 251 号刑事判决书。

关于原公诉机关抗诉理由及郑州市人民检察院出庭检察员意见、原审被告人吕某辩护人辩护意见，经查，在双方自愿、认可的情况下，吕某以4500元价格将QQ号码79461转让给被害人，使该QQ号码具有了一定的经济价值，后吕某在被害人不知情的情况下，秘密将该QQ号码索回，虽侵犯了被害人利用该QQ号码通信的自由，但尚不属侵犯通信自由罪要求的情节严重之构成要件；吕某通过秘密手段将以4500元价格转让的QQ号码索回并实际控制之行为，侵犯了被害人的财产权，其行为符合盗窃罪的构成，应以盗窃罪定罪处罚。故原公诉机关抗诉理由及郑州市人民检察院出庭检察员意见成立，本院予以支持；辩护人意见不能成立，不予采纳。

本院认为，原审被告人吕某以非法占有为目的，采取将实价转让的QQ号码秘密索回之手段窃取他人财物，数额较大，其行为已构成盗窃罪。原判认定事实清楚、证据充分，审判程序合法，但定性及据以量刑不当，应依法纠正。吕某归案后认罪态度较好，且退赔被害人损失并取得被害人谅解，根据其犯罪情节和悔罪表现，适用缓刑不致再危害社会，依法可适用缓刑。依照《刑法》第264条、第72条第1款、第73条和《刑事诉讼法》第189条第2项、第190条第2款之规定，判决如下：(1)撤销郑州市二七区人民法院(2014)二七刑初字第201号刑事判决；(2)原审被告人吕某犯盗窃罪，判处有期徒刑六个月，缓刑一年，并处罚金人民币二千元。(缓刑考验期从判决确定之日起计算；罚金于判决生效后十日内一次缴纳。)

## 五、争议焦点

一审法院认为被告人吕某盗窃QQ号码的行为不构成盗窃罪而构成侵犯通信自由罪，二审法院则认为构成盗窃罪不构成侵犯通信自由罪，之所以两级法院有不同的定性，源于对以下两个问题的不同认识。

### (一)QQ号码是否为财产，其价值如何确定？

QQ是深圳市腾讯计算机系统有限公司开发的一款流行的聊天软件，用户下载软件后申请一个QQ号码，同时设置好密码，取个名字，就可以登录享受在线聊天、视频电话、多人语音会议、点对点断点续传文件、共享文件、网络硬盘、自定义面板、QQ邮箱等多种功能，并可与移动通讯终端等多种通讯方式相连。由于QQ号码是免费申请和使用的，QQ号码本身原本并不具有财产价值，但由于QQ号码的位数有多有少，数字排列不同，且现在已无法申请到5位数等的短码，因此买卖QQ号码便应运而生。位数越短、数字越吉利、排列越规律，价格越高，从而使QQ号码又具有一定的价值。由于QQ号码的价值大小即价格是通过买卖来确定的，类似于拍卖车牌，因此QQ号码既不能说其是财产，也不能说其不是财产，要视具体情况而定。

单纯地盗窃QQ号码,目的是自用而不是出售谋利,此时的QQ号码只是一个身份认证信息,不具有价值。如果是为了出售谋利并已实际出售,QQ号码就具有了价值,其价值大小以实际出售的价格为准。可见,单纯地盗窃QQ号码的行为是不能构成盗窃罪的,只有同时具备了出售QQ号码的行为,才能以盗窃罪追究其刑事责任。一般情况下盗窃QQ号码在前出售在后,但也不排除先出售自己的QQ号码,然后再盗窃回去,吕某QQ号码盗窃案即是如此。

每个QQ号码都对应一个虚拟空间,即QQ空间。在QQ空间里不仅有客户的大量信息资料,可能还存放一定量的Q币及网络游戏币等虚拟财产,因此应把QQ号码的价值与QQ空间存放的虚拟财产区别开。如果说QQ号码的价值需要通过交易来确定,那么Q币及网络游戏币等虚拟财产的价值则可由相应的网络公司或其他机构评估来确定,并可作为犯罪的数额影响到定罪和量刑。一审法院认为,我国的相关法律尚未将QQ号码等虚拟财产纳入刑法保护的财产之列,QQ号码不属于刑法意义上的财产保护对象的认识是错误的。刑法所规定的盗窃罪的对象是公私财物,但从司法解释及案例来看,对公私财物的理解早已突破了原有的认识,即不仅指有形物,还包括无形物;不仅是财物,还包括财产性利益。事实上,虚拟财产、QQ号码在买卖的情况下都可看作财产性利益,因此不能说我国法律尚未将QQ号码等虚拟财产纳入刑法保护的财产之列,这是一个对法律概念的理解和解释问题。双方自愿、认可的情况下买卖了QQ号码,从而使该QQ号码具有了一定的经济价值,二审法院据此认为QQ号码可以成为盗窃罪的对象的观点是正确的。

### (二)盗窃QQ号码行为的性质

盗窃QQ号码意味着行为人对QQ空间的控制,被害人失去了自己的QQ空间。而QQ空间存储了被害人大量的通信资料和其他信息,当行为人对QQ空间进行控制,使用甚至删除相关的信息资料时,可能会触犯不同的罪名,从而使盗窃QQ号码行为的认定变得复杂。

1. 构成非法获取计算机信息系统数据、非法控制计算机信息系统罪。《刑法》第285条第2款规定:"违反国家规定,侵入前款规定以外的计算机信息系统或者采用其他技术手段,获取该计算机信息系统中存储、处理或者传输的数据,或者对该计算机信息系统实施非法控制,情节严重的,处三年以下有期徒刑或者拘役,并处或者单处罚金;情节特别严重的,处三年以上七年以下有期徒刑,并处罚金。"最高人民法院、最高人民检察院《关于办理危害计算机信息系统安全刑事案件应用法律若干问题的解释》第1条规定:"非法获取计算机信息系统数据或者非法控制计算机信息系统,具有下列情形之一的,应当认定为刑法第二百八十五条第二款规定的

'情节严重':(一)获取支付结算、证券交易、期货交易等网络金融服务的身份认证信息十组以上的;(二)获取第(一)项以外的身份认证信息五百组以上的;(三)非法控制计算机信息系统二十台以上的;(四)违法所得五千元以上或者造成经济损失一万元以上的;(五)其他情节严重的情形。"该解释第11条规定,本解释所称"计算机信息系统"和"计算机系统",是指具备自动处理数据功能的系统,包括计算机、网络设备、通信设备、自动化控制设备等。本解释所称"身份认证信息",是指用于确认用户在计算机信息系统上操作权限的数据,包括账号、口令、密码、数字证书等。本解释所称"经济损失",包括危害计算机信息系统犯罪行为给用户直接造成的经济损失,以及用户为恢复数据、功能而支出的必要费用。

根据上述规定可知,QQ号码及密码本身属身份认证信息,QQ空间中可能还存储客户的其他身份认证信息,盗窃QQ号码意味着对QQ空间这一计算机信息系统的非法控制。因此盗窃QQ号码的行为可以构成非法获取计算机信息系统数据、非法控制计算机信息系统罪。

2. 构成侵犯通信自由罪。《刑法》第252条规定:"隐匿、毁弃或者非法开拆他人信件,侵犯公民通信自由权利,情节严重的,处一年以下有期徒刑或者拘役"。全国人民代表大会常务委员会《关于维护互联网安全的决定》第4条规定:"为了保护个人、法人和其他组织的人身、财产等合法权利,对有下列行为之一,构成犯罪的,依照刑法有关规定追究刑事责任:(一)利用互联网侮辱他人或者捏造事实诽谤他人;(二)非法截获、篡改、删除他人电子邮件或者其他数据资料,侵犯公民通信自由和通信秘密;(三)利用互联网进行盗窃、诈骗、敲诈勒索。"上述决定第2项是否增加了《刑法》第252条所规定的侵犯通信自由罪的行为类型,从其"依照刑法有关规定追究刑事责任"的表述来看并没有。事实上非法截获、篡改、删除分别对应着非法开拆、毁弃、隐匿,并没有增加新的行为类型,只不过是用网络中的术语来表达。盗窃QQ号码意味着能够查阅被害人QQ空间中的通信资料,是一种非法开拆他人信件的行为,即侵犯通信自由的行为。至于是否构成侵犯通信自由罪,要看情节是否严重。在吕某盗窃QQ号码一案中,由于QQ号码原本是吕某的,被害人在买回去后只用了2天就被吕某偷回,因此QQ空间中属于被害人的通信资料应该不多,对其通信自由的影响在情节上并不严重,二审法院关于"吕某在被害人不知情的情况下,秘密将该QQ号码索回,虽侵犯了被害人利用该QQ号码通信的自由,但尚不属侵犯通信自由罪要求的情节严重之构成要件"的认定是正确的。

3. 构成侵犯公民个人信息罪。《刑法修正案(九)》对《刑法》第253条之一进行了修改,即"违反国家有关规定,向他人出售或者提供公民个人信息,情节严重的,处三年以下有期徒刑或者拘役,并处或者单处罚金;情节特别严重的,处三年以上七年以下有期徒刑,并处罚金。违反国家有关规定,将在履行职责或者提供服务过程中获得的公民个人信息，出售或者提供给他人的，依照前款的规定从重处罚。窃取或者以其他方法非法获取公民个人信息的，依照第一款的规定处罚。单位犯前三款罪的，对单位判处罚金，并对其直接负责的主管人员和其他直接责任人员，依照各该款的规定处罚。”相应的罪名统一为“侵犯公民个人信息罪”。最高人民法院、最高人民检察院、公安部《关于依法惩处侵害公民个人信息犯罪活动的通知》规定：“出售、非法提供公民个人信息罪的犯罪主体，除国家机关或金融、电信、交通、教育、医疗单位的工作人员之外，还包括在履行职责或者提供服务过程中获得公民个人信息的商业、房地产业等服务业中其他企事业单位的工作人员。”修改后的侵犯公民个人信息罪的主体则是一般主体，既可以是个人，也可以是单位。公民个人信息包括公民的姓名、年龄、有效证件号码、婚姻状况、工作单位、学历、履历、家庭住址、电话号码等能够识别公民个人身份或者涉及公民个人隐私的信息、数据资料。对于出售、提供、窃取或者以购买等方法非法获取公民个人信息数量较大，或者违法所得数额较大，或者造成其他严重后果的，应当依法以侵犯公民个人信息罪追究刑事责任。对于使用非法获取的个人信息，实施其他犯罪行为构成犯罪的，依法应当数罪并罚。单位实施侵害公民个人信息犯罪的，应当追究直接负责的主管人员和其他直接责任人员的刑事责任。要依法加大对财产刑的适用力度，剥夺犯罪分子非法获利和再次犯罪的资本。

根据上述规定，QQ号码本身由于不具有公民个人身份识别功能，也不是公民个人隐私，因此不属于公民个人信息，不是侵犯公民个人信息罪的犯罪对象。但盗窃QQ号码意味着对QQ空间中被害人的信息资料的掌控，其中如果有被害人的公民个人信息，盗窃QQ号码就等于是对公民个人信息的窃取，是非法获取公民个人信息的行为。当然是否构成犯罪还要看情节是否严重，如盗窃次数、信息数量、违法所得等是否较大。需要指出的是，侵犯公民个人信息罪的犯罪对象即公民个人信息可以源于任何地方，其中包括被害人保存在QQ空间中的公民个人信息。

盗窃QQ号码的行为虽然涉及以上几个犯罪，但就一个具体的盗窃QQ号码的行为到底构成何罪，是否构成数罪，要结合其盗窃QQ号码前后是否有买卖QQ号码的行为以及对QQ空间中的相关信息资料的处置情况来认定。如果对所盗QQ号码进行了买卖，且数额达到了较大，可构成盗窃罪；如果对所盗取的QQ号码自己来使用，根据被害人QQ空间中的信息资料情况及行为人的处置情况可构成非法获取计算机信息系统数据、非法控制计算机信息系统罪、侵犯通信自由罪、侵犯公民个人信息罪等。当触犯数个罪名时应具体分析数罪的关系，有的是法规竞合，有的是牵连犯，有的需数罪并罚。

# 教学指导手册

## 教学对象及目标

本案例供法律硕士案例教学使用,法学本科(大四)、刑法学硕士、刑事诉讼法学硕士也可以参酌使用。

本案例主要就盗窃 QQ 号码的行为如何定性及辩护律师在刑事诉讼中从事的法律活动进行讲授,以便学生在如下三个方面得到训练和提高:(1)在对刑事案件进行分析时学习综合考虑各种情况和可能,以便准确定罪,适当量刑;(2)了解并掌握辩护律师在不同的审判阶段应如何从事各项法律活动,如何撰写辩护词和上诉状;(3)结合本案一、二审法院的不同判决及辩护律师的辩护意见,让学生深刻认识"法律的生命在于经验"这一法律名言的含义。

## 教学内容

### 1. 在侦查阶段辩护律师如何维护犯罪嫌疑人的合法权益?

在侦查阶段,如何会见当事人、如何主张当事人的合法权利,是辩护律师要解决的最大问题。因而,律师接受委托后,首先要制定合理可行的辩护方案。在这一阶段,如何保障当事人不被羁押,或者在被刑事拘留或逮捕后变更为取保候审或者监视居住,对于当事人而言,是维护其正当利益的一种重要因素,因而如何与办案机关沟通,并代当事人主张相应权益,是辩护律师在侦查阶段应当着重解决的问题。

### 2. 在审查起诉阶段辩护律师如何维护犯罪嫌疑人的合法权益?

辩护律师自人民检察院对案件审查起诉之日起,可以查阅、摘抄、复制本案的案卷材料。其他辩护人经人民法院、人民检察院许可,也可以查阅、摘抄、复制上述材料。自案件移送审查起诉之日起,辩护律师会见在押的犯罪嫌疑人、被告人,可以向犯罪嫌疑人、被告人核实有关证据。上述阅卷权及核实证据权是辩护律师在审查起诉阶段不同于侦查阶段的权利,应当充分利用以维护犯罪嫌疑人的合法权益。

### 3. 律师如何行使调查取证权?

目前刑事辩护活动中,律师的调查取证权受到较大限制,主要是向有关单位和个人获取一些书证和证人证言等。律师在调查取证时要积极而全面地进行,但不能过于勉强,更不能帮助犯罪嫌疑人、被告人隐匿、毁灭、伪造证据或者串供以及威胁、引诱证人作伪证等干扰司法机关诉讼活动的行为。教师在授课中要特别强调是合法地维护犯罪嫌疑人的权益,让学生充分认识到现实中一些律师的做法所可能面临的职业风险。

### 4. 律师如何撰写辩护词?

撰写高质量的辩护词是律师在刑事辩护活动中最核心的工作之一。辩护词应根据案件的不同情况确定辩护的重点:有的放在对证据三性的分析上,以此论证案件事实是否清楚,证据是否充分,是否有非法证据需要排除;有的放在对案件的定性上,根据相关法律及司法解释分析被告人的行为是否构成犯罪以及构成何种犯罪;有的放在量刑上,提出对被告人从宽处罚的各种理由。当然辩护词对在案件办理过程中司法机关出现的可能影响定罪、量刑的严重程序性问题也应当进行分析。撰写辩护词在形式上应注意以下几点:(1)先实体后程序,先事实后法律,对归纳的辩护要点应进行法理分析;(2)层次分明,重点突出,逻辑性强;(3)篇幅得当、用语简明扼要,措辞平和、得体,切忌攻击性语言。

### 5. 庭审中辩护律师应如何发挥辩护职能?

庭审是辩护律师参加全部诉讼活动的重心,是展现律师素质和风采的最重要平台。律师在参与法庭调查时,事先要积极准备,全面而仔细地阅读卷宗,对各项证据材料,尤其与定罪量刑有关的证据材料要熟稔于心;对控方提出的有罪证据要有明确的判断,对于有利于被告的证据要适时提出。律师在法庭辩论过程中,发表意见要重点突出、说理充分,发言要遵守法庭纪律。

### 6. 律师如何代为上诉?

根据相关法律及司法解释的规定,对地方各级人民法院第一审的判决、裁定不服的,被告人的辩护人和近亲属,经被告人同意,可以提出上诉。上诉状内容应当包括:第一审判决书、裁定书的文号和上诉人收到的时间,第一审人民法院的名称,上诉的请求和理由,提出上诉的时间。被告人的辩护人、近亲属经被告人同意提出上诉的,还应当写明其与被告人的关系,并应当以被告人作为上诉人。由此可见,辩护律师并没有独立的上诉权,只能以被告人的名义而非自己的名义提起上诉,辩护律师在代为上诉中只是一个代书者。当然在确定上诉的请求事项方面,辩护律师可不受上诉人的限制，独立提出无罪或罪轻的上诉请求。

**7. 辩护律师如何参与二审程序？**

相关法律和司法解释规定，二审法院对于下列案件，应当组成合议庭，开庭审理：(1)被告人、自诉人及其法定代理人对第一审认定的事实、证据提出异议，可能影响定罪量刑的上诉案件；(2)被告人被判处死刑的上诉案件；(3)人民检察院抗诉的案件；(4)其他应当开庭审理的案件。本案是检察院抗诉的案件，因此二审法院会开庭审理，辩护律师应当做好开庭准备，拟定辩护提纲，辩护词可根据庭审情况在庭后提交。如果有对被告人有利的证据，应在二审时提交。

## ▩ 课堂时间安排

本案例可以作为专门的案例教学课来进行，整个案例课的课堂安排4个课时，每课时45分钟。

1. 课前计划：安排学生阅读案例和查阅相关参考资料，思考所提出的相关问题。

2. 课中计划：(1)课堂前言(20分钟)，介绍教学目的，明确3~4个讨论主题；(2)分组讨论(20分钟)，每次讨论一个主题，解答相应思考题，撰写发言要点；(3)小组发言(每组5分钟)，每组代表对本组的讨论结果进行发言；(4)讨论和归纳(20分钟)，引导全班同学进一步讨论，老师归纳总结。

3. 课后计划：学生提交案例分析报告(1500字左右)。

## ▩ 思考题和实践题

**1. 思考题**

(1)根据取保候审的条件、程序和期限，辩护律师如何为吕某申请取保候审？

(2)如果你是负责本案的侦查人员，你还应收集、提取哪些证据材料？

(3)在侦查阶段聘请辩护人，应遵守哪些法律规定？如果犯罪嫌疑人提出聘请辩护人，侦查机关应如何处理？

(4)辩护人的辩护策略是否妥当？具体的辩护理由是否有事实和法律依据？

(5)二审法院对上诉或抗诉案件经过审理在什么情况下发回重审？什么情况下直接改判？本案为何直接改判？

(6)吕某有哪些量刑情节？判处缓刑的条件是什么？

(7)罚金刑的数额如何确定？

**2. 实践题**

(1)作为吕某的辩护律师,在一审和二审阶段应该分别做哪些工作?编写工作计划。

(2)为被告人吕某分别撰写一审和二审的辩护词。

撰稿人｜王联合,法学博士,广东财经大学法学院教授,硕士生导师

# 18 CASE 马乐利用未公开信息交易案


| 摘 要 |

本案例以一起真实的利用未公开信息交易案件为蓝本,围绕利用未公开信息案件审理的一审、二审、再审环节,涉及的知识点和技能内容包括辩护律师如何参与刑事诉讼各阶段的活动,内幕交易类犯罪案件的侦查,在被告人认罪的情况下如何进行量刑辩护,刑事审判监督程序的提起、案件审理过程中的职业伦理。本案例涵盖刑事案件的侦查、审查起诉、一审、二审、再审等环节,涉及的实体问题包括自首的认定、利用未公开信息交易罪的认定、"老鼠仓"行为与其他内幕交易行为的比较、刑法的体系解释,涉及的证据和事实问题包括口供的作用、量刑事实的界定,涉及的程序问题包括刑事审判监督程序的运作、检察机关的抗诉、最高人民法院巡回法庭的管辖。本案例对量刑辩护、刑事审判监督程序有典型意义。



| 关键词 |

利用未公开信息交易罪　刑事诉讼　抗诉　量刑辩护　情节特别严重


| 教学目标 |

着重让学生把握三方面的内容:(1)辩护律师进行量刑辩护的技能;(2)刑事审判监督程序的运作;(3)利用未公开信息交易罪的认定。

## 教学案例主文

马乐,1982年8月出生于河南南阳农村,自小家境贫寒,凭借优秀的学习成绩考上了清华大学土木工程系。2004~2006年,在清华大学公共管理学院读研究生。2006年,研究生毕业后进入博时基金工作。博时基金成立于1998年7月13日,是中国内地首批成立的五家基金管理公司之一,总部位于深圳。马乐历任研究员、研究部公用事业与金融地产研究组主管兼研究员、特定资产投资经理。由于表现优秀,2011 年 3 月起,不到 30 岁的马乐任博时精选基金经理。博时精选股票基金是股票型基金,基金规模在七十多亿元,基金股票配置比例为 60%~95%。按照博时基金的规定,作为基金经理的马乐,有权在投委会许可范围内自主选取交易标的股票,决定交易时点和数量,因此也知悉博时精选交易标的股票的非公开信息。除他之外,其他人都没有下达股票交易指令的权限。因出差等原因无法在公司下达交易指令时,马乐通过电子邮件、电话等方式下达指令。

马乐对于博时基金擢升其为基金经理相当开心,尚不足 30 岁就掌托近百亿元资金,在外人看来,少年得志。马乐接手前,博时精选的运作并不理想,在同类基金中业绩排名垫底。马乐临危受命,兢兢业业,几无休假和周末,经常会因基金的操作辗转难眠,是个没人抽也连轴转的小陀螺,视基金业绩为生命,他掌舵期间,这只规模上百亿元的"大象"基金业绩改善明显,同类基金中排名提升至前 20%,同时他的高血压和颈椎病越发严重。

2006 年,马乐妻子李某的舅舅严某甲跟马乐说想炒股,希望马乐帮他操作。马乐于是建议找一个信得过的第三人开户,而且最好到深圳开户,方便资金存取。于是严某甲找到金某,让其帮忙在深圳开户。金某同意并于 2006 年 11 月利用到深圳出差的机会自己到当时的银行证券深茂证券部开户。2007 年 11 月,金某再次到深圳办理了该账户的银行第三方存管业务。金某开户之后,将证券账户和银行账户的开户资料、账号、密码、银行卡交给马乐。两个账户留下的联系人的邮件和电话均属于马乐妻子李某。该证券账户的资金一部分来源于严某甲,有 25 万元;另一部分来源于李某和马乐的收入,有八九十万元。

2009 年 9 月,严某甲在上海国泰君安证券公司开户,同时在上海建行开立第三方存管。该账户资金来源于两部分,一部分是从金某的证券账户取现,另一部分来源于马乐的工资和奖金。

2011 年 8 月,严某甲跟马乐说他觉得金某账户金额比较多,放在第三人的账户里不放心,而且当时严某甲之女严某乙正好准备到香港旅游,于是马乐建议他让严某乙到深圳再开一个证券账户,把金某账户里的钱取一部分出来存到严某乙账户。严某乙乘到香港旅游的机会帮马乐在深圳办了银行卡并开立一个账户,随后把券商开户资料和银行卡密码等都交给马乐。严某乙账户资金来源于两部分,大部分是从金某证券账户取现,小部分来自于马乐建行卡的工资和奖金。

此时,马乐已是开始掌舵博时精选的基金经理,他对于这只基金的股票买卖了如指掌。

对于这三个股票账户,马乐都是自己亲自用手机电话操作,为此前后共使用十余个手机号码。利用三个证券账户交易的股票数量有七八十只,与其管理的基金相关,操作方式都是先于基金账户买入,基金账户再买,先于基金账户卖出,基金账户再卖。一般是在基金账户买入前五个交易日之内,用控制的证券账户先买,在控制的证券账户卖出的两个交易日之内,基金账户再卖。累计成交金额人民币10.5亿余元,从中获利人民币1800万余元。尽管获利颇丰,但马乐几乎没从涉案账户中提取过钱。他深感涉案账户收益率高,不舍得花,甚至把房子卖了来买股票。

2013年4月1日,上海证券交易所的监控系统显示,"严某甲"等3个人A股账户与博时精选股票证券投资基金账户的交易股票存在很高的趋同性,共涉及股票29只,马乐案因之浮出水面。马乐如惊弓之鸟,擅自离岗出境,通过香港飞往美国。

中国证券监督管理委员会(以下简称证监会)深圳证监局于2013年4月11日启动对"严维等账户异常交易案"的初查工作,确认当事人已出境后,调查组立即采取应急处置措施,赶赴马乐住所,积极做其家属的思想工作。调查人员与马乐配偶一起,多次与马乐越洋通话,详细介绍政策和已查处的案例,促使其放弃侥幸心理。整个说服工作合计长达近20小时。在多方努力下,马乐于2013年6月1日主动返回国内,接受稽查部门的调查,交出护照,在将股票兑现以后,将股票账户告诉深圳证监局。2013年6月21日,证券会决定对马乐涉嫌利用未公开信息交易行为立案稽查,并交由深圳证监局承办;2013年7月11日、12日,证监会冻结涉案三个股票账户,共计3700万元。

2013年7月17日,马乐到深圳市公安局投案。深圳市公安局于同日对其立案侦查并对其刑事拘留。

2013年8月21日,马乐被深圳市人民检察院以涉嫌利用未公开信息交易罪批准逮捕。

马乐利用未公开信息交易一案,交易时间最长、涉及股票数量最多、交易金额最大和盈利金额最多,受到社会的极大关注。

## 一、本案相关证据材料

1. 受案登记表、立案决定书及投案经过,证实马乐于2013年7月17日到深圳市公安局经济犯罪侦查支队投案,称其于2011年3月至2013年5月担任深圳博时基金管理有限公司基金经理期间,利用自己控制的股票账户,获取基金未公开的交易信息,通过无记名手机下单的方式交易股票70~80只,获利1800余万元。深圳市公安局于2013年7月17日受理该案,同日立案侦查。

2. 深圳市公安局经济犯罪侦查局对马乐投案自首的认定,证实深圳市公安局经济犯罪侦查局认为马乐的投案行为属自首。

3. 证监会《马乐利用非公开信息交易案案情说明》、深圳证监局《关于马乐涉嫌利用未公开信息交易股票案情况的函》[深证局函(2013)401号]、《深圳证监局关于移送马乐涉嫌利用未公开信息交易股票案案卷的函》[深证局函(2013)462号]、深圳证监局《马乐涉嫌利用未公开信息交易股票案案件调查终结报告》，证实：中国证监会于2013年4月11日启动对“严某甲等账户异常交易案”的初查工作，2013年6月21日决定对马乐涉嫌利用未公开信息交易行为立案稽查，并交由深圳证监局承办；经查，2011年3月9日至2013年5月30日，马乐任博时精选基金经理期间，利用其控制的“金某”“严某甲”“严某乙”证券账户先于（1~5个交易日）、同期或稍晚于（1~2个交易日）其管理的“博时精选”基金账户买入相同股票76只，成交金额10亿余元，获利1883万余元；深圳证监局认为，博时精选交易的标的股票、交易时点和数量，属于《刑法》第180条第4款规定的内幕信息以外的其他非公开信息，马乐作为博时精选的基金经理，利用其职务，不但完全知悉博时精选交易的标的股票、时点和数量，而且在投资权限内有完全的控制权，其控制并使用“金某”“严某甲”“严某乙”证券账户稍早于、同步于或稍晚于博时精选交易相关股票，累计获利18833374.74元，涉嫌违反《证券投资基金法》第80条、《证券法》第43条以及《刑法》第180条第4款的规定，构成利用未公开信息交易股票。调查期间，马乐积极配合，主动到深圳证监局接受调查，交代案情。

4. 博时基金管理公司人事调整通知、关于基金经理注册通知、关于基金经理注册的报告、基金经理授权表、2013年6月20日总裁办公会会议决议，证实原审被告人马乐自2011年3月9日开始担任博时精选股票证券投资基金经理，拥有博时精选基金的相关交易权限；2013年6月20日博时基金管理公司总裁办公会同意马乐辞职。

5. 博时基金管理公司出具的《关于博时精选基金投资指令下达人的说明》、博时精选基金投资指令记录，证实2011年3月14日至2013年5月30日，博时精选的所有股票交易指令均由马乐发出，在马乐出差期间由马乐电话或电子邮件委托下单。

6. 马乐签署的《员工直系亲属股票交易情况声明书》等材料，证实马乐主观明知基金管理公司员工不得买卖股票，不得谋求本人或第三人的任何不正当权益。

7. 博时精选股票交易流水以及“金某”“严某甲”“严某乙”三个证券账户交易流水，证实“金某”“严某甲”“严某乙”三个证券账户先于（1~5个交易日）、同期或稍晚于（1~2个交易日）买入与博时精选相同股票76只，累计成交金额10.5亿元，盈利合计18833374.74元。

8. 银河证券深圳海德三道证券营业部关于金某资金账户的情况说明、金某证券开户资料，证实金某于2006年11月4日开立资金账户，于2007年11月8日开通招商银行第三方存管，对应银行账户为6225×××××××××110，累计转入资金1936116.53元，累计转出资金7121900.00元。

9. 国泰君安证券上海虹桥路营业部关于严某甲资金账户的情况说明、严某甲第三方存管银行账户资金流水,证实严某甲于2009年9月21日开立资金账户,资金主要来源于建设银行三方转账,累计转入资金1348800.00元,无转出记录;三方存管银行账号为建设银行8888×××××××××308。

10. 国信证券深圳松岗证券营业部关于严某乙账户的情况说明、严某乙第三方存管银行账户资金流水,证实严某乙于2011年8月11日开立资金账户,第三方存管账户为工商银行账户6222×××××××××627,资金来源是其银行账户的自有资金,资金去向是其三方存管银行账户,累计转入资金3759400元,累计转出资金840000元,净转入2919400元。

11. 协助冻结财产通知书,证实:严某乙在国信证券公司资金账号中的资金9676410.52元于2013年8月2日被冻结;金某在银河证券公司资金账号中的保证金13000000.00元于2013年8月5日被冻结;严某甲在国泰君安证券公司资金账号中的资金15000000.00元于2013年8月6日被冻结。以上共计37676410.52元。

12. 马乐的户籍信息,证实马乐的身份情况。

13. 中国证监会《关于马乐涉嫌利用未公开信息交易案有关问题的认定函》,证实中国证监会认定:(1)本案所涉及的"未公开信息"是指马乐担任博时精选股票证券投资基金经理期间,因管理该基金而掌握的有关投资决策、交易等方面的重要信息,包括博时精选投资股票的名称、数量、价格、盈利预期以及投资(买卖)时点等;(2)本案有关证券交易账户利用"未公开信息"所进行的股票交易与博时精选投资交易的关联性是指涉案账户和博时精选在股票交易品种及交易时机上的关联,即涉案账户先于或同期于博时精选买入或卖出同一支股票。

14. 深圳证监局关于马乐涉嫌利用未公开信息交易案获利金额相关情况的复函,证实:在马乐案中,深圳证监局依据相关账户所在营业部提供的数据,按照每笔交易实际发生的交易佣金(按照每笔交易的清算数额)计算获利金额,是对本案客观事实的真实反映;沪深交易所在不掌握相关账户的实际佣金费率的情况下,按照3‰的交易佣金标准计算获利金额,系推算得出;实际上,本案相关账户交易佣金收取比例为1‰~2‰,按照10.5亿元的交易金额匡算,1‰的交易佣金差别为100万元左右。

15. 主动退缴违法所得的申请书,证实马乐表示愿意主动退缴全部违法所得。

16. 证人李某的证言:金某是我同学,我们之间的关系很好;严某甲是我舅舅;严某乙是严某甲的女儿,是我的表妹。

(1)关于金某的证券账户。2006年,严某甲跟马乐说他想炒股票,希望马乐帮他操作,马乐建议找一个信得过的第三人开户,而且最好到深圳开户,方便资金存取。于是严某甲就找到金某,让其帮忙在深圳开户,金某同意并于2006年11月利用到深圳出差的机会自己到当时的银河证券深茂证券部开了户,同时在招商银行开立了银证转账的银行账户。2007 年 11 月,金某再次来深圳办理了该账户的银行第三方存管业务。金某开好户之后,将证券账户和银行账户的开户资料、账号、密码、银行卡交给了马乐,之后马乐又交给了我。金某证券账户上的资金一部分来源于严某甲,有 25 万元人民币;另一部分来源于我和马乐的工资和奖金收入,有 80 万~90 万元人民币。(2)关于严某甲的证券账户。严某甲的证券账户是 2009 年 9 月,他自己在上海的国泰君安证券公司开的户,同时在上海的建行开立了第三方存管。严某甲账户资金来源分两部分,一部分是从金某的证券账户中取现,另一部分来自于马乐的工资和奖金。(3)关于严某乙的证券账户。2011 年 8 月,严某甲跟马乐说他觉得金某账户金额比较多,放在第三人的账户里不放心,而且当时严某乙正好准备到香港旅游,于是马乐建议他让严某乙到深圳再开一个证券账户,把金某账户里的钱取一部分出来存到严某乙账户。于是 2011 年 8 月,严某乙利用到香港旅游的机会,自己到深圳国信证券泰然九路营业部开了户,同时办理了工商银行的三方存管。严某乙开好户后,将证券账户和银行账户的开户资料、账号、密码、银行卡交给了我。严某乙账户资金来源分两部分,大部分是从金某的证券账户取现,小部分是来自于马乐的建行卡里的工资和奖金。上述三个证券账户和银行账户的开户资料、银行卡后来在 2013 年 6 月 1 日,也就是马乐从美国回深圳之前我在马乐的授意下用剪刀剪掉扔了。我没有证券账户,从没有买过股票,这些证券账户都是马乐在操作。

严某甲和马乐没有书面的收益分成协议,我理解主要是一种关系的维持,除了在 2010 年 5 月给过严某甲大约 10 万元的分红,我印象中是我拿了马乐的建行工资卡,以银行转账方式转到曹某的工行卡里,其他的资金一直在证券账户上,没有再实施分红。

17. 证人金某的证言:2006 年 11 月,李某的丈夫马乐打电话给我让我帮他在深圳开一个证券账户和银行账户,由于我和李某关系很好,我就答应了。后来我利用到深圳出差的机会,先是到招商银行总部一楼的营业厅开立了银行账户,之后在马乐的陪同下在深圳银河证券深茂营业部开立了证券账户,开户资料上留存的电话号码、电子邮箱都是李某的。我把所有证券账户开户资料和银行账户开户资料、银行卡、交易密码全部交给了马乐,之后就回上海了。我不懂股票,从来不炒股,仅仅是帮了他们一个忙,我和他们之间没有任何经济往来,他们也从来没给过我什么好处。

18. 证人严某甲的证言,证实金某、严某甲、严某乙三个证券账户的开立经过、资金来源及分红情况,其陈述与证人李某的相关陈述基本一致。

19. 证人曹某的证言:2006 年的时候,我家有部分闲钱,刚好马乐在博时基金公司工作,严某甲就打电话给他,问他能否帮忙理财炒股,马乐就同意了。严某甲让我将25万元存入李某的银行账户。除了这25万元，我和严某甲都没有给过马乐和李某其他钱。我听严某甲说他和严某乙、金某都开立了证券账户，但具体如何开立及在哪里开立的，我不清楚。我听严某甲说这些证券账户都是开给马乐操作，其他情况我不清楚。2010年5月5日，我工行卡里收到过马乐转账给我的一笔10万元，其他钱没有收到过。这笔钱严某甲说是马乐分给他炒股的10万元分红钱。

20. 证人严某乙的证言：2011年7月，马乐打电话问我有无证券账户，我说没有，他说让我帮他一个忙，让我以我自己的名义开个证券账户给他用。同年8月，我利用到香港旅游的机会，到深圳国信证券泰然九路营业部开了户，第二天又在工商银行办理了工行卡和第三方存管，在深圳开户时都是我一个人去办的。我开好户之后，将证券账户和银行账户的开户资料、账号、密码、银行卡交给了马乐或李某。除此之外，我没有用他人名义开立过证券账户。我证券账户有四十多万元，是我在深圳开立完银行账户后的当天李某交给我的，当天在李某的陪同下由我在工商银行通过柜台存入我之前已开好的证券账户对应的第三方工商银行银行卡里。该证券账户中的其他资金来源情况如何我不清楚。我不懂股票，也从不炒股，我的证券账户是帮马乐开的，证券账户的交易及收益情况我不清楚。

21. 马乐供述，证实金某、严某甲、严某乙三个账户的开立情况、资金来源及分红情况，其供述与证人李某、严某甲、曹某、金某、严某乙的陈述一致，并供称：

上述三个证券账户，我都是用手机电话委托操作的。都是我买的不记名的电话卡，前后共使用十余个手机号码，这些手机卡都被我扔掉了。除我之外，没有其他人操作过这三个股票账户。除了这三个账户，我也没有操作过其他证券账户。我利用控制的金某、严某甲和严某乙三个证券账户交易的股票数量有七八十只，与我管理的基金相关，操作方式都是先于基金账户买入，基金账户再买，先于基金账户卖出，基金账户再卖。一般是在基金账户买入前五个交易日之内，我用控制的证券账户先买，在我控制的证券账户卖出的两个交易日之内，基金账户再卖。这样交易主要是为了让金某、严某甲和严某乙三个账户获得稳定的较高的收益，具体交易的股票名称我记得有“湖北××”“广宇××”“中天××”等。这些股票具体交易数量多少以证监部门的认定为准，我没有任何异议。还有一部分是我独立研究，并未利用基金未公开的信息操作购买的股票。博时精选股票基金是股票型基金，基金规模在七十多亿元，基金股票配置比例60%~95%，我管理股票部分，张勇管理债券部分。我从2011年3月9日开始管理这只基金，除我之外，其他人都没有下达股票交易指令的权限。因出差等原因无法在公司下达交易指令时，我就通过电子邮件、电话等方式下达指令。

关于严某乙、金某、严某甲证券账户对应的第三方存管的银行卡、开户资料处理的时间，应该是我在2013年6月1日从美国回深圳之前让李某处理的。我在担任博时基金管理公司博时精选基金经理期间,利用因职务便利获取的内幕信息以外的其他未公开信息,违反规定,从事与该信息相关的证券交易活动。

## 二、本案一审情况

2014 年 2 月 21 日,深圳市中级人民法院一审开庭审理马乐利用未公开信息交易罪一案。

庭审一开始,马乐就一直点头"认罪",并表示对起诉书的所有内容"没有意见"。在交易过程中,马乐自己投入了约 300 万元本金,严某甲则分两次投入本金 25 万元,自己曾分给严某甲 10 万元分红,其他的都一直在三个账户里没有动过。根据检方出示的证据,案发时,司法机关冻结马乐所操控的 3 个账户,里面资金已有 3700 多万元。这些违法所得虽然放在控制的账户上,但心里总有"不属于自己"的感觉。在庭审过程中,马乐认罪态度良好。对于整个事件,马乐在法庭上说:我认识到自己犯了巨大的错误,也付出了惨重的代价,17 年苦读、7 年工作,都全部毁于一旦。

马乐的辩护人表示,这起案件从证监局开始调查到开庭只用了 8 个月,马乐的自首和配合大大缩短了调查周期,节省了司法资源。另外,辩护人强调,马乐没有挥霍赃款,积极表达愿意退还赃款,并且能够全部退赃,主观恶性和社会性不大。马乐对于案发违法所得从来没有归属感和安全感,没有动过三个账户里的资金,没有购置过名车豪宅,没有购买和使用过任何的奢侈品,也至今没有购置任何的房产,仍然住在出租屋中。马乐的辩护人提出了 7 份证据,其中 6 份有关慈善捐款。

公诉人同时表示,马乐主动从美国返回国内,向公安机关投案之后,如实供述自己所有的犯罪事实,表现出了悔意,如果在一审宣判前,依然保持目前的良好认罪态度,依法可以认定马乐具有自首情节,从轻或者减轻处罚。另外,马乐主动表示愿意退回所有的非法获利,属于刑事诉讼法上的酌定从轻情节。公诉人强调,法庭将客观的根据所有情节,作出公正判决。

深圳市中级人民法院认为,被告人马乐作为基金管理公司从业人员,利用因职务便利获取的内幕信息以外的其他未公开信息,违反规定,从事与该信息相关的证券交易活动,情节严重,其行为已构成利用未公开信息交易罪。公诉机关指控的罪名成立,依法应予惩处。依据《刑法》第 180 条第 4 款的规定,基金管理公司的从业人员,利用因职务便利获取的内幕信息以外的其他未公开信息,违反规定,从事与该信息相关的证券交易活动,情节严重的,依照第 180 条第 1 款的规定处理。该法条并未对利用未公开信息交易罪情节特别严重作出相关规定,因此,依法应认定被告人马乐属于犯罪情节严重。此外,被告人马乐具有自动投案的情节,且到案之后能如实供述其所犯罪行,是自首,依法可以从轻处罚。辩护人的相关辩护意见成立,予以采纳。被告人马乐认罪态度良好,其违法所得能从扣押冻结的财产中全额返还,判处的罚金亦能全额缴纳,确有悔罪表现,另经深圳市福田区司法局社区矫正和安置帮教科调查评估,对被告人马乐宣告缓刑对其所居住的社区没有重大不良影响,符合适用缓刑的条件,决定对其适用缓刑。2014 年 3 月 24 日,深圳市中级人民法院作出(2014)深中法刑二初字第 27 号刑事判决,以利用未公开信息交易罪判处马乐有期徒刑三年,缓刑五年,罚金 1884 万元。追缴违法所得 1883374.74 元,上缴国库。马乐表示服从判决,不上诉。

**三、本案二审情况**

2014 年 4 月 4 日,深圳市人民检察院以适用法律错误、量刑不当为由提出抗诉,广东省人民检察院支持抗诉。

2014 年 5 月 26 日,广东省高级人民法院二审立案。

2014 年 9 月 22 日,广东省高级人民法院开庭审理此案,广东省人民检察院指派检察员朱尚云、李和亮出庭履行职务。原审被告人马乐及其辩护人刘子平、李明明到庭参加诉讼。

二审中,双方对案件事实并无异议,围绕案件量刑展开了争论。

广东省深圳市人民检察院抗诉提出:(1)从法律上分析,目前《刑法》规定利用未公开信息交易罪依照内幕交易、泄露内幕信息罪的量刑标准处罚,故结合本案的案情,马乐应当依照“情节特别严重”的量刑档次处罚;(2)从案件事实看,马乐利用未公开信息交易的时间跨度比较长,操纵 76 只股票,买卖频繁,交易额达 10.5 亿余元,其犯罪情节非常严重,社会影响恶劣;(3)马乐回国后表示愿意配合调查但并没有说要退赃,其行为不属于退赃,应当认定为被司法机关追赃。综上,一审判决适用法律错误,量刑明显不当,请求依法改判。

广东省人民检察院支持抗诉认为:本案马乐的犯罪行为应属犯罪“情节特别严重”,现一审法院仅认定其犯罪“情节严重”,系认定情节错误。

广东省人民检察院出庭检察员认为:(1)量刑问题。内幕交易、泄露内幕信息罪有“情节严重”和“情节特别严重”两个量刑档次,本案马乐有自首情节,且积极退赃,一审对其作出判三缓五的处罚,基本符合法定的量刑幅度。(2)情节认定问题。根据《刑法》第 180 条第 4 款的规定,利用未公开信息交易,“情节严重”的依照第 1 款的规定处罚;从《刑法》设置上来说,同一法条的不同款项在处罚上应该有一个协调性,这种处罚的参照不可能只是部分参照,应该是全部参照;《刑法》第 180 条第 1 款规定的内幕交易、泄露内幕信息罪存在“情节严重”和“情节特别严重”两个不同情形和不同量刑档次,对利用未公开信息交易罪的处罚也应该存在两个不同情形和量刑档次,入罪标准应完全一致;本案马乐的证券交易成交额为 10.5 亿余元,获利1800多万元,应认定其“情节特别严重”,一审判决其“情节严重”,属认定情节错误,应予纠正。

原审被告人马乐及其辩护人提出:(1)根据《刑法》第180条第4款,利用未公开信息交易罪只规定了“情节严重”这一量刑标准;在目前的司法实践及判例中,各级检察院及法院亦均认定利用未公开信息交易罪只有一个量刑情节,即“情节严重”,而无“情节特别严重”,包括已生效的郑拓、李旭利等非法获利达一千多万元的案件亦均认定为“情节严重”,公诉机关指控马乐的行为应认定为“情节特别严重”违反了“罪刑法定”及“罪刑相适应”原则,不应采纳。(2)本案马乐有自首情节,且在证监局调查及自首后即向公安、检察、审判机关要求积极退赃,节省了宝贵的司法资源,对于实现司法公平和效率均衡起到了积极效果,一审法院依法对马乐从轻处罚,并适用缓刑,量刑也是适当的。请求二审法院依法裁定驳回抗诉,维持原判。

对广东省深圳市人民检察院抗诉和广东省人民检察院支持抗诉的意见,广东省高级人民法院查明:

关于退赃问题。马乐归案后于2013年11月8日向一审法院出具了一份《关于主动退缴违法所得的申请书》,表示愿意退还所有违法所得,同时在申请书中提到其2013年6月被中国证监会调查后已将“金某”“严某甲”“严某乙”账户中股票抛出,兑成现金存在三个账户内准备退款,并向中国证监会书面说明账户情况,款项一直未移出;对于马乐《申请书》中所述内容,有“金某”等账户的交易流水、中国证监会出具的《案情说明》及相关书证佐证,情况属实;故马乐在未受控制的情况下,将股票兑换成现金存在三个账户中并主动向中国证监会说明情况愿意退还违法所得,其行为可认定为主动退赃。

关于情节认定。《刑法》第180条第4款规定,证券交易所、期货交易所等金融机构从业人员以及有关监管部门或者行业协会的工作人员,利用未公开信息交易,“情节严重的,依照第一款的规定处罚”,该条款并未对利用未公开信息交易罪规定有“情节特别严重”情形;而根据第180条第1款的规定,“情节严重的,处五年以下有期徒刑或者拘役,并处或者单处违法所得一倍以上五倍以下罚金”;故本案马乐利用未公开信息,非法交易股票76只,累计成交金额人民币10.5亿余元,从中获利人民币1883万余元,属“情节严重”,应在该量刑幅度内判处刑罚;抗诉机关提出马乐的行为应认定为“情节特别严重”缺乏法律依据,不予采纳。

关于量刑。原审被告人马乐利用未公开信息交易,情节严重,应处“五年以下有期徒刑或者拘役,并处或者单处违法所得一倍以上五倍以下罚金”,一审法院考虑马乐有自首、退赃情节,予以从轻处罚,判处其“有期徒刑3年,缓刑5年,并处罚金人民币1884万元”适当,予以确认。

2014年10月20日,广东省高级人民法院作出编号为(2014)粤高法刑二终字第137号二审裁定书,驳回抗诉,维持原判。

## 四、本案再审情况

2014年11月27日,广东省人民检察院认为终审裁定确有错误,提请最高人民检察院抗诉。2014年12月8日,最高人民检察院检委会研究该案,认为本案终审裁定法律适用错误,导致量刑明显不当,决定按审判监督程序向最高人民法院提出抗诉。

2015年7月8日上午,最高人民法院在第一巡回法庭公开开庭审理了最高人民检察院向最高人民法院提出抗诉的原审被告人马乐利用未公开信息交易一案。部分全国人大代表、马乐的亲属及市民代表等近三十人参加了旁听。最高人民检察院代理检察员张志强、罗曦出庭履行职务。最高人民法院依法通知有关法律援助机构为其指派律师出庭进行辩护,尚权律师事务所张青松为马乐辩护。检辩双方就本案的事实和法律适用、马乐的行为是否属于情节特别严重、原审量刑是否适当等问题充分发表了意见。

最高人民检察院抗诉提出,《刑法》第180条第4款属于援引法定刑的情形,应当引用第1款处罚的全部规定;利用未公开信息交易罪与内幕交易、泄露内幕信息罪的违法与责任程度相当,法定刑亦应相当;马乐的行为应当认定为犯罪情节特别严重,对其适用缓刑明显不当。本案终审裁定以《刑法》第180条第4款未对利用未公开信息交易罪规定有"情节特别严重"为由,对此情形不作认定,降格评价被告人的犯罪行为,属于适用法律确有错误,导致量刑不当,并且对类似案件及法律适用有重大误导,应当依法纠正。

原审被告人马乐对原审认定的事实和定罪量刑均无异议。其辩护人提出,《刑法》第180条第4款未规定利用未公开信息交易罪有"情节特别严重"的情形,从法条文义、立法本意和"有利于被告人"的司法理念来看,原审裁判理解法律正确;马乐具有自首、积极全额退赃并足额缴纳罚金等从轻、减刑处罚情节,原审裁判量刑适当,对马乐适用缓刑符合罪刑相适应原则;目前能查阅到的所有案例均依法按"情节严重"量刑,为保障司法统一、维护司法权威、彰显司法公正,应依法驳回最高人民检察院抗诉。

最高人民法院再审查明,原审被告人马乐在担任博时基金管理有限公司博时精选股票证券投资经理期间,利用其掌控的未公开信息,从事与该信息相关的证券交易活动,买卖股票76只,累计成交金额人民币10.5亿余元,案发后马乐投案自首的事实与原审认定一致。证实以上事实的书证、证人证言、被告人供述等证据已经原审庭审举证、质证,再审予以确认。

另查明,原审被告人马乐利用未公开信息从事证券交易活动,非法获利数额应为人民币19120246.98元。证明该事实的证据有再审中本院依职权调取的中国证监会深圳监管局出具的《深圳证监局关于马乐利用未公开信息交易案的复函》。该证据已在再审庭审中经出庭检察员和辩护人双方质证并予确认,马乐亦认可。原审认定马乐非法获利数额人民币18833374.74元属计算错误,应予以更正。

最高人民法院对最高人民检察院抗诉理由和辩护人辩护意见评判如下:

《刑法》第180条第4款援引法定刑的情形,应当是对第1款全部法定刑的引用,即利用未公开信息交易罪应有"情节严重""情节特别严重"两种情形和两个量刑档次。从立法目的上理解,由于我国基金、证券、期货等领域中,利用未公开信息交易行为比较多发,行为人利用公众投入的巨额资金作后盾,以提前买入或者提前卖出的手段获得巨额非法利益,将风险与损失转嫁到其他投资者,不仅对其任职单位的财产利益造成损害,而且严重破坏了公开、公正、公平的证券市场原则,严重损害客户投资者或处于信息弱势的散户利益,严重损害金融行业信誉,影响投资者对金融机构的信任,进而对资产管理和基金、证券、期货市场的健康发展产生严重影响。为此,《刑法修正案(七)》新增利用未公开信息交易罪,并将该罪与内幕交易、泄露内幕信息罪规定在同一法条中,说明两罪的违法与责任程度相当。利用未公开信息交易罪也应当适用"情节特别严重"。从法条文意理解,首先,《刑法》第180条第4款中的"情节严重"是入罪条款,最高人民检察院、公安部《关于公安机关管辖的刑事案件立案追诉标准的规定(二)》对利用未公开信息交易罪规定了追诉的情节标准,说明该罪需达到"情节严重"才能被追诉。利用未公开信息交易罪属情节犯,立法要明确其情节犯属性,就必须借助"情节严重"的表述,以避免"情节不严重"的行为入罪。其次,本条款中"情节严重"并不兼具量刑条款的性质,刑法条文中大量存在"情节严重"兼具定罪条款及量刑条款性质的情形,但无一例外均在其后列明了具体的法定刑,《刑法》第180条第4款中"情节严重"之后,并未列明具体的法定刑,而是参照内幕交易、泄露内幕信息罪的法定刑,因此本款中的"情节严重"仅具有定罪条款的性质,而不具有量刑条款的性质。从立法技术上理解,援引法定刑是指对某一犯罪并不规定独立的法定刑,而是援引其他犯罪的法定刑作为该犯罪的法定刑。《刑法》第180条第4款援引法定刑的目的是为了避免法条文字表述重复,并不属于法律规定不明确的情形。综上,《刑法》第180条第4款虽然没有明确表述"情节特别严重",但是根据本条款设立的立法目的、法条文意及立法技术,应当包含"情节特别严重"的情形和量刑档次。法条没有重复表述不等同于法律没有明确规定。在法律已有明确规定的情况下,应当适用该法律规定,而不再适用有利于被告人的原则。

基于上述对《刑法》第180条第4款援引法定刑的理解,在明确利用未公开信息交易罪有"情节严重""情节特别严重"两种情形和两个量刑档次的前提下,本案应对马乐的行为是否属于情节特别严重予以评价。目前,虽然没有关于利用未公开信息交易罪"情节特别严重"认定标准的专门规定,但鉴于刑法规定利用未公开信息交易罪是参照内幕交易、泄露内幕信息罪的规定处罚,最高人民法院、最高人民检察院《关于办理内幕交易、泄露内幕信息刑事案件具体应用法律若干问题的解释》将成交额250万元以上、获利75万元以上等情形认定为内幕交易、泄露内幕信息罪"情节特别严重"的标准,利用未公开信息交易罪也应当遵循相同的标准。马乐利用未公开信息进行交易活动,累计成交额达人民币10.5亿余元,非法获利人民币达1912万余元,已远远超过上述标准,且在案发时属全国查获的该类犯罪数额最大者,参照最高人民法院、最高人民检察院《关于办理内幕交易、泄露内幕信息刑事案件具体应用法律若干问题的解释》,马乐的犯罪情节应当属于"情节特别严重"。

综上,最高人民检察院对《刑法》第180条第4款援引法定刑的理解及原审被告人马乐的行为属于犯罪情节特别严重的抗诉意见正确,应予采纳;辩护人的辩护意见不能成立,不予采纳。原审裁判因对《刑法》第180条第4款援引法定刑的理解错误,导致降格认定了马乐的犯罪情节,进而对马乐判处缓刑确属不当,应予纠正。

最高人民法院作出(2015)刑抗字第1号判决,维持广东省高级人民法院(2014)粤高法刑二终字第137号刑事裁定和深圳市中级人民法院(2014)深中法刑二初字第27号刑事判决中对原审被告人马乐的定罪部分;撤销广东省高级人民法院(2014)粤高法刑二终字第137号刑事裁定和深圳市中级人民法院(2014)深中法刑二初字第27号刑事判决中对原审被告人马乐的量刑及追缴违法所得部分;原审被告人马乐犯利用未公开信息交易罪,判处有期徒刑3年,并处罚金人民币1913万元;违法所得人民币19120246.98元依法予以追缴,上缴国库。

## 教学指导手册

### 教学对象及目标

本案例供法律硕士案例教学使用,法学本科(大四)、刑法学硕士、诉讼法学硕士也可以参酌使用。

本案例主要就辩护律师在刑事诉讼中进行辩护活动、刑事抗诉程序和利用未公开信息交易罪的认定问题进行讲授。具体要解决的问题包括:(1)在侦查、起诉、一审、抗诉、再审阶段,辩护律师可以从事哪些法律活动;(2)辩护律师在一审、二审、再审时如何辩护,如何撰写辩护词;(3)以本案为例,剖析中国刑事审判的不同程序;(4)以利用未公开信息交易罪为例,研究不同的刑法解释方法。

## 教学内容

### 1. 如何进行量刑辩护?

面对我国刑事审判中高达99%以上的定罪率,积极地选择量刑辩护是大部分刑事辩护律师和被告人最现实的选择。量刑辩护作为量刑程序中的重要组成部分,是随着量刑制度改革逐渐从原有刑事辩护中独立出来的一种辩护形态。通常来讲,量刑辩护,是指被告人或其委托的辩护人根据相关规定,通过收集和筛选有利于被告人的量刑信息,或对控诉方的重量刑情节进行反驳,或提出新的轻量刑情节并提出具体量刑意见,以说服法官对被告人判处较轻的刑罚或免除被告人刑罚的诉讼活动。一般来说,律师要成功地说服法官对被告人判处尽可能轻的刑罚种类和刑罚幅度,需要做以下四个方面的工作:一是对控辩双方已无争议的犯罪事实进行基本判断,确定量刑基准;二是对量刑信息进行充分调查,尽可能全面地向法庭提供有利于被告人的量刑信息,为说服法官从宽量刑奠定事实基础;三是从所收集的量刑信息中筛选出于法有据的量刑情节,并对每个情节对于从轻、减轻或免除处罚的意义进行评价;四是辩护律师在量刑答辩时应综合考虑全案的量刑情节,着重根据被告人有无法定从轻、减轻或酌定从轻的情节进行量刑辩护。

### 2. 人民检察院二审抗诉与再审抗诉的区别是什么?

抗诉对象不同:二审抗诉是针对各级人民法院的第一审尚未生效的裁判;再审抗诉是针对已经生效的裁判。

抗诉的提起主体不同:二审抗诉是由第一审法院同级的人民检察院提起,限于地方各级人民检察院;再审抗诉是由上级人民检察院提起。

接受抗诉的审判机关不同:二审抗诉是上级人民法院接受;再审抗诉是同级人民法院接受。

抗诉期限不同:二审抗诉应在收到判决书15日提出;再审抗诉一般无期限限制,对于高级人民法院判处死刑缓期2年执行的案件,省级人民检察院认为确有错误提请抗诉的,一般应当在收到生效判决、裁定后3个月以内提出,至迟不得超过6个月,但要求无罪改为有罪的,应遵守《刑法》诉讼时效的规定。

抗诉途径不同:二审抗诉是一审检察院通过一审法院向上一级法院提交抗诉材料,上级人民检察院出庭;再审抗诉是抗诉机关向同级人民法院提交抗诉材料。

**3. 人民检察院提起审判监督程序的理由有哪些？**

人民检察院提起审判监督程序的理由是：(1)有新的证据证明原判决、裁定认定的事实确有错误，可能影响定罪量刑的；(2)据以定罪量刑的证据不确实、不充分的；(3)据以定罪量刑的证据依法应当予以排除的；(4)据以定罪量刑的主要证据之间存在矛盾的；(5)原判决、裁定的主要事实依据被依法变更或者撤销的；(6)认定罪名错误且明显影响量刑的；(7)违反法律关于追诉时效期限的规定的；(8)量刑明显不当的；(9)违反法律规定的诉讼程序，可能影响公正审判的；(10)审判人员在审理案件的时候有贪污受贿，徇私舞弊，枉法裁判行为的。

**4. 利用未公开信息交易罪与内幕交易罪的区别是什么？**

利用未公开信息交易罪与内幕交易罪的区别：一是从信息的内容上看，内幕信息主要是围绕上市公司本身的信息，如公司的重组计划、公司高管人员的变动、公司的重大合同、公司的盈利情况等对该公司证券、期货的市场价格有重大影响、按照有关规定应及时向社会公开但尚未公开的信息；而"老鼠仓"所利用的信息主要是所在资产管理机构准备将客户资金投资购买哪只证券、期货的投资交易信息，一般属于单位内部的商业秘密，法律并未要求此类信息应当公开，不属于内幕信息的范围，而属于"内幕信息以外的其他未公开的信息"；二是从犯罪行为损害的利益看，内幕交易更多是损害不特定的社会公众投资者和股民的合法权益，"老鼠仓"交易更多是损害资产管理机构的客户的利益。

**5. 利用未公开信息交易罪与操纵证券、期货市场罪的区别是什么？**

利用未公开信息交易罪与操纵证券、期货市场罪的区别是："老鼠仓"行为主要是通过受托管理的客户资金来承担更多的市场风险从而减少行为人的自身风险，行为的目的是利用机构即将用客户资金购买证券、期货的信息来抢先建仓、提早撤仓从中获利，主观上并没有操纵证券期货交易价格的目的；而操纵证券期货市场主要是通过资金优势、信息优势或者对倒、对敲来影响证券、期货交易价格或者成交量，从而达到获利的目的。因此，"老鼠仓"交易无论从目的还是行为上，都无法构成操纵证券、期货市场罪。

**6. 利用未公开信息交易罪与背信运用受托财产罪的区别是什么？**

"背信运用受托财产罪"是单位犯罪，犯罪主体是金融机构，未规定金融机构从业人员的刑事责任，主要是指金融机构擅自运用客户资金和受托财产的决策本身与受托义务相违背，因而有可能使管理的客户资产陷入极大的风险之中；而"老鼠仓"是一种个人犯罪，犯罪主体是从事资产管理机构的从业人员，资产管理机构作出的投资购买证券、期货的决策本身并不违背受托义务，不属于擅自运用受托财产，主要打击的是资产管理机构的从业人员利用机构内部信息提前建仓谋取非法利益的行为。

**7. 援引法定刑表述不明确时，应如何适用？**

当刑法分则条文规定援引法定刑时，不管法条如何表述，所援引的都是被援引条款的全部法定刑（包括升格法定刑），而不是仅援引基本法定刑。

**8. 最高人民法院第一巡回法庭是否有权管辖本案的再审？**

最高人民法院第一巡回法庭是最高人民法院派出的常设审判机构，受理广东、广西、海南三省区内应当由最高人民法院审理的一审、二审、申请再审的民商事案件、行政诉讼案件，刑事申诉案件，以及涉港澳台民商事案件和司法协助案件等。此外，就地解决三省区的来信来访案件。第一巡回法庭作出的判决、裁定和决定是最高人民法院的判决、裁定和决定。

**9. 为什么马乐的行为属于“情节特别严重”，而不是“情节严重”？**

关于“情节严重”和“情节特别严重”的认定，最高人民法院、最高人民检察院《关于办理内幕交易、泄露内幕信息刑事案件具体应用法律若干问题的解释》中，将成交额250万元以上、获利75万元以上等情形设定为内幕交易罪、泄露内幕信息罪“情节特别严重”的认定标准，因此，利用未公开信息交易罪也应当遵循相同的标准。

就本案而言，已远远超过上述标准，且本案在案发时属全国查获的该类犯罪数额最大者，参照最高人民法院、最高人民检察院《关于办理内幕交易、泄露内幕信息刑事案件具体应用法律若干问题的解释》，马乐的犯罪情节达到“情节特别严重”的程度，而不是“情节严重”。

**10. 最高人民法院为何改判马乐有期徒刑3年？**

原审被告人马乐利用未公开信息进行交易活动，累计成交额达人民币10.5亿余元，非法获利人民币达1912万余元，其行为属于情节特别严重，按照法律规定，应在5年以上10年以下判处刑罚。

但马乐具有以下多个法定及酌定从轻、减轻处罚情节：一是马乐在境外接到配合调查的通知后，立即主动回国接受调查并投案自首，属于法定从轻、减轻处罚情节；二是马乐退还了全部违法所得，并在原审裁判生效后全额履行了罚金刑；三是一审、二审、再审过程中，马乐的认罪态度一直很好，主动认罪，真心悔罪，且在社区矫正期间表现良好。

## 课堂时间安排

本案例可以作为专门的案例教学课来进行,整个案例课的课堂安排6个课时,每课时45分钟。

如下课堂设计,仅供参考。

1.课前计划:安排学生阅读案例及相关参考资料,对案例涉及问题进行思考,撰写实践题答案。

2.课中计划:(1)介绍教学目的,明确讨论主题;(2)分组讨论,回答各项思考题,讨论实践题的撰写要点;(3)小组代表提出撰写要点,学生讨论和分析;(4)教师归纳总结。

3.课后计划:布置学生进一步思考利用未公开信息交易罪的相关问题,并就该案提出延伸性思考。

## 思考题和实践题

**1.思考题**

(1)如果马乐拒不回国,该案如何处理?

(2)如果马乐拒不认罪,该案如何处理?

(3)存疑有利被告人的界限?

(4)严某甲是否构成犯罪?

(5)如何确定基金犯罪的管辖地?

(6)辩护律师以罪刑法定进行辩护是否合理?

(7)中国证监会《关于马乐涉嫌利用未公开信息交易案有关问题的认定函》的证据效力?

(8)2010年最高人民检察院、公安部联合发布的《关于公安机关管辖的刑事案件立案追诉标准的规定(二)》为何没有规定利用未公开信息交易罪"情节特别严重"的情形?

(9)在再审案件判决作出前,2015年9月23日上午,最高人民检察院召开新闻发布会,通报全国检察机关去年以来查办金融领域刑事犯罪工作有关情况,并发布相关案例。发布会上,最高人民检察院对其抗诉的马乐利用未公开信息交易案新进展进行了披露。对于该案的典型意义,最高人民检察院称,《刑法》第180条第4款中的"情节严重"是入罪标准,在处罚上应当依照本条第1款的全部罚则处罚,即区分情形依照第1款规定的"情节严重"和"情节特别严重"两个量刑档次处罚。本案终审裁定以《刑法》第180条第4款并未对利用未公开信息交易罪有"情节特别严重"规定为由,对此情形不作认定,降格评价被告人的犯罪行为,属于适用法律确有错误,导致量刑不当。本案所涉法律问题的正确理解和适用,对明确同类案件的处理、同类从业人员犯罪的处罚具有重要指导作用,对于加大打击"老鼠仓"等严重破坏金融管理秩序的行为,维护社会主义市场经济秩序,保障资本市场健康发展具有重要意义。最高人民检察院以召开新闻发布会的方式公开发表言论是否是不当影响舆论?

(10)基金持有人是否可以就马乐的“老鼠仓”行为主张赔偿?向谁提出?

(11)我国历史上的比附援引是否违反罪刑法定原则?

(12)文义解释和系统解释的区别。

**2. 实践题**

(1)作为一名辩护律师,请根据本案相关情况,分析本案辩护人辩护策略的得失之处。

(2)结合本案案情,为马乐撰写一审辩护词、二审辩护词或再审辩护词。

(3)结合本案案情,为最高人民检察院起草抗诉书。

## 参考文献

1. 王欣元、康相鹏:《利用未公开信息疑难问题探析》,载《法学》2014 年第 6 期。
2. 张明楷:《论援引法定刑的适用》,载《人民法院报》2014 年 11 月 12 日,第 6 版。
3. 古加锦:《利用未公开信息交易罪的法定量刑幅度辨正》,载《江苏警官学院学报》2015 年第 2 期。
4. 李耀杰:《利用未公开信息交易罪的“情节特别严重”之辩》,载《法律适用》2015 年第 3 期。
5. 谢杰:《利用未公开信息交易罪量刑情节的刑法解释与实践适用》,载《政治与法律》2015 年第 7 期。
6. 陈瑞华:《论量刑辩护》,载《中国刑事法杂志》2010 年第 8 期。
7. 孙谦:《援引法定刑的刑法解释问题研究——以马乐利用未公开信息从事交易抗诉案为例》,载《法学研究》2016 年第 1 期。
8. 周光权:《马乐案中的法律适用与判决评述》,载《中国法律评论》2016 年第 2 期。

撰稿人 | 李伟,中央财经大学法学院副教授

**19**
**CASE**

# 念斌投放危险物质案


| 摘 要 |

念斌投放危险物质一案历时8年、4次死刑判决，最终以福建省高级人民法院的无罪判决告终。无罪判决生效后，侦查机关再次将念斌确定为投毒案的犯罪嫌疑人。



| 关键词 |

鉴定意见　证据的合法性　证明标准和疑罪从无　发回重审　禁止双重危险　既判力　法律文书的说理


| 教学目标 |

本案具体要解决的问题主要有：(1)鉴定意见等证据的审查判断；(2)证据的合法性及非法证据排除规则；(3)司法实践中究竟如何把握"事实清楚、证据确实充分"的证明标准；(4)无罪推定原则和疑罪从无的贯彻和执行；(5)刑事二审发回重审制度的改革与完善；(6)禁止双重危险原则与既判力理论的理解与贯彻；(7)法律文书的说理。

## 教学案例主文

### 一、基本案情

2006年7月27日18时，陈某娇及其女儿和房东丁某虾及其三个孩子，与往常一样一起吃晚饭。晚饭吃的是稀饭和青椒炒鱿鱼、酱油煮杂鱼二道菜，稀饭是各家自煮的，陈家人吃自家的白薯稀饭，丁家人吃自家的白米稀饭。两家人所吃食物只剩下酱油煮杂鱼，鱿鱼和丁家白米稀饭全部吃光。当晚9时许，丁某虾10岁的大儿子俞乙和8岁的女儿俞丙首先出现腹痛、呕吐、全身抽搐等中毒症状。28日凌晨0时10分，俞乙、俞丙二人因出现昏迷等危险症状被送往县医院抢救，28日凌晨2时和5时先后不治死亡。

福州市中级人民法院(2011)榕刑初字第104号刑事附带民事判决认定,被告人念斌与丁某虾分别租用平潭县陈某娇家相邻的两间店面经营食杂店,存在生意竞争。2006年7月27日晚,念斌认为,丁某虾抢走其顾客而心怀不满。次日凌晨1时许,念斌产生投放鼠药让丁某虾吃了肚子痛、拉稀的念头,遂将案发前在平潭县医院附近向摆地摊的杨某炎购买的鼠药取出半包,倒在矿泉水瓶中加水溶解后,潜入其食杂店后丁家厨房将鼠药水从壶嘴倒入烧水铝壶的水里。当晚,丁某虾的孩子俞乙(男,殁年10岁)、俞丙(女,殁年8岁)、俞甲(男,时年6岁)食用了使用壶水烹制的稀饭和青椒炒鱿鱼,丁某虾食用了其中的稀饭和青椒,房东陈某娇及其女儿念某珠食用了其中的青椒炒鱿鱼。后俞乙、俞丙、俞甲等相继出现中毒症状。次日凌晨,俞乙、俞丙经抢救无效死亡,经鉴定系氟乙酸盐鼠药中毒。俞甲接受住院治疗。丁某虾因本案遭受经济损失共计人民币216651.09元;俞甲因本案遭受经济损失共计人民币3410.67元。

(2011)榕刑初字第104号刑事附带民事判决认为,被告人念斌投放危险物质致二人死亡的行为已构成投放危险物质罪。判决被告人念斌犯投放危险物质罪,判处死刑,剥夺政治权利终身;念斌赔偿丁某虾经济损失人民币216651.09元,赔偿俞甲经济损失人民币3410.67元。

2014年8月22日,福建省高级人民法院作出终审判决:(1)撤销福州市中级人民法院(2011)榕刑初字第104号刑事附带民事判决。(2)上诉人念斌无罪。(3)上诉人念斌不承担民事赔偿责任。

## 二、案件审理过程

2008年2月1日福州市中级人民法院审理福州市人民检察院指控被告人念斌犯投放危险物质罪,附带民事诉讼原告人丁某虾、俞甲提起附带民事诉讼一案,于2008年2月1日作出(2007)榕刑初字第84号刑事附带民事判决。判处念斌死刑,剥夺政治权利终身。宣判后,被告人念斌不服,提出上诉。

2008年12月18日,福建省高级人民法院以"事实不清,证据不足"为由以(2008)闽刑终字第141号刑事裁定撤销原判,发回福州市中级人民法院重新审判。

2009年6月8日,福州市中级人民法院经重新审判,作出(2009)榕刑初字第25号刑事附带民事判决,判处念斌死刑,剥夺政治权利终身。被告人念斌不服,提起上诉。

2010年4月7日,福建省高级人民法院以(2009)闽刑终字第391号刑事附带民事裁定驳回上诉,维持原判,报请最高人民法院核准。

2010年10月28日,最高人民法院以"第一审判决、第二审裁定认定被告人念斌投放危险物质罪的事实不清、证据不足"为由以(2010)刑三复21722109号刑事裁定不予核准,撤销二审裁定,发回福建省高级人民法院重新审判。

2011年5月5日,福建省高级人民法院以(2009)闽刑终字第391-1号刑事裁定,撤销原判,发回福州市中级人民法院重新审判。

2011年11月7日,福州市中级人民法院经重新审判,作出(2011)榕刑初字第104号刑事附带民事判决,再次对念斌判处死刑。被告人念斌不服,提起上诉。

福建省高级人民法院于2013年7月4日至7日开庭审理了本案。2014年6月25日至26日,福建省高级人民法院再次公开开庭审理了本案。2014年8月22日,福建省高级人民法院作出终审判决:(1)撤销福州市中级人民法院(2011)榕刑初字第104号刑事附带民事判决;(2)上诉人念斌无罪;(3)上诉人念斌不承担民事赔偿责任。

2014年9月,平潭县公安局已对念斌重新立案侦查。11月,念斌曾两次因"犯罪嫌疑人"的身份办理护照遭拒。他向福州市人民政府申请行政复议遭官方拒绝。

## 三、终审判决

### (一)福建省高级人民法院核实疑问证据

在上诉审理过程中,福建省高级人民法院对有疑问的证据进行了核实。具体是:

1. 中毒食物部分的证据

检方出示被害人俞甲2006年8月8日陈述;证人丁某虾2006年8月1日、7日,2009年2月15日证言;证人陈某娇2006年7月31日,8月9日、10日,2009年2月15日、2013年6月20日、2014年1月26日证言;证人念某珠2006年8月8日证言;证人陈某钦2006年8月1日证言;证人俞某发2006年7月28日证言;证人高某2006年7月30日证言。上述证据证实:2006年7月27日晚餐时,俞乙、俞丙、俞甲吃了稀饭和青椒炒鱿鱼,丁某虾吃了稀饭和青椒,陈某娇和念某珠吃了青椒炒鱿鱼。其中,鱿鱼由陈某娇使用丁某虾家铝壶中的水捞后,再由念某珠使用丁家的铁锅做成青椒炒鱿鱼,稀饭由丁某虾使用铝壶水和高压锅烹煮,之后壶水又多次使用并续水,最后俞乙往铝壶里添了水。

辩方出示证人陈某娇2006年7月28日两份证言,提出该两份证言证实其捞鱿鱼、丁某虾煮稀饭,均使用丁家的红桶里的水,系案发当天收集,可信度更高;陈某娇同年7月31日证言收集程序存在瑕疵,该证言及其之后的证言皆不可信。

2. 中毒症状部分的证据

检方出示法医学鉴定书和医院病历材料,证实:被害人俞乙、俞丙气管黏膜均见白色泡沫状液体,心脏表面、膈面、双侧肺叶间均见散在出血点,胃壁均有出血斑,生前均有头昏、恶心、呕吐、阵发性抽搐等中毒症状，结合二人心血、尿液中均检出氟乙酸盐鼠药成分的理化检验结论，该二人系氟乙酸盐鼠药中毒死亡；俞甲出现呕吐症状；念某珠出现上腹部烧灼感、恶心、呕吐等症状；陈某娇出现上腹部闷痛伴烧灼感等症状；丁某虾经催吐洗胃后觉上腹部疼痛，静滴“潘妥洛克”“乙酰胺”；四人均经催吐洗胃后，分别拟以“食物中毒”“呕吐待查”“腹痛待查”和“鼠药中毒”住院治疗。检方聘请的专业人员提出，据病历记载医生对丁某虾使用了针对氟乙酸盐中毒的特效解毒药“乙酰胺”，且考虑中毒症状存在半数致死量（LD50）和个体差异等因素，说明不能排除丁某虾中毒的可能。

辩方出示医嘱单，提出该证据体现医院将丁某虾的呕吐物送防疫站检验氟乙酰胺，但检验情况不明。辩方聘请的专业人员提出，人摄入剧毒的氟乙酸盐鼠药会出现相应中毒症状，但医院病历材料表明丁某虾无中毒症状，其腹痛系洗胃造成，说明其未中毒。

3. 物证提取送检部分的证据

检方出示现场勘验检查笔录和现场照片，证实现场位于平潭县陈某娇家一楼天井内的被害人家厨房，2006 年 7 月 28 日侦查机关对现场作了勘查；提取痕迹、物品登记表，证实在丁某虾卧室内提取呕吐物 1 份，厨房里提取铁锅、高压锅和铝壶各 1 个，均为原物提取；证人宋某丛、高某鹤当庭证言，证实现场勘查后作了封锁看护，未发现遭到破坏；侦查实验笔录、照片及情况说明，证实经对提取在案的铝壶进行实验，在壶中盛水的状态下能形成与铝壶原始照片接近的聚光点，而在没有盛水情况下不能形成聚光点，说明拍摄照片时铝壶内有水。侦查人员出庭说明：现场勘验检查笔录综合记载了数次勘查的内容，包括补充提取的铁锅、铝壶和高压锅；铁锅在 2006 年 7 月 31 日提取送检；铝壶和高压锅在同年 8 月 8 日傍晚提取送检，提取时铝壶内有水，将水分装到矿泉水瓶中送检，8 月 9 日补做了委托鉴定手续。

辩方提出，侦查人员曾于 2009 年 12 月 23 日、24 日说明，铝壶水的送检情况因为时间太久记不清楚；鉴定人出庭说明，记不清铝壶及壶水、高压锅的送检时间；检验鉴定委托书和鉴定受理登记表，证实铝壶及壶水、高压锅的送检时间为 2006 年 8 月 9 日，铁锅的送检时间为同年 8 月 1 日；现场照片光盘、指认录像显示，同年 8 月 9 日晚上念斌辨认现场时，煮稀饭的高压锅还留在现场。

4. 理化检验部分的证据

检方出示理化检验报告，证实在被害人俞丙的心血和尿液，俞乙的心血、尿液和呕吐物，铝壶水，高压锅，铁锅，碗，塑料盆和铁盆表面残留物中均检出氟乙酸盐鼠药成分；侦查机关出具的函件及情况说明、数据光盘及提取过程材料和存档质谱图（检验数据的表现形式），证实向鉴定机构提取了 153 个检验电子数据，以及 2006 年检验时存档的质谱图；鉴定人出庭说明，归档时把俞丙尿液的质谱图作为标样的质谱图归入档案造成两份质谱图相同,由于文件名近似误把俞乙呕吐物的质谱图当做其心血的质谱图归入档案造成该两份质谱图亦相同,重新提供了俞乙心血的质谱图。法庭通知的专业人员提出,本案仪器检验生成的原始数据和日志文件无法被更改。检方聘请的专业人员提出:俞丙心血和尿液,俞乙心血、尿液和呕吐物,铝壶水,高压锅,铁锅,碗,塑料盆和铁盆的质谱图与检验电子数据相一致;鉴定机构在检验过程中没有完全达到做"空白"对照检验,以防止假阳性检验结果的质量控制要求;俞丙尿液、俞乙心血及呕吐物、塑料盆和铁盆5个检材的上一个检材检验结果为阳性,判断该5个检材不能排除检验结果为假阳性可能,需要结合检验人员的描述进行具体分析;俞丙心血、俞乙尿液、铝壶水、高压锅、铁锅和碗6个检材的上一个检材检验结果为阴性,判断该6个检材的检验结果未发生交叉污染;根据检验电子数据,可以认定在俞丙的心血和尿液,俞乙的心血、尿液和呕吐物,铝壶水,高压锅,铁锅,碗,塑料盆和铁盆表面残留物中均检出氟乙酸盐鼠药成分,但由于俞丙尿液的质谱图显示的目标物含量较高而背景信号较低,对此数据文件是否为尿液样品提出质疑;补充的尿液实验生成的质谱图显示没有残留干扰。

辩方出示上述物证的分析检验记录表、质谱图、检验电子数据包列表及情况说明,提出鉴定机构在检验过程中未如实按照记录表记载的步骤操作;把标样当作被害人俞丙的尿液检材;被害人俞乙的心血与呕吐物检材的检验数据出现错误;鉴定人出庭证实的俞丙尿液、俞乙心血和呕吐物的检验电子数据,因文件名与检材的名称不相符,真实性不能确认;辩方聘请的专业人员提出,鉴定机构对检材的处理操作不规范,缺乏唯一性标识,把同一个质谱图标记为不同的检材,把标样当作检材,严重影响检材的准确性;本案检验仪器检测氟乙酸盐非常灵敏,鉴定机构未能提供质谱图证实做过"空白"对照检验,说明检验过程未严格遵循操作规程,导致不能排除假阳性检验结果;上述物证的检验结果均不符合相关判定标准,检验结论不可信,本案现场物证的检验结论应该为未能发现氟乙酸盐鼠药成分,没有证据支持氟乙酸盐曾被使用过。

5.毒物来源部分的证据

检方出示证人杨某炎2006年8月9日、12日,11月28日证言及指认卖鼠药地点照片;证人洪某强2006年8月10日、2013年6月20日证言和辨认笔录;证人张某文2006年8月10日、2013年6月21日证言和辨认笔录;证人刘某珠2006年8月8日、2009年10月28日、2013年6月20日证言及辨认笔录;证人刘某印2014年1月26日证言;搜查证、搜查笔录、扣押物品清单及照片;侦查前期查找鼠药来源材料。上述证据证实:在平潭县医院附近洪某强的箱包店门前,只有杨某炎一个人在摆地摊贩卖塑料薄膜袋包装的大米加麦皮混合的氟乙酰胺鼠药等物品;从杨某炎住处查获配制鼠药的铁盆、塑料盆和碗各1个、塑料薄膜袋158个(6厘米×15.5厘米和

8 厘米×13.5 厘米两种规格）；杨某炎到案后指认了卖鼠药地点。侦查机关出具情况说明称，根据念斌供述的买鼠药地点及证人刘某珠提供的情况找到杨某炎；杨某炎因为文化程度低证明的氟乙酰胺鼠药名称不准确，应是氟乙酸类毒物。检方出示证人吴某英证言，证实约 2006 年 7 月 1 日下午，念斌到过"吴老师店"批发香烟。

辩方出示证人魏某娇证言、念斌辨认笔录，提出公安机关事先从魏某娇处扣押掌握了透明塑料袋包装的米糠状鼠药；念斌与杨某炎二人互相不能辨认。

6. 作案工具部分的证据

检方出示证人丁某玉、念某周、陈某国、李某灿、翁某雄证言，证实案发次日凌晨，案发现场门前垃圾筐里的垃圾均已被清理；侦查机关出具情况说明称，根据念斌供述的地点对作案工具作了查找但未果；鉴定人说明，经提取念斌食杂店里的货架及地面上的尘土、门闩，以及丁某虾家煤炉上的表面物质送检，均未检出氟乙酸盐鼠药成分。

辩方提出，据上述证据，所谓的作案工具不存在，在念斌食杂店和丁某虾家厨房里也未能找到氟乙酸盐鼠药痕迹。

（二）供述、辩护观点以及双方意见

检方出示上诉人念斌 2006 年 8 月 7 日、8 日、9 日、17 日、18 日，9 月 25 日的供述，内容是：案发前其在平潭县东大街小商品市场往汽车站方向的路南边（县医院附近）一个箱包店门前地摊上，向一个 50 多岁、理平头老人，买了 2 包塑料薄膜袋包装的麦皮和大米混合的鼠药，包装袋约二指宽。当时还到过"吴老师店"批发香烟。7 月 24 日晚，其把其中 1 包鼠药倒在香烟外包装壳上，放在店内货架上最高一层毒老鼠。7 月 26 日 22 时许，丁某虾抢走一个买香烟顾客，而且平时也经常抢其顾客，其很气愤。27 日凌晨 1 时许，其到店后天井打水做卫生，路过天井内丁某虾厨房时，突然想在丁的厨房里投放鼠药，让丁吃了肚子痛、拉稀教训丁一下，就返回店中取出剩下的 1 包鼠药倒半包在矿泉水瓶中，用少量水溶解后将鼠药水从壶嘴倒入丁家厨房铝壶的水里，然后将剩余鼠药和矿泉水瓶扔在店南边的垃圾筐里。7 月 29 日凌晨 2 时许，其把货架上毒老鼠的鼠药也扔到垃圾筐里。检方出示首次有罪供述过程的审讯录像，证实念斌第 1 次交代投毒作案时的部分审讯经过；公安部物证鉴定中心的物证检验意见，证实该审讯录像光盘记载的内容未经过剪辑、整合技术处理；指认现场录像，证实念斌辨认了购买鼠药地点和作案现场、演示了投毒过程、指认在货架上放鼠药的位置。

辩方出示公安部物证鉴定中心关于审讯录像光盘检验情况的说明函，提出该中心说明的其检验的审讯录像光盘内容未经过剪辑、整合技术处理，与内容中断的在案审讯录像不相符，在案的审讯录像与物证检验意见均不能作为定案依据。

法庭辩论中,围绕上述举证、质证的证据,念斌作了自行辩护,双方就案件事实、证据和适用法律等问题发表了意见,并于庭后提交了书面意见。

辩护人张燕生的主要辩护观点是:本案现场勘验检查笔录制作不合法、不真实,不能作为定案依据;物证铝壶、高压锅和铁锅提取送检过程不清;理化检验报告均存在检验程序违法、检验结论不真实等问题,不能作为定案依据;现有证据不能证实被害人的中毒原因;没有证据证实念斌购买了氟乙酸盐鼠药,在食杂店内调配好鼠药水,然后潜入被害人家厨房将鼠药水投入铝壶水中;原判认定鼠药投放在铝壶水中,与本案的中毒情况也不相符;念斌曾供述的作案工具均不存在。其认为没有证据证实念斌实施投毒行为,请求宣告念斌无罪。辩护人斯伟江的主要辩护观点是:本案补充勘查提取铝壶未制作相应笔录,物证铝壶应予排除,不能作为定案依据;有关被害人死因的理化检验报告的质谱图出现明显问题,原判据此认定死因错误;毒物检验方法和操作过程不规范,检验结果均不能认定检出氟乙酸盐鼠药成分,理化检验报告不能作为定案依据;上诉人念斌的有罪供述与其他证据不能相互印证。其请求宣告念斌无罪。

福建省人民检察院出庭检察员的主要出庭意见是:上诉人念斌在侦查阶段多次稳定供述犯罪事实,在检察机关审查批捕提讯时仍然作了有罪供述;供述的作案动机得到了证人证言印证;供述将鼠药投放在被害人家的铝壶水中,得到了从铝壶水和厨具中检出与被害人中毒相同成分鼠药的理化检验报告、法医学鉴定意见的印证;供述的鼠药来源,得到证人证言及从配制鼠药工具中检出与被害人中毒相同成分鼠药的理化检验报告印证;被害人中毒当天的食物来源、烹制过程、进食情况及食物中毒排查得到了证人证言证实;证据取证程序瑕疵问题经侦查人员、鉴定人出庭作了解释说明。念斌及辩护人提出的上诉理由和辩护意见,均不符合案件的事实和证据。一审定性准确,审判程序合法,请二审法院根据事实、证据与法律规定作出公正判决。

被害人俞甲的诉讼代理人的主要代理意见是:上诉人念斌不能合理说明翻供原因,辩解的理由与证据相矛盾,所作有罪供述与其他证据能相印证,证据取证程序瑕疵问题已经鉴定人、侦查人员合理解释说明补正,犯罪事实客观存在。请求维持原判,严惩念斌。

上诉人念斌的附带民事诉讼代理人的主要代理意见是:本案事实证据存在一系列无法说明的问题,原判认定上诉人念斌实施投毒犯罪无证据支持,要求其承担民事赔偿责任无事实、法律依据,请求驳回附带民事诉讼原告人的诉讼请求。

被上诉人丁某虾、俞甲的主要答辩意见是:请求判处上诉人念斌死刑并承担民事赔偿责任。

被上诉人丁某虾的诉讼代理人的主要代理意见是:原判认定事实清楚、证据充分，上诉人念斌应对其犯罪行为给丁某虾造成的经济损失，依法承担民事赔偿责任；被害人的死亡赔偿金、丧葬费应当按照本次一审法庭辩论终结时的上一统计年度标准计算，分别改判为人民币297074.4元和人民币32652元，其他赔偿项目请求维持原判。

（三）分析

根据法庭审理查明的事实、证据，结合法庭依法核实的证据情况，针对检辩双方争议的焦点，分别通过被害人中毒原因、投毒方式、毒物来源三方面评判如下：

1. 被害人中毒原因

原判认定，被害人俞乙、俞丙系氟乙酸盐鼠药中毒死亡，主要依据是原审庭审中公诉机关举证的法医学鉴定意见、俞乙的呕吐物的理化检验报告、被害人陈述和证人证言。

检方认为，原判采信的上述证据和检方在二审庭审中新出示的被害人俞乙、俞丙的尿液和心血的理化检验报告、俞乙心血的质谱图、检验电子数据、鉴定人证言、侦查机关的情况说明等证实，在俞丙的心血、尿液，俞乙的心血、尿液和呕吐物中检出了氟乙酸盐鼠药成分，与其中毒症状相符；俞丙的尿液与标样的质谱图、俞乙的心血与呕吐物的质谱图相同的问题，鉴定人出庭说明系归档时弄混导致，并且重新提供了俞乙心血的质谱图和相关检验电子数据、补充的尿液实验，可以予以解释。因此，可以认定二被害人死于氟乙酸盐鼠药中毒。

辩方认为，辩方在二审庭审中新出示的理化检验报告的质谱图和检方出示的上述证据，以及鉴定人出庭说明，证实本案检验过程未进行“空白”对照检验，不能排除检材被污染的可能；根据提取的质谱图，均不能判定检出氟乙酸盐鼠药成分；由于质谱图出现错误，被害人心血、尿液和呕吐物的理化检验报告不能作为认定死因依据。现有证据不能认定被害人死于氟乙酸盐鼠药中毒。

福建省高级人民法院认为，检辩双方出示的上述证据能够证实，被害人俞乙、俞丙系中毒死亡，但原判认定系氟乙酸盐鼠药中毒，证据不确实、不充分。第一，检材与标样的质谱图不应相同。标注为被害人俞丙尿液和标注为标样的两份质谱图相同，有悖常理。同时，标注为俞丙尿液的质谱图、检验电子数据的文件名，与俞丙尿液检材的名称不符。检方聘请的专业人员提出，该质谱图是否为俞丙尿液的质谱图存疑。辩方聘请的专业人员提出，该质谱图就是标样而非尿液的质谱图。鉴定人出庭说明两者质谱图相同，系将俞丙尿液的质谱图当作标样的质谱图归入档案造成；检验电子数据的文件名与检材的名称不相符，系因命名规则不统一造成。该解释不足以采信。补充的尿液实验因检验条件不相同，缺乏证明价值。因此，俞丙尿液检材的检验结果的真实性存疑。第二，分别标注为被害人俞乙心血、呕吐物的两份质谱图也相同,同样有悖常理。同时,标注为俞乙呕吐物的质谱图、补充所称的俞乙心血的质谱图以及检验电子数据的文件名,与俞乙呕吐物、心血检材的名称也不相符。鉴定人出庭说明两者质谱图相同,系因文件名近似误把呕吐物的质谱图当成心血的质谱图归入档案造成;检验电子数据的文件名与检材的名称不相符,系因命名规则不统一造成。该解释亦不足以采信。因此,俞乙心血、呕吐物检材的检验结果的真实性也存疑。第三,鉴定机构在对俞丙的尿液、心血和俞乙的尿液、心血及呕吐物检材的检验过程中,均未按照专业规范要求进行"空白"对照检验,以防止假阳性检验结果,因此难以排除检材被污染的可能。第四,根据俞丙心血、俞乙尿液检材的检验数据,能否判定检出氟乙酸盐鼠药成分,双方聘请的专业人员提出的意见严重分歧。因此,从俞丙心血、俞乙尿液中检出氟乙酸盐鼠药成分的检验结论可靠性存疑。此外,与被害人共进晚餐的俞甲、念某珠有中毒症状,但未做相应检验,无法认定中毒原因;丁某虾、陈某娇自述并无明显中毒症状,也未做相应检验,是否中毒不明。综上,据以认定二被害人中毒原因的理化检验报告不足以采信,其他共进晚餐人员认定中毒原因或有无中毒缺乏充分依据,原判认定二被害人死于氟乙酸盐鼠药中毒的事实不清,相关证据不确实、不充分。

2. 投毒方式

原判认定上诉人念斌将鼠药投放在被害人家厨房铝壶水中,致使二被害人食用了使用壶水烹制的食物中毒死亡。其主要依据是原审庭审中原公诉机关举证的被害人陈述和证人证言,现场勘验检查笔录、现场照片和提取痕迹、物品登记表,铝壶水、高压锅和铁锅的理化检验报告,铝壶的侦查实验笔录,上诉人念斌的有罪供述和指认现场录像等证据。

检方认为,原判采信的上述证据和检方在二审庭审中新出示的理化检验报告的检验电子数据、侦查机关的情况说明等证实,从铝壶水、高压锅、铁锅表面残留物中,均检出与被害人生物检材中相同成分的氟乙酸盐鼠药,与上诉人念斌供述将鼠药投放在铝壶水中能相印证;提取送检铝壶及壶水、高压锅和铁锅过程的程序瑕疵,鉴定人和侦查人员出庭作了说明补正。因此,可以认定念斌将氟乙酸盐鼠药投放在铝壶水中。

辩方认为,辩方在二审庭审中新出示的检验鉴定委托书、鉴定受理登记表、分析检验记录表、质谱图、现场照片光盘、侦查机关的情况说明和检方出示的上述证据,以及鉴定人、侦查人员出庭所作说明,反映现场勘验检查工作及笔录制作不规范,铝壶及壶水、高压锅和铁锅的提取送检程序不合法,物证来源不清应予排除;鉴定机构对铝壶水、高压锅和铁锅的检验过程不规范,根据检验数据均不能认定检出氟乙酸盐鼠药成分,理化检验报告不能作为定案依据,故不能认定念斌将鼠药投放在铝壶水中。

福建省高级人民法院认为,第一,关于铝壶、高压锅的提取送检问题,现场勘验检查笔录记载的提取送检时间为“7 月 28 日”,与检验鉴定委托书记载的“8 月 9 日”相矛盾。侦查人员出庭说明系“8 月 8 日傍晚”提取送检,与庭前说明提取送检时间是“8 月 9 日”前后不一,而且现场照片、指认现场录像显示,8 月 9 日晚现场厨房还存在相同的高压锅,此无法合理解释。第二,关于铁锅的提取送检问题,现场勘验检查笔录记载的提取送检时间为“7 月 28 日”,与检验鉴定委托书记载的“8 月 1 日”相矛盾,检验时间又载明是“7 月 31 日”,送检与检验的时间前后倒置。侦查人员出庭说明提取送检时间是“7 月 31 日”,前述问题系因事后综合制作现场勘验检查笔录和补办检验鉴定委托手续造成,此合理性依据欠缺,不足以采信。第三,鉴定受理登记表记载,侦查机关送检铝壶及里面的3500 毫升水,但现场勘验检查笔录未记载提取铝壶时壶中有水。侦查人员出庭说明笔录记载原物提取铝壶即包括壶中的水,缺乏充分依据;出庭说明将铝壶水分装到矿泉水瓶中送检,缺乏笔录记载,且与庭前说明记不清具体送检情况不一致;侦查实验笔录也不能说明提取时铝壶中的水量。因此,该3500 毫升壶水检材与提取的铝壶之间的关联性缺乏确实依据。第四,鉴定机构在对铝壶水、高压锅和铁锅表面残留物检材的检验过程中,未按照专业规范要求进行“空白”对照检验,以防止假阳性检验结果,因此难以排除该 3 份检材被污染的可能。第五,根据铝壶水、高压锅和铁锅表面残留物检材的检验数据能否判定检出氟乙酸盐鼠药成分,双方聘请的专业人员提出的意见严重分歧。因此,从铝壶水、高压锅和铁锅中检出氟乙酸盐鼠药成分的检验结论可靠性存疑。此外,证人陈某娇证实是使用丁某虾家铝壶的水还是红桶的水捞鱿鱼,说法不一,难以采信系使用铝壶的水捞鱿鱼。综上,铝壶水、高压锅和铁锅的提取送检过程不清,检材来源相关证据间的矛盾和疑点得不到合理解释,检验过程不规范,检验结论可靠性存疑,理化检验报告不足以采信,因此,认定铝壶水有毒缺乏确实依据,原判认定念斌将鼠药投放在铝壶水中事实不清,关键证据链条中断。

3. 毒物来源

原判认定上诉人念斌投放的鼠药系在平潭县医院附近向摆地摊的杨某炎购买。其主要依据是原审庭审中原公诉机关出示的证人杨某炎等人证言及辨认笔录、查获的杨某炎配制鼠药工具的照片、理化检验报告、鼠药包装袋、搜查证、搜查笔录、扣押物品清单及照片,念斌的有罪供述及指认购买鼠药地点笔录和录像等证据。

检方认为,原判采信的上述证据和检方在二审庭审中新出示的理化检验报告的检验电子数据、证人杨某炎指认卖鼠药地点照片、证人刘某印证言、侦查前期查找鼠药来源材料、侦查人员所作说明和侦查机关的情况说明等证实,根据上诉人念斌供述的购买鼠药地点找到了卖鼠药的杨某炎,并从杨某炎配制鼠药的工具中检出了与被害人中毒相同成分的鼠药氟乙酸盐，念斌供述购买鼠药的时间亦得到证人证言印证；念斌与杨某炎相互不能辨认，供述的卖鼠药人的年龄与杨某炎不相符，供述的鼠药包装袋规格与实物不相符，是凭其个人主观感受进行描述，不影响鼠药来源的认定，可以认定念斌投放的鼠药系从杨某炎处购买。

辩方认为，辩方在二审庭审中新出示的理化检验报告的质谱图、侦查机关的情况说明和检方出示的上述证据等证实，上诉人念斌与证人杨某炎相互不能辨认，也未能供述杨某炎的外貌特征，供述卖鼠药人的年龄与杨某炎不相符，供述的鼠药包装袋规格与查获的实物不相符；配制鼠药工具的检验过程不规范，根据检验数据不能认定检出氟乙酸盐鼠药成分，理化检验报告不能作为定案依据，故没有证据证实念斌购买杨某炎卖的氟乙酸盐鼠药。

福建省高级人民法院认为，第一，侦查机关找到卖鼠药的证人杨某炎，但上诉人念斌与杨某炎相互不能辨认；供述的卖鼠药人的特征及年龄，与杨某炎情况差异明显；供述的鼠药包装袋规格，与从杨某炎住处查获的实物差异较大；供述在购买鼠药时到过商店批发香烟，时间约为7月中旬，与证人证实其批发香烟时间为7月初不一致。第二，鉴定机构在对配制鼠药工具塑料盆、铁盆检材的检验过程中，未按照专业规范要求进行“空白”对照检验，以防止假阳性检验结果，因此难以排除该两份检材被污染的可能。第三，根据配制鼠药的工具碗、塑料盆和铁盆检材的检验数据，能否判定检出氟乙酸盐鼠药成分，双方聘请的专业人员提出的意见严重分歧。因此，从碗、塑料盆和铁盆中检出氟乙酸盐鼠药成分的检验结论可靠性存疑。综上，念斌与杨某炎相互不能辨认，供证存在不吻合之处，配制鼠药工具的理化检验报告不足以采信，原判认定念斌投放的鼠药系从杨某炎处购买依据不充分。

关于有罪供述。原判认定上诉人念斌作过多次有罪供述，供述作案过程没有矛盾之处，所供作案动机和手段亦客观、真实，在检察机关审查批捕提讯和律师两次会见时亦承认作案，其有罪供述可以采信。检方认为，念斌的有罪供述稳定，并与在案证据能相印证。辩方认为，念斌的有罪供述内容不真实，与客观证据不符，系违法取证所得。

经查，上诉人念斌到案之初未承认犯罪，在侦查阶段和检察机关审查批捕提讯时曾经作过多次有罪供述，审查起诉起则始终否认作案。念斌第一次有罪供述的笔录内容与在案的审讯录像内容不完全一致，且审讯录像内容不完整。念斌庭前多次供述的鼠药来源一节，其中关于卖鼠药人的特征、年龄、鼠药包装袋规格以及批发香烟的时间等情节，与证人证言不相符；供述的将鼠药水投放在铝壶水中一节，如上所述认定铝壶水有毒依据不确实，形不成印证；供述把鼠药放在货架上毒老鼠一节，从货架表面与旁边地面上提取的灰尘中均未能检出鼠药成分，亦形不成印证；供述的作案工具、剩余鼠药，均未能查获。福建省高级人民法院认为，念斌的庭前供述和辩解存在反复，庭前供述与其他证据不能相互印证，不足以采信。

综上，福建省高级人民法院认为，两名被害人系中毒死亡，但原判认定致死原因为氟乙酸盐鼠药中毒依据不足，认定的投毒方式依据不确实，毒物来源依据不充分，与上诉人的有罪供述不能相互印证，相关证据矛盾和疑点无法合理解释、排除，全案证据达不到确实、充分的证明标准，不能得出系上诉人念斌作案的唯一结论。因此，原判认定上诉人念斌犯投放危险物质罪的事实不清，证据不足，原公诉机关指控上诉人念斌所犯罪名不能成立。原审判决上诉人念斌赔偿附带民事诉讼原告人丁某虾、俞甲的经济损失无事实依据。因此，福建省高级人民法院判决：(1)撤销福州市中级人民法院(2011)榕刑初字第104号刑事附带民事判决；(2)上诉人念斌无罪。

## 教学指导手册

### 教学对象及目标

本案例供法律硕士案例教学使用，法学本科(大四)、刑法学硕士、刑事诉讼法学硕士研究生课程也可参酌使用。

本案例围绕刑事诉讼法中的基本原则、相关程序、证据制度进行讲授，具体要解决的问题包括：(1)鉴定意见等证据的审查判断；(2)证据的合法性与非法证据排除规则；(3)证明标准和疑罪从无；(4)刑事二审发回重审制度；(5)禁止双重危险原则与既判力理论；(6)法律文书的说理。

### 教学内容

#### 1. 鉴定意见的审查判断

最高人民法院《关于适用〈中华人民共和国刑事诉讼法〉的解释》(以下简称《刑诉解释》)第84条、第85条对鉴定意见的审查判断作了详细解释。其中，第85条规定，鉴定意见具有下列情形之一的，不得作为定案的根据：(1)鉴定机构不具备法定资质，或者鉴定事项超出该鉴定机构业务范围、技术条件的……(3)送检材料、样本来源不明，或者因污染不具备鉴定条件的；(4)鉴定对象与送检材料、样本不一致的……(6)鉴定过程和方法不符合相关专业的规范要求的……

对于鉴定意见的证明价值，尤应着重从以下几个方面审查判断鉴定意见的证据资格和证明力。(1)鉴定人资格、能力。全国人大常委会《关于司法鉴定管理问题的决定》规定,国家对诸如法医类、物证类、声像类等鉴定的鉴定人和鉴定机构、鉴定事项实行登记管理。隶属于公安、检察机关、国家安全机关的鉴定机构和鉴定人的登记、注册和管理由公安、检察机关、国家安全机关负责。在登记注册范围内的机构和人员具有相应的鉴定资格。本案中,福州市公安局鉴定机构未按照规定进行重新登记,却以自己名义进行鉴定,属于无资质鉴定,其鉴定人员也无鉴定资格,但在一审中,法官未对鉴定机构和鉴定人进行实质审查,直接将鉴定意见作为定案的根据。(2)送检材料真实性和充分性。需要审查的有,检材的来源、取得、保管、送检是否符合法律、有关规定,与相关提取笔录、扣押物品清单等记载的内容是否相符,检材是否充足、可靠。《办理死刑案件证据规定》规定,对于鉴定对象与送检材料不一致的,送检材料、样本来源不明或者确实被污染且不具备鉴定条件的,不能作为定案的根据。如果这些有待鉴定的实物证据或用于鉴定的检材和样本不能通过勘验、检查笔录或搜查扣押笔录证明其来源的真实性,或者对收集过程有疑问,不能做出合理解释的,存在被替换、伪造、编造、篡改的可能,就不能保证鉴定意见的可靠性。(3)专家辅助人参与对鉴定方法、程序和论证过程的审查。《刑事诉讼法》确立了专家辅助人制度,其中第192条规定,公诉人、当事人和辩护人、诉讼代理人可以申请法庭通知有专门知识的人出庭,就鉴定人作出的鉴定意见提出意见。

**2. 证据的合法性与非法证据排除规则**

《刑事诉讼法》第54条规定,采用刑讯逼供等非法方法收集的犯罪嫌疑人、被告人供述和采用暴力、威胁等非法方法收集的证人证言、被害人陈述,应当予以排除。收集物证、书证不符合法定程序,可能严重影响司法公正的,应当予以补正或者作出合理解释;不能补正或者作出合理解释的,对该证据应当予以排除。在侦查、审查起诉、审判时发现有应当排除的证据的,应当依法予以排除,不得作为起诉意见、起诉决定和判决的依据。

依《刑诉解释》第69条的规定,对物证、书证应当着重审查物证、书证的收集程序、方式是否符合法律、有关规定;经勘验、检查、搜查提取、扣押的物证、书证,是否附有相关笔录、清单,笔录、清单是否经侦查人员、物品持有人、见证人签名,没有物品持有人签名的,是否注明原因;物品的名称、特征、数量、质量等是否注明清楚。《解释》第102条规定,经审理,确认或者不能排除存在《刑事诉讼法》第54条规定的以非法方法收集证据情形的,对有关证据应当排除。

**3. 证明标准和疑罪从无**

《刑事诉讼法》第53条规定,证据确实、充分,应当符合以下条件:(1)定罪量刑的事实都有证据证明；（2）据以定案的证据均经法定程序查证属实；（3）综合全案证据，对所认定事实已排除合理怀疑。

《刑诉解释》第 241 条规定，对第一审公诉案件，人民法院审理后，应当按照下列情形分别作出判决、裁定：证据不足，不能认定被告人有罪的，应当以证据不足、指控的犯罪不能成立，判决宣告被告人无罪；案件部分事实清楚，证据确实、充分的，应当作出有罪或者无罪的判决；对事实不清、证据不足部分，不予认定。

本案中，侦查机关存在办案粗糙的问题，现场的勘验检查、物证的提取和鉴定均被辩护律师发现了不少疑点，最终福建法院以事实不清、证据不足为由宣告念斌无罪。

**4. 刑事二审发回重审制度**

刑事二审发回重审制度，是指二审法院审理上诉、抗诉的刑事案件后，认为原来的判决存在“事实不清、证据不足”等实体性错误或程序性错误，将案件发回原审法院重新审判的制度。

本案中，福建省高级人民法院在 2008 年、2011 年两次将念斌投毒案发回重审，而不是查明事实后予以改判。直至 2011 年福州市中级人民法院第四次作出死刑判决，福建省高级人民法院才于 2013 年开始了对案件的实体审理，并于在 2013 年 7 月、2014 年 6 月两次长时间开庭审理大量新证据后，作出了无罪判决。

为了避免“拉锯审理”的出现，2012 年刑诉法修正案对于案件发回重审的次数进行了限制。《刑事诉讼法》第 225 条规定，原审人民法院对于依照前款第 3 项规定（事实不清，证据不足发回重审）发回重新审判的案件，被告人提出上诉的，第二审人民法院应当依法作出判决或者裁定，不得再发回原审人民法院重新审判。据此规定，二审法院对刑事案件发回重审只能使用一次，如果原法院又作出相同判决，二审法院必须自己查明事实，依据查明的事实或维持原判或改判。

讨论：根据无罪推定原则，对于事实不清、证据不足的案件，二审中究竟是应该迳行宣告无罪还是应该发回重审且可以两次发回重审？

**5. 禁止双重危险原则**

禁止双重危险原则，是现代许多国家刑事诉讼的一项基本原则，也是国际刑事司法准则之一。关于禁止双重危险规则的含义，在现代立法表述中，最为经典的是美国宪法修正案《美国权利法案》第 5 条的规定：“任何人均不得因同一罪行而被迫两次遭受生命或身体上的危险”。《公民权利和政治权利国际公约》表述为：“任何人已依一国的法律及刑事程序被最后定罪或宣告无罪者，不得就同一罪名再予审判或惩罚。”

我国刑事诉讼法尚未明确规定禁止双重危险原则。平潭县公安局在终审无罪判决后对念斌重新立案侦查,是否违反禁止双重危险,是否挑战了终审判决的既判力,引起学界热烈讨论。

《刑事诉讼法》第242条规定,当事人及其法定代理人、近亲属的申诉符合下列情形之一的,人民法院应当重新审判:(1)有新的证据证明原判决、裁定认定的事实确有错误,可能影响定罪量刑的;(2)据以定罪量刑的证据不确实、不充分、依法应当予以排除,或者证明案件事实的主要证据之间存在矛盾的;(3)原判决、裁定适用法律确有错误的;(4)违反法律规定的诉讼程序,可能影响公正审判的;(5)审判人员在审理该案件的时候,有贪污受贿,徇私舞弊,枉法裁判行为的。遍查我国刑事诉讼法的规定,与公安机关重新立案侦查有关的只能是《刑事诉讼法》第242条列举的第1项,即"有新的证据证明原判决、裁定认定的事实确有错误,可能影响定罪量刑的"。

**6. 判决书的说理**

判决书的说理,是指人民法院在制作判决过程中依据事实、证据,运用法律,从而得出判决结论的逻辑思维过程,其实质是一种法律推理过程,而法律推理,是指特定的法律工作者利用本案相关材料构成法律理由,以推导和论证司法判决的证明过程和证明方式。1999年《人民法院五年改革纲要》中明确指出:"加快裁判文书的改革步伐,提高裁判文书的质量。改革的重点是加强对质证中有争议证据的分析、认证,增强判决的说理性;通过裁判文书,不仅记录裁判过程,而且公开裁判理由,使裁判文书成为向社会公众展示司法公正形象的载体,进行法制教育的生动教材。"中共中央《关于全面深化改革若干重大问题的决定》明确要求:"增强法律文书说理性,推动公开法院生效裁判文书。"以党的文件方式对审判实务中的一项具体问题提出要求并不常见,凸显全社会对法院裁判文书说理和司法公开的需求和关切。

当前司法实践中,判决书制作的突出问题就是不说理或说理不充分。这主要表现在三个方面,一是对事实的认定不加论证,其表现为对证据的简单罗列而不说明采信证据理由、不表明证据与案件事实之间的推理过程;二是没有针对当事人的诉求进行分析推理,其表现为对被告人及其辩护人的辩解和辩护意见不予理睬,你辩你的,我判我的;三是对判决结果及适用法律不详加说明理由。

本案终审判决对争议证据的分析和采信论证透彻,全面反映和回应了裁判过程控辩双方的主张。通过公开裁判理由,不仅使该判决书真正成为司法公正形象的载体和法治教育的生动教材,而且有利于促进立法、司法的进步和建设法治国家的进程。

**7. 结论**

通过对念斌案多角度、多学科的研习，不难得出，在人权和法治视野下，我国刑事司法的进步需要我们从禁止双重危险原则、无罪推定原则、证据裁判原则、法律文书的说理等领域进行几近颠覆性的变革，需要从诉讼观念上实现从有罪推定原则、从片面地打击犯罪目的观向无罪推定、惩罚犯罪和保障人权并重的双重目的观的根本转变。

## 预期效果

学生通过使用案例材料讨论掌握以下几个方面问题：

1. 刑事辩护应重点关注的程序问题和证据问题；
2. 被告人供述、物证、鉴定意见等证据的审查判断；
3. 证据的合法性审查与非法证据排除制度；
4. 刑事案件尤其是死刑案件的证明标准；
5. 无罪推定原则与证明标准的关系；
6. 刑事二审发回重审制度检讨；
7. 禁止双重危险原则与既判力理论；
8. 法律文书的说理。

## 教学计划

1. 将学生按照控辩审的三方结构进行角色分配，从不同视角对相关知识点进行辩论式讨论。

2. 分别指导各方学生按照自己的角色扮演展开相关的材料收集（包括理论知识、类似案例与相关适用法律）与思维训练。

3. 组织课堂研讨。

4. 由指导老师结合学生课堂讨论对案件知识点进行总结、点评。

## 课堂时间安排

1. 第一节课，熟悉案件材料，同时对学生进行角色分配，要求其在课后收集材料和知识准备。

2. 第二节课，组织学生对所涉知识点进行开放式课堂讨论。

3. 第三节课，进行案例点评和知识总结。

## ■ 思考题

1. 一般意义上讲,刑事辩护应重点关注的问题有哪些?
2. 如何审查判断被告人供述、物证、鉴定意见等证据的证据能力和证明力?
3. 司法实践中如何真正贯彻非法证据排除规则?
4. 司法实践中究竟如何把握"事实清楚,证据确实充分"的证明标准?
5. 何谓疑罪从无,如何疑罪从无?
6. 无罪推定原则与证明标准的关系?
7. 刑事二审发回重审制度的立改废。
8. 禁止双重危险原则与既判力理论的理解与贯彻。
9. 就内容而言,应从哪些方面加强法律文书的说理?

## ■ 参考文献

1. [美]艾伦·德肖维茨:《最好的辩护》,唐交东译,法律出版社 2014 年版。
2. 熊秋红:《以念斌案为标本推动审判中心式的诉讼制度改革》,载《中国法律评论》2015 年第 1 期。
3. 汪建成:《论证据裁判主义与错案预防——基于 16 起刑事错案的分析》,载《中外法学》2015 年第 3 期。
4. 龙宗智:《念斌被再度确定为犯罪嫌疑人问题法理研判》,载《法制与社会发展》2015 年第 1 期。

撰稿人 | 胡廷松,上海师范大学法政学院

# 20 CASE 孙某拖死交警茆某案


**摘　要**

某年某月某日下午，某市××路、××路路口，当事人孙某驾驶一辆宝马X3自北向南遇红灯时超过停车线，交警茆某遂上前纠正其交通违法行为。该车在民警纠正后退回了停车线。当绿灯放行时，该车突然不按路口导向标志从直行车道向左转弯，民警迅速上前拦截。起初宝马车左转时，速度较慢，民警在旁边劝阻，不知是何原因，宝马车忽然提速。民警拉住其驾驶席车门、试图将手伸入车窗阻止。驾驶员再次加速行驶，民警被拖行近十米后，身体在空中翻转，脑部着地。茆某被送至某市某人民医院救治，其颅内出血，脑干受伤。据悉，该名受伤警员由医院五楼ICU转移到六楼进行紧急抢救，但最终因伤势过重身亡。



**关键词**

刑事案件　故意　过失　间接故意　被害人自冒风险　故意杀人罪　故意伤害致人死亡罪　自首


**教学目标**

本案争议点较多，通过逐步分析厘清司法推定在故意与过失概念中的运用、被害人自冒风险与被害人过错的内涵、故意伤害致人死亡罪与故意杀人罪的界限、自首的司法认定，训练学生从细节入手，从整体上把握刑事案件的能力。

## 教学案例主文

某市人民检察院以被告人孙某犯故意伤害罪向法院提起公诉。法院依法组成合议庭，公开开庭进行了审理。某市人民检察院指派检察员出庭支持公诉。被告人孙某及其辩护人、证人、鉴定人到庭参加诉讼。

某市人民检察院起诉指控：××××年××月××日××时××分许，被告人孙某驾驶宝马X3越野车(牌号为D×××××)行驶至本市××区××路路口时,因超越停车线被在该路口执勤的交通警察茆某纠正。之后,孙某从直行车道径直行驶至左转弯至虹许路的待转区,茆某再次上前指出其违反交通法规的行为,孙某不服从茆某要求其直行的现场指令,驾驶车辆强行加速左转,将正在制止其违法行为的茆某拖拽倒地,茆因颅脑损伤被送医后抢救无效于当晚22时45分死亡。

为证实上述指控的事实,公诉人当庭讯问了被告人孙某,播放了相关视听资料,询问了证人A、B和鉴定人甲,宣读了证人C、D等人的证言、鉴定意见书等证据,出示了被害人案发时所穿衣物等物证。公诉机关据此认为,被告人孙某的行为已触犯《刑法》第234条第2款之规定,应以故意伤害罪追究刑事责任,提请法院依法审判。

被告人孙某辩称:他在驾车左转过程中没有看到被害人抓其驾驶室左侧车窗框,他没有伤害被害人的故意。孙某的辩护人提出:(1)起诉指控的证据尚不足以证明被告人在驾车左转过程中明知被害人抓其车窗框,不能认定其具有伤害故意;(2)被害人没有严格遵守相关执法规范,缺乏自我保护意识,也是本案发生的原因之一;(3)被告人在事发后主动投案,并如实供述作案事实,应认定其具有自首情节;(4)被告人系初犯,没有前科劣迹,并有积极赔偿的意愿,对其可酌情从轻处罚。

经审理查明:××××年××月××日××时××分左右,被告人孙某驾驶牌号为D×××××的红色宝马X3越野车沿本市××路直行车道自西向东行驶至××路路口时,因超越停车线被在该路口执勤的交通警察茆某纠正。后孙某又从直行车道径直行驶至左转弯至××路的待转区,茆某再次上前指出其违反交通法规的行为并指挥其直行。孙某不服从茆某要求其直行的现场指令,启动车辆强行左转,在明知茆某在其车辆驾驶室左侧伸手阻止其违法行为并已抓住其驾驶室车窗框的情况下,为逃避处罚,仍持续加速左转,致被害人茆某被拖拽、甩出而摔倒在地,并因头部遭受巨大钝性外力作用致颅脑损伤,经抢救无效于当晚22时45分死亡。

上述事实,有公诉人当庭举证,并经法庭质证查证属实,本院予以确认的下列证据证实:

(一)证明被害人在被告人孙某强行左转前两次纠正其违法行为的证据

1.证人A(系现场目击证人)的证言证明:××××年××月××日××时××分左右,他驾车沿××路行至××路路口时遇红灯停在最北侧的大转弯处。他看到一辆红色宝马车停在直行车道第一位,车头侧向左转弯车道,一名交警站在该车驾驶室车窗旁边和驾驶员交流。直行信号灯变绿灯后,交警用手势示意这辆车直行,这辆车慢速驶过交警后就把车拉到左转待转区并停在第一位,交警看见后就走到这辆车驾驶室旁和驾驶员讲话并作出直行手势,当时驾驶室左侧车窗玻璃开启,但是驾驶员没有直行。

2. 某市公安局某分局《调取证据清单》、“D×××××”红色宝马车行车记录仪中的视频、被害人茆某的执法记录仪录音记录及××分局刑侦支队出具的《时间校准情况》证明:××××年××月××日××时××分左右,孙某驾驶红色宝马车在直行车道超越停车线被交警茆某拦停,茆某让孙某往后倒,孙某服从指令倒车;随后交警茆某挥动指挥棒作出直行手势,但是孙某驾车驶入左转待转区;交警茆某再次上前与孙某交谈并指令其驾车直行往前开。

3. 被告人孙某的供述证明:××××年××月××日,他和朋友约好晚上6点钟在某广场吃饭。当天××时××分许,他驾驶牌号为D×××××的红色宝马X3轿车从公司办公地××路出发,沿××路由南向北开至××路右转,××路是四车道,他进入了右侧直行车道。因他想在路口处左转,所以他继续向左侧变道进入左侧直行车道。由于最左侧的左转车道上车辆排队非常长,他没法变道进入左转车道,就打算从左侧直行车道左转。他行驶到××路××路路口时,直行灯处于红灯状态,左转灯处于绿灯还剩两三秒的状态,他本想抢在左转灯变红之前左转的,就在他驾车超出停车线时,前方一位执勤交警示意他停车往后倒,他就倒车停到停车线以外。直行信号灯变绿时,他就从直行道直接进入××路的左转待转区。就在左转信号灯还有几秒钟变成绿灯时,先前让他倒车的那位交警走上来敲他驾驶座这边的车窗,他摇下车窗后交警让他直行。

4. 某市公安局某分局交通警察支队出具的《情况说明》证明:(1)孙某驾车沿××路自西向东直行车道行驶至××路路口时,东西方向为红灯,孙某将车停在停止线以内,该行为违反了《道路交通安全法实施条例》第51条第1款第5项:机动车通过有交通信号灯控制的交叉路口,遇停止信号时,依次停在停止线以外。没有停止线的,停在路口以外。该行为属违法行为。后经执勤民警指出后,孙某将车退回至停止线以外。(2)当××路东西方向红灯转换为绿灯后,孙某驾车驶入西向北左转待转区,该行为违反了《道路交通安全法实施条例》第51条第1款第1项:机动车通过有交通信号灯控制的交叉路口,在划有导向车道的路口,按所需行进方向驶入导向车道。该行为属违法行为。

### (二)证明被告人孙某明知被害人伸手抓其驾驶室车窗框阻止其违法行为仍强行加速左转致使被害人被拖拽倒地的证据

1. 证人B(系现场目击证人)的证言证明:当时,他驾车沿吴中路由西向东行至××路××路路口时遇红灯停在路口。当时一辆红色宝马车停在左转待转区第一位,驾驶员车门位置旁边有一名交警正在用手势指挥该车直行,驾驶员摇下车窗跟交警讲话，交警还是用手势指挥驾驶员直行。接着，他看见红色宝马车开始缓慢向正前方行驶，他以为驾驶员服从指挥直行，交警也开始向前走，就在该车向前开了五米左右且交警向前走了两三步时，左转弯的绿灯亮了，该车就突然加大油门向左转，他感觉车速很快，凭二十多年的驾驶经验他估计驾驶员是把油门踩到底了，交警在该车转弯的时候用手去抓驾驶室车窗框位置，应该是抓住了，但是由于车速很快，没用一两秒交警就被甩出去倒在地上不动了。在此过程中红色宝马车始终都在加速，没有减速。

2. 证人 C(系现场目击证人)的证言证明：当时，他驾驶公交车在××路××路路口沿××路自西进入左转待转区时，一辆红色轿车停在他所驾公交车的前面。交警上前和驾驶员沟通，驾驶员摇下车窗与交警讲话，他看到交警的手势是让这辆车直行，驾驶员并没有直行。后来交警往边上让了一点，让这辆车直行走掉，但是这辆车驾驶员还是执意左转，交警就用手扒住车窗，将手伸进驾驶室阻止驾驶员继续违章，但是驾驶员猛然加速，交警被拖着向前跑了 10 米左右，后因车速太快而且交警手在车窗里面，跟不上就摔在地上。他看交警摔得蛮重的，当时就不动了。

3. 证人 D(系现场目击证人)的证言证明：当时，××路××路路口的左转弯红灯翻绿灯后，之前从直行车道驶入左转待转区的那辆红色宝马车慢慢启动行驶，交警跑着跟上去，并已经跑到这辆车驾驶室边上了，驾驶员马上左转加速驶离，交警被带倒在地。

4. 证人 E(系现场交通协管员)的证言证明：当时他在××路××路路口协助交警维护交通秩序。他看见一辆红色越野车停在××路由西向北左转至××路的左转待转区，交警茆某上前示意该车直行，该车驾驶员摇下车窗和交警说话。后来那辆车突然左转，交警上前制止，那辆车仍旧强行左转加速行驶导致交警倒地，然后又向前开了几十米后才靠边停车。

5. 证人 F(系××公安分局民警)的证言证明：当时，他在岗亭接到中队指挥室电台呼叫称同事茆某在路口被撞了，他赶到现场看到茆某面朝下倒在地上且已没有意识，就立刻通知支队指挥室呼叫救护车。大约 5 分钟后一名男子走过来说民警是其撞的。后来这名男子从距离事发路口 100 多米远的路边的车里拿了行驶证和驾驶证，他经查看驾驶证得知该男子名叫孙某。他问这名男子是怎么回事，这名男子说自己当时太冲动了，不是想撞民警，是因为民警在后面拉着其，不让其转弯。肇事车辆是一辆红色的宝马 X3 越野车，牌照是 D×××××。

某市公安局某分局《调取证据清单》和杨某的执法记录仪的录音证明：孙某在返回现场后曾对在场的交警杨某讲："他在后面想拉住我，他自己摔倒在地上，他自己摔下来的"。

6. 某市公安局某分局《调取证据清单》、公交车车载监控录像及某分局刑侦支队出具的《时间校准情况》证明：北京时间“××：××：××－××：××：××”一辆牌号为“D×××××”的红色宝马车位于公交车正前方，交警走到红色宝马车驾驶室左侧与驾驶员讲话并有直行手势，“××：××：××”红色宝马车启动缓慢前行，交警也往前走；“××：××：××”交警向红色宝马车伸出右手，同时红色宝马车加速左转，交警右手在该车驾驶室内，交警被快速行驶的车辆拖拽跑了三大步后，左手也伸向该车，双手扒住该车驾驶室左侧车窗下沿处跑了两步后，被该车拖拽导致双脚离地，然后膝盖着地被拖行再被甩离车并摔倒在地，向左侧翻一周后侧躺在路面；“××：××：××”红色宝马车继续快速驶离现场。

7. 某市公安局某分局《调取证据清单》及“××楼楼顶西南角”监控录像证明：“××：××：××”交警站在红色宝马车驾驶室左侧与驾驶员交谈，交警左肩肩灯呈闪亮状态，驾驶室左车窗玻璃已经摇下；“××：××：××”交谈完毕，交警向前走了几步，站在车头处对着该车用右手挥动指挥棒；“××：××：××”红色宝马车缓慢启动时，交警伸出手臂做出直行的指挥动作；“××：××：××”红色宝马车驶经交警后有强行左转动作，交警右手持指挥棒伸向该车驾驶室左侧车窗，交警右手在车窗框内，交警随车奔跑三步后，左手也伸向该车，交警双手都扒在该车驾驶室车窗框附近并继续随车奔跑两步后被车拖拽致双脚离地，然后膝盖着地被拖行再被甩离车并摔跌在地，在此期间该车快速行驶；“××：××：××”红色宝马车继续快速行驶直到驶离监控视线。

某分局刑侦支队出具的《时间校准情况》证明：××楼楼顶西南角探头时间比北京时间快1秒。

8. 某市公安局某分局《调取证据清单》、“D×××××”红色宝马车行车记录仪中的视频、被害人茆某的执法记录仪录音记录及闵行分局刑侦支队出具的《时间校准情况》证明：北京时间××时××分8~21秒，红色宝马车车身明显左拐并加速，有明显的油门声音；“咯噔”声，“哎哟”声，车辆继续向前快速驶离。

9. 某市公安局物证鉴定中心出具的《检验报告》证明：鉴定机关对茆某执法记录仪的语音文件、杨某执法记录仪的音频文件、红色宝马车行车记录仪的视频文件等进行语音降噪处理，对监控录像进行图像增强和图像去噪处理。

10. 某市公安局某分局刑事科学技术研究所出具的《现场勘验检查笔录》及现场照片证明：现场位于某市某区××路、××路路口，××路为一条东西向双向机动车行驶马路，××路为一条南北向马路。沿××路由西向东行驶至××路路口处共有四根机动车道，北侧一根机动车道为左转车道，车道内地面上标有左转标识，中间两根为直行车道，车道内地面上标有直行标识，南侧一根为右转车道，车道内地面上标有右转标识。其中左转车道及北侧一根直行车道越过人行斑马线后向东为两根待停车道至路口中央，车道内地面上标有左转待转区字样，两根车道内地面上均标有左转标识。

另经对涉案车辆勘查见:涉案车辆为一辆悬挂牌号为D×××××的红色宝马X3越野车。该车驾驶室车门外侧门把手处及后排左侧车门外侧处有灰尘被刮剐痕迹,驾驶室车门外侧窗框上方金属条上有碰触痕迹,驾驶室车窗外侧窗框处有碰触痕迹,驾驶室车窗玻璃上方内侧处有碰触痕迹,驾驶室车门框上沿的橡胶条上有碰触痕迹。驾驶室内后视镜下方装有行车记录仪,行车记录仪摄像头对向前方,记录仪内插有一张存储卡。

11. 某市公安局物证鉴定中心出具的《法庭科学DNA鉴定书》证明:不能排除标记为"涉案车辆排挡杆"的棉签涂抹物中生物性物质为孙某所留。

12. 某市公安局某分局《调取证据清单》和被害人茆某被害当天所穿的制服及装备证明:制服上衣正面左侧口袋处破损,上衣正面左胸处有血迹,上衣背面有破损,裤子正面左侧腰带处有破损,裤子正面拉链处有血迹,裤子正面左侧膝盖处有破损。所穿警用反光背心正面有血迹,警用六件套有破损,左手手套背面商标处有血迹。茆某执勤时所携带指挥棒只有手柄完整,上方部分已经完全破碎,只剩下里面的电子元件。

被告人孙某当庭对上述物证辨认无异。

13. 某市公安局物证鉴定中心出具的《法庭科学DNA鉴定书》证明:不能排除茆某所穿警用反光背心正面血迹、茆某所穿执勤服裤子正面拉链处血迹、茆某所穿执勤服上衣正面左胸处血迹、茆某所戴手套上血迹为茆某所留。

14. 某市公安局某分局交通警察支队出具的《情况说明》证明:执勤民警发现孙某从直行车道驶入左转待转区的违法行为后,上前指挥孙某直行,孙某待西向北左转弯信号灯转换为绿灯后向北左转弯,该行为违反了《道路交通安全法》第38条:车辆、行人应当按照交通信号通行;遇有交通警察现场指挥的,应当按照交通警察的指挥通行。该行为属违法行为。

15. 证人G(系被告人孙某的朋友)的证言及辨认笔录证明:她原本和孙某约在某广场见面。××时××分,孙某打电话很紧张地说其在路上出事情了,蛮严重的,不能来了。孙某没有具体说出了什么事情,只说蛮严重的,晚上不能和她见面了。

16. 证人H(系被告人孙某的表哥)的证言及辨认笔录证明:××××年××月××日××时××分许他接到孙某妻子的电话,说孙某的车子"碰人了"。××时××分他打电话给孙某得知其在某派出所。后孙某打电话对他说下午其从××回来,准备在路口转弯时被交警拦住,交警让其直行,然后两人争论起来。其一时冲动,踩了一脚油门,把交警带倒了,人摔得蛮严重的。

17. 被告人孙某的供述证明:他从直行车道驶入左转待转区后,之前让他倒车的交警让他直行,他摇下车窗向交警表示其要左转,不要直行,但是交警还是让他直行，这时左转信号灯已经由红变绿，他觉得这个交警不讲道理，感觉有点生气，就想尽快左转，于是就踩了一脚油门，车子就蹿出去了。左转时他发现那个交警伸手抓了他的车窗，当时车速已经蛮快了，他当时就慌了，怕被交警抓住，只想快点驶离现场，脚还是踩在油门上，车子继续往前开，行驶几米远后他听到交警“啊”了一声，他感到出事了，就将车子停在路边下车往后看，发现那个交警躺在地上，就回去找那位交警，途中他打电话给母亲说出交通事故了，并打电话给朋友取消见面。到了交警摔倒的地方，他看到有两三个穿交警制服的男子围着那位受伤倒在地上的交警，就上前跟其中一位交警说自己是肇事车主，他没有饮酒，从不吸毒，他的汽车性能正常。

18. 某市公安局物证鉴定中心出具的《检验报告》证明：送检孙某的静脉血中未检出乙醇成分；孙某的尿样经 BZO、BAR、吗啡、苯丙胺、甲基苯丙胺、哌替啶、可卡因、大麻、氯胺酮和美沙酮的单抗免疫板测试均呈阴性。

（三）证明肇事车辆车况及案发时段车速的证据

1. 某联合道路交通安全科学研究中心司法鉴定所出具的《检验报告书》证明：悬挂车牌“D×××××”小型客车的安全技术状况符合 GB 7258—2012《机动车运行安全技术条件》有关规定。

2. 某联合道路交通安全科学研究中心司法鉴定所出具的《检验报告书》证明：悬挂车牌为“D×××××”小型客车从 0 千米/小时加速至 100 千米/小时最大极限为 6.7 秒。

3. 某联合道路交通安全科学研究中心司法鉴定所出具的《司法鉴定意见书》证明：通过计算分析，考虑到误差等因素，悬挂车牌“D×××××”小型客车左前车窗至跌落区段小型客车行驶距离为 9.6 米左右（被害人随车向前移动 9.6 米左右）。

4. 某联合道路交通安全科学研究中心司法鉴定所出具的《司法鉴定意见书》证明：悬挂车牌“D×××××”小型客车当日 17 时 26 分 14 秒 13 帧的行驶速度为 0 千米/小时；17 时 26 分 14 秒 14 帧至 17 秒的行驶速度为 4～7 千米/小时；17 时 26 分 18 秒的行驶速度为 15～18 千米/小时；17 时 26 分 19 秒的行驶速度为 26～30 千米/小时；17 时 26 分 20 秒的行驶速度为 28～31 千米/小时；17 时 26 分 21 秒的行驶速度为 37～40 千米/小时；17 时 26 分 22 秒的行驶速度为 59～61 千米/小时。

5. 某联合道路交通安全科学研究中心司法鉴定所出具的《司法鉴定意见书》证明：悬挂车牌“D×××××”小型客车从开始制动至停车使用时间 4 秒。悬挂车牌“D×××××”小型客车路试车速为 60 千米/小时，制动协调时间只需要0.12 秒。

(四)证明被害人茆某死亡原因的证据

1. 某市××区医疗急救中心出具的《某市××区院前急救病历》:救护车于当日17时35分离开现场,17时41分到达医院。

2. 某市某人民医院出具的《居民死亡医学证明书》、诊疗记录证明:被害人茆某于××月××日22时45分死亡。

3. 证人I(系被害人的同事)的辨认笔录证明:死者是其同事茆某。

4. 某市公安局物证鉴定中心出具的《鉴定书》证明:茆某系生前头部受巨大钝性外力作用致颅脑损伤而死亡。

## 教学指导手册

### 教学对象及目标

本案例供法律硕士案例教学使用,法学本科(大四)、刑法学硕士也可以参酌使用。

本案例从细节处的争议点入手,训练学生从整体把握案件的能力。本案例主要就司法人员在刑事诉讼中对行为人主观罪过及司法推定、被害人过错的认定问题、分则罪名的解释与区别、自首的认定进行讲授。具体要解决的问题包括:(1)如何认定行为人的主观罪过;(2)以《交通警察道路执勤执法工作规范》为参考,审定被害交警是否存在过错的问题;(3)厘清故意杀人罪、故意伤害致人死亡罪、以危险方法危害公共安全罪等相关罪名的界限,区分此罪与彼罪;(4)在交通肇事罪中,被告人在一审宣判前又否认主要犯罪事实的,是否成立自首。

### 教学内容

**1. 如何认定行为人的主观罪过?**

犯罪故意,是指行为人明知自己的行为会发生危害社会的结果,并且希望或者放任这种结果发生的心理态度。犯罪故意的构成要素包括认识因素和意志因素:从认识因素上看,必须明知自己的行为会发生危害社会的结果;从意志因素上看,是希望或者放任该结果发生。直接故意,是指明知自己的行为会发生危害社会的结果,并希望危害结果发生的心理态度。间接故意,是指明知自己的行为会发生危害社会的结果,并放任危害结果发生的心理态度。

犯罪过失，是指应当预见自己的行为可能发生危害社会的结果，因为疏忽大意而没有预见，或者已经预见而轻信能够避免，以致发生这种结果的心理态度。犯罪过失分为疏忽大意的过失与过于自信的过失。目前理论上关于预见能力的观点主要有主观说、客观说、折中说，但以“行为人所属领域的一般人”为标准的观点获得普遍认同。在本案中，行为人作为一个32岁心智正常且具有10年驾龄的男性司机，对宝马车短时间内加速这种高度风险行为所可能产生的后果已经不存在没有预见可能性的问题，因此其不属于疏忽大意的过失。

不容易区分的是过于自信的过失与间接故意，两者具有一些相似性，比如，都预见到危害结果可能发生；对危害结果都不持希望态度。但两者也存在区别：(1)在认识程度上，过于自信过失仅认识到危害结果发生的某种假设可能，具有较大的或然性；而间接故意则是明知结果可能发生，更多地认识到危害结果发生的现实性。(2)在对待结果的态度上，过于自信过失不仅是不希望，还否定(积极地追求避免)结果发生；而间接故意中结果发生与否均不违背行为人的本意。本案中，虽然孙某语言上自称其对被害交警的死亡不是故意的，但从外在的客观行为来看，其在已经预见到瞬间提速有可能导致交警死亡的前提下，并没有采取任何足以避免结果发生的行为。通过专家证人的出庭作证，可以得出孙某在听到交警“啊”的一声后，仍然以极高的速度开出了数米远，其并没有为避免交警死亡而付出积极的努力，因而排除过于自信的过失。

间接故意一般存在以下三种情形：(1)为了追求某一危害结果，而放任另一危害结果的发生。(2)为了追求某一合法利益，而放任了另一种危害结果的发生。(3)突发性事件实施的危害行为，不计后果地放任危害结果的发生。本案中，孙某的行为属于突发事件中，不计后果的间接故意，从对孙某主观罪过的分析，可以排除交通肇事罪、过失致人死亡罪的构成。

**2. 以《交通警察道路执勤执法工作规范》为参考，被害交警是否存在过错？**

犯罪的问题最终是一个刑罚评价问题，刑事司法的过程在于确定犯罪人犯罪的性质和严重程度，最终匹配与之相适应的刑罚。配刑的基准在于对犯罪害恶性与犯罪预防需要的统一评价，也即实现按罪配刑和按需配刑的理性化。按罪配刑和按需配刑相统一的理性规定可表述为“刑罚的严厉性与犯罪的严重性相适应”，严重的犯罪配严厉的刑罚，轻微的犯罪配缓和的刑罚。犯罪严重性的评价取决于两个标准，一是犯罪的客观危害，二是犯罪所体现的主观恶性。在有被害人过错参与的情况下，是被害人过错激发了犯罪发生或者激化了犯罪向更严重程度发展，反言之，如果没有被害人过错存在，犯罪本来不会发生或者至少不会像现在这么剧烈。所以，是被害人的过错加重了犯罪的客观危害。另外，正因为被害人的作用引起了被害人更加强烈的犯罪举动,如果没有被害人过错介入其中,犯罪人的行动本不会像现在这么恶劣,因此,犯罪人犯罪行为所体现的主观恶性相对也就会更小。所以,也是被害人的过错加重了犯罪行为所表现出来的主观恶性。在真实的客观危害和主观恶性基础上,才能给犯罪人以公正的处罚,才能真正实现公正司法。

在侵权法领域,道路交通事故中会发生的一类情况是,明知驾驶人没有驾照,或者醉酒的情况下,仍要求乘坐机动车,不幸发生事故的,机动车一方的责任是否应当减轻。应当认为,这种情况属于侵权法中的自冒风险规则。自冒风险就是指被害人原可预见损害之发生而又自愿冒损害发生之危险,而损害果真不幸发生,被害人应当承受损害的规则,它也是一种责任减轻或免除的规则。在道路交通事故责任中要审慎适用自冒风险规则,高速运行的机动车本身就具有一定的危险性,法官应当衡量双方当事人对于损害发生的原因力,合理分配责任。

被害人自愿进入由行为人掌控的风险之中并遭受损害的场合,存在能否运用被害人同意理论为行为人出罪的争议。被害人同意与被害人自陷风险同属于广义的被害人教义学领域的子课题,两者既有相通之处又有差异。一方面,两者有共同的法理基础,只有在自我决定、刑法家长主义的思想框架之内,才能在不同场合妥善回答被害人能否自我答责的问题。另一方面,过失犯中仅仅是针对行为及其风险所表示的同意,不是真正意义上的被害人同意。被害人同意要求具有对结果兼具认识与意志的双重要素,被害人自陷风险时,只有其对风险的认识,意志上缺乏对风险现实化为结果的追求或放任。在他控风险型的案件中,不能适用被害人同意理论作为出罪事由。

根据《交通警察道路执勤工作规范》第 73 条第 2 项之规定:“遇有机动车驾驶人拒绝停车的,不得站在车辆前面强行拦截,或者脚踏车辆踏板,将头、手臂等伸进车辆驾驶室或者攀扒车辆,强行责令机动车驾驶人停车。”第 4 项规定:“堵截车辆应采取设置交通设施、利用交通信号灯控制所拦截车辆前方车辆停车等非直接拦截方式,不得站立在被拦截车辆行进方向的行车道上拦截车辆。”辩护律师据此提出被害交警存在过度执法,从而认定被害人有严重过错的观点。

由于交警工作的特殊,要求交警冒着生命的危险拦截违规车辆,否则交警就要承担“执法不力”的责任,就要承担渎职的后果,对交警是不利的,也是不符合目的的。按照法律规范调整方式的不同,法律规则可以分为授权性规则和义务性规则。所谓授权性规则,是指规定人们有权做一定行为或不做一定行为的规则,即规定人们的“可为模式”的规则。《交通警察道路执勤工作规范》第 73 条规定的行为属于授权性规范,该条款目的是对执法交警的人身安全进行保护,从交通警察处置交通违法“免责”角度规范警察行为。交警无论是“非强行拦截”或“强行拦截”都属正当的执法行为。既然是合法的执法行为,就不存在被害人过错的余地。

**3. 如何厘清故意杀人罪、故意伤害致人死亡罪、以危险方法危害公共安全罪等相关罪名的界限,区分此罪与彼罪?**

理论界关于本案件定性有不同的观点,如以危险方法危害公共安全罪,故意杀人罪,故意伤害(致人死亡)罪,过失致人死亡罪,交通肇事罪,妨害公务罪,妨害公务罪与过失致人死亡罪数罪并罚,妨害公务罪与故意杀人罪数罪并罚,妨害公务罪与故意伤害(致人死亡)罪数罪并罚。鉴于前述第一个问题排除了犯罪过失的可能,本罪的后果已经超出了妨害公务罪的构成要件,下文仅就犯罪故意下的三个罪名进行区分。

以危险方法危害公共安全罪,是指行为人故意使用放火、爆炸、决水和投放危险物质以外但在危害性质及程度上与其具备相当性的危险方法危害公共安全的行为。"危险方法"和"公共安全"是该罪核心的构成要件要素。所谓公共安全,通说为不特定多数人的人身和财产安全。笔者认为不特定应从两方面理解,首先是侵害对象的不特定,即犯罪行为足以侵害或实际侵害的不是某一个、某几个特定人的生命、健康或某项特定财产的安全。这也是危害公共安全罪和侵犯人身权利罪、侵犯财产罪的重要区别。其次,危害后果是不特定的,即行为人产生犯意之时和行为实施的过程中,对后果的认识和产生具有不确定性。本案中,虽然发生在公共交通领域,但从行车记录仪记载视频看出,行为人的行为只可能影响到与其车辆贴近的交警,并不属于针对不特定多数人的公共安全,不能以"以危险方法危害公共安全罪"定罪处罚。

推论是司法证明的重要方法之一。推论是以推理为基础的,先有推理,才有推论;推理是推论的前奏,推论是推理的延续;推理是推论的实质内容,推论是推理的表现形式。在司法审判中,法官虽不承担证明责任,但是在判决时也要用推论的形式向当事人乃至在社会公允说明其认定的案件事实,所以也要进行推论。任何一个犯罪行为,都可以分为主观与客观两个方面。从主观方面来讲,就是其有意识、有意志的思维活动。而客观反面往往是主观方面的客观及外在表现,也就是行为人在有意识、有意志支配下实施某种行为即表现于外部的事实特征。从司法实践来看,判断犯罪嫌疑人行为应该定何罪应该结合整个案情,可从行为人的意思表示、行为人的客观情况、行为人对危害结果的认识、行为人的思想流露去判断。推定的语词含义就是根据判断来进行判定,它不是对事实的直接认定,而是以推测性为桥梁的间接认定。在法律上,推定是一个专门术语,它是根据两个事实之间的一般联系规律或者"常态联系",当一个事实存在的时候可以认定另外一个事实的存在。推定和推论一样,也是以推理为基础的。由于推定的大前提往往都是或然真实性判断,所以推定的事实并不一定是客观事实,正因为不一定是客观存在的事实,只是法律上推定的事实,具有假定的性质。一般说来,在刑事诉讼活动中,推理主要是侦查人员的事情;推论主要是公诉人员的事情和辩护律师的事情;推定则主要是审判人员的事情。司法证明中的推定,是指由法律规定或者由法官做出的带有假定性质的事实判断。推定必须以一定的事实为基础,然后根据客观事物之间联系的规律推导出另一事实的存在。在此,前一个事实称为“基础事实”或“前提事实”,后一个事实称为“推定事实”或“结论事实”,两者不可混淆。

判断犯罪人主观故意内容、不能单凭口供,或仅根据某事实就下结论,而应在调查研究基础上,全面分析案情。根据发案原因、行为发展过程、犯罪工具、行凶手段、打击部位、打击强度、行凶情节、作案时间、地点、环境、犯罪人与被害人平时关系、致人死亡或未死亡的原因、犯罪分子一贯表现和犯罪后的态度等,进行综合分析判断。对于那些目无法纪、逞胜好强、动辄行凶、不计后果一类的侵害人身权利的行为,尽管犯罪人与被害人之间往往没有利害关系,犯罪人主观上也没有明确的杀人动机和目的,但行为人在行凶时,对行为可能造成的后果抱漠不关心的态度。所以,应按行为客观造成的实际损害的性质来确定危害行为的性质。致人死亡的,就构成间接故意杀人罪;损害他人身体的,就构成故意伤害罪。间接故意杀人者认识到自己的行为会剥夺他人的生命,且放任这种危害结果发生,即具有杀人故意。故意伤害致死的行为人只具有伤害的故意,而没有杀人的故意,死亡结果的发生是行为人所不希望的。从表面上来看,仅从犯罪主观方面就能够轻松地区分上述两组犯罪。但现实司法实践中却经常需要运用客观证据对行为人的主观方面进行司法推定,两种不同的故意内容可以通过行为人实施犯罪的全过程及犯罪后的态度与表现反映出来。从目击证人刘某的证言看,在被害人伸手抓车后面阻止的情况下,行为人基于对自己车况的认识(通常宝马5系百公里瞬间加速时间大约为4.96秒),在瞬间加速的情况下,对被害人身体可能造成的损害是有充分认识的。有观点认为,根据社会相当性理论,作为社会一般人的观念,在车子加速的情况下,行为人会对被害人产生一种相对合理的信赖,即被害人会松手,不会再紧紧抓住高速运转的车辆(即使松手,对被害人身体造成的伤害可能性仍然是存在的),由此排除行为人对被害人死亡结果的放任。但是根据临时起意性质的激情犯罪中,出现什么结果按什么罪名定的传统理论,本案应认定为故意杀人罪。

**4. 在交通肇事罪中,被告人在一审宣判前又否认主要犯罪事实的,是否成立自首?**

《刑法》第67条第1款已作明确规定:“犯罪以后自动投案,如实供述自己的罪行的,是自首。”据此,认定自首必须同时具备两项基本要件。一是必须自动投案;二是必须如实地供述自己的罪行。1998年最高人民法院《关于处理自首和立功具体应用法律若干问题的解释》对“自动投案”“如实供述”作如下解读:(1)自动投案,是指犯罪事实或者犯罪嫌疑人未被司法机关发觉,或者虽被发觉,但犯罪嫌疑人尚未受到讯问、未被采取强制措施时,主动、直接向公安机关、人民检察院或者人民法院投案。犯罪嫌疑人向其所在单位、城乡基层组织或者其他有关负责人员投案的;犯罪嫌疑人因病、伤或者为了减轻犯罪后果,委托他人先代为投案,或者先以信电投案的;罪行尚未被司法机关发觉,仅因形迹可疑,被有关组织或者司法机关盘问、教育后,主动交代自己的罪行的;犯罪后逃跑,在被通缉、追捕过程中,主动投案的;经查实确已准备去投案,或者正在投案途中,被公安机关捕获的,应当视为自动投案。并非出于犯罪嫌疑人主动,而是经亲友规劝、陪同投案的;公安机关通知犯罪嫌疑人的亲友,或者亲友主动报案后,将犯罪嫌疑人送去投案的,也应当视为自动投案。犯罪嫌疑人自动投案后又逃跑的,不能认定为自首。(2)如实供述自己的罪行,是指犯罪嫌疑人自动投案后,如实交代自己的主要犯罪事实。犯有数罪的犯罪嫌疑人仅如实供述所犯数罪中部分犯罪的,只对如实供述部分犯罪的行为,认定为自首。共同犯罪案件中的犯罪嫌疑人,除如实供述自己的罪行,还应当供述所知的同案犯,主犯则应当供述所知其他同案犯的共同犯罪事实,才能认定为自首。犯罪嫌疑人自动投案并如实供述自己的罪行后又翻供的,不能认定为自首;但在一审判决前又能如实供述的,应当认定为自首。公诉人认为孙某系对案件主要事实的推翻,建议撤销其自首的认定。由于自首的价值取向,孙某自动投案成立,但是在庭审过程对案件的描述是否属于法律要求是如实供述就成为其能否认定自首的关键。从本案的庭审描述来看,其应当属于对自己行为的辩解,根据最高人民法院的司法解释,如实供述并不要求行为人不能对自己的行为作出解释,应当属于自首。

需要讨论的是,交通肇事罪的自首认定问题在司法实践中面临着实体法与诉讼法的冲突。刑法学界就对“交通肇事后报警”是否构成自首问题颇有争议。2009年8月26日浙江省高级人民法院出台的《关于审理交通肇事刑事案件若干意见》,其中规定“交通肇事后报警不能认定为自首”,由此导致众多刑法专家的普遍质疑。根据《刑法》第67条和最高人民法院《关于处理自首和立功具体应用法律若干问题的解释》的规定,成立自首需同时具备自动投案和如实供述自己的罪行两个要件。其中,自动投案,是指犯罪事实或者犯罪嫌疑人未被司法机关发觉,或者虽被发觉,但犯罪嫌疑人尚未受到讯问、未被采取强制措施时,主动、直接向公安机关、人民检察院或者人民法院投案;如实供述自己的罪行,是指犯罪嫌疑人自动投案后,如实交代自己的主要犯罪事实。因此,交通肇事犯罪以后自动投案并如实供述自己的罪行的,构成自首,不应再附加其他条件。2010年最高人民法院《关于处理自首和立功若干具体问题的意见》关于“自动投案”解释如下:交通肇事后保护现场、抢救伤者,并向公安机关报告的,应认定为自动投案,构成自首的,因上述行为同时系犯罪嫌疑人的法定义务,对其是否从宽、从宽幅度要适当从严掌握。交通肇事逃逸后自动投案,如实供述自己罪行的,应认定为自首,但应依法以较重法定刑为基准,视情决定对其是否从宽处罚以及从宽处罚的幅度。

## 教学计划

本案例教学计划设计如下:

1. 课前计划:安排学生阅读案例及相关参考材料,对案例所设计的问题进行思考,撰写实践题答案。

2. 课中计划:(1)介绍教学目的,明确讨论主题;(2)根据事先发给学生的案例材料,由学生进行案情介绍,锻炼学生的表达能力和把握案件法律关系的能力;(3)分组讨论:可将学生分为公诉组、辩护组、理论组进行讨论或辩论,锻炼学生对知识点的细节把握;(4)小组代表提出思考题要点,全体学生讨论和分析;(5)教师归纳、总结、讲解。

3. 课后计划:按照自己所分配的角色,分别代写公诉书、判决书和案例论文,锻炼司法文书的写作能力。

## 课堂时间安排

本案例可以作为专门的案例教学课进行讲授,整个案例可以安排4个课时,每课时45分钟。其中介绍教学目的、观看庭审视频和分组讨论1个课时,小组代表提出思考题要点和实践撰写要点,全体学生讨论和分析2个课时,教师归纳、总结、讲解1个课时。

## 思考题和实践题

**1. 思考题**

(1)间接故意与过于自信的过失的区别有哪些?

(2)被害人过错是否影响定罪量刑,试归类总结?

(3)在交通肇事罪的认定中,“肇事逃逸后自动归案算自首”与“交通肇事后逃逸从重处罚”的立法精神如何协调?

**2. 实践题**

(1)如果你是本案的公诉人,请结合案情,试撰写公诉书。

(2)如果你是孙某的辩护律师,请结合案情,为被告人撰写辩护词。

(3)如果你是本案的法官,请结合案情,试撰写说理充分的判决书。

## 参考文献

1. 张明楷:《刑法学》,法律出版社 2012 年版,第 232 ~ 267 页。
2. 车浩:《过失犯中的被害人同意与被害人自陷风险》,载《政治与法律》2014 年第 5 期。
3. 杨丹:《被害人过错的刑法含义》,载《比较刑法研究》,中国人民大学出版社 2007 年版,第 168 ~ 189 页。
4. 李翔:《"上海闵行交警被拖拽案"的定性分析》,载《刑事实务》,http://mp.weixin.qq.com/s?__biz=MzA3MTcwNDIyNw==&mid=203838666&idx=2&sn=dd7156f7c05b87b28cc6c06bf4ae245e&3rd=MzA3MDU4NTYzMw==&scene=6#rd,最后访问日期:2015 年 11 月 24 日。

撰稿人｜程兰兰,上海师范大学哲学与法政学院副教授

# 21 CASE 叶海兵非法持有毒品案

| 摘　要 |

本案例以一起真实的毒品犯罪为蓝本，围绕该案件一审、二审程序各环节，对非法持有毒品罪中存在的罪名认定、证据采信以及疑罪从无原则等问题进行解析。本案例涵盖刑事侦查阶段、审查起诉阶段、审判阶段三个诉讼环节，涉及实体法律问题包括罪刑法定原则的贯彻、运输毒品罪与非法持有毒品罪的认定等；程序问题包括侦查机关的合法取证、如何保障犯罪嫌疑人的合法权利、证据的审查判断及运用等方面。本案例对于学生掌握相关毒品犯罪的认定与参与刑事诉讼一审、二审程序辩护有一定的意义。

| 关键词 |

运输毒品罪　非法持有毒品罪　非法证据　辩护技能

| 教学目标 |

通过该案例的介绍与分析，使学生着重把握以下几方面的内容：(1)能够区分毒品犯罪相关罪名，如非法持有毒品罪与运输毒品罪、贩卖毒品罪的界限，做到准确定罪。(2)掌握刑事诉讼中证据的采集与运用，特别是口供与其他证据如物证、证人证言等之间的关系，不同种类证据对于定罪的作用。(3)掌握刑事诉讼中的辩护策略和技巧，如如何对案情进行分析，如何对证据进行运用，如何确立辩护立场，贯彻辩护策略以进行有效辩护等。

## 教学案例主文

被告人叶海兵(别名阿兵)，男，1969 年 4 月 7 日出生。1994 年 6 月曾因犯盗窃罪、贪污罪被判处有期徒刑八年，1999 年 3 月刑满释放；2001 年 6 月因犯贩卖毒品罪被判处有期徒刑十五年，并处没收个人财产人民币 15000 元，2011 年 5 月 13 日刑满释放。

因涉嫌犯运输毒品罪于2014年4月19日被羁押,因涉嫌犯非法持有毒品罪于同年4月20日被北京市石景山区公安分局刑事拘留,因涉嫌犯运输毒品罪于同年5月27日被北京市石景山区人民检察院批准逮捕,羁押在北京市石景山区看守所。

后北京市石景山区人民检察院以涉嫌犯运输毒品罪向石景山区人民法院提起公诉。

## 一、案件事实经过

2014年4月14日15时许,叶海兵乘坐T13次列车从北京前往广州市,4月16日晚22时许,叶海兵收到朋友姚×借给其的汇款1.9万元。随后,叶海兵就在东莞农村商业银行沙田镇民田大街营业点ATM机上将1.9万元悉数钱取出。4月18日早上,叶海兵坐大巴到达湖北省荆门市,入住宾馆并联系当地的朋友何×,邀请何×一同去北京游玩,何×答应后,两人一同于当日18时许乘坐T50次火车回京,4月19日中午到达北京西站。

2014年4月19日,石景山区公安局得到北京市公安局转发的情报线索获悉,一名叫叶海兵的男子乘坐火车从湖北携带毒品进京。经公安机关侦查,发现叶海兵有过犯罪前科记录,不仅吸毒,还曾因贩毒和盗窃行为被刑事处罚过。于是公安机关迅速查明了叶海兵乘坐的车次和时间,并锁定了其住所与经常活动地点,准备抓捕。2014年4月19日20时许,民警在石景山区石景山路临甲17-5-61号程×(系犯罪嫌疑人叶海兵的朋友)的住处蹲守,没过多久,叶海兵到程×住处时被民警当场抓获。随即民警与叶海兵返回其住所地进行搜查。

2014年4月19日20时20分,民警对叶海兵位于北京市石景山区石景山路临甲17-5-10号的暂住地进行搜查,在衣柜中的一纸袋里发现白色粉末1包,在书桌上右侧一铁罐中发现白色粉末1包,在床垫下发现红色药片1小袋,在书桌左边发现火车票4张,在书桌下的柜子里发现冰壶1个,在衣柜中发现塑料自封袋13包、塑料吸管1包、锡纸1卷。上述物品均已被公安机关予以扣押。后经计算,所查获物品中有毒品海洛因39.95克和甲基苯丙胺片剂0.17克(均已收缴),另查获1包白色粉末净重19.95克(未检出常见毒品)。

## 二、犯罪嫌疑人叶海兵的供述

1.(批捕前的供述)2014年4月14日我跟朋友姚×说有急事向他借2万元,姚×说目前手头也没钱,等缓几天给我汇过来。当天下午3点多,我在北京站乘坐T13次列车去广州,第二天下午到达广州后,先打车去了瑶台的一个小宾馆,休息了一下,然后就去了一个天桥边,我曾经在那里买过毒品,到了地方我找到卖毒品的新疆人,跟他谈好海洛因380元1克,我就要了40克,然后回到宾馆等姚×给我汇钱。4月16日姚×将1.9万元汇到我工行卡里,我就拿着这些钱找到卖毒品的新疆人,花15200元购买了40克海洛因,又花了1600元购买了20克底粉。第二天(4月17日)我从广州坐大巴去湖北省荆门市找何×,次日早上到的,然后在荆门一宾馆开了间房。见到何×后,我就邀请何×跟我一起去北京玩,何×同意了。4月18日下午六点多,我就和何×乘坐T50次火车去北京,19日中午到达北京西站,出站后我俩一同坐出租车回到我家(位于石景山区石景山路临甲17-5-10号的出租房)。到家后,我把海洛因放在衣柜里面的一个纸袋里,底粉放在桌子上的一个铁桶里。东西都放好后,我就与何×去万达广场买衣服,直到当天下午六点多返回暂住地,我让何×在家歇会,然后我又出去给何×买火车票了,等到晚上八点多回来时就被警察抓了,警察在我家搜到了毒品。其实我是因为赌博输钱了,就想去广州买点海洛因回来卖了赚钱。

2.(批捕后的供述)2014年4月13日我去广州玩的前一天晚上,回家时在胡同口有一个长得像少数民族的人跟我说话,我问他是哪里人,他说是彝族人,然后他又跟着我并问我要"大烟"吗,我就尝了一下,因为以前我吸过毒,对这东西有一定了解,觉得东西不错,就说要40克,对方称380元1克。然后我就给了这个彝族人16800元,买了40克海洛因和20克底粉。回到家后我就把这些东西都藏了起来。第二天我坐火车到广州东站,又坐汽车到东莞市沙田镇,本想找朋友但没有找到,就住在一个小姐家里,用姚×给其转来的1.9万元玩网上百家乐。后来我觉得没啥意思,就从广州坐大巴去湖北省荆门市找何×,次日早上到的。然后在荆门一宾馆开了间房,见到何×后,我邀请何×跟我一起去北京玩,何×同意了。4月18日下午六点多,我就和何×乘坐T50次火车去北京,19日中午到达北京西站,出站后我俩一同坐出租车回到我家(位于石景山区石景山路临甲17-5-10号的出租房)。

当天晚上我去程×家玩时被民警抓获,从我家搜到了毒品。其实我买海洛因就是为了自己吸食。

## 三、北京市石景山区人民法院认定上述事实的证据

1.证人姚×的证言及辨认笔录证明。姚×说:我跟叶海兵是朋友,2013年9月曾经介绍叶海兵在我住的院子里租了间房,也曾与叶海兵在一起吸食过冰毒。2014年4月15日左右,叶海兵说要去广州,身上没钱想向我借钱,我也没啥钱,就去找朋友程×要的钱,拿到钱以后就向叶海兵的工商银行卡中转了1.9万元。但是我确实不知道叶海兵去广州干什么,我之所以借给叶海兵钱是因为之前玩牌其欠叶海兵大概3万元钱,所以就借给他了。

经姚×辨认,其指认被告人叶海兵是与其一起吸毒的男子阿兵。

2. 证人程×的证言及辨认笔录证明。程×说:阿兵的确是姚×的朋友,曾在他与姚×租的房子里吸过两次冰毒。姚×曾向我借过2万元,我问他干啥用,他也没说,我就给他了现金。所以我也不知道他借钱干什么用。

经程×辨认,其指认被告人叶海兵是在其暂住地吸毒的男子阿兵。

3. 证人张×的证言及来京人员信息登记表证明,其承包了北京市石景山区石景山路临甲17-5号院,程×租住的房间是61号,叶海兵于2014年1月26日租住了10号房间。

4. 证人何×的证言。何×说:2014年4月18日早上,叶海兵给我联系说他在湖北省荆门市,想带我一起去北京玩几天,我就同意了。当天下午我就和叶海兵一同乘坐T50次列车去北京,第二天中午12时左右到的北京西站,然后坐出租车就到了叶海兵家。休息了一会儿后,叶海兵说带我到万达广场买衣服,我听了很高兴,就一起去了。买完衣服以后我俩就又返回他的住处待了一会儿,叶海兵说他有点事要办一下,然后就出去了,我就一个人在家待着。直到当天晚上8点多,忽然看见警察带着叶海兵进来,然后警察就在叶海兵的家中起查到2包白色粉末,问叶海兵是啥,他说是毒品。我也吓了一跳,我从来没有看到也没有听叶海兵说过他携带毒品的事,我也不知道叶海兵吸毒,我就是来北京玩几天的。

5. 火车票4张(复印件)证明,2014年4月18日18时47分,被告人叶海兵与何×乘坐T50次列车(荆门至北京西),中途补了2张襄阳至北京西的硬卧车票。

6. 荆门市愉悦商务酒店客账单证明,2014年4月18日9时18分,叶海兵住该酒店9203号房间,于当日17时47分离开。

7. 中国工商银行账户历史明细清单证明,2014年4月16日,被告人叶海兵的621226201000××××306账户转入人民币1.9万元,并于当天通过ATM取出。

8. 公安机关称:2014年4月19日20时20分,民警对叶海兵位于北京市石景山区石景山路临甲17-5-10号的暂住地进行搜查,在衣柜中的一纸袋里发现白色粉末1包,在书桌上右侧一铁罐中发现白色粉末1包,在床垫下发现红色药片1小袋,在书桌左边发现火车票4张,在书桌下的柜子里发现冰壶1个,在衣柜中发现塑料自封袋13包、塑料吸管1包、锡纸1卷。上述物品均已被公安机关予以扣押。以上事实与物品由公安机关的搜查笔录、指认照片及扣押物品清单予以证明。

9. 北京市公安司法鉴定中心出具的京公司鉴(毒品)字(2014)第FYA1401883-2014DP0844号《毒品检验报告》、北京市公安局收缴毒品清单证明,从被告人叶海兵暂住地起获的白色粉末1包为海洛因,净重39.95克,红色药片为甲基苯丙胺,净重0.17克,另外1包白色粉末净重19.95克(未检出常见毒品)。上述毒品均已收缴。

10. 公安机关出具的到案经过等证明,根据北京市公安局转发的情报线索获悉叶海兵即将乘坐火车从湖北携带毒品进京。2014 年 4 月 19 日 20 时许,民警在本市石景山区石景山路临甲 17－5－61 号程×的住处蹲守,后被告人叶海兵到程×住处时被民警当场抓获,民警在叶海兵的住处查获毒品海洛因。

11. 北京市公安局石景山分局吸毒不成瘾认定意见书证实,2014 年 4 月 20 日,被告人叶海兵经检测,呈苯丙胺类毒品阳性,认定吸毒不成瘾。

12. 犯罪嫌疑人叶海兵的供述,包括批捕前的供述及批捕后的供述。

13. 湖北省荆门市中级人民法院(2001)荆刑初字第 036 号刑事判决书、湖北省监狱管理局罪犯档案资料、湖北省江北监狱(2011)江监释证字第 350 号释放证明书(副本)证明,被告人叶海兵于 1994 年 6 月因犯盗窃罪、贪污罪被判处有期徒刑八年;于 2001 年 6 月 22 日因犯贩卖毒品罪被判处有期徒刑 15 年,并处没收个人财产人民币 15000 元,2011 年 5 月 13 日刑满释放。

**四、辩护人意见**

犯罪嫌疑人叶海兵被抓后,委托北京市仁人德赛律师事务所律师曾彦作为其辩护人。其辩护人依法查阅了本案卷宗,进行了必要的调查和法律研究,会见了被告人,向其和公安机关、公诉机关了解了整个案情。辩护人认为,起诉书指控被告人叶海兵构成运输毒品罪的证据不足,且定性不当,被告人应被认定为贩卖毒品罪(预备)。其主要辩护意见如下:

1. 起诉书指控被告人构成运输毒品罪证据不足。《刑事诉讼法》第 53 条明确规定:对一切案件的判处都要重证据,重调查研究,不轻信口供。只有被告人供述,没有其他证据的,不能认定被告人有罪和处以刑罚。本案中,起诉书指控被告人构成运输毒品罪的犯罪证据仅有被告人在侦查阶段所做的几次供述,无其他证人证言、书证、视频证据等证据材料予以印证,且被告人在整个诉讼过程中的供述并不稳定,出现了前后不一致,甚至矛盾的情形。因此,起诉书指控被告人构成运输毒品罪的证据不能形成完整的证据链条,对叶海兵在前面几次供述中所称其在广东购买毒品的供述,不能作为认定本案事实的依据。

2. 从被告人购买毒品的目的来看,应认定其成立贩卖毒品罪(预备)。本案中,虽然被告人叶海兵对其在何地购买毒品的供述前后并不一致,但有一点可以肯定,即被告人购买毒品的目的是为了向他人出售。因此,在证明被告人构成运输毒品罪的证据并不充分的情况下,从被告人购买毒品的目的是出售来看,认定其构成贩卖毒品罪显然更为恰当。但鉴于被告人尚未将毒品出售就被公安机关查获,其贩卖毒品的行为尚未开始实施,应认定其构成贩卖毒品罪的预备行为,依法予以从轻或减轻处罚。

## 五、审理经过

根据前述事实和证据，北京市石景山区人民法院认为，被告人叶海兵违反国家对毒品的管理制度，非法持有毒品海洛因39.95克和甲基苯丙胺0.17克，其行为已构成非法持有毒品罪，依法应予惩处。被告人叶海兵曾因犯贩卖毒品罪被判处有期徒刑，刑罚执行完毕后五年内又犯非法持有毒品罪，系累犯和毒品再犯，应依法从重处罚。北京市石景山区人民检察院指控被告人叶海兵犯运输毒品罪的证据不足，应当以非法持有毒品罪定罪处罚，故对公诉机关指控被告人叶海兵犯运输毒品罪的罪名予以更正。一审法院据此判决：被告人叶海兵犯非法持有毒品罪，判处有期徒刑2年10个月，并处罚金人民币3000元。

一审判决后，被告叶海兵未提起上诉。原公诉机关北京市石景山区人民检察院不服，向北京市第一中级人民法院提出抗诉。北京市石景山区人民检察院认为：原审判决采信证据有误，导致认定事实错误、适用法律错误、量刑畸轻。

具体理由是：(1)公安机关出具的到案经过证实侦查人员在对叶海兵进行抓捕前就已经掌握了其运输毒品的事实。(2)公安机关提供的抓捕叶海兵执法录像显示，侦查人员在其暂住地起获毒品后问其来源，其称毒品是从广州购买的，叶海兵在侦查机关的有罪供述与其他证据能够相互印证。(3)叶海兵捕后的辩解内容不符合案情和常理，翻供的理由明显不能成立。

经北京市第一中级人民法院查明，原由北京市石景山区人民法院审理北京市石景山区人民检察院指控原审被告人叶海兵犯运输毒品罪一案，于2015年1月29日作出(2015)石刑初字第293号刑事判决。在法定期限内，原审被告人叶海兵没有提出上诉，原公诉机关北京市石景山区人民检察院不服，提出抗诉。

北京市第一中级人民法院依法组成合议庭对该案进行审理，因叶海兵表示不委托辩护人，为了充分保障其诉讼权利，在征得其同意后，二审法院依法通知北京市法律援助中心为其指定北京市尚权律师事务所律师孙贤芹担任其辩护人。2015年5月12日，合议庭安排辩护人查阅、复制了全部案卷材料。2015年5月25日，二审法院依法公开开庭审理了该案，北京市人民检察院第一分院指派检察员出庭履行职务，原审被告人叶海兵及其指定辩护人孙贤芹到庭参加诉讼。其间，应北京市人民检察院第一分院的建议，二审法院依法于2015年6月11日对该案延期审理，并于2015年7月13日恢复法庭审理。

此外，北京市人民检察院第一分院除支持石景山区人民检察院的抗诉意见外，还提出根据原审判决认定的证据和二审调取的新证据，足以证明叶海兵从广东购买毒品海洛因运输回京的事实，建议二审法院依法改判或者发回重审。

北京市人民检察院第一分院在二审期间调取并当庭宣读、出示了如下证据：

1. 北京市公安局石景山分局民警出具的《工作说明》证明：民警到北京市公安

局直属总队调取证据，经核实，2014年4月13日中午12时许，叶海兵使用186××××6208的手机号给一名女性声音的人打电话的情况。

2.北京市公安局石景山分局民警出具的《工作说明》证明：民警到北京市公安局直属总队调取叶海兵一案相关证据，经核实内容为2014年4月19日13时54分，一陌生男子给叶海兵手机号为186××××6208的手机号打电话以及2014年4月19日18时2分，叶海兵手机号为186××××6208的手机给对方陌生男子打电话的情况。

3.北京市公安局石景山分局出具的《工作说明》及中国工商银行股份有限公司北京石景山支行古城分理处出具被告人叶海兵的621226201000××××306的账户历史明细清单证明：2014年4月16日22时许，该账户转入人民币1.9万元，并于当天23时许通过网点为0207（东莞农村商业银行沙田镇民田大街营业点）的ATM取出。

4.北京铁路公安局出具的乘车轨迹查询情况证明：叶海兵用其身份证购买2014年3月26日从北京到广州的车票、4月5日从孝感到北京的车票、2014年4月13日从北京到广州的车票、4月18日从荆门到北京的车票。

原审被告人叶海兵对一审判决认定的事实和罪名未提出异议，表示认罪服判，对抗诉书指控的事实不予认可，辩称其被抓后遭到民警殴打，所以才供述了从广州运输毒品回京的事实，其并没有去广州瑶台，而是去了东莞沙田。海洛因系其吸食用，其当天还在火车上注射了海洛因。

指定辩护人对于二审期间检察员宣读出示的证据提出如下质证意见：

1.对于证据1及证据2，两份工作说明在内容上与本案无直接关联性，且来源不合法，真实性无法确定。

2.对于证据3，关于叶海兵账号查询情况一审判决已经认定，不应属于新证据，且该工作说明不仅不能证明抗诉主张，反而能够印证叶海兵捕后供述的真实性，即叶海兵没有在广州购买毒品，而是确实去了东莞沙田并取款。

辩护人基于上述质证意见所提出的辩护意见为：抗诉机关指控叶海兵构成运输毒品罪的事实不清，证据不足；一审认定叶海兵非法持有毒品罪正确，请求驳回抗诉、维持原判。

二审法院经审理认为，原公诉机关向原审法院提供，经一审举证、质证并经一审判决认定的证据。其中，唯对叶海兵被逮捕前的供述二审法院不予采信。在二审庭审中检察员宣读、出示的证据3和证据4中关于4月13日和18日乘车轨迹的查询情况。其他当庭出示的证据或与本案缺乏关联性，或不具有证据效力而不予采信。

对于辩护人所提检察员二审提交的关于叶海兵账号查询情况一审判决已经认

定，不应属于新证据的质证意见，经查，二审期间检察员调取的关于叶海兵账号查询情况比一审所列的中国工商银行账户历史明细清单内容更为翔实，且与公安机关出具的关于叶海兵取款地点的工作说明相互印证，可以构成一组新证据，故对于辩护人所提上述质证意见，不予采纳。对于辩护人所提其他质证意见，则予以采纳。

对于抗诉机关以及北京市人民检察院第一分院所提原审判决采信证据有误，导致认定事实错误的意见；北京市人民检察院第一分院所提根据原审判决认定的证据和二审调取的新证据，足以证明叶海兵从广东购买毒品海洛因运输回京事实的意见。经查，首先，在原审判决认定的证据当中，叶海兵被逮捕前关于自己从广州运输毒品回京的供述无其他证据能够印证，且在关于购买毒品的数量、地点等情节上与在案其他证据存在矛盾。另查，抗诉所提抓捕叶海兵时的执法录像，抗诉机关与支持抗诉机关在一、二审程序中均未能向法庭举证并质证，不能作为抗诉依据，故对上述意见不应予以采信。其次，在二审庭审时检察员宣读、出示的证据中，证据3和证据4的部分内容只能证明叶海兵曾经去过广东和取款，并不能证明其有其他行为；证据4关于叶海兵3月26日和4月5日的乘车轨迹情况更与起诉书指控的运输毒品犯罪不具有关联性；证据1和证据2不具有刑事诉讼法上的证据效力，北京市人民检察院第一分院据此支持抗诉的意见亦不能成立。

综上，现有证据只能证明叶海兵在其暂住地内非法持有毒品数量较大，认定其实施了运输毒品行为的证据不充分，故对于抗诉机关以及北京市人民检察院第一分院的上述意见，不予采纳。

对于叶海兵所提其所持有的海洛因系其吸食用，其当天还在火车上注射了海洛因的辩解，经查，证人姚×、程×均证明叶海兵平时吸食甲基苯丙胺，未见过叶海兵吸食海洛因，且公安机关出具的吸毒不成瘾认定意见书亦证明叶海兵尿检呈苯丙胺类毒品阳性，故叶海兵的上述辩解缺乏事实依据，不予采纳。对于叶海兵所提其他辩解，以及叶海兵的辩护人关于抗诉机关指控叶海兵构成运输毒品罪的事实不清，证据不足的辩护意见，二审时酌予采纳。

对于抗诉机关及北京市人民检察院第一分院关于原判适用法律错误、量刑畸轻的抗诉意见，经查，按照《刑法》第348条之规定，非法持有海洛因10克以上不满50克的，处3年以下有期徒刑、拘役或管制，并处罚金；情节严重的，处3年以上7年以下有期徒刑，并处罚金。一审法院认定叶海兵构成非法持有毒品罪，但未认定其属于"情节严重"的情形，存在不当之处。

首先，本案中叶海兵非法持有的毒品海洛因达39.95克，接近数量大；其次，本案属于认定运输毒品证据不足型持有，与单纯的非法持有毒品犯罪不同，在量刑时应当予以考虑；最后，叶海兵系累犯和毒品再犯，主观恶性较深。综上，叶海兵非法持有毒品情节严重,应当在3年以上7年以下有期徒刑幅度内判处刑罚。抗诉机关以及北京市人民检察院第一分院所提原审判决定性有误不当,但提出的原判适用法律错误、量刑畸轻,并建议二审法院依法改判的意见正确,二审法院予以采纳。辩护人所提应驳回抗诉、维持原判的辩护意见不能成立,不予采纳。

二审法院认为,原审被告人叶海兵违反国家对毒品的管理制度,非法持有毒品海洛因39.95克和甲基苯丙胺0.17克,其行为已构成非法持有毒品罪,且情节严重,依法应予惩处。叶海兵曾因犯贩卖毒品罪被判处有期徒刑,在刑罚执行完毕后五年内又犯非法持有毒品罪,系累犯和毒品再犯,应依法从重处罚。原审人民法院根据叶海兵犯罪的事实、犯罪的性质、情节及对于社会的危害程度所作出的判决,认定事实清楚,证据确实,定罪准确,审判程序合法,唯没有认定叶海兵属于非法持有毒品情节严重系适用法律错误,并导致量刑畸轻,本院依法予以改判。据此,本院依照《刑事诉讼法》第25条第1款第2项,《刑法》第348条、第55条第1款、第56条第1款、第65条第1款、第356条、第52条、第53条、第61条及最高人民法院《关于适用财产刑若干问题的规定》第5条之规定,判决如下:(1)撤销北京市石景山区人民法院(2014)石刑初字第293号刑事判决;(2)原审被告人叶海兵犯非法持有毒品罪,判处有期徒刑6年,剥夺政治权利1年,并处罚金人民币1万元。

根据该案例具体案情可以看出,检方认为被告人构成运输毒品罪,而且其为累犯,依法应当从重处罚;同时,一审法院则存在适用罪名错误,量刑过轻的问题。一审法院认为现有证据不足,仅依据被告人供述难以认定其构成运输毒品罪;此外,也缺乏有效证据证明被告人所持有的毒品是为了贩卖,故只能按照非法持有毒品罪定罪量刑。辩方认为司法机关掌握的证据不足,难以认定被告人的罪行,应当根据疑罪从无原则和疑罪从轻原则进行裁判。二审法院认为根据现有证据,一审法院在认定罪名方面不存在问题,但量刑较轻,未能充分考虑被告人系累犯的情况,所以在二审裁判时加重了被告人的刑期。

本案的争议焦点在于:(1)被告人叶海兵的行为应该如何定性,构成何种罪名。(2)诉讼中仅有被告人的供述而无其他证据予以有效印证,能否认定叶海兵购买毒品并运输至北京的行为真实存在。(3)对被告人叶海兵的量刑是否适当,能否做到罚当其罪。

# 教学指导手册

## 教学对象及目标

本案例供法律硕士案例教学使用,法学本科(大四)、刑法学硕士、刑事诉讼法学硕士也可以参酌使用。

通过该案例的介绍与分析,讲授辩护律师如何在刑事诉讼中根据案情准确选择辩护策略,充分发挥辩护技能以及相关毒品犯罪的认定。着重使学生掌握以下几方面的内容:

1. 能够区分毒品犯罪相关罪名,如非法持有毒品罪与运输毒品罪、贩卖毒品罪的界限,做到准确定罪。

2. 掌握刑事诉讼中证据的采集与运用,特别是口供与其他证据如物证、证人证言等之间的关系,不同种类证据对于定罪的作用。

3. 掌握刑事诉讼中的辩护策略和技巧,如如何对案情进行分析,如何对证据进行运用,如何确立辩护立场,贯彻辩护策略以进行有效辩护等。

## 教学内容

通过分析本案例,主要讲授以下几个方面的知识:

1. 运输毒品罪的概念、犯罪构成与司法认定。
2. 贩卖毒品罪的概念、犯罪构成与司法认定。
3. 非法持有毒品罪的概念、犯罪构成与司法认定。
4. 法律规范关于“口供”的相关规定,证据的收集与采信。
5. 毒品犯罪的量刑规定及适用。
6. 如何根据案情为被告人做有效辩护。

## 预期效果

通过本案例的分析与研讨,学生能够掌握常见毒品犯罪的犯罪构成与司法认定;掌握毒品案件中证据收集与适用的方法;掌握口供的反复和二审中的新证据处理方法;掌握相关司法文书的写作。

## 教学计划

从实体法和程序法的角度对本案例进行分析,首先,采用讲授与讨论的方式,使学生掌握基本知识点,在教学中注重引导学生思考;其次,鼓励学生发言,并与老师进行互动,以充分掌握相关知识;最后,让学生分别扮演诉讼中的控、辩、审角色进行模拟实战演练,体会刑事诉讼过程,巩固教学成果。

## 课堂时间安排

1. 熟悉案情(1课时):安排学生阅读案例及相关参考资料,对案例所涉及问题进行思考,撰写实践题答案。

2. 对案例中涉及的实体法问题进行讲授与讨论(2课时)。

3. 对案例中涉及的程序法问题进行讲授与讨论(2课时):(1)介绍教学目的,明确讨论主题;(2)分组讨论,回答各项思考题,讨论实践题的撰写要点;(3)小组代表提出撰写要点,学生讨论和分析;(4)教师归纳总结。

4. 对案例进行控、辩、审模拟演练(1课时):分成3个小组履行控辩审的职能,模拟法庭审理,充分调动学生的积极性,锻炼其思维能力与表达能力,体验刑事案件庭审的过程,加深其对刑事诉讼的理解。

## 思考题和实践题

**1. 思考题**

(1)运输毒品罪的犯罪构成与司法认定。

(2)贩卖毒品罪的犯罪构成与司法认定。

(3)非法持有毒品罪的犯罪构成与司法认定。

(4)“口供”在刑事诉讼中的地位。

(5)辩护人如何根据案情选择辩护策略?

(6)针对本案进行起诉书、辩护词的撰写。

**2. 实践题**

(1)犯罪嫌疑人叶海兵被抓后,如果你是叶海兵的辩护人,你认为叶海兵的定罪是否准确,根据案情你会采取何种辩护策略?如果叶海兵要求你为其做取保候审,你应当如何处理?

(2)你如何评价二审辩护人的辩护策略?其辩护策略能否保障叶海兵的合法权益?

## 参考文献

1. 张洪成、黄瑛琦:《毒品犯罪法律适用问题研究》,中国政法大学出版社 2013 年版。
2. 最高人民检察院法律政策研究室、公安部禁毒局:《毒品犯罪案件立案追诉标准适用指南》,中国人民公安大学出版社 2012 年版。
3. 闫召华:《口供中心主义研究》,法律出版社 2013 年版。
4. 高贵君主编:《毒品犯罪审判理论与实务》,人民法院出版社 2009 年版。
5. 郑蜀饶:《毒品犯罪的法律适用》,人民法院出版社 2001 年版。
6. 于志刚:《毒品犯罪及相关犯罪认定处理》,中国方正出版社 1999 年版。
7. 赵秉志、肖中华:《运输毒品罪和非法持有毒品罪之立法旨趣与隐患》,载《法学》2000 年第 2 期。
8. 林亚刚:《运输毒品罪的若干问题研究》,载《法学评论》2011 年第 3 期。
9. 何荣功:《运输毒品认定中的疑难问题再研究》,载《法学评论》2011 年第 2 期。
10. 张洪成、黄瑛琦:《毒品犯罪的罪数形态问题研究》,载《山东社会科学》2011 年第 4 期。
11. 陈瑞华:《论被告人的口供规则》,载《法学杂志》2012 年第 6 期。
12. 叶扬:《口供规定中不得强迫自证其罪规则之研究》,载《社会科学家》2013 年第 1 期。
13. 程雷:《非法证据排除规则规范分析》,载《政法论坛》2014 年第 6 期。
14. 李静然:《非法持有毒品罪的司法疑难问题探析》,载《法律适用》2014 年第 9 期。

撰稿人 | 李坤,北方工业大学文法学院法律系讲师

# 22 CASE 赵金萍、井鹏等共同强奸案

| 摘 要 |

在我国司法实践中，对于强奸共同犯罪案件中部分共犯实施奸淫而部分共犯未奸淫得逞或者自动放弃奸淫行为的，对于未实施奸淫的共犯，或者认定为强奸既遂，或者认定为强奸未遂或者中止，判罚不一。在是否适用轮奸的法定刑问题上，分歧也很大。案件判罚分歧的背后，涉及的是共犯责任基本理论问题的争论。中国共犯制度从实质上看，虽然应归属于“一元共犯制”，但共犯理论却受到德日等国“二元共犯制”的强势影响，并波及司法实践。分歧的根本原因是对中国现有共犯制度的性质与特点缺乏深入的了解，试图引入国外的共犯理论解决，反而造成判罚的混乱。中国现有的共犯制度对于强奸共同犯罪定罪量刑的分歧能够从容应对。对于强奸共同犯罪案件中，部分共犯实施奸淫而部分共犯未实施奸淫的，在定罪上应一体把握，“一部既遂，全部既遂”，在量刑上则应区别对待。轮奸是强奸罪加重情节，应以客观上是否真实存在为量刑适用的依据。

| 关键词 |

强奸共同犯罪　共犯制度　轮奸　定罪　量刑

| 教学目标 |

本案例以真实发生的刑事案件“赵金萍、井鹏共同强奸案”为蓝本，就共同强奸犯罪案件中一部分行为人奸淫得逞，而另一部分行为人在个人奸淫未遂或自动放弃个人奸淫行为后又改用口淫等强制猥亵行为的情形，进行深入探讨。本案例案情虽然简单，但涉及的刑法学争议问题却很多。从行为定性来说，不仅涉及“一人既遂，全体既遂”归责制度与“共犯关系的脱离”理论、“亲身犯”理论之间的冲突与对抗，也涉及一罪还是数罪问题；在量刑上，则涉及轮奸是否成立的问题。对这些问题的处理，涉及对中外共犯制度的深刻理解，以及在此基础上所作出的选择。使学生不仅知其然，知其所以然，而且还必须立足中国现有共犯立法就此类案件的准确定性、量刑作出合法、合理、切实、可行的处理。此外，如何针对不同的争议问题进行控、辩、审，也是教学的目标之一。

## 教学案例主文

### 一、案情介绍

2013年5月17日晚10点，被告人赵金萍与井鹏（已判刑）等五人酒后来到北京市西城区圆山酒店某歌厅唱歌，点了歌厅陪唱小姐被害人王某某等五人陪唱，并点了两箱啤酒及瓜果、零食，边喝酒边唱歌。唱了3小时后，5月18日凌晨1点左右，被告人赵金萍、井鹏等人准备离开歌厅回家。井鹏乘着酒兴，要求他点的陪唱小姐被害人王某某晚上陪他回家，王某某以时间太晚、自己非常困等理由不肯随井鹏等人离开。井鹏扇了王某某一记耳光，并威胁道："你今晚必须跟我走，陪我。"王某某吓得当场哭了起来。哭闹、呵斥声引来了歌厅工作人员及其他客人的围观。歌厅领班宋某某、工作人员李某询问情况后，对井鹏说歌厅有规定，陪唱小姐不能随客人离开，被井鹏一把推开。场面一度混乱。宋某某等人试图再次上来把王某某拉开，赵金萍见状掏出随身携带的匕首，说："如果谁想死在这里，就过来！"并持刀对着他们比划了几下。大家看到赵金萍拿出了刀，不敢上来拉人，但仍然对他们好言相劝，希望能放过王某某，并承诺说，如果王某某有什么做得不对的地方，他们会让王某某赔礼道歉，也会处分她。但是井鹏、赵金萍等人仍然拉住王某某不放。井鹏也谎称自己是黑社会人员，让宋某某等人少管闲事，也不要惹事。随后，赵金萍与井鹏强行将王某某带出圆山酒店，拦了一辆出租车，并将仍然在哭泣的王某某带上出租车，随行的还有一同来唱歌的丁某某。与赵金萍、井鹏一起来的其他两人则自行离开各自回家了。在出租车上，王某某仍然哭闹着要回家，不肯去。见王某某还是不从、哭闹，赵金萍扇了王某某两记耳光，并将王某某的胸罩扯掉扔出车外。赵金萍和井鹏将王某某带至北京市丰台区郑常庄靛厂路井鹏暂住的出租房内，井鹏先去洗手间了。赵金萍对王某某说："还哭？欠揍是不是？自己把衣服脱了。"见王某某不动，赵金萍又说："要我给你脱是不是？"这时井鹏从洗手间里出来，把王某某的衣服一把扯开，然后赵金萍就先去客厅看电视去了。井鹏不顾王某某的哭泣和哀求，使用暴力，强行奸淫了王某某。井鹏结束奸淫后，出去了，随后赵金萍进来了。赵金萍自己脱光衣服，扑上来想与王某某发生性关系。见王某某捂住肚子，好像很痛的样子。就问被害人王某某什么事。王某某谎称现在感觉腹部有些痛，可能是要来月经了。赵金萍听了，有点生气，朝王某某阴部看了看，骂了王某某几句，停止了奸淫行为，但要求王某某对其进行口淫，满足其性欲，随后又强行将精液射在王某某的嘴里、脸上。天亮后，井鹏让王某某自行回去。王某某随即回到酒店，并向公安机关报案。后经鉴定，王某某四肢还有多处小面积软组织挫伤，其身体所受损伤程度为轻微伤。井鹏被抓获归案。随后，赵金萍在其父的陪同下投案自首。

## 二、相关证据

1. 被害人王某某的陈述证实：案发当日凌晨，井鹏伙同一名男子人将我从西城区圆山酒店强行带上一辆出租车，在车上那男子扇了我一耳光，还将我的胸罩扯坏扔出车外。我被他们带至丰台区的一间平房内，在他们俩的胁迫下，我与井鹏发生了性关系，后另一男子亦欲让我与他发生性关系，我说肚子痛，他又让我为其口淫。

2. 证人井鹏的证言证实：案发当日凌晨，我在歌厅对一个陪我的小姐说"你今晚必须跟我走，陪我"，那人不愿意，后我和赵金萍强行将她带到车上，车开后那女的又哭又闹，赵金萍打了她的头两下，还将她的胸罩扯了扔出车窗。我们将她强行带到本市丰台区靛厂路我的暂住处，我和那个女的发生了性关系。被告人赵金萍也上来摸她并让她为其口淫，后来我睡着了。

3. 证人丁伟证言证实：案发当日凌晨在本市西城区圆山酒店内，井鹏欲将酒店的小姐带走，那女的不同意，后井鹏拽那个女的出去，快到歌厅门口时，金萍接着将那个女的拖了出去。在出租车上，小姐又哭又闹，后我听见"啪、啪"两声，好像她被扇了耳光，后来就没动静了。小姐被带至丰台区井鹏的暂住处后，金萍让小姐脱衣服，并说如果不脱就帮她脱。我看见井鹏与她发生了性关系。

4. 证人宋海龙、李静证言证实原审被告人赵金萍、井鹏等人在歌厅外拉扯王某某，以黑社会威胁众人，并将王某某从圆山酒店强行带走的事实。

5. 证人陈红涛证言证实其于案发当日凌晨在本市丰台区郑常庄靛厂路的出租房曾见到住东房的井鹏搂着一个女的和另一个男的进屋的事实。

6. 人体损伤程度鉴定书及诊断证明书证实王某某四肢多处小面积软组织挫伤，其身体所受损伤程度为轻微伤。

7. 公安机关出具的破案报告证实原审被告人赵金萍到案的经过。

8. 原审被告人赵金萍在公安机关的供述，对其伙同井鹏强行将被害人王某某从圆山酒店带至井鹏暂住处，并欲行强奸、后让被害人王某某为其口淫的事实供认不讳。

## 三、刑事判决

### （一）一审判决

北京市丰台区人民检察院以强奸罪对赵金萍提起公诉。一审法院北京市丰台区人民法院认为，被告人赵金萍采用暴力手段，强制猥亵妇女，其行为已构成强制猥亵妇女罪，应予惩处。被告人赵金萍在刑罚执行完毕后，五年之内又犯新罪，系累犯，应予从重处罚，故判决：被告人赵金萍犯强制猥亵妇女罪，判处有期徒刑三年。

（二）抗诉意见

北京市丰台区人民检察院的抗诉理由为：原判认定事实有误，适用法律错误，赵金萍的行为触犯了《刑法》第236条之规定，应以强奸罪追究其刑事责任，故提请二审法院依法改判。北京市人民检察院第二分院出庭支持抗诉，其支持抗诉意见是：虽然赵金萍与被害人发生性关系的证据难以确认，但井鹏、赵金萍均有强奸的犯意表示，并有犯意的沟通，井鹏与被害人发生性关系是赵、井二人共同犯罪的主要表现，赵金萍的行为构成强奸罪，系共犯，建议二审法院依法改判。

（三）二审判决

二审法院即北京市第二中级人民法院认为，原审被告人赵金萍伙同井鹏以暴力、胁迫手段将被害人带至井鹏的暂住处，在二人的胁迫下，被害人与井鹏发生了性关系后，赵金萍对被害人猥亵，赵金萍的行为符合强奸罪的构成要件，其系帮助井鹏实施强奸的共犯，应依法惩处。赵金萍在刑罚执行完毕后，五年之内又犯新罪，系累犯，应予从重处罚。关于赵金萍辩称其未与被害人发生性关系的辩解，以及辩护人所提赵金萍未与被害人发生性关系，赵的行为应认定为强制猥亵妇女罪，赵金萍与井鹏不构成强奸共犯的意见，经查，赵金萍与井鹏有共同的强奸犯罪故意，亦共同对被害人实施了胁迫行为，其虽未与被害人发生性关系，但不影响其构成强奸罪。北京市丰台区人民检察院所提原判认定事实及适用法律有误、赵金萍构成强奸罪的抗诉理由及北京市人民检察院第二分院支持抗诉的意见成立，本院予以采纳。一审法院认定赵金萍犯强制猥亵妇女罪属认定事实及适用法律有误，应予改判。据此，本院依照《刑事诉讼法》第189条第3项，《刑法》第236条第1款、第25条第1款、第26条第4款、第65条第1款之规定，判决撤销一审判决，改判原审被告人赵金萍犯强奸罪，判处有期徒刑5年。

## 教学指导手册

### 教学对象及目标

本案例供法律硕士案例教学使用，法学本科、刑法学科学学位硕士也可以参酌使用。

本案例案情虽然简单，但涉及的刑法学争议问题却很多。从行为定性来说，不仅涉及共同犯罪的认定与归责问题，也涉及罪数形态问题。从量刑来说，涉及刑罚的个别化问题。具体而言,需要解决以下几个问题:和司法制度却很多,主要包括以下几方面的问题:(1)共同犯罪与故意犯罪停止形态。对于强奸罪共同犯罪的,是遵循"一人既遂,全体既遂"的归责制度,还是对所谓的"亲身犯"根据行为人本人的实际情况,虽然成立强奸罪共犯,但不同共犯人的停止形态可以不同?(2)罪数。在强奸共同犯罪案件中,对于其中部分行为人强奸未遂或者放弃了自己的奸淫行为后,又采用强制猥亵、侮辱行为的,是应该只认定为强奸罪一罪,还是应该以强奸罪与强制猥亵、侮辱妇女罪数罪并罚?(3)加重犯。对于共同强奸案件中,如果一部分行为人成立轮奸,对于奸淫未遂或者放弃了自己奸淫行为的另一部分行为人,是否也作为轮奸的共犯,并适用加重的法定刑。对这些问题的处理,涉及对中国共犯制度的深刻理解问题。此外,如何针对不同的争议问题进行控、辩,也是教学的目标之一。

## 教学内容及其分析

### 1.国内司法实务关于强奸罪共同犯罪归责问题上存在的判罚分歧

我国司法机关在强奸共同犯罪案件中,如果一部分共犯奸淫得逞,而另一部分共犯自愿放弃个人的奸淫行为或者因个人意志以外的原因而未能奸淫得逞的,则通常在两个问题上容易发生分歧:

其一,在定罪方面,对于未完成个人奸淫的共犯,有的法院根据"部分实行全部责任"的共犯理论和"一人既遂,全体既遂"的归责原则,也认定为强奸罪既遂;而有的法院则认为强奸案不能按照"一部既遂,全部既遂"办理,而应根据行为人自身的情形区别对待,认定该共犯为强奸罪犯罪中止或者犯罪未遂,使其享有中止或未遂的从宽待遇。

其二,在量刑方面,由于部分共犯未奸淫得逞或者放弃了奸淫,因此,有的法院认为,在两人犯罪的场合,无论是奸淫得逞的共犯,还是未奸淫得逞或者放弃奸淫行为的共犯,都不成立轮奸,而只能在3年以上10年以下量刑;有的法院则认为"部分实行全部责任"也适用于轮奸,只要各共犯人以轮奸的故意实施奸淫,即使只有部分共犯奸淫得逞,部分共犯未奸淫得逞或者放弃奸淫行为,都应成立轮奸,应在10年以上量刑,对于未奸淫得逞或者放弃奸淫的,只能作为一种酌定量刑情节予以考虑。

### 2.判罚分歧背后存在的理论争议

在案件判罚分歧的背后,涉及的是共犯责任基本理论问题的争论:

其一,在犯罪形态的认定上,我国主要存在两种不同的观点:以北京大学陈兴良教授为代表的学者认为,共同实行犯的"部分行为,全体责任"原则对于绝大多数犯罪是适用的，但在个别犯罪如强奸罪、脱逃罪中，共同实行犯中的一人得逞，不能认为其他共同犯罪人皆为既遂，而不存在未遂问题。具体而言：(1)在结果犯的情况下，一人既遂全体共同犯罪人即为既遂，不存在既遂与未遂并存的情形；(2)在行为犯的情况下，如果由共同追求的犯罪目的所决定，只要共同实行犯中部分人实施一定的行为就可以实现犯罪目的，则一人既遂就应视为全体共同犯罪人均为既遂；(3)在行为犯的情况下，如果由犯罪构成的特点所决定，每个人的行为具有不可替代的性质，则共同实行犯中各共同犯罪人的未遂或既遂就表现出各自的独立性。一个共同犯罪人的既遂并不标志着其他共同犯罪人的既遂，每个共同犯罪人只有在完成了构成要件的行为后才构成犯罪既遂。强奸罪就是如此。强奸犯的犯罪目的是强行与妇女发生性行为，这种犯罪目的决定了每个共同犯罪人的行为具有不可替代的性质。因此，只有本人完成了法定行为才是既遂。同样，对于中止犯的情形，在犯罪行为具有不可替代性质的个别犯罪如强奸罪、脱逃罪中，共同犯罪人想要中止犯罪，只要放弃本人的犯罪行为即可，不以制止其他共同犯罪人的犯罪为必要。另一种观点则认为，即使在强奸罪共同犯罪中，一部分共犯奸淫既遂，而另一部分共犯放弃奸淫或者由于意志以外的原因未奸淫得逞的，仍应根据“部分实行，全部责任”原理对强奸既遂承担责任。

其二，关于具体裁量刑罚中“部分行为，全部责任”是否适用于轮奸问题，也存在两种观点：一种观点认为只要共犯具有轮奸的故意并实施犯罪，如果轮奸中一人以上强奸既遂，一人以上未遂，对于各行为人均应以强奸定罪并按轮奸情节予以处罚。至于个人奸淫未得逞的共同实行犯，可酌定从轻处罚。另一种观点则认为，在两人以轮奸的故意实施犯罪的场合，如果一人奸淫既遂，而另一人放弃奸淫或者由于意志以外的原因未得逞的，不成立轮奸。在三人或者三人以上以轮奸的故意实施犯罪的场合，如果其中数个犯罪人奸淫得逞，而其他犯罪人放弃奸淫或者由于意志以外的原因未得逞的，奸淫得逞的犯罪人适用轮奸的法定刑，而对于未奸淫得逞或者放弃奸淫的犯罪人宜认定为普通强奸既遂，不适用轮奸的法定刑。

**3. 分歧背后存在的原因：缺乏对中外共犯制度的差异以及中国共犯制度特点的深入了解**

在我国，司法机关对这样的问题屡次发生纷争的根本原因在于缺乏对中外共犯制度的差异以及中国共犯制度特点的深入了解。从国外共犯制度来看，具有代表性的，大体有两种。一种是以刑法分则罪、刑法条款确立的“犯罪”为基准，将各共同犯罪人的犯罪行为区分为实行行为和非实行行为。对于实施实行行为的犯罪人，称为正犯（实行犯），而将实施非实行行为（如教唆、帮助等）的犯罪人，归于其他共犯（如教唆犯、帮助犯等）。正犯与其他共犯分别具有各自的成立条件，相互之间不能转换角色,需分别把握。这种共犯制度被称为“二元共犯制”。另一种是与此相对应的“一元共犯制”,即对共犯不加分类,全体共犯(实行者、教唆者、帮助者)都是犯罪行为人,一体把握。“二元共犯制”与“一元共犯制”的实质差异并不在于是否在形式上进行共犯分类,而在于对不同行为类型的“评价”。“二元共犯制”强调非实行行为与实行行为性质上的差异(异质),在罪责上尽量区别对待;讲求非实行行为对实行行为的依从性,因此在(狭义)共犯的性质上,多持“共犯从属性说”。“一元共犯制”则认为无论是教唆行为、帮助行为还是直接实施刑法分则规定的实行行为都是犯罪行为,各行为人都参与了犯罪。“一元共犯制”不看重各种行为性质之间的差异,也不刻意在罪责上体现区别对待;不讲求非实行行为对实行行为的依从性,因此在(狭义)共犯的性质上,持“共犯独立性说”。

“二元共犯制”立法例的典型代表是日本刑法。例如,《日本刑法》第60条规定:“二人以上共同实行犯罪的,都是正犯。”第61条规定:“教唆他人实行犯罪的,判处正犯的刑罚。教唆教唆犯的,与前项同。”第62条规定:“帮助正犯的是从犯。教唆从犯的,判处从犯的刑罚。”第63条规定:“从犯的处罚,按照正犯的刑罚予以减轻。”从该立法不难发现,只有出于亲自实现犯罪构成要件的意思,实施具有实现犯罪构成要件现实危险的行为的人,才是正犯(实行犯)。其中,亲自直接实现犯罪的是直接正犯;把他人作为道具加以利用,以在法律上可以评价为就像自己亲自动手实施犯罪一样的形态来实施犯罪的,是间接正犯。而那些不亲自动手实施符合构成要件行为,而是通过教唆或者帮助正犯的方式来参与犯罪的人,只能是正犯的共犯(教唆犯、帮助犯)。哪怕对教唆他人实行犯罪的教唆犯按正犯的刑罚处罚,教唆犯也只能是共犯而不是正犯。正是由于刑事立法对正犯的重视,也导致日本刑法理论对共同正犯的研究在共同犯罪研究中占据绝大部分的篇幅。属于“二元共犯制”的立法例的还有德国刑法与韩国刑法等。“一元共犯制”立法例的典型代表是意大利刑法。与大多数国家刑法都有关于共同犯罪人的规定不同,意大利刑法并没有对共同犯罪人进行分类,而是在意大利《刑法典》第110条简单规定:“当多人共同参与同一犯罪时,对其中的每一个人都处以法律为该罪规定的刑罚……”在意大利共犯制中,并没有所谓正犯、从犯,而只有共犯,且认为所有参与共同犯罪的人都是共犯,把犯罪当成一个整体,不认可谁对谁的从属性。

尽管“二元共犯制”与“一元共犯制”存在实质差异,但在共同正犯(共同实行犯)的法律效果上,却是大同小异。以日本“二元共犯制”为例。一直以来,日本刑法对于共同正犯,都主张按照“部分实行,全部责任”进行定罪处罚,具体的刑罚根据行为人责任大小来个别量定。换句话说,对于共同正犯而言,“一部既遂,全部既遂”。共同正犯的中止,必须是所有共同正犯都自愿放弃犯罪,或者共同正犯中的部分人放弃犯罪并阻止其他共同人的共同实行或防止结果的发生,而且中止效果并不及于其他共同人。这与中国刑法通说也是一致的。后来有日本学者考虑到部分正犯在实行过程中放弃了犯罪但又没能有效阻止犯罪结果的发生,如果一体问责,有失公平,为了寻求一种实质上的公正或者说寻求一种平衡,提出了“共犯关系的脱离”一说。所谓“共犯关系的脱离”,是指共犯关系成立以后,完成犯罪之前,部分处于共犯关系的人切断与共犯的关系而从该共犯关系中解脱出来,其他共犯人基于共犯关系实施实行行为,引起了犯罪结果的场合。如果部分共犯表示了从共同关系中脱离的意思,其他剩下的共犯人也知道这一情况,而仍实施了犯罪行为,则成立了脱离人以外的新的共犯关系。脱离共犯关系的人不需要对脱离后其他犯罪人的犯罪行为负责,而只要对自己脱离为止的行为负责。因此,在日本共同犯罪中,存在部分共犯人犯罪中止的情形。实际判例也支持这种观点,但对“共犯关系的脱离”的审查非常严格,注重脱离者的行为与剩余共犯其后的行为及其结果之间的因果关系是否已因脱离者的脱离而切断,即呈现因果关系的切断。但对于部分共同正犯实行既遂、部分共同正犯实行未遂的,则无所谓“共犯关系的脱离”,而是根据“部分实行全部责任”“一部既遂,全部既遂”均以犯罪既遂论处,具体的刑罚根据行为人责任大小来个别量定。如果说,日本“二元共犯制”在共同正犯犯罪形态问题上,主要是坚持“部分实行全部责任”原则的话,意大利的“一元共犯制”则是将“部分实行全部责任”贯穿到底。该共犯制认为犯罪未遂与犯罪既遂不能并存,因此,对于共同犯罪中部分共犯将罪刑条款规定的犯罪实施完毕,而另一部分共犯没有实施完毕的,都一体把握认定为犯罪既遂,其一体处罚的理由是:所有共同犯罪人都实施了犯罪行为,都曾参与其中,其个人行为都曾“加工”于整体的犯罪行为。对于共同犯罪中中途放弃犯罪的共犯而言,只要其他人犯罪既遂的,同样因为其曾具有“加工”于整体的犯罪行为,要承担犯罪既遂的法律效果。但如果其主观上具有可免除刑罚的情节的,虽然不排除共同犯罪的成立,但对于个人而言,可免除刑罚处罚。

中国刑法是世界上少有的既规定了共同犯罪,又规定了共同犯罪人的立法例之一。但中国共犯制度中没有“正犯”或者“实行犯”的概念,而主要是根据共犯人在共同犯罪中的作用分为主犯、从犯、胁从犯,并单独规定了教唆犯。例如,《刑法》第 26 条规定:“组织、领导犯罪集团进行犯罪活动的或者在共同犯罪中起主要作用的,是主犯。”第 27 条规定:“在共同犯罪中起次要或者辅助作用的,是从犯。”第 28 条规定:“对于被胁迫参加犯罪的,应当按照他的犯罪情节减轻处罚或者免除处罚。”第 29 条规定:“教唆他人犯罪的,应当按照他在共同犯罪中所起的作用处罚。”虽然我国也将(广义)共犯进行了分类并且也规定了教唆犯,但并不像“二元共犯制”那样强调非实行行为对实行行为的依从性,实施教唆行为的也可能被认定为主犯,而实施实行行为的,也可能是从犯甚至胁从犯。由于认为主犯与从犯在共同犯罪中所起的作用大小不同,因此对于主犯与从犯的问责程度也有所区别,即“对组织、领导犯罪集团的首要分子,按照集团所犯的全部罪行处罚”,对于其他主犯,“应当按照其所参与的或者组织、指挥的全部犯罪处罚。”而对于从犯或胁从犯,则“从轻、减轻处罚或者免除处罚”或者按照胁从犯的犯罪情节“减轻处罚或者免除处罚”。可见,在我国共犯制度下,虽然对共同犯罪实行“部分行为,全部责任”“一部既遂,全部既遂”,在定罪上一体把握,但在量刑上则根据主犯、从犯、胁从犯的“角色”进行了区别对待,从而保证实质上的公正。与国外的“二元共犯制”相比较,中国的共犯制度虽然也有共犯分类,但并不是根据行为类型划分,而主要是根据共犯人在共犯中所起的作用划分,而且不讲求非实行行为对实行行为的依从性,不强调共犯的从属性,在定罪上一体把握,在量刑上区别对待。从一定意义上来说,中国的共犯制度更倾向于“一元共犯制”。虽然中国的共犯制更倾向于“一元共犯制”,但中国共犯理论却受到了“二元共犯制”理论的强势影响,这种影响不仅造成学界在共犯基本理论问题上的纷争,而且波及司法实践。而这种分歧本来是可以避免的,因为中国共犯制度这种虽然在定罪上一体把握但在量刑上区别对待的灵活特点足以应对共同犯罪中所出现的问题,而不必借用国外的一些共犯理论,否则可能造成理解和适用上的混乱,且有舍近求远之嫌。

**4. 我国现有共犯制度下对强奸共同犯罪定罪分歧问题的解决路径**

通过对中外共犯制度的比较分析不难发现,其实,无论是“二元共犯制”还是“一元共犯制”,从定罪来看,原则上都采用“一部既遂,全部既遂”的方式。这种共犯原理是有其道理的,因为共同犯罪并不是几个犯罪行为的简单相加。二人以上的参与使共犯人胆大妄为,二人以上的配合使共犯行为后果严重。因此,必须对共同犯罪予以严厉打击。就强奸共同犯罪的定罪而言,“二元共犯制”强调正犯的实行行为,看重正犯与帮助犯的差别,帮助他人强奸而未亲自实行强奸的,永远是帮助犯(从犯),不可能成为正犯。对于强奸共同正犯而言,放弃实行行为(奸淫行为)具有独立评价的意义,例如,对于符合“共犯关系的脱离”者,可成立强奸罪的犯罪中止,并进而从量刑上与其他共同正犯区别开来。而在我国的共犯制度中,不以有无实行行为划分共犯人的种类,而是根据实质作用大小分主犯、从犯,因此不存在所谓正犯中止的问题。无论是实行犯还是仅有帮助行为的帮助犯,都随共犯的整体进展而确认犯罪的形态,共同犯罪由一人实行既遂,其他没有实行行为的人,也随之成立既遂。其中某一个共犯人放弃了预定的实行行为,没有单独评价为实行行为终止的意义和必要,而是作为在共同犯罪中作用大小的依据予以考虑,成为认定为从犯的重要事实根据。换言之,在中国的共犯制度中,看中的是作用大小,而并不拘泥于实行行为,有无实行行为,也通过“作用”来落实。如果其没有实行行为,可评价为作用较小,被认定为从犯,给予宽大,但在定罪上则与实行犯一体把握,“一部既遂,全部既遂”,都以强奸既遂论处。从量刑来看,在共同强奸案件中,无论是“二元共犯制”还是中国实质的“一元共犯制”,其实对于放弃强奸的行为人都考虑给予区别对待。“二元共犯制”认为,如果放弃强奸实行行为,也就是没有正犯实行行为,从而不成立正犯而只能成立帮助犯,以与正犯区别对待;或者认为虽然成立正犯,但如果是属于“共犯关系的脱离”,成立共同正犯的犯罪中止,通过中止制度给予区别对待。而在中国的共犯制度中,不走帮助犯或正犯中止的途径,而走作用较小的从犯的途径区别对待,例如,在我国司法实践中,只要是共犯中途自己放弃实行犯罪,则证明其在共同犯罪中的作用相对较小,因此,一般认定其为从犯,虽然也成立犯罪既遂,但享受从犯“从轻、减轻处罚或者免除处罚”的宽厚待遇,即使有些人虽然中途放弃犯罪,仍不足以认定为从犯,也会将其放弃实施犯罪行为作为一个酌定情节予以从轻处罚,不违背公平感。

在中国的共犯制度下,即使是对于强奸之类的所谓“亲身犯”,在定罪上也应该一体把握,而不要区别对待。理由有以下几点:其一,如果承认放弃亲自奸淫行为的共犯成立犯罪中止,而按照我国《刑法》第 24 条规定减免处罚,则并没有体现出刑法对共同犯罪相对于单独犯罪从严打击的立法精神。其二,对于放弃奸淫行为的共犯如果按中止犯处理,则会产生对仅有帮助意思和行为的强奸共犯(如女性帮助犯)的处理得不公平。因为即使她根本不想也不可能亲身实行强奸,也断然无成立中止的机会。其三,接受例外不利于共犯中实行犯、帮助犯犯罪形态的统一把握。例如,甲女帮助乙、丙强奸丁女,乙强奸既遂而丙未遂。如果接受例外,则乙和丙为实行犯,乙成立强奸罪既遂,而丙成立强奸罪未遂。甲是帮助犯,因此也成立强奸罪既遂。甲与丙的犯罪形态不一样。这让人觉得有点别扭。认为对于强奸罪共犯不应该区别对待,而应该按照“一部既遂,全部既遂”论处的判决以判例编号的形式两次登载于《刑事审判参考》,这可以认为是代表了判例的立场,但在司法实践中,判处强奸罪未遂或者中止的依然不少,难达成共识。究其缘由,除了理论方面的分歧外,还有一个案外的因素,即有部分司法工作人员朴实地认为,别人又没有强奸成功,没有达到自己奸淫被害人的目的,甚至有人还中途放弃了奸淫,却要承担别人的强奸既遂后果的责任,这有悖于公平感。实际上,这是对“一部既遂,全部既遂”原则的一种误解,也是对中国共犯制度特点缺乏深入了解。如前所述,在中国现有的共犯制度下,虽然出于从严打击共同犯罪的立法意图在定罪上将各共犯均以强奸既遂论处,但在具体量刑上却留出了一条通道,即对于没有实施强奸的共犯或者认定为从犯而给予法定的宽厚待遇,或者作为一种酌定情节予以从轻处罚。也就是说,中国现有共犯制度完全能应对并解决这种公平感上的困惑,而没必要套用“二元共犯制”的理论去寻找其他出路。否则,相同案件的不同判罚会使民众费解或者误解,从而产生不必要的纠纷,浪费司法资源。而且,还会导致一种质疑,即为什么对强奸犯中放弃奸淫或者奸淫未得逞的共犯如此宽大,而对于故意杀人罪中放弃杀人或者杀人未遂的共犯一律作为犯罪既遂论处呢?厚此薄彼的理由是什么?有学者提出"亲身犯"来说明为什么允许有区别,认为强奸罪是亲身犯,其犯罪目的具有不可替换性,对于强奸而言,每人的犯罪目的都是自己亲自对被害人实施强奸,无可替代。而对于杀人而言,自己动手与他人动手,都是希望被害人死亡。而这种说法是有一定道理的,但这可能会引发一种分歧,首先,对于强奸罪是否为"亲手犯"观点不一。一种观点认为强奸罪是"亲手犯",具有不可替代的性质;另一种观点认为强奸罪不是"亲手犯",因为"亲手犯不可能存在间接正犯",强奸罪不符合这点。其次,这种观点会导致滥用的危险,并给司法带来难度。例如,故意杀人罪未遂者会辩解说自己只有亲手扎上被害人几刀,方能出一口气,方能实现自己原有的犯罪目的,而自己却没有亲手杀死被害人,也应以未遂犯论处。而对于中止杀人行为的共犯来说,这种理由会显得更充分。最后,如果强奸罪是"亲身犯"可以有例外的话,那么强制猥亵、侮辱妇女罪似乎也应该这样。这不仅没有有效解决分歧,还可能引发更大的混乱。而根据中国现有共犯制度,对于各种共同犯罪,在定罪上一体把握,在量刑上区别对待,应是一条有效的应对路径。

**5. 我国现有共犯制度下对强奸共同犯罪量刑分歧问题的解决路径**

轮奸属于强奸罪量刑上的加重情节,而不是一个独立的罪名。轮奸不存在既遂或者未遂的问题,只有是否真实存在的问题,如果真实存在,则意味着存在强奸罪的加重情节,应适用加重的法定刑;如果不存在,则只能适用一般的法定刑。加重处罚情节应是客观的,而不是主观的。否则,就会出现一种奇特的主观归责的情形。比如说,甲与乙以轮奸的意图对丙某实施强奸,但最终二人都放弃了犯罪,成立强奸罪中止,但因为主观上原本有轮奸的意图,因此应以轮奸的法定刑为基准减免处罚。而"轮奸的意图"与"轮奸的情节"显然是两码事。笔者认为,在两个强奸共犯的场合,如果其中一个共犯奸淫得逞,另一共犯未奸淫得逞或者放弃奸淫,尽管当初二人有轮奸的主观意图,并都成立强奸罪既遂,但无论是奸淫得逞的共犯,还是未奸淫得逞或者放弃奸淫的共犯,都不成立轮奸。在三人以上共犯的场合,部分共犯轮奸得逞,成立轮奸,而对于未奸淫得逞或者放弃奸淫的共犯,只成立一般的强奸既遂,而不适用轮奸的法定刑。

**6. 奸淫未得逞或自动放弃个人奸淫者改用强制猥亵行为情形中的罪数问题**

强奸共同犯罪中,奸淫未得逞或者放弃奸淫的共犯通常会改用强制猥亵的方法以发泄性欲。在这种情况下,司法工作人员在对其定罪量刑时往往会犹豫不决。例如本案例中,被告人赵某某放弃奸淫后却又强制被害人王某某对其进行口淫,一审法院只判定其成立强制猥亵妇女罪,而将赵某某伙同他人共谋强奸并挟持被害人的强奸共犯行为及其责任给抹掉了。经检察院抗诉后,法院二审根据共犯制度判定被告人赵某某也成立强奸罪既遂,却又否定了赵某某强制猥亵妇女罪罪名的成立,顾此失彼。其实,从案情来分析,被告人赵某某前后有不同的犯罪故意:前为共同强奸的故意,后为强制猥亵的故意;实施了不同的犯罪行为:前为协助他人强奸并实施胁迫逼奸行为,后为强制猥亵行为。前后行为各自独立,并不存在牵连,应以强奸罪与强制猥亵妇女罪数罪并罚。法院二审之所以在认定赵某某成立强奸共犯后却又对其强制猥亵妇女行为"视而不见",恐怕是觉得,实施强奸的人(井某)只定强奸罪,而放弃强奸的人(赵某某)反而要以强奸罪和强制猥亵妇女罪数罪并罚,有悖常理。其实,这种担心大可不必。许多司法工作人员都持有一种观念,认为数罪并罚一定比判处一罪要重,其实并非如此。就本案而言。即使最终赵某某以强奸罪与强制猥亵妇女罪数罪并罚,而井某只以强奸罪论处,赵某的宣告刑通常也会低于井某的宣告刑。根据共犯理论,虽然赵某某也成立强奸既遂,但由于他放弃了奸淫行为,这一重要情节通常会使他被认定为从犯而受到从宽处罚,即使不被认定为从犯,这一情节也会成为一种重要的酌定情节予以从宽处罚。这几乎是肯定的。而另一罪强制猥亵妇女罪,因其没有聚众或在公共场所内实施强制猥亵,宣告刑不会超过5年。因此,即使数罪并罚,其最终的宣告刑应该也不会很高。可见,司法工作人员在具体裁量刑罚时,完全可以在现有共犯制度下根据具体案情予以把握,不致违背公平感,而不必心存顾虑而故意进行错误的判罚。

## 课堂时间安排

本案例案情虽然简单,但涉及的问题多且疑难。不仅要了解不同的判罚现状及其背后的理论争议,而且还要探索争议背后的根本原因,并找出一条合法、合理、切实、可行的解决争议的途径。本案可以作为专门的案例教学课来进行,整个案例可的课堂安排7个课时,每课时45分钟。

如下课堂设计,仅供参考。

1.课前计划:安排学生阅读案例及相关参考资料,对整个案例所涉及的问题进行思考。

2.课中计划:(1)课时1:介绍教学目的,对学生进行分组(法官、检察官、刑事辩护人);引导学生对案例进行阅读分析,明确案情,逐步回答所涉及的思考题。(2)课时2、3:分组讨论,对实践题进行撰写(抗诉意见、辩护词、刑事判决书),最终进行讨论和完善。(3)课时4、5:小组组合,依次按照实践题的要求,控方与辩方展示成果,模拟庭审程序进行抗辩。法院最终给出判决书。(4)课时6:教师进行点评并归纳总结,引入对实践中所遇到问题更深层次的理论讨论。

3. 课后计划:布置一两个典型案例,让学生在课后就承继的共同犯罪中加重犯(如结果加重犯)的归责问题进行深入思考。

## 思考题和实践题

**1. 思考题**

(1)日本提出"共犯关系的脱离"理论,请结合日本的共犯立法,指出提出这种刑法理论背后的真实原因是什么?

(2)中国共犯制度与日本共犯制度的区别主要在哪些方面?

(3)在现有中国共犯立法及司法模式下,中国司法是否有引入"共犯关系的脱离"理论或"亲身犯"理论处理强奸共同犯罪案的必要?为什么?

(4)在包括强奸罪在内的共同犯罪案件中,如果部分行为人的实行行为造成法定的加重后果,其他共犯人是仅成立基本犯的共犯,还是也成立加重犯的共犯?

(5)在包括强奸罪在内的共同犯罪案件中,如果部分行为人的实行行为造成法定的加重后果,各共犯人犯罪行为的追诉时效应如何计算?

(6)共同犯罪中,"一人既遂,全体既遂"是否等同于"部分行为,全部责任"?

**2. 实践题**

(1)假如你是本案的主审法官,请针对本案的处理写出一份刑事判决书。

(2)假如检察院认为该案存在法律适用上的错误,需要通过审判监督程序提起再审,请你代表检察院写出该案的再审抗诉意见。

(3)假如案件再审,检察院认为应以强奸罪既遂与强制猥亵、侮辱妇女罪对再审被告人数罪并罚,请你作为被告人辩护人,撰写一份辩护词。

## 参考文献

1. 陈兴良:《共同犯罪论》(第2版),中国人民大学出版社2006年版。

2. 张明楷:《刑法学》(第4版),法制出版社2011年版。

3. 阮齐林:《刑法学》(第3版),中国政法大学出版社2011年版。

4. [意]杜里奥·帕多瓦尼:《意大利刑法学原理》(注评版),陈忠林译评,中国人民大学出版社2004年版。

5. [日]大谷实:《刑法讲义总论》,黎宏译,中国人民大学出版社2008年版。

撰稿人 | 刘刚,法学博士,中南大学法学院副教授、硕士生导师

# 23 CASE 张某、夏某等利用未公开信息交易案


| **摘 要** |

本案例是一起真实的利用未公开信息交易的案件(俗称“老鼠仓”案件),是一起经典的证券犯罪案件,案例知识点涵盖了利用未公开信息交易罪中未公开信息的界定、未公开信息与内幕信息的差别、利用未公开信息交易行为是否“违反规定”、行为人是否基于职务便利获取未公开信息、从事的证券期货交易是否与未公开信息相关以及如何判断违规交易的入罪标准等。同时,本文围绕法官审理刑事案件的诉讼程序,了解刑事诉讼中的审判程序和刑事法官的工作职责,以及证据的分类、证据效力、证明标准和认证规则等刑事诉讼程序内容。该案例对于学习证券法、金融刑法、刑事诉讼法、证据法均有所裨益。



| **关键词** |

利用未公开信息交易　犯罪构成　诉讼程序　证据法


| **教学目标** |

(1)从案例教学的角度,教授利用未公开信息交易罪的概念、域外借鉴、构成要件和认定标准;

(2)掌握未公开信息与内幕信息的差别、利用未公开信息的前置性法律规范、被建议从事相关证券交易人员的处理、辨识行为人的职务便利与交易相关性、交易获利或避免损失数额的认定等难点问题;

(3)知悉刑事诉讼程序,掌握法院审理一审刑事案件中审判员的工作任务、程序和职责;

(4)学习刑事诉讼各个阶段当事人的地位、作用和工作程序;

(5)了解刑事诉讼中,证据的收集、分类、效力认定、证明标准和认证规则。

## 教学案例主文

经过二十余年的发展，我国资本市场制度不断完善、监管逐渐严格，取得了举世瞩目的成就，沪深两市已成为全球第二大市值市场，中国已成为名副其实的资本大国。资本市场发展对经济快速发展起到重要的推动作用。尽管取得了很大进展，但我国资本市场仍然很年轻，距离公平、公正、公开的规范市场，还有许多亟待解决的问题，而核心问题就是加快完善投资者保护的机制。

在资本市场中，信息处于基础和核心地位。每一个证券交易的完成都必然涉及大量证券信息的披露、收集、整理和分析，证券投资本质上就是关于信息的处理和博弈过程。基于“经济人假设”，每一个证券投资者出于逐利的本性，都会千方百计地获取各种各样的证券相关信息，以求得充分依据，判断衡量证券投资形势，做出正确的投资决策。长期以来，中国的资本市场流行一种说法，即沪深股市是“消息市”，认为管理层发布“消息”对市场的波动方向起重大甚至决定性的作用，这种说法无疑有一定道理。对于投资者而言，公平获得市场相关信息至关重要。正是基于此，对利用信息优势违规交易行为的打击始终是中国证监会市场监管工作的重点。

本案例是一起真实的利用未公开信息交易的案件（俗称“老鼠仓”案件）。[1]伴随着中国资本市场的快速发展，利用信息优势违规交易等内幕交易、利用未公开信息交易行为不断增多、屡禁不止，严重侵害投资者利益、损害市场信心，进而严重影响资本市场引导资源配置、促进经济发展作用的发挥。《刑法修正案（七）》增设了利用未公开信息交易罪，至此，备受舆论与业界关注的“老鼠仓”行为终于有了明确的刑法规制依据，与内幕交易罪一起组成了我国证券期货内线交易犯罪刑法规范体系，进一步严密了打击利用未公开信息违规从事金融交易的刑事法网。

在美国、欧盟、德国、日本等发达国家或者地区的刑事法律中，多仅规定内幕交易罪，而并没有利用未公开信息交易罪。目前，我国《证券法》和《期货交易管理条例》对“内幕信息”做了列举式的规定，但是对“未公开信息”应包含哪些内容，并没有在法律中予以规定。《刑法修正案（七）》颁布以来，司法实务部门陆续查处了若干利用未公开信息交易犯罪案件，学界对该罪进行了诸多研究。对于利用未公开信息交易罪，有以下问题需要予以厘清：如何辨识未公开信息、其与内幕信息有何

---

〔1〕 由于这类案件行为人大多隐秘，“偷食”金融产品上涨盈利，因而被形象地称为“老鼠仓”。

差别，被建议从事相关证券期货交易的人员如何处理，利用未公开信息交易行为是否“违反规定”，行为人是否基于职务便利获取未公开信息、从事的证券期货交易是否与未公开信息相关，如何判断违规交易达到情节严重、情节特别严重的标准。对此，有必要综合运用证券期货犯罪刑法原理与金融知识论证上述疑难问题的司法规则，使利用未公开信息交易罪不只是停留在理论评价层面，而是在实践中真正得以充分适用。

## 一、案情介绍

### （一）被告人的身份信息

被告人张某，男，原系财富基金管理有限公司稳健配置混合型证券投资基金经理。

被告人夏甲，女，系张某的前妻。

被告人夏乙，女，系夏甲的妹妹。

### （二）控方观点——检察院指控的犯罪事实

2009 年，被告人张某和夏甲、夏乙经预谋后，由张某利用其担任财富基金管理有限公司（以下简称财富公司）稳健配置混合型证券投资基金（以下简称财富稳健基金）经理的职务便利，在财富稳健基金进行股票买卖的信息尚未披露前，通过其本人或者指使夏甲、夏乙根据其提供的未公开信息，借用丁某开设在东银证券北京路营业部证券账户和泰安证券中山路营业部证券账户，先于或同期于张某管理的财富稳健基金买入相同股票，并从中牟利。2009 年 2 月 28 日至 8 月 20 日，上述 3 名被告人采用上述方法买入“西山煤电”“保利地产”等 11 只股票，成交 2837030 股，交易金额为人民币 46384812.25 元（以下币种均为人民币），获利金额 12427516.4 元。

为支持上述指控事实，公诉机关出示了证人李力等人的证言，交易系统日志、股票清单、成交汇总、交易指令执行反馈单、出差记录、住宿登记表、公司管理制度等书证，司法鉴定意见书，被告人张某、夏甲和夏乙的供述以及案发经过等证据。据此，公诉机关认为，被告人张某系基金管理公司的从业人员，利用职务便利获得该基金管理公司尚未公开的信息后，违反规定，通过本人或者指使被告人夏甲、夏乙从事与该信息相关的证券交易活动，情节严重，其行为均已触犯了《刑法》第 180 条之规定，应以利用未公开信息交易罪追究刑事责任；鉴于张某系主犯，夏甲、夏乙系从犯，并应依照《刑法》第 6 条、第 25 ~ 27 条之规定处罚。

（三）辩方观点——被告人及辩护人的辩护意见

被告人张某对指控的主要犯罪事实及罪名不持异议，但提出其没有与夏甲、夏乙预谋。

被告人张某的辩护人对张某的行为构成未公开信息交易罪不持异议，但提出如下意见：(1)张某与夏甲、夏乙之间不存在预谋，且目前证据无法证明夏甲、夏乙曾接受张某指令操作过个人股票账户，无法认定本案系共同犯罪；(2)本案指控的犯罪金额有误，有部分股票的买入不应认定为利用了未公开信息，如所涉"西山煤电""中国神华""中煤能源""中国平安""万科A""华侨城A""保利地产""金地集团"等，全案所涉成交数量应为1263830股，交易金额18321767.25元，获利金额1228829.12元；(3)张某对基金买卖股票并不具有完全的决策权，利用的未公开信息具有不确定性；(4)违法所得不应按照行为人利用未公开信息买卖股票所赚取的差价来计算，而应以行为人利用未公开信息买卖股票平均价格与基金买卖同一支股票的平均价格之差乘以行为人交易的总股数来计算；(5)应认定被告人张某自动投案后如实供述犯罪事实，具有自首情节。据此，辩护人请求对张某从轻处罚，适用缓刑。辩护人同时提供了丁某证券账户交易明细、被告人张某的讯问笔录等证据。

被告人夏甲提出其没有与张某及夏乙预谋，对于张某系利用未公开信息交易并不完全明知。

被告人夏甲的辩护人提出，目前证据尚难以证明夏甲构成利用未公开信息交易罪的共犯，主要理由是：(1)夏甲主观上一直想通过张某的专业知识买卖股票，与张某并不存在利用未公开信息交易的共同故意；(2)现有证据不能认定夏甲具体实施了涉案账户的股票交易；(3)夏甲不符合利用未公开信息交易罪所要求的主体身份。辩护人还提出，如认定夏甲有罪，也应认定夏甲具有自首情节，综合全案事实、情节对其适用缓刑。辩护人同时提供了夏甲的讯问笔录等证据。

被告人夏乙提出，其没有与张某、夏甲预谋，也未从股票交易中获利。

被告人夏乙的辩护人提出，目前证据尚难以认定夏乙构成利用未公开信息交易罪的共犯，主要理由是：(1)被告人夏乙与张某、夏甲之间并不存在预谋，并不能认定夏乙主观上的共同犯罪故意；(2)夏乙因没有工作赋闲在家，根据张某在聊天工具上发布的股票信息偶尔帮助夏甲操作，不应认定夏乙系接受张某指使从事股票交易；(3)夏乙在涉案账户中没有资金，也没有分得任何利益；(4)鉴定意见根据交易记录所显示的MAC地址认定夏乙参与2009年6月2日操作买入"保利地产"依据不足。辩护人还提出，如认定夏乙有罪，也应认定夏乙具有自首情节，综合考虑其情节及社会危害程度，对夏乙免予刑事处罚或适用缓刑。

（四）程序性解读

1. 管辖问题

本案系由中级人民法院一审，最初系由基层人民法院受理，后移送中级人民法院审判。根据《刑事诉讼法》的规定，基层人民法院对下列第一审刑事案件，可以请求移送中级人民法院审判：(1)重大、复杂案件；(2)新类型的疑难案件；(3)在法律适用上具有普遍指导意义的案件。所以，本案由中级人民法院行使一审管辖权并无不妥。

2. 公诉案件

本案是一起检察院公诉的刑事案件。公诉人的主要职责是对人民检察院提起公诉的案件，代表本院以国家公诉人的身份，出席法庭支持公诉，进一步阐述公诉机关的指控意见，并通过举证、质证和辩论，使合议庭确认公诉机关对被告人的指控，依法宣判被告人有罪并处以相应的刑罚，公诉人还肩负着监督法庭审理案件有无违反法律规定的重要职责。

3. 辩护权

被告人除自己行使辩护权以外，还可以委托 1 ~ 2 人作为辩护人。律师；人民团体或者犯罪嫌疑人、被告人所在单位推荐的人；犯罪嫌疑人、被告人的监护人、亲友可以被委托为辩护人。辩护人的责任是根据事实和法律，提出犯罪嫌疑人、被告人无罪、罪轻或者减轻、免除其刑事责任的材料和意见，维护犯罪嫌疑人、被告人的诉讼权利和其他合法权益。

## 二、法院查明犯罪事实与认定证据

（一）法院查明的事实

2007 年 3 月至 2009 年 8 月，被告人张某实际负责财富稳健基金的投资管理工作；2007 年 7 月 4 日起，张某正式担任财富稳健基金经理，2009 年 8 月 20 日正式离任。任职期间，张某对于财富稳健基金投资股票的种类、数量、价格及时间具有决定权或建议权。

2009 年 3 月至 7 月，张某利用担任财富稳健基金经理的职务便利，在财富稳健基金买卖股票的信息尚未公开前，由张某本人或者将需要购买的股票种类、数量、价格等告知夏甲、夏乙，借用丁某名下东银证券北京路营业部证券账户、泰安证券中山路营业部证券账户，先于或同期于张某管理的财富稳健基金买卖相同股票，并从中牟利。其间，张某伙同夏甲采用上述方法买卖“万科 A”“泛海建设”“华侨城 A”“吉林敖东”“西山煤电”“保利地产”“金地集团”“中国神华”“西部矿业”“中国平安”“中煤能源”等 11 只股票，一共成交 283 万余股，交易（买入）金额为 4638 万余元，获利金额为 1242 万余元。其中，夏乙参与交易金额 522 万余元，获利金额 122

万余元。

(二)法院认定犯罪事实的证据

1. 第一组证据,证实被告人张某的主体身份及职务情况

(1)证人李力(时任财富公司投资总监)的证言证明:2007年后,财富稳健基金由其下一任基金经理张某管理。基金经理投资金额在所管理基金净值的3%以内有完全的自主权,不需要向任何人汇报,超过3%的话需要向投资总监汇报,经其网上审批才可以下单买入,但一般情形下也是将权限下放,只是网上走一个审批流程。投资金额超过基金净值5%的话,就需要公司投资决策委员会开会讨论决定。基金经理买入股票的来源是公司提供的一个约含400只股票的股票池,基金经理只能从股票池里挑选所要投资的股票。基金经理选中要买入的股票后,通过自己的账户将买入指令发送给交易员,指令的内容包括买入股票的数量及价格区间等,然后由交易员独立完成下单工作。股票的抛售完全按照基金经理的意愿,由经理全权决定,不受任何人限制。

(2)被告人张某的供述证明:其自2007年3月起从海富通基金公司离职后应聘到财富公司任职,于2009年8月离职。由于行业内有从业的静默期,故直到2007年7月才被正式任命为财富稳健基金的基金经理。作为基金经理,其需要从公司研究部门提供的股票池内选取股票投资。公司规定大盘股的投资金额不能超过所管理基金净值的3%,小盘股的投资金额不能超过所管理基金净值的1%,在该范围内,其有自主决定投资的权限,当然投资总监和风控部门能够看到所作的投资决定。超过上述3%和1%的范围,其投资决定必须经投资总监审批同意才能下达指令。投资指令是以张某的名义通过电脑发送到交易室,指令的内容包括所投资股票的名称,买入、卖出数量,买入、卖出价格区间,另外规定了交易是当日单(仅在当日有效)还是长单(规定一段时间的指令有效期),指令下达到交易室并分配给交易员操作后,交易员在其下达的指令范围内以最优价格操作。

(3)证人刘某(时任财富公司基金经理)关于财富公司基金经理权限的证言与被告人张某的供述及证人李力的证言相印证。

(4)财富公司投资管理制度证明:投资决策委员会是公司基金投资的最高决策机构,投资总监及基金经理在投资决策委员会制定的权限范围内负责基金投资具体工作。

(5)财富公司出具的情况说明证明:张某于2007年3月至2009年8月负责财富稳健基金的投资管理工作;2007年7月至2009年8月担任财富稳健基金经理。

2. 第二组证据,证实被告人张某利用职务便利获取涉案未公开信息

(1)财富公司提供的登录交易系统日志等证明:2009年3月至7月,张某成功

登录公司系统并指令交易买卖股票;2009 年 3 月 20 日,张某委托刘某下达交易指令买入股票。

(2)证人刘某的证言证明:2009 年 3 月 20 日张某去北京出差前,电话委托其在 3 月 20 日当天帮他管理财富稳健基金,大幅加仓买入有色金属和煤炭能源股。买入股票包括“西山煤电”“中国神华”“中煤能源”等 7 只股票,并明确了买入金额、数量和比例等。其在张某管理的基金内买入上述股票完全是按照张某的具体指令执行的。

被告人张某的供述证明:2009 年 3 月至 7 月,由张某本人下达交易指令,财富稳健基金先后买入了“万科 A”“泛海建设”“华侨城 A”“吉林敖东”“金地集团”“西部矿业”“中国平安”“保利地产”等股票;由其委托刘某下达交易指令买入了“中国神华”“中煤能源”“西山煤电”等股票。

(3)财富稳健基金成交汇总表、交易指令执行反馈单等证明:2009 年 3 月至 7 月间,张某管理的财富稳健基金买入了“万科 A”等 11 只股票,具体包括:第一,2009 年 5 月 8 日、19 日,先后买入“万科 A”股票;第二,2009 年 5 月 4 日、5 日、8 日,先后买入“泛海建设”股票;第三,2009 年 5 月 8 日、15 日,先后买入“华侨城 A”股票;第四,2009 年 4 月 2 日、7 日,先后买入“吉林敖东”股票;第五,2009 年 3 月 20 日,买入“西山煤电”“中国神华”“中煤能源”股票;第六,2009 年 6 月 2 日、3 日、12 日、15 日,先后买入“保利地产”股票;第七,2009 年 7 月 23 日,买入“金地集团”股票;第八,2009 年 3 月 23 日、4 月 1 日,先后买入“西部矿业”股票;第九,2009 年 3 月 24 日、31 日,先后买入“中国平安”股票。上述交易指令执行反馈单均有被告人张某及相关经手人员签名。

(4)中国证券监督管理委员会《关于张某涉嫌利用未公开信息交易案有关问题的认定函》证明:本案所涉及的“未公开信息”,是指张某担任财富稳健基金经理期间,因管理该只基金而掌握的有关投资决策、交易等方面的重要信息,包括相关基金投资股票的名称、数量、价位以及买卖时机等。

3. 第三组证据,证实被告人张某、夏甲、夏乙利用未公开信息,在丁某名下证券账户内进行股票交易并从中获利

(1)被告人张某的供述证明:第一,其曾利用夏甲名下的证券账户炒股。在 2008 年上投摩根基金管理有限公司唐建因利用未公开信息交易被证监会处罚后,张某跟夏甲称其作为证券行业从业人员;不能再使用夏甲的证券账户买卖股票,并商议借用夏甲的嫂子丁某的账户继续买卖股票,同时由夏甲将账户内的资金转入丁某账户内。第二,其担任财富稳健基金经理期间,会在基金买卖的同时在丁某的账户中也买卖一部分相同的股票。其一般看好哪只股票就在丁某的账户内买入,也会下达指令买入基金。张某操作私人账户下单比较方便,基金买入的话需要走

程序,相对慢一点;基金有时会在一段时间内追加投资,如果觉得先期投资的股票不错的话,其也会在丁某账户内继续买入。丁某账户内买入股票存在早于基金买入的情况,也有与基金在同一时期买入的情况。第三,丁某账户主要由张某操作,其一般是用自己的IBM笔记本电脑和财富公司配发的笔记本电脑在自己公司或在外地出差的宾馆等地从网上下单买卖股票。在财富公司对于个人电脑的使用管理越来越严格后,其没有办法在公司下单交易了,就在不方便操作时通知夏甲、夏乙买卖股票,其通过QQ、MSN等网络聊天工具将要买卖的股票名称或代码、股票价格及股数告知她们。第四,2009年3月20日,张某在北京出差住在北京京广中心新世界酒店内,在宾馆房间内使用随身携带电脑登录丁某账户下单买入了"神华股份""西山煤电""中煤能源"。随后其又打电话给公司另一位基金经理刘某,要求刘某使用稳健基金资金购入上述三只股票。第五,2008年,其和夏甲协议离婚,约定两人在丁某账户内的资金归夏甲所有。

财富公司出具的出差记录等证明:2009年3月19日至21日,张某到北京出差,住宿在北京京广中心新世界酒店。

(2)被告人夏甲在侦查阶段的供述证明:第一,2004年张某到基金公司工作后,称有机会获悉基金公司股票建仓或者抛售信息。其在申银万国上海银城中路营业部开设了个人证券账户,交给张某操作,后又转到了中信建投福山路营业部。张某大都是按照所管理的基金投资股票种类和时间在夏甲的账户中买卖相应股票。第二,2008年,夏甲和张某开始借用丁某的证券账户操作,其将自己证券账户内的资金转到丁某在东银证券北京路的证券账户内,后来这些账户内的资金又转到了丁某在泰安证券中山路营业部的证券账户内。张某按照基金买卖股票情况在丁某账户中买卖股票,其也会根据张某的指令来操作,有时会根据张某提供的股票信息让夏乙操作。第三,其记得在丁某的账户中根据张某的指令操作过"万科A""保利地产"和"中煤能源"这些股票。其和夏乙大都在香楠路家里通过网上下单交易,主要使用过两台笔记本电脑。第四,丁某在账户内也有部分资金投入。

(3)被告人夏乙在侦查阶段的供述证明:第一,夏甲曾开设了证券账户,主要由张某操作。夏甲称张某操作股票交易与张某担任基金经理有关,主要根据张某管理基金买卖股票的情况在夏甲账户内买卖相同的股票。第二,2008年,夏甲将名下证券账户销户并将股票和资金转至丁某证券账户,由张某继续操作丁某的证券账户。张某当时担任财富公司基金经理,能够决定所管理基金投资股票的种类、数量、价格等,他会根据基金买入或者卖出的股票,在丁某的证券账户内买卖相同的股票,这样赢面比较大,对此大家心照不宣。有时张某会告诉夏甲当天买卖股票的种类、价格区间以及买卖数量,由夏甲负责操作;在夏甲外出或者不方便操作时,她会将上述信息告诉夏乙,夏乙一般是在香楠路家中操作交易。第三,其和夏甲主要使用夏甲的一台白色索尼上网本和灰色戴尔笔记本电脑交易股票。第四,其记得操作过的股票有“保利地产”“中国神华”“西部矿业”和“中煤能源”等。

(4)证人丁某(系夏甲的嫂子)的证言及出具的情况说明证明:2007年左右,夏甲或者夏乙让丁某开设证券账户借给她们使用。其在哈尔滨中信建投证券公司开设股票账户后,就把账号和密码给了她们。过了一年多,夏甲称哈尔滨的证券营业部收费太高,北京的费用低,让丁某把账户转到北京知春路上一家国泰君安证券营业部。其在该账户内有部分资金。

(5)上海沪港金茂会计师事务所有限公司司法鉴定意见书、司法鉴定补充意见书及丁某证券账户涉案股票成交资料等附件证明:第一,2009年2月28日至8月20日,丁某东银证券北京路营业部证券账户、丁某泰安证券中山路营业部证券账户的交易记录中,符合先于或同期于财富稳健基金买入或卖出同一只股票特征的股票共计11只,成交数量为2837030股,且均先于财富稳健基金卖出,交易(买入)金额为46384812.25元,获利金额为12427516.4元。其中,2009年3月20日买入“西山煤电”“中国神华”“中煤能源”股票,2009年3月23日买入“西部矿业”股票,2009年3月24日买入“中国平安”股票,2009年4月2日买入“吉林敖东”股票,2009年4月30日、5月4日先后买入“泛海建设”股票,2009年5月4日、5月15日先后买入“华侨城A”股票,2009年5月15日买入“万科A”股票,2009年6月2日买入“保利地产”股票,2009年7月23日买入“金地集团”股票。第二,丁某东银证券北京路营业部证券账户股票交易的IP地址中,部分与张某出差地(北京)的IP地址以及与张某支付宝账号登录的IP地址一致,MAC地址中出现与张某操作电脑相同的MAC地址;丁某泰安证券中山路营业部证券账户股票交易的IP地址中,部分与张某支付宝账号登录IP地址相吻合,MAC地址中出现与张某操作电脑相同的MAC地址;第三,丁某泰安证券中山路营业部证券账户2009年6月2日买入“保利地产”、2009年7月27日卖出“保利地产”委托记录中的MAC地址与夏甲所使用电脑的MAC地址一致。第四,由夏甲、夏乙参与买入“保利地产”共计223130股,交易(买入)金额为522万余元,获利金额为122万余元。

此外,被告人张某、夏甲、夏乙的供述证实:被告人张某、夏甲和夏乙于2012年4月27日去证监部门接受调查前,商定由夏乙一人承担全部责任。案发经过及三名被告人的供述等证明:三名被告人的到案情况及供述过程。

以上证据均经庭审举证、质证,证据之间能够相互印证,法院均予以了采信。

### (三)程序性解读

#### 1. 证据的审查与认定

认定案件事实,必须以证据为根据。审判人员应当依照法定程序收集、审查、核实、认定证据。证据未经当庭出示、辨认、质证等法庭调查程序查证属实,不得作为定案的根据。应当运用证据证明的案件事实包括:(1)被告人、被害人的身份;(2)被指控的犯罪是否存在;(3)被指控的犯罪是否为被告人所实施;(4)被告人有无刑事责任能力,有无罪过,实施犯罪的动机、目的;(5)实施犯罪的时间、地点、手段、后果以及案件起因等;(6)被告人在共同犯罪中的地位、作用;(7)被告人有无从重、从轻、减轻、免除处罚情节;(8)有关附带民事诉讼、涉案财物处理的事实;(9)有关管辖、回避、延期审理等的程序事实;(10)与定罪量刑有关的其他事实。认定被告人有罪和对被告人从重处罚,应当适用证据确实、充分的证明标准。

2. 证据规则

(1)非法证据排除。根据最高人民法院《关于适用〈中华人民共和国刑事诉讼法〉的解释》的规定,使用肉刑或者变相肉刑,或者采用其他使被告人在肉体上或者精神上遭受剧烈疼痛或者痛苦的方法,迫使被告人违背意愿供述的,应当认定为《刑事诉讼法》第54条规定的"刑讯逼供等非法方法"。认定《刑事诉讼法》第54条规定的"可能严重影响司法公正",应当综合考虑收集物证、书证违反法定程序以及所造成后果的严重程度等情况。

开庭审理前,当事人及其辩护人、诉讼代理人申请排除非法证据,人民法院经审查,对证据收集的合法性有疑问的,应当依照《刑事诉讼法》第182条第2款的规定召开庭前会议,就非法证据排除等问题了解情况,听取意见。人民检察院可以通过出示有关证据材料等方式,对证据收集的合法性加以说明。法庭审理过程中,当事人及其辩护人、诉讼代理人申请排除非法证据的,法庭应当进行审查。经审查,对证据收集的合法性有疑问的,应当进行调查;没有疑问的,应当当庭说明情况和理由,继续法庭审理。当事人及其辩护人、诉讼代理人以相同理由再次申请排除非法证据的,法庭不再进行审查。对证据收集合法性的调查,根据具体情况,可以在当事人及其辩护人、诉讼代理人提出排除非法证据的申请后进行,也可以在法庭调查结束前一并进行。法庭审理过程中,当事人及其辩护人、诉讼代理人申请排除非法证据,人民法院经审查,不符合本解释第97条规定的,应当在法庭调查结束前一并进行审查,并决定是否进行证据收集合法性的调查。法庭决定对证据收集的合法性进行调查的,可以由公诉人通过出示、宣读讯问笔录或者其他证据,有针对性地播放讯问过程的录音录像,提请法庭通知有关侦查人员或者其他人员出庭说明情况等方式,证明证据收集的合法性。

经审理,确认或者不能排除存在《刑事诉讼法》第54条规定的以非法方法收集证据情形的,对有关证据应当排除。人民法院对证据收集的合法性进行调查后,应当将调查结论告知公诉人、当事人和辩护人、诉讼代理人。

(2)证据的综合审查与运用。对证据的真实性,应当综合全案证据进行审查。

对证据的证明力,应当根据具体情况,从证据与待证事实的关联程度、证据之间的联系等方面进行审查判断。证据之间具有内在联系,共同指向同一待证事实,不存在无法排除的矛盾和无法解释的疑问的,才能作为定案的根据。

没有直接证据,但间接证据同时符合下列条件的,可以认定被告人有罪:(1)证据已经查证属实;(2)证据之间相互印证,不存在无法排除的矛盾和无法解释的疑问;(3)全案证据已经形成完整的证明体系;(4)根据证据认定案件事实足以排除合理怀疑,结论具有唯一性;(5)运用证据进行的推理符合逻辑和经验。

根据被告人的供述、指认提取到了隐蔽性很强的物证、书证,且被告人的供述与其他证明犯罪事实发生的证据相互印证,并排除串供、逼供、诱供等可能性的,可以认定被告人有罪。采取技术侦查措施收集的证据材料,经当庭出示、辨认、质证等法庭调查程序查证属实的,可以作为定案的根据。使用前述规定的证据可能危及有关人员的人身安全,或者可能产生其他严重后果的,法庭应当采取不暴露有关人员身份、技术方法等保护措施,必要时,审判人员可以在庭外核实。

## 三、争议焦点的归纳、总结与分析论证

经法庭调查,法官归纳出本案控辩双方存在以下焦点问题,并逐一做出了分析与论证。

### (一)本案争议的焦点问题

1. 关于利用未公开信息从事股票交易行为的界定

被告人张某的辩护人提出,应认定张某利用未公开信息买入股票金额为1832万余元,获利金额为122万余元。

经查,从本案所涉11只股票来看,存在以下情形:(1)涉案账户与财富稳健基金在同一天买入,如"西山煤电""中煤能源""中国神华""金地集团"4只股票;(2)涉案账户与财富稳健基金在同一天买入,之后基金又在关联时间内买入,如"吉林敖东""保利地产""西部矿业""中国平安"4只股票;(3)涉案账户在财富稳健基金建仓期间买入,如"万科A";(4)涉案账户先行买入,数天后涉案账户与财富稳健基金在同一天买入,之后基金又在关联时间内买入,如"泛海建设";(5)涉案账户先行买入,数天后财富稳健基金买入,之后涉案账户与基金又在同一天买入,如"华侨城A"。法院认为,从上述情形看,涉案账户与财富稳健基金买入的同一股票均存在交易时间上的直接与实质关联,系利用尚未公开的基金投资方向及持仓量变动方面的交易信息来获取利益,均可认定为涉案账户先于或同期于财富稳健基金买入同一股票。据此,应认定张某系利用未公开信息进行股票交易,交易金额4638万余元,获利金额1242万余元。辩护人的相关辩护意见未被采纳。

2. 关于被告人夏甲、夏乙是否构成利用未公开信息交易罪的共犯

三名被告人的辩护人提出，难以认定夏甲、夏乙构成利用未公开信息交易罪的共犯。

法院最终认定夏甲、夏乙构成利用未公开信息交易罪的共犯。主要理由是：

(1)被告人夏甲、夏乙与张某有共同利用未公开信息交易的主观故意。理由是：其一，夏甲、夏乙在侦查阶段的供述证明，两人均明知丁某账户买卖的股票与张某管理的财富稳健基金所买卖的股票有关。其二，夏甲、夏乙在庭审中供述，两人至少知道张某可能在丁某账户股票交易中存在“内部信息”，对于系利用未公开信息交易至少有概括认识。其三，被告人张某在侦查阶段的供述亦可印证夏甲、夏乙明知丁某账户的股票交易与张某管理财富稳健基金买卖股票有关。其四，从常理判断，夏甲系张某前妻，且离婚后仍保持密切联系；夏乙系夏甲的妹妹，两人对张某所从事的职业及职业的性质有非常清楚的认识，应当知道系利用张某管理基金的股票交易信息在丁某证券账户中从事股票交易。

(2)被告人夏甲、夏乙客观上实施了利用未公开信息买卖相关股票的行为。理由是：其一，被告人张某、夏甲、夏乙的供述均证明，在财富公司对于个人电脑使用管理越来越严格后，张某无法在公司上网下单交易，就通过QQ、MSN等将要买卖的股票名称或代码、股票价格及股数告知夏甲、夏乙，由她们操作。其二，经查，丁某账户2009年6月2日买入“保利地产”及2009年7月27日卖出“保利地产”委托记录中的MAC地址，与夏甲所使用电脑的MAC地址一致。其三，被告人夏甲的供述称，其在丁某的账户中根据张某提供的信息操作过“万科A”“保利地产”和“中煤能源”等股票。其四，被告人夏乙的供述称，其根据张某提供的信息操作过的股票有“保利地产”“中国神华”“西部矿业”和“中煤能源”等。

(3)虽然被告人夏甲、夏乙并非证券、基金行业从业人员，但依法可认定为利用未公开信息交易罪的共犯。本案中，夏甲系涉案资金的出资者与获利者，且根据张某提供的信息操作过部分股票，参与程度较深；夏乙亦根据张某提供的信息，在夏甲不方便操作时具体实施股票交易，在一定程度上促成了本案利用未公开信息交易行为的完成。综合夏甲、夏乙的共同犯罪故意与客观行为，依据《刑法》总则关于共同犯罪的规定与共同犯罪的一般原理认定两名被告人为利用未公开信息交易罪的共犯并无不妥。

3. 关于数额认定

(1)关于违法所得金额的认定

被告人张某的辩护人提出，违法所得金额不应以被告人通过利用未公开信息交易行为最终所获利益认定，而应按照被告人利用未公开信息买入股票过程中所赚取的差价来计算，即应以被告人利用未公开信息买入股票的平均价格与基金买

入同一只股票的平均价格之差乘以买入股票的总股数来认定。

本案中，涉案账户 11 只股票全部系先于或同期于财富稳健基金买入，且最终均系先于财富稳健基金卖出，全部获利均与利用的未公开信息直接关联，应以被告人的实际获利金额认定违法所得金额，故本案违法所得金额为 1242 万余元。辩护人所提计算方法并不具有合理性，法院未予采纳。

(2)关于被告人夏甲、夏乙犯罪数额的认定

被告人夏甲系涉案资金的出资者与获利者，应当对全案承担刑事责任，故认定其参与交易金额 4638 万余元，获利金额 1242 万余元。而从被告人夏乙的情况来看，其既未出资也未实际获利，故只应对其所参与具体操作的涉案股票承担相应的刑事责任。基于被告人夏乙所作的关于其参与具体操作了"保利地产"等 4 只股票的陈述，查证的丁某账户买卖"保利地产"委托记录中的 MAC 地址与夏甲所使用电脑的 MAC 地址一致，且夏甲与夏乙的供述均证明夏甲的电脑系两人共同使用等证据，法院认定夏乙参与了具体操作"保利地产"股票。故认定夏乙参与交易金额为 522 万余元，获利金额为 122 万余元。

4. 关于三名被告人是否具有自首情节

三名被告人的辩护人提出，被告人张某、夏甲、夏乙具有自首情节。法院经审理查明，根据案发经过及三名被告人的供述等证据，三名被告人接到证监部门的电话通知后主动到案，但因接受调查之前三名被告人已商定由夏乙一人承担全部责任，故张某、夏甲、夏乙到案后均未如实供述所涉犯罪事实，后经多次讯问才如实交代。据此，法院未认定三名被告人具有自首情节。

### (二)知识点解读

1. 共同犯罪

共同犯罪分为一般共犯和特殊共犯即犯罪集团两种。一般共犯，是指二人以上共同故意犯罪，而三人以上为共同实施犯罪而组成的较为固定的犯罪组织，是犯罪集团。组织、领导犯罪集团进行犯罪活动的，或者在共同犯罪中起主要作用的，是主犯。对组织、领导犯罪集团的首要分子，按照集团所犯的全部罪行处罚。在此之外的主犯，应当按照其所参加的或者组织、指挥的全部犯罪处罚。共同犯罪人主要分为主犯、从犯、胁从犯。

2. 自首

自首，是指犯罪后自动投案，向公安、司法机关或其他有关机关如实供述自己的罪行的行为(一般自首)。我国刑法规定，自首的可以从轻或减轻处罚。其中，犯罪较轻的可以免除处罚。被采取强制措施的犯罪嫌疑人、被告人和正在服刑的罪犯，如实供述司法机关还未掌握的本人其他罪行的，以自首论(特殊自首)。

本案三名被告人虽然能够自动投案,但到案后均不能如实供述共同犯罪事实,因而法院对于其三人构成自首的辩护意见均未予采纳。

## 四、法院裁判

经审理,法院判决如下:

被告人张某身为基金管理公司的从业人员,利用因职务便利获取的基金投资信息这一未公开信息,违反规定,由其本人或者安排被告人夏甲、夏乙共同从事与该信息相关的证券交易活动,情节严重,其行为均已构成利用未公开信息交易罪。其中被告人张某、夏甲利用未公开信息交易金额4638万余元,获利金额1242万余元;夏乙参与利用未公开信息交易金额522万余元,获利金额122万余元。被告人张某在共同犯罪中起主要作用,系主犯;夏甲、夏乙在共同犯罪中起次要作用,系从犯,依法应当从轻、减轻或者免除处罚。被告人张某、夏甲、夏乙能如实供述罪行,依法可以从轻处罚;本案追缴退赔情况亦在量刑时予以考虑,各名辩护人的相关辩护意见予以采纳。据此,法院综合三名被告人的犯罪事实、性质、情节及对社会的危害程度,依照《刑法》第180条第4款及第1款、第6条、第25条第1款、第26条第1款及第4款、第27条、第67条第3款、第53条以及第64条之规定,判处:(1)被告人张某犯利用未公开信息交易罪,判处有期徒刑3年,并处罚金人民币600万元。(2)被告人夏甲犯利用未公开信息交易罪,判处有期徒刑2年,缓刑2年,并处罚金人民币600万元。(3)被告人夏乙犯利用未公开信息交易罪,判处拘役6个月,缓刑6个月,并处罚金人民币50万元。(4)违法所得予以追缴。

## 五、利用未公开信息交易罪辨析

### (一)法律规定

利用未公开信息罪为《刑法修正案(七)》增加的罪名,《刑法修正案(七)》第2条第2款规定:证券交易所、期货交易所、证券公司、期货经纪公司、基金管理公司、商业银行、保险公司等金融机构的从业人员以及有关监管部门或者行业协会的工作人员,利用因职务便利获取的内幕信息以外的其他未公开信息,违反规定,从事与该信息相关的证券、期货交易活动,或者明示、暗示他人从事相关交易活动,情节严重的,依照内幕交易、泄露内幕信息罪的规定处罚。该条款设在《刑法》第180条第3款之后,作为该条的第4款。

### (二)域外经验

资本市场在我国尚属新生事物,对证券期货相关违法犯罪行为的刑法规制在我国实践经验尚不足,理论基础亦较薄弱。综观境外成熟市场,对于利用未公开信息交易行为的刑法规制大体分为两种:一类是将利用未公开信息交易行为纳入“内幕交易”的范畴进行规制,另一类是独立成罪。造成这种区别的原因在于各国对“内幕交易”的范围界定不同。

1. 美国、欧盟模式

多数资本市场成熟国家将利用未公开信息交易行为纳入“内幕交易”的范畴。如美国,联邦立法的美国证券交易委员会(SEC)规则均没有对内幕信息进行定义,根据判例法,内幕信息是指非公开的实质信息,而且一旦披露会影响证券价格。在信息未公开之前,知道内幕的人士将此信息泄露并利用该信息从事交易的行为即为内幕交易。内幕信息不仅包括与公司业务、财务相关的信息,而且包括了对证券市场供求关系产生影响的非经济性信息,判断某项信息是否是“重要信息”完全看该信息可能带来的影响,而无论该信息是否来源于上市公司内部,无论该信心所涉及的事项,也无论是否为上市公司有权决定的事。[1] 美国“内幕信息”的宽泛外延,使得《1934 年证券交易法》第 10 条 b 项能够不断应对证券市场迅猛发展所出现的各种利用信息优势谋取非法利益的行为。我国的内幕交易罪及利用未公开信息罪的相关表现,均在美国法律体系中被“内幕交易罪”所涵盖。

2. 日本、德国模式

部分国家将内幕信息的范围规定较小,要求信息必须与可转让证券发行认或可转让证券的情况有关。如日本,其内幕信息的范围限于与上市公司自身状况相关,对于利用未公开信息行为,由于其所利用的“未公开信息”与“上市公司”无关,因此不是内幕交易罪的规制对象。日本对此规定了独立的犯罪,《日本刑法典》第 247 条规定,在为他人处理事务过程中,基于谋取委托人之外的本人利益或者第三人利益的目的,或者基于损害委托人利益的目的,违背任务,对委托人造成财产损害的,构成背信罪。对背信罪不足以涵盖的,还可以证券欺诈兜底条款定罪处罚。

通过对比分析,可以看出:我国刑法中的“未公开信息”与“内幕信息”有实质的差别,而是否将“利用未公开信息交易罪”纳入“内幕交易罪”也仅是立法技术上的安排,并无实质影响。关键在于利用未公开信息入刑后,能否产生预期的实际效果。

### (三)难点剖析

1.“未公开信息”的认定及与“内幕信息”的界分

(1)“未公开信息”的范畴。何为“未公开信息”,《刑法》中并没有明确规定,只

---

[1] 钟雯彬:《内幕交易、泄露内幕信息行为的客观表现认定——美国内幕交易规制的借鉴》,载《西南民族大学学报》(人文社会科学版)2004 年第 1 期。

是在第180条第4款指出为“内幕信息以外的其他未公开信息”。未公开信息是证券期货犯罪体系中的一个崭新概念，在立法机关设置用未公开信息交易罪之前，未公开信息并不是一个确定的法律概念。

综合刑法学界及实务届的通说观点，一般认为，未公开信息，是指不为公众所知悉，对相关证券、期货交易价格有重要影响，金融机构、监管部门以及行业协会按照规定采取规范管理的投资经营、监督管理、调控政策等信息。其既可以是金融机构开展金融业务过程中的经营信息，也可以是相关法律法规没有明文规定将其纳入内幕信息的范围，但形成于上市公司内部且对上市公司股票走向有重大影响的价格敏感信息，还可以是金融监管部门、证券、期货交易所以及行业协会在行政执法、业务指导、交易管理、行业自律监督过程中掌握的监管信息、管理信息或者行业信息，甚至可以是利率、汇率、税收等宏观调控政策信息等。

从法律规定上看，“未公开信息”应当具备以下基本特性：

一是差别性，即未公开信息必须是内幕信息之外的其他信息；二是未公开性，即“未公开信息”尚未通过法定渠道或者其他以公众熟知方式向社会大众和广大投资者公布；三是关联性，即未公开信息必须是与证券、期货合约的市场价格有关的重大信息，而不能是其他一切信息；四是价格敏感性，即未公开信息对于证券、期货合约的价格具有重要影响；五是可利用性，即未公开信息被行为人所掌握后，行为人或其亲友可从中受益之信息。

(2)“内幕信息”与“未公开信息”的区分。未公开信息，是指内幕信息以外的对证券、期货交易价格有重要影响且不为公开市场知悉的信息才属于未公开信息，这就决定了未公开信息与内幕信息在具体内容上具有非此即彼的矛盾关系。

内幕信息的具体内容及其范围，有明确的前置性法律法规为依据，我国《证券法》、《公司法》、《期货交易管理条例》、中国证监会《上市公司信息披露办法》、《上市公司重大资产重组管理办法》，以及上海、深圳证券交易所发布的最新版《股票上市交易规则》等一系列法律、法规、规章等，对内幕信息的内涵和外延都作了详细的规定。根据我国《证券法》第75条的规定，证券交易活动中，设计公司的经营、财务或者对该公司证券的市场价格有重大影响的尚未公开的信息，为内幕信息。同时根据《证券法》第67条、第75条的规定，内幕信息主要包括三类：一是与上市公司重大事件相关的信息，如上市公司的重大投资行为和重大的购置财产的决定；二是与上市公司重要决策或者行为相关的信息，如有关公司分配股利或增资的信息；三是国务院证券监督管理机构认定的对证券交易交割有显著影响的其他重要信息。

相比未公开信息，其具体内容并没有前置性法律法规予以明确规定，属于可以对信息内容进行列举的开放性问题。具体而言，未公开信息包括以下几类：一是证券、期货交易所、证券、期货公司的非公开信息业务数据信息。二是证券公司、期货公司在从事自营业务、资产管理业务、投资咨询业务等过程中形成的经营性信息。三是基金管理机构等将要利用客户资金进行巨额投资的决策信息。四是商业银行、保险公司、信托公司等金融机构在从事与证券、期货投资相关的经营活动中形成的投资决策、资金动向数据、投资咨询等综合性信息。五是证券业、基金业、期货业、保险业、银行业等监管部门以及相关行业信息以及行业管理信息等。[2]

2. 利用未公开信息交易罪的主体确认

(1)直接主体。根据《刑法》第180条第4款的规定,利用未公开信息交易罪的犯罪主体仅限自然人,具体分为两类:第一类,金融机构从业人员,包括证券交易所、期货交易所、证券公司、期货经纪公司、基金管理公司、商业银行、保险公司等金融机构的从业人员。第二类,监管机构工作人员,包括中国人民银行、中国证券监督管理委员会、中国银行业监督管理委员会、中国保险监督管理委员会等有关承担监管职责的部门的工作人员,以及中国证券业协会、中国期货业协会、中国保险行业协会等承担自律性管理职能的协会的工作人员。

(2)本人从事相关证券、期货交易的判断。金融机构从业人员、有关主管部门、行业协会工作人员以其个人的证券、期货交易账户、资金账户自行或者委托经纪人实施金融交易,或者以其近亲属、情妇(夫)等具有共同利益关系人员的交易账户、资金账户从事相关证券、期货买卖,当然应当认定为本人从事相关证券、期货交易。但是,上述交易样态通过直观判断就能加以认定,显然属于"低端"的利用未公开信息交易违法犯罪形式,在金融从业人员或者监管工作人员违规案例中较为罕见。

实际上,利用职务便利获取未公开信息的行为主体本人实施相关金融交易,本质上是对与未公开信息有关的证券、期货交易行为的一种控制,其不仅是形式控制(以本人名义直接或者委托他人买卖证券、期货合约),而且表现为实质控制(控制他人或者利用他人账户从事相关交易)。以实质控制形态表征的利用未公开信息交易行为多发且较难认定,更有必要研究判断标准。

一般认为,具有以下情形之一的,可以认定相关证券、期货交易受到行为人的实际控制:其一,向他人提供购买证券、期货合约的资金,并且他人买卖证券、期货合约的利益或者损失,全部或部分由本人占有或者承担;其二,对他人的证券、期货交易账户、资金账户或者他人所持有的证券、期货合约具有使用、管理、收益、处分等权限;其三,本人的近亲属、情妇(夫)等具有共同利益的人从事相关证券、期货交易。上述认定标准决定了司法部门在查处利用未公开信息交易案件时,绝不能遗漏任何有关资金走向、人际关系、异动账户等要点的分析。

(3)被建议从事与该信息相关证券、期货交易人员的责任认定。

---

〔2〕 刘宪权、谢杰:《证券期货犯罪刑法理论与实务》,上海人民出版社2012年版,第234页。

在目前的证券、期货市场中,存在大量有身份者建议无身份者从事相关交易的现象。这一现象又可以细分为两种情况:一是有身份者与无身份者的合谋,有身份者负责提供买卖某只股票的信息,无身份者负责交易,获利后共同分赃。二是有身份者与无身份者之间没有合谋,有身份者仅仅是建议(明示或暗示)无身份者去从事某种证券、期货交易活动。在证券、期货市场中,为数不少的股民都希望通过某种渠道得到信息去操作,显然如果对第二种情况的无身份者进行处罚,则处罚面过宽,故不宜进行处罚。那么,对于第一种情况中的无身份者是否需要处罚,且该如何处罚呢?

关于共犯与身份,刑法通说认为,不具有过程身份的人与具有构成身份的人与具有构成身份的人共同实施真正身份犯时,构成共同犯罪。例如,一般公民不可以单独犯脱逃罪,但可以教唆、帮助依法被关押的罪犯、被告人、犯罪嫌疑人脱逃,因而构成该罪的共犯。我国刑法对贪污罪的共犯也有类似的规定。所以在"老鼠仓"案件中,对于有身份者建议无身份者从事某种交易,两者合谋的情况下,对无身份者应该作为该罪的共犯进行处罚。此种情况在刑法理论上,有身份者被称为"间接正犯",接受明示或暗示的信息从事交易的无身份者可认定为帮助犯。

我国刑法在对利用未公开信息交易罪进行规制时,规定了"从事与该信息相关的证券、期货交易活动"和"明示、暗示他人从事相关交易活动"两种行为方式。但如果按照间接正犯与帮助犯的解释思路,对于上述此种有身份者建议无身份者、两者合谋的情况,直接适用立法规定的第一种行为方式,立法者则无须再规定第二种行为方式,而且第二种行为方式的列举反而给解释带来困难,易造成处罚上的漏洞。因为,如果按照第二种行为方式去解释,在刑法理论上,通说认为无身份者不能构成共犯,但无身份者在这种情况下如认定为帮助犯,则存在解释上的困难。在这种场合有身份者所实施的正犯行为不是交易行为,而是明示或者是暗示的行为,帮助犯是要对这个正犯行为进行帮助,而不能是针对交易行为的帮助。如某甲明示或暗示某乙从事交易时,其帮助的表现应当为为其望风、提供犯罪工具等,而某乙依照某甲的明示或暗示直接进行交易,则不能称为对建议行为的帮助,只能是对建议行为的落实,是接受建议的结果,而很难将其解释为帮助犯,这将造成处罚上的漏洞,很难取得立法者想要的处罚效果。"将'明示、暗示他人从事交易活动'放入刑法中,表面上看达到了刑法和其他部门法之间的协调,但这仅仅是文字规定和条文表述上的形式性协调,而非本身的实质性的协调。在立法时不应单纯地追求部门法在形式上的文字相同,而忽视了部门法背后的法理基础。"[3] 所以,我们认为,

---

〔3〕 俞燕:《非法证券交易案件疑难问题研究——浅谈"老鼠仓"行为的刑法规制》,载《犯罪研究》2010年第1期。

现行刑法对第二种行为方式的明确规定，是值得商榷的，对于有身份者建议无身份者从事相关交易、双方合谋的情形，直接适用第一种行为方式的规定即可。[4]

3. 利用未公开信息交易罪前置性违法的判断——证券管理法律法规视角的解读

本罪是法定犯，根据《刑法》第180条第4款的规定，构成利用未公开信息交易罪必须"违反规定"，即认定本罪要以违反《证券法》等相关行政管理法律法规作为前置性违法的前提。

首先应当明确的是，《刑法》第180条第4款的表述是"违反规定"，而不是"违反国家规定"，两者存在很大的差别。根据《刑法》第96条的规定，"违反国家规定"，"是指违反全国人民代表大会及其常务委员会制定的法律和决定，国务院制定的行政法规、规定的行政措施、发布的决定和命令"。最高人民法院《关于准确理解和适用刑法中"国家规定"的有关问题的通知》（法〔2011〕155号）尽管对"国家规定"的范围作了一定延伸，但与利用未公开信息交易罪中"规定"的范围相比，要窄很多，后者不仅包括法律、行政法规，还包括部门规章、地方性法规及行业规范，但公司的内部章程不包括在内。

在法律规范层面，目前证券、期货、银行、保险、基金等领域的法律、法规、规章、行业规则等前置性规范对于利用未公开信息行为的违法性规定实际上处于不够完善的状态，尚没有对证券公司、证券交易所、保险公司、商业银行、社保基金投资管理机构等工作人员利用未公开信息从事证券、期货交易的违法性作为明确规定，没有直接的禁止性条款，规定较为原则。全国人大常委会于2003年10月28日通过、2004年6月1日施行的《证券投资基金法》第18条规定，基金管理人的董事、监事、经理和其他从业人员，不得从事损害基金财产和基金份额持有人利益的证券交易及其他活动。全国人大常委会于2012年12月28日修订、2013年6月1日施行的《证券投资基金法》第19条也有类似的规定。

而根据前述关于"违反规定"的界定，利用未公开信息交易行为，不仅违反了国家法律，也违反了中国证监会的相关规定。对此，中国证监会于2009年3月17日修订、2009年4月1日施行的《基金管理公司投资管理人员管理指导意见》（以下简称《指导意见》）第6条第2款规定："投资管理人员不得利用基金财产或利用管理基金份额之便向任何机构和个人进行利益输送，不得从事或者配合他人从事损害基金份额持有人利益的活动。"《指导意见》第8条规定："投资管理人员应当恪守职业道德，信守对基金份额持有人、监管机构和公司作出的承诺，不得从事与履行职责有利益冲突的活动。"案件中，张某利用因职务便利获取的所任职基金公司的未

〔4〕 陈伶俐、于同志、鲍艳：《金融犯罪前言问题审判实务》，中国法制出版社2014年版。

公开信息进行证券交易，违背了其作为基金从业人员对基金份额持有人、监管机构以及基金公司作出的承诺，与其职务行为存在利益冲突，损害了基金份额持有人的利益，即违反了上述法律和规定。

《指导意见》第23条第3款规定："除法律、行政法规另有规定外，公司员工不得买卖股票、直系亲属买卖股票的，应当及时向公司报备其账户和买卖情况。公司所管理基金的交易与员工直系亲属买卖股票的交易应当避免利益冲突。"根据这一规定，基金管理公司员工买卖股票原本就属于禁止的行为，即使是修订后的《证券投资基金法》修改了对基金管理公司员工买卖股票的禁止性规定，但仍规定基金从业人员从事股票买卖、应当事先申报，并不得从事与基金份额持有人发生利益冲突的股票交易行为，其实质是更有针对性地严格监管和防止基金管理公司工作人员擅自买卖与所任职的基金公司交易种类相同的股票。张某在其所任职的基金公司旗下投资买卖相关股票的同时，未作申报，逃避监管，个人买卖相同股票，与基金份额持有人发生利益冲突，明显属于"违反规定"。

4. 利用未公开信息的推定与反驳

司法实践中对于认定该罪名的一个难点问题是，如何确认相关证券、期货交易行为是基于利用未公开信息而实施的。

在证券期货内线交易犯罪案件中，直接证明行为人利用未公开信息、内幕信息具有相当的难度，应当通过推定方式进行认定。有学者认为，在资本市场上，由于交易的电子化、虚拟化、网络化及过程的迅捷化，想获得充足证据证明行为人违规操作确实很难。司法机关如果认为市场主体的交易行为影响了市场的正常运营，导致股票价格的异常变动，就可以推定其实施了犯罪行为，而无须获得行为人实施犯罪的确凿证据。内幕交易刑事案件审判实践已经对推定行为人利用内幕信息的有效性予以确认。[5]

根据证据法原理，"刑事推定本身就是一种证明规则"。在基础事实客观确实的情况下，可以据此做出推定。根据利用未公开信息交易违法犯罪的实际情况，具有接触未公开信息职务便利的金融机构从业人员以及监管部门工作人员本身就具有禁止买卖与未公开信息相关的证券、期货的戒绝交易义务，故完全可以基于其违背法定义务的交易事实推定其利用未公开信息。

在司法实践中，控方提供证据证明存在符合下列要素的证券、期货交易行为，可以推定行为人实际利用了未公开信息：(1)行为主体依职责或者经授权，掌握或知悉可能对证券、期货交易价格产生重大影响的尚未公开的信息；(2)行为主体在掌握或知悉上述信息期间、该信息公开之前买卖相关证券、期货。必须重视的是，推

---

〔5〕 赵运峰：《证券犯罪刑事追究探析》，载《浙江金融》2011年第5期。

定可以反驳，当反驳的合理性强度超越推定强度时，可以认定行为主体并非基于未公开信息从事相关证券、期货交易。行为人有足够证据证明存在以下情形之一的，推定其利用未公开信息的意见不能成立：（1）在掌握或者知悉未公开信息之前，已经凭借对市场公开资料、数据等信息的分析作出相关投资判断与交易策略；（2）有正当理由相信行为人虽然依职责或者经授权能够掌握但客观上确实没有接触公开信息；（3）根据证券、期货市场有关状况、操作规律、发展趋势，按照经验法则与证券、期货知识，结合证券期货监管部门组织的专家委员会或者证券、期货交易所的专业认定意见，能够得出行为人从事的证券期货投资品种与未公开信息无关等。

5. 获利或者避免损失的数额认定

首先，从利用未公开信息交易罪的客体来看，基金公司从业人员利用未公开信息交易相关股票的行为，不仅可能对所任职基金公司的财产利益造成直接损害，更主要的是破坏了公平、公开、公正的证券市场原则，损害了处于信息弱势的散户的利益，违背了基金从业人员对基金公司的忠诚义务，损害了有关基金和基金管理人的声誉以及投资者对有关基金及基金管理人的信赖和信心，进而对有关基金的长期运作和基金份额持有人利益造成损害，并对整个证券市场造成损害。因而，刑法设置该罪，针对的就是利用未公开信息从事交易的行为，目的在于惩治该类行为对证券市场正常运营所造成的严重危害，基金公司买入行为对涉案股票价格的影响及行为人是否实际获利，均非决定犯罪是否构成的要素。〔6〕

其次，关于如何计算内幕交易的获利或者避免损失的数额，司法实践中争议较多。对于违法数额的认定，区分几类情况：一是已卖出的股票，违法所得为卖出股票收入减去买入股票支出；二是未卖出股票，违法所得为选择适当终点价格计算出的余股价值减去买入成本；三是在会计方法上，卖出收入与买入成本的关系，可根据实际情况采用先进先出、后进先出、平均成本、移动平均等方法；四是持股获得的红利计入收入，交易费用从违法所得中扣除。

在本案中，张某已经将利用未公开信息交易的所有股票全部卖出，其违法所得应为卖出股票收入减去买入股票支出然后扣除交易费用的余额。

由于张某利用未公开信息多次交易，并分多次将买入的股票卖出，所以很难认定每次买出股票后的违法所得的实际数额。因此，应采取先进后出法计算其违法所得的总体数额。

所谓先进后出法，是会计上存货计价方法的一种，后进先出法基于“后入库的先发出”的存货流动假设，其基本特点是使所销售的存货按最近期取得存货的成本与其实现的销售收入相配比。一般来说，在物价持续上涨的情况下，采用后进先出

〔6〕 毛玲玲：《证券市场刑事责任研究》，法律出版社2009年版。

法将会导致较高的销售成本、期末现金余额和较低的期末存货余额、销售毛利、所得税和净收益额。后进先出法符合稳健性原则的要求，因为它可以多计本期发出的存货成本，相应第少计期末库存存货的成本。对于证券交易来说，后进先出法就是以后买进的证券先卖出为假定前提，对卖出证券按最近买进的单价进行计价，该计算方法简便，并且比较符合证券市场上投资者的实际心态。

采用后进先出法计算内幕交易的违法所得，就是在利用利好的未公开信息进行交易时，由于利好信息的发布会使信息所涉及的股票价格上涨，对行为人交易中最先卖出时的每股价格和最后一次买入时的价格相减，然后乘以交易股票的数量，就是利用未公开信息交易的违法所得数额。采用后进先出法计算违法所得数额，实际上多计算了行为人非法交易的成本，少计算了非法交易的收益，但是这样的计算方法符合稳健性原则。

同时，后进先出原则计算违法所得也体现了疑问时有利于被告人的原则。由于前述股票交易的复杂性，很难实际准确地计算出利用未公开信息交易的确切违法所得数额，因此采取后进先出法计算违法所得，一般是行为人非法交易所获得的最低值，并不会因高估行为人的违法所得数额而导致不当第加重行为人的处罚。[7]

# 教学指导手册

## 教学对象及目标

本案例供法律硕士教学适用，法学本科、刑法学专业硕士、刑事诉讼法学专业硕士也可参酌使用。

本案例主要围绕利用未公开信息交易罪的犯罪构成和司法适用中的难点问题展开。通过讲授，达到如下目标：(1)掌握利用未公开信息交易罪的概念、域外借鉴、构成要件和认定标准；(2)掌握未公开信息与内幕信息的差别、被建议从事相关证券交易人员的处理、利用未公开信息的前置性法律规范、辨识行为人的职务便利与交易相关性、交易获利或避免损失数额的认定等难点问题；(3)知悉刑事诉讼程序，掌握法院审理一审刑事案件中审判员的工作任务、程序和职责；(4)学习刑事诉讼各个阶段当事人的地位、作用和工作程序；(5)了解掌握刑事诉讼中证据的收集、

[7] 最高人民检察院法律政策研究室、中国证券监督管理委员会法律部编著：《证券期货犯罪司法认定指南》，中国人民公安大学出版社 2009 年版。

分类、效力认定、证明标准和认证规则。

## 教学内容

### 1. 如何理解“未公开信息”?

未公开信息，是指不为公众所知悉，对相关证券、期货交易价格有重要影响，金融机构、监管部门以及行业协会按照规定采取规范管理的投资经营、监督管理、调控政策等信息。其既可以是金融机构开展金融业务过程中的经营信息，也可以是相关法律法规没有明文规定将其纳入内幕信息的范围，但形成于上市公司内部且对上市公司股票走向有重大影响的价格敏感信息，还可以是金融监管部门、证券、期货交易所以及行业协会在行政执法、业务指导、交易管理、行业自律监督过程中掌握的监管信息、管理信息或者行业信息，甚至可以是利率、汇率、税收等宏观调控政策信息等。

### 2. 如何理解利用未公开信息交易罪的适用主体?

利用未公开信息交易罪的犯罪主体仅限自然人，具体分为两类:(1)金融机构从业人员，包括证券交易所、期货交易所、证券公司、期货经纪公司、基金管理公司、商业银行、保险公司等金融机构的从业人员。(2)监管机构工作人员，包括中国人民银行、中国证券监督管理委员会、中国银行业监督管理委员会、中国保险监督管理委员会等有关承担监管职责的部门的工作人员，以及中国证券业协会、中国期货业协会、中国保险行业协会等承担自律性管理职能的协会的工作人员。

### 3. 如何理解“违反规定交易”?

关于“违反规定”的界定，利用未公开信息交易行为，不仅违反了国家法律，也违反了中国证监会的相关规定。对此，全国人大常委会于2003年10月28日通过、2004年6月1日施行的《证券投资基金法》第18条规定，基金管理人的董事、监事、经理和其他从业人员，不得从事损害基金财产和基金份额持有人利益的证券交易及其他活动。全国人大常委会于2012年12月28日修订、2013年6月1日施行的《证券投资基金法》第19条也有类似的规定。中国证监会于2009年3月17日修订、2009年4月1日施行的《基金管理公司投资管理人员管理指导意见》(以下简称《指导意见》)第6条第2款规定:“投资管理人员不得利用基金财产或利用管理基金份额之便向任何机构和个人进行利益输送，不得从事或者配合他人从事损害基金份额持有人利益的活动。”《指导意见》第8条规定:“投资管理人员应当恪守职业道德，信守对基金份额持有人、监管机构和公司作出的承诺，不得从事与履行职责有利益冲突的活动。”

**4. 如何认定“获利或避免损失数额”?**

对于违法数额的认定,区分几类情况:一是已卖出的股票,违法所得为卖出股票收入减去买入股票支出;二是未卖出股票,违法所得为选择适当终点价格计算出的余股价值减去买入成本;三是在会计方法上,卖出收入与买入成本的关系,可根据实际情况采用先进先出、后进先出、平均成本、移动平均等方法;四是持股获得的红利计入收入,交易费用从违法所得中扣除。

**5. 如何对刑事诉讼证据进行审查和认定?**

在刑事案件审理过程中,对证据的审查和认定,是整个诉讼阶段最重要,也是最复杂的问题之一。刑事案件事实必须证据证明。证据锁链构成事实,没有证据就没有事实,缺乏证据就无法构成证据锁链,无法构成证据锁链的证据属于证据不足,证据不足就是事实不清。因此,在本案的知识点解读中,重点对各类刑事诉讼证据的审查和认定标准进行了逐一详尽的说明。要准确认定案件事实,必须对每一案件证据的关联性、合法性和客观真实性逐一作出甄别评判,只有这样,才能对案件的事实作出客观公正的判断。对于侦查机关工作人员、律师和当事人违反法律规定的权限、程序或用其他不正当的方法获取的刑事非法证据如何采信的问题,“两高”规定,言词证据属非法证据的一律不予采信;对非法取得的实物证据,如物证、书证、视听资料等是否采信,法律法规没有禁止性规定,因此,审判中在没有特殊的情况下,应当予以采信。同时,法官不宜自行收集证据,尤其是不利于被告人的证据,以确保中立和公正。

**6. 法官应如何主导法庭证据调查?**

法官在庭审质证程序中的定位应主要是质证程序的指挥者和秩序维护者,只有在例外的情况下才成为直接的质证主体。法官在质证中的作用应体现为以下几个方面:首先,法官拥有对质证的引导权。在当事人双方或一方陷入案件枝节问题或偏离案件事实时,由法官加以引导,使询问紧紧围绕对裁决有决定和影响作用的事实和情节进行;其次,法官应该保障控辩双方具有均等的质疑、询问机会;最后,庭审质证禁止性规则中规定的禁止权应当由法官来行使。法官在庭审过程中过多地干预控辩双方,会产生以下几方面的负面影响:一是会影响整个庭审的完整性、连贯性;二是会影响法官的中立形象,使其中一方产生合理怀疑;三是如果双反得不到充分的发言,势必会影响到质证、认证的质量,从而影响到案件的质量;四是如果被告人及其辩护人在质证过程中的权力得不到充分的体现,那么对最后的判决结果会不服,从而影响上诉率。因此,法官在审理案件中,应当高度重视质证环节,做到公平公正、不偏不倚。

## 课堂时间安排

本案例可以作为专门的案例教学课来进行，整个案例课的课堂安排 6 个课时，每课时 45 分钟。

如下课堂设计，仅供参考。

1. 课前计划：安排学生阅读案例及相关参考资料，对案例所涉及问题进行思考，撰写实践题答案。

2. 课中计划：（1）介绍教学目的，明确讨论主题；（2）分组讨论，回答各项思考题，讨论实践题的撰写要点；（3）小组代表提出撰写要点，学生讨论和分析；（4）教师归纳总结。

3. 课后计划：布置学生进一步思考利用未公开信息交易罪的犯罪构成及认定难点，以熟练掌握该罪名的知识要点。

## 思考题和实践题

**1. 思考题**

（1）何为刑法上的“未公开信息”？

（2）“未公开信息”与“内幕信息”有何异同？

（3）我国刑法关于利用未公开信息罪的规定与西方国家有何异同？

（4）利用未公开信息罪的犯罪主体可以由哪类人群构成？

（5）怎样理解行为人实际控制下的非法证券、期货交易？

（6）被建议从事未公开信息交易的人是否可以构成本罪的犯罪主体？

（7）如何理解本罪中的“违反规定”？

（8）司法实践中，应当如何认定行为人“利用未公开信息”？

（9）本罪“情节严重”的标准是什么？

（10）如何确定行为人“获利或避免损失的数额”？

**2. 实践题**

（1）如果你是张某的主审法官，在这一阶段应该做哪些工作？请根据以上案情，分配工作任务并编写工作计划，拟定庭审方案。

（2）结合本案案情，分别依照公诉人与辩护人的角色定位，撰写本案起诉书、辩护词，准备控方与辩方的庭审预案。

（3）针对以上案件资料，为本案撰写刑事判决书。

（4）请根据以上案件信息，分析张某、夏甲、夏乙的行为是否构成利用未公开信息交易罪并分析其在共同犯罪中的地位和作用。

## 参考文献

1. 刘宪权:《金融犯罪刑法学专论》,北京大学出版社2012年版。
2. 刘宪权、谢杰:《证券期货犯罪刑法理论与实务》,上海人民出版社2012年版。
3. 毛玲玲:《证券市场刑事责任研究》,法律出版社2009年版。
4. 赵秉志主编:《证券期货犯罪专题整理》,中国人民公安大学出版社2011年版。
5. 张晓宁:《证券内幕交易罪研究》,中国人民公安大学出版社2011年版。
6. 陈伶俐、于同志、鲍艳:《金融犯罪前言问题审判实务》,中国法制出版社2014年版。
7. 最高人民检察院法律政策研究室、中国证券监督管理委员会法律部编著:《证券期货犯罪司法认定指南》,中国人民公安大学出版社2009年版。
8. 打击证券期货犯罪专题工作组编:《证券期货违法犯罪案件办理指南》,北京大学出版社2014年版。

撰稿人｜李睿,上海财经大学法学院讲师

# 24 CASE 曹东旺故意伤害案

**｜摘　要｜**

本案以一起争议较大的人身伤害案件作为蓝本，围绕人身伤害犯罪案件中的辩护思路与阅卷技巧进行讲授。本案例涉及的知识点与执业技能内容包括律师辩护思路的制定、刑事案件阅卷技巧、故意伤害罪与过失致人死亡罪的区分以及犯罪因果关系的异常与介入。本案例主要涵盖了刑事案件的一审与二审两个环节，涉及的实体问题包括故意伤害致死与过失致人死亡罪的刑事界分、危害行为与犯罪结果之间因果关系的认定、伤害故意与殴打故意的区分等；涉及的证据和事实问题包括律师如何进行有效阅卷、口供证据的对比分析、司法鉴定意见的证据效力、现场调查的证明作用。本案对于其他相关案件的辩护具有一定的参考意义。

**｜关键词｜**

故意伤害罪　过失致人死亡　因果关系　特异体质　刑事辩护　阅卷技巧

**｜教学目标｜**

着重让学生把握以下五方面的内容：(1)在侦查阶段和审查起诉阶段，辩护律师如何构建辩护思维、撰写辩护词；(2)辩护律师如何进行有效阅卷，从中寻找犯罪嫌疑人罪轻、无罪的证据；(3)故意伤害致死与过失致人死亡罪的刑事司法界分；(4)特异体质与刑法的因果关系；(5)上诉状的撰写。

## 教学案例主文

### 一、案件概况

曹东林系江海市东海区江宁镇农民，家住江海市东海区江宁镇金园村金陵213号，与其弟曹东旺比邻而居。曹东林与曹东旺虽是亲兄弟，但两家关系素来不睦，已断绝来往多年。2016年6月5日8时许，曹东林之妻张曼在自家住宅东面的空地上因木柴堆放的问题与曹东旺之妻冯媛媛发生口角,进一步演变为推搡、厮打,随后曹东旺与曹东林加入扭打。在斗殴过程中,曹东林与曹东旺均受到不同程度的伤害。事后,曹东林与其妻张曼一起用劳动车推着自家西瓜去本村瓜贩处卖掉四百余斤西瓜,其后身体未现异常。2016年6月8日凌晨3时许,曹东林突觉腹部疼痛难忍,腹胀便秘,遂于当日由其亲属送至江海市东海医院就医。东海医院对其进行了十余个小时的抢救、诊疗。2016年6月8日19时许,曹东林因抢救无效于东海医院内死亡。

2016年6月9日,受公安机关委托,江海市司法鉴定科技所司法鉴定中心对曹东林的尸体进行了解剖,鉴定意见指出:"曹东林符合在自身罹患神经纤维瘤并累及腹腔器官及血管病变的基础上,与人纠纷过程中腹部遭受外力作用促发自身病变血管破裂,引起腹膜后大出血,致失血性休克死亡。"

案发时,同村村民曹林荣目击了斗殴的全过程,并制作了笔录;此外,据同村人刘建设反映,他在2016年6月7日看到被害人曹东林到自家瓜棚看瓜秧时,曾在瓜棚的地上摔了一跤。但事后民警再找刘建设制作笔录时,刘建设拒绝配合工作、未能制作笔录。

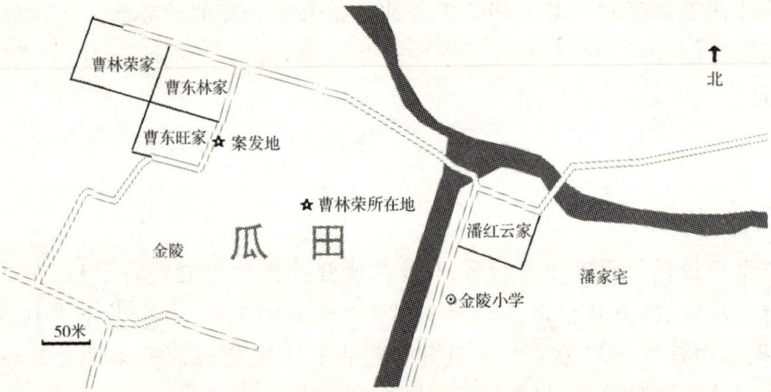


案发现场示意图(江海市公安局东海分局制图)

## 二、司法鉴定意见摘录

### (一)基本情况

委 托 人:江海市公安局东海分局刑科所

委托事项:尸体解剖,死因鉴定

委托日期:2016年6月9日

解剖日期:2016年6月9日

解剖地点:江海市东海殡仪馆

被鉴定人:曹东林,男,60岁

(二)案情摘要

据鉴定协议书:2016年6月8日19时20分许,东海区江宁派出所接报:金山镇东海医院有一人死亡。死者曹东林,男,60岁,据医院介绍,死者于2日前到医院就诊,自称腹部受到外力打击后受伤(具体不详),当时腹部无明显疼痛,无恶心呕吐,2天后逐渐加重,于6月8日8时许,送东海医院就诊,后抢救无效死亡

……

(四)检验过程(A——13569)

……

3. 尸体解剖记录

……

膈肌:膈肌切面见多个米粒大小结节状改变,质地较硬。

脾:重199g……切面呈暗红色。

肾:左肾重184g,大小11.5cm×6cm×3.5cm;右肾重186g,大小11.5cm×7cm×3.5cm;右肾见巨大血肿包囊,分离可见纤维素样物渗出,局部可见小结节样改变;两肾切面见多个大小不等的囊肿,内含淡黄色清亮液体,大者0.6cm×0.6cm,小者呈米粒状大小,;两肾皮、髓质分界清,双侧皮质厚0.8cm,肾盂未见异常。

肾上腺:双侧共重22g,表、切面未见异常。

胰:重167g,大小21cm×6cm×2.7cm,包膜周围见散在凝血块附着,切面呈灰红色,未见出血、坏死。

4. 组织病理学检查

……

肝:包膜未见增厚,薄膜外见凝血块附着,薄膜下及汇管区见散在灶性炎症细胞浸润,局部包膜内见神经节瘤样改变,局部坏死、纤维化及局灶性钙化伴少量淋巴细胞浸润,局部见施万细胞增生,包饶多核神经元,神经髓鞘再生表现,肝细胞肿胀,肝窦扩张、淤血,汇管区小血管管壁增厚伴周围炎症细胞浸润。

隔膜:局部见纤维化的结节样改变,伴局灶性钙化,膈肌间质见散在大量红细胞。

胆囊:未见异常。

脾:包膜未见增厚,白髓结构松散,红髓轻度淤血,部分脾小动脉管壁略增厚。

肾:包膜未见增厚,部分肾小球充血,个别肾小球纤维化,局部可见神经纤维瘤样结构,主要由施万细胞和成纤维细胞组成,肾小管自溶,个别肾小管管腔内可见蛋白管型,局部肾实质可以见大小不等的小囊肿形成,间质小血管淤血。

腹膜后凝血块:可见出血区小动脉增生,管腔高度淤血,个别小动脉粗细不均,外抹纤维变性;部分小血管管壁结构疏松,局部管壁内见包绕神经节瘤状结构,部分小血管壁见散在炎症细胞浸润,血管壁周围见大量红细胞。

皮肤结节:表皮层完整,未见明显异常;真皮及皮下组织中见显微组织明显增生,大部分区域增生细胞的细胞核呈长梭形,两端较尖S状,平行排列,部分区域增生细胞的胞浆略呈透明状,增生组织周围无包膜。真皮层见少量淋巴细胞灶性浸润。

(六)法医病理学诊断

1. 失血性休克:

(1)尸斑浅淡、呈淡红色,双手指甲床苍白;

(2)腹腔出血900ml,后腹腔及盆腔血肿约3000mg,肠系膜周围出血;

(3)多器官(脑、心、肝、脾、肾等)贫血貌;

2. 神经纤维瘤病,累及右肾:

(1)全身体表多发皮下结节,大小不等;

(2)全身皮肤多处点、片状皮肤色素沉着;

(3)左手掌骨骼发育畸形;

(4)右肾实质局部神经纤维瘤样改变;

3. 膈肌、肝脏表面、肠系膜神经节瘤样改变;

4. 腹膜后软组织神经、血管组织增生,小动脉管壁变性;肝、脾小动脉管壁增厚;

5. 额部皮肤青紫、皮下出血,下唇黏膜正中及下牙床牙龈右侧挫伤;

6. 右下腹部皮肤青紫、皮下出血,左下腹、左侧腹股沟区及臀部内侧皮肤青紫;

7. 四肢多处皮肤青紫;

8. 胃大部切除术后。

(七)分析说明

根据案情介绍:2016年6月6日,曹东林因与人发生纠纷,腹部受外力打击后受伤,当时腹部无明显疼痛,无恶心呕吐,2天后逐渐加重,于6月8日8时许,送东海医院就诊,经抢救无效死亡。

尸体检验发现:尸斑浅淡、呈淡红色,双手指甲床苍白,腹腔出血900ml,腹膜后血肿约3000mg,肠系膜周围出血,脑、心、肝、脾、肾等多处器官贫血貌,休克肺;上述改变符合失血性休克的病理学特征。

另见死者全身体表多发大小不等皮下结节,伴皮肤多处色素沉着斑及左手骨骼发育畸形;镜下见右肾实质内神经纤维瘤样结构,主要由施万细胞和成纤维细胞组成,具有神经纤维瘤病的病理学特征。此外,组织病理学检查还发现膈肌、肝脏表面、肠系膜多发神经节瘤样改变伴细胞组织坏死、炎症细胞浸润、纤维化、钙化灶,腹腔后神经、血管组织增生,个别小血管管壁变性,平滑肌增生,管壁内见神经节瘤样结构,肝、脾小动脉管壁增厚,符合神经纤维瘤病的继发性改变。神经纤维瘤病主要表现为皮肤着色过度斑和多发的神经纤维瘤,亦可累及骨骼、周围神经系统和其他器官。当病变累及血管、内部血管的自主神经时可引起血管病变或其他并发症。

本例,根据案情介绍,曹东林与人发生纠纷过程腹部遭受一定外力作用,尸体检验发现,死者右下腹部片状皮肤青紫伴皮下出血,出血范围较局限,以皮下为主,临近实质器官亦未见破裂或挫伤出血的改变,说明其右下腹遭受外力作用并未引起腹腔重要器官损伤,但可促使原有病变血管破裂出血。故本例曹东林腹部遭受外力作用是构成腹膜后病变血管破裂出血致失血性休克死亡的辅助因素。

此外,经毒物分析:死者血液和胃内容物中均未检出常见药物、杀虫剂及毒鼠强成分,可排除其他因常见毒物中毒导致死亡的可能。

综上所述,根据尸体检验所见并结合案情分析,曹东林的死亡原因符合在自身罹患神经纤维瘤并累及腹腔器官及血管病变的基础上,与人纠纷过程中腹部遭受外力作用促发自身病变血管破裂,引起腹膜后大出血,致失血性休克。

(八)鉴定意见

曹东林符合在自身罹患神经纤维瘤并累及腹腔器官及血管病变的基础上,与人纠纷过程中腹部遭受外力作用促发自身病变血管破裂,引起腹膜后大出血,致失血性休克死亡。

## 三、一审刑事判决书

### 江海市东海区人民法院
### 刑事判决书

〔2016〕东海刑初字第349号

公诉机关江海市东海区人民检察院。

被告人曹东旺,男,1956年11月28日生,出生地江海市东海区江宁镇金园村,身份证号码3102××××××××××××××,汉族,小学文化,农民。户籍地江海市东海区江宁镇金园村金陵211号,现住址江海市东海区江宁镇金园村金陵211号。2016年7月23日被刑事拘留,因涉嫌故意伤害罪于2016年8月6日被依法逮捕,现羁押于东海区看守所。

辩护人蓝江山,江海市真谛律师事务所律师。

江海市东海区人民检察院以东海检刑诉(2016)236号起诉书指控被告人曹东旺犯有故意伤害罪,于2016年9月15日向本院提起公诉,本院审查后,认为符合审理条件,依法组成合议庭,公开开庭审理了本案。江海市东海区人民检察院指派检察员刘喆出庭支持公诉,被告人曹东旺及其辩护人蓝江山到庭参加诉讼。本案现已审理终结。

经审理查明:于2016年6月5日上午9时许,被告人曹东旺的家属冯媛媛与受害人曹东林的家属张曼因堆放木柴时的地界问题产生纠纷,被告人曹东旺随后赶来,与受害人曹东林发生扭打。在互殴的过程中,曹东旺向受害人曹东林的头部、胸部等处重击数拳。被害人曹东林回家后身体渐感不适,并出现腹痛、便秘等状况,遂住院治疗,2016年6月8日19时许,曹东林经抢救无效死亡。经鉴定,被害人曹东林符合自身罹患神经纤维瘤并累及腹腔器官及血管病变的基础上,与他人纠纷过程中腹部受到外力作用促发自身病变血管破裂,引发腹腔膜后大出血,致失血性休克死亡。

被告人在开庭审理过程中对上述事实无异议;并有证人冯媛媛、张曼、曹中政、曹林荣的证言、现场勘验检查笔录、检查笔录、法医学尸体检验鉴定书、户籍证明、抓获经过、被告人曹东旺的供述等证据证明,足以认定。

本院认为,被告人曹东旺故意伤害他人身体,致人死亡,其行为已触犯《中华人民共和国刑法》第二百三十四条之规定,构成故意伤害罪。现依据《中华人民共和国刑法》第二百三十四条之规定,判决如下:

被告人曹东旺犯故意伤害罪,判处有期徒刑十年,剥夺政治权利一年(刑期从判决执行之日起计算。判决执行以前先行羁押的,羁押一日折抵刑期一日)。

审判长:余　政

审判员:李　娜

审判员:潘紫依

江海市东海区人民法院

二零一六年九月三十日

## 四、口供证据摘录

(一)曹东旺第一次讯问笔录(2016年7月23日10:30~12:00)

问:将涉嫌的案情交代一下?

答:我家在东海区江宁镇金园村金陵211号,我哥哥曹东林就住在我家北面。2016年6月5日上午9点多,曹东林在我家东面的空地上堆木柴,我当时叫他拿走,不让他堆在那里,曹东林不同意,我就过去要把木柴搬走,但是他上来阻拦我,曹东林先抓住我的肩膀,我也转回身抓住他的肩膀,我们就扭在一起了。然后曹东林把我按倒在地上,他用膝盖顶住我的右侧肋部,我人向左侧倒在地上,左手压在身体下,曹东林一边压住我一边用拳头打我的头部、身上,我就这样在地上用右拳朝他挥打,具体打到曹东林身上什么部位我没看清楚。这样打了几分钟,我妻子上来想将我们拖开,但是曹东林的老婆也过来用竹子打我老婆的头部,这样打了几分钟,就停下来了,我们分开了。

问:后来怎么样?

答:后来我回去后就报警了。曹东林夫妻拉着板车去卖西瓜了。到2016年6月8

日，曹东林死了。

问：你除了用拳打到曹东林，还用脚踢过他吗？

答：我没有踢过曹东林。

问：当时你用拳打到曹东林的什么部位？

答：当时曹东林一边压住我一边用拳头打我的头部、身上，我人向左侧倒在地上，左手压在身体下，我就在地上用右拳朝他挥打，具体打到曹东林身上什么部位我都没看清楚。

问：你当时打到曹东林是几拳？

答：打了好几拳的，但是具体几拳我不记得了。

问：当时用拳打曹东林是否用力？

答：当时曹东林在打我，我打他也用力的。

问：用力用拳头打人是什么行为？

答：是伤人的行为。

问：对本案有什么想法？

答：我和亲哥哥因为纠纷引起的案子，我想家里赔偿我哥哥的损失，希望我哥哥曹东林的家人能够原谅我。我自己患有黄疸肝炎，身体不好的，我不是故意犯罪，希望政府能够从轻处罚我。

（二）曹东旺第二次讯问笔录（2016年9月9日14:30～15:20）

问：你是否有故意伤害他人的犯罪行为？

答：我和曹东林打架。

问：将事情的经过交代清楚？

答：我家的房子和曹东林的房子相邻，2016年6月5日9时许，曹东林在我房子东侧的空地上堆木柴，我看到后，就让他将木柴拿走，但曹东林不愿意将木柴拿走，于是我和我妻子冯媛媛和他发生了争吵，我上去准备把他的木柴搬走，但曹东林不让我将他的木柴搬走，他用两只手抓住我的两个肩膀，我也用两只手抓住他的两个肩膀，我们两个人就扭在一起。接着曹东林把我按倒在地上，我是向左侧着身子被他按倒在地上，我的左手压在我的身体下面，他用膝盖顶住我的右肋，并用拳头打我头、身体等部位，我不可能白白让他打，于是右手握拳向他挥舞。这样过了约几分钟，我妻子冯媛媛上来想将我们拖开，但是曹东林的老婆张曼上来用竹子打冯媛媛的头。这样我们夫妻俩人和曹东林夫妻二人打了一会儿后，曹东林放开了我，我们分开了。我回家后，擦了擦头上的血，就报警了。警察来了之后，把我带到了派出所，给我开了验伤单，让我去验伤。之后曹东林也去派出所报警了，警察也让他去验伤，他从医院验伤回来，看上去没什么事儿。2016年6月8日，曹东林突然死掉了。

问：你为何不让曹东林将木柴堆在你房子东侧的空地上？

答：这块空地不是我的也不是曹东林的，我们俩平时都在这块空地上堆东西，但是曹东林将木柴堆在我的自留地旁边的一条垄沟上的小路上,靠近他自留地的地方却空着,所以我要他将木柴搬走。

问:你为何会与曹东林扭打起来?

答:我要去将曹东林的木柴搬开,他不让我搬,还抓住我的两个肩膀,于是我也抓住他的两个肩膀,我们就扭在一起,接着他把侧着身子的我按到地上,我的左手压在我的身体下面,他用膝盖顶住我的右肋,用拳头打我的头、身体,我不可能白白挨打,于是右手握拳向他挥舞。

问:你右手握拳向曹东林挥舞,打到他身上什么部位吗?

答:我是握拳向他身体正面挥舞的,应该打中他了,但具体打中他身体什么部位,因为我侧着身子,没看清楚。

问:你当时打了曹东林几拳?

答:记不清了。

问:你右手握拳打曹东林的用力程度?

答:用了一定的力气的,但当时我是侧着身体被按倒在地上,所以我向曹东林挥拳时,用不出很大力气的。

问:曹东林被你挥拳打之后,有什么反应?

答:没什么事,他还和他老婆一起拉着板车去卖西瓜的。事后我去报警后,曹东林也去报警的,他当时到医院去验伤的,他验伤回来之后看上去也没什么事。

问:曹东林有什么病吗?

答:2007 年、2008 年时,曹东林胃穿孔,开过两次刀。我和他身上都长满了一个个疙瘩,这是遗传的,我母亲也有的。他是否还有其他疾病我不知道。

(三)冯媛媛询问笔录(2016 年 6 月 9 日 13:00~14:50)

问:你今天因为何事来到派出所?

答:为了 2016 年 6 月 5 日上午曹东林夫妻两个和我们夫妻两个发生矛盾的事情。

问:请具体讲一下?

答:好的。2016 年 6 月 5 日 9 时 30 分许,我在自己家里的东壁角看到曹东林老婆张曼将蚕豆梗放在我家东壁角芦竹梗子上面,当时张曼还在拿掉我放在那些芦竹梗和蚕豆梗贴南侧的三个树枝,我当时看到后,就问她:"你干嘛将我的树枝拿掉,我不拿掉你的,你倒拿掉我的。"张曼听了之后,就和我说:"你的地界哇?"我听了就说"怎么不是我的地界。"说完之后我就过去开始拿掉那些芦竹梗和蚕豆梗。当时,曹东林和曹东旺听到我们两个吵架的声音都出来了,曹东林夫妻看到我在拿掉那些芦竹梗和蚕豆梗,他们两个人就都倚在那些芦竹梗和蚕豆梗上不让我拿掉,当时我在拿的时候,还被张曼推了一把,将我推倒在地,我被推倒之后又重新起来继续拿那些芦竹梗和蚕豆梗,曹东旺看到了之后就过来劝我,他一边拖我,一边叫我让他们去。我当时没有听曹东旺的劝,继续拿那些芦竹梗和蚕豆梗,还将罩在那些芦竹梗和蚕豆梗上面的尼龙薄膜扯碎。之后曹东林夫妻两个就很火大,曹东林过来将曹东旺按倒在地,还用拳头打曹东旺,张曼就从芦竹梗堆里抽了芦竹梗子开始打曹东旺,我当时看到曹东旺被他们夫妻两个打,所以就要去拖曹东旺出来,在拖的过程中,我也被张曼用芦竹梗打到好几下。之后我看到曹东旺脸上和身上都是血,大概曹东林也看到曹东旺脸上和身上都是血,所以也就停手不打了。之后曹东旺就回到自己的屋子里去了。之后我就和曹东林夫妻两个说:"那我就堆在你的地界上了。"说着我就将我堆在那些芦竹梗和蚕豆梗贴南侧三个树枝拿到张曼家东壁角。张曼接着就将我堆过去的树枝拿掉。我就仍然将那三个树枝放回到那些芦竹梗和蚕豆梗的贴南侧。之后大家都回到自己的屋子里去了。在屋子里,我看到曹东旺的伤,就让他到村卫生室去看看,之后曹东旺就骑自行车去卫生室了。之后我就看到曹东林夫妻两个出门了。过不了多久,你们派出所的民警就来了,随后我也看到曹东旺回到家了,那时我才知道曹东旺报警了。民警现场勘查了之后,就要求我们夫妻两个到派出所去开验伤单并制作材料,之后曹东旺就到派出所开验伤单来了,我因为当时伤得不重,就不要开验伤单。之后我就卖瓜去了,后来我接到曹东旺在南汇中心医院打来的电话,说他要挂点滴,让我送钱去,所以我就去送钱了。之后他就一直在中心医院挂点滴,直到今天到派出所来。

问:你们夫妻和曹东林夫妻两个是因为什么原因发生矛盾的?

答:是因为界子头的事情,曹东林夫妻两个说我家东壁角是他们的地界,我们夫妻两个说那是我们的地界,所以为了这个才吵起来的。

问:当时现场有多少人动手?

答:当时曹东林将曹东旺按倒在地,用拳头打他,张曼则用芦竹梗朝曹东旺和我头上和身上乱打。

问:曹东林是怎么按倒曹东旺的?

答:当时曹东林用膝盖顶住曹东旺的身体,曹东旺身体被顶住之后,人就不能动了,只有两个手能动了。

问:你和曹东旺有否还手?

答:曹东旺被曹东林按倒在地上打的时候肯定还手的,我当时看到他曹东旺用拳头乱挥,因为曹东旺头上本来有伤,所以我急于将他拖出来,没有还手。

问:曹东旺用拳头挥打有否打到曹东林?

答:这个我当时没有注意到有没有打到。

问:现场还有谁看见?

答:我不知道。

问:你们几个人有受伤吗?

答:当时我就看到曹东旺脸上和身上都是血,脸和眼睛都肿了,还有我的脸上和头上都肿了,别的不知道。

问:当时事情发生之后,你有否再见到曹东林?

答:我每天都看到曹东林的。

问:你看到曹东林的时候他都在干什么?

答:事发后,6月5日11时我看到曹东林夫妻两个拉了瓜到金陵小学后面潘红云家里去卖瓜去了(贩子来收的),旁边17时30分许我看到曹东林出门去遮棚去的;6月6日早上6时30分许我看到曹东林一个人出门去开棚,11时30分许我在南汇中心医院的时候我看到曹东林也在医院里。6月7日15时许,我看到曹东林夫妻两个在弄被大风吹掉的瓜棚。

问:曹东林有什么疾病吗?

答:我知道7到8年前胃出过血,具体情况我不是很清楚。

问:还有什么补充?

答:没有了。

(四)张曼第一次询问笔录(2016年6月9日10:30~11:45)

问:你的基本情况?

答:我叫张曼,女,1952年10月12日生,汉族,文盲。我是曹东林的妻子。

问:2016年6月5日你有没有和其他人发生纠纷?

答:有的。

问:把当时的情况详细讲一下。

答:好的。2016年6月5日8时许,我当时在江宁镇金园村金陵213号自家东面的一条路上准备种扁豆,今年年夜的时候我在那里堆了七八个柴,曹东旺(我丈夫曹东林的弟弟)家在那里也堆了几个柴,我因为种扁豆要穿绳子,让扁豆爬上去,所以将曹东旺家的一个柴拨开,这时曹东旺的老婆冯嫒嫒看到就过来了,他说你将我的柴扔掉,我也把你的柴扔掉,她就上来扔我的柴,我就抓住我的柴不让她扔掉,当时曹东旺也在,我就对曹东旺说:东旺,我这些柴不是一直堆在这里的,等柴干了我就要去烧掉的。于是才龙就对他老婆说不要吵了。他老婆不听,还骂他帮我说话。冯嫒嫒为了这事还上去打曹东旺,之后她又要扔我的柴,我还是夺我的柴,不让她扔掉,之后她被我一甩,就甩到了地上。冯嫒嫒爬起来之后就上来打人,我老公曹东林看到后上来劝,不知怎么的就和曹东旺扭打在一起,我老公并把曹东旺按倒在地上,双方拳打脚踢,冯嫒嫒则在后面打我老公,我就上去捡了一根竹子,对着他们乱抽,抽到谁我自己都不知道。打了一会儿双方也不打了,后来就自己分开来,之后双方就各自走开了。之后我就听村里的人说他们报警了。

问:几个人参与打架?

答:就我和老公曹东林。对方是曹东旺夫妻两个人。

问:双方怎么打的?

答:双方就拳打脚踢。

问:打架的过程有没有其他人看到?

答:住在我家西隔壁的曹林荣当时也在场地上干活,他应该看到了。

问:你老公被打在什么地方?

答:头上和身上。身上被打了之后也没有什么感觉。所以之后检查也没有进行全身检查。

问:对方被打在什么地方?

答:这个我没有注意。

问:你们发生冲突之后,你老公去干嘛了?

答:打好之后我们还去卖了400斤左右的瓜,是我和老公一起用劳动车推到金陵收瓜的地方卖掉的。卖掉了之后我老公感觉不舒服就回家休息了。当天也再没出去过。第二天(2016年6月6日)我老公发现自己身体不舒服,所以第二天上午10点左右的时候自己到江宁派出所开了验伤单去东海医院就诊了。就诊的时候也就拍了头部的CT,其他没有验伤。医生对他说头上没什么事,所以他自己又回来了。6月6日这天也就干了这点事,然后就回家休息了,可能在晚上的时候出去溜达了一圈,就在家门口路上兜了一圈。昨天(2016年6月7日)就早上6:30到7:30在自己瓜棚看了一下,然后又回家休息了。到今天凌晨3时他自己感觉很不舒服,所以在4:30时许,我媳妇和妹夫将他送到医院的,送进去之后就开始抢救,但到下午19点左右的时候人不行了,休克死了。

问:你还有什么要补充的吗?

答:没有了。

(五)张曼第二次询问笔录(2016年7月2日9:30~10:50)

问:请你将2016年6月5日你家和曹东旺家发生的纠纷一事讲一下?

答:好的。2016年6月5日8时许,我当时在江宁镇金园村金陵213号自家东面的一条路上准备种扁豆,由于今年年夜的时候我在那里堆了7个到8个柴,曹东旺(我丈夫曹东林的弟弟)家在那里也堆了几个柴,而我种扁豆要穿绳子,让扁豆爬上去,所以将曹东旺家的一个柴拨开,这个时候曹东旺的老婆冯媛媛看到就过来了,说我将他家的柴扔掉,她也要将我的柴扔掉。于是她就上来扔我的柴,我就抓住我的柴不让她扔掉,当时曹东旺也在,我就对曹东旺说:"东旺,我这些柴不是一直堆在这里的,等柴干了我就要去烧掉的。于是东旺就对他老婆说不要吵了。他老婆不停,还骂他帮我说话。冯媛媛为了这件事还上去打曹东旺的,之后她又要扔我的柴,我还是夺我的柴,不让她扔掉,之后她被我一甩,就甩到了地上。冯媛媛爬起来之后就上来打人,我老公曹东林看到后上来劝,不知怎么的就和曹东旺扭打在一起,我老公把曹东旺按倒在地上,双方拳打脚踢,冯媛媛则在后面打我老公,我就上去捡了一根竹子,对他们乱抽,抽到谁我自己都不知道。打了一会儿双方也不打了,后来就自己分开来,之后双方就各自走开了。之后我就听说他们报警了。"

问:几个人参与打架?

答:就我和老公曹东林。对方是曹东旺夫妻两个人。

问:双方怎么打的?

答:双方就拳打脚踢。

问:打架的过程有没有其他人看到?

答:曹林荣看到了,他当时在地里干活。

问:你老公被打在什么地方?

答:头上和身上(前胸和后背)。身上被打了之后也没有什么感觉。所以之后检查也没有进行全身检查。

问:对方被打在什么地方?

答:这个我没有注意。

问:曹东林被打伤的头部和(前胸和后背),为什么去看的时候只看头部。

答:因为当时曹东林被打伤后,只有头部淤青,身上没有明显的伤痕,而且当时身体也没有觉得不舒服,所以就只看了头部。

问:那曹东林是什么时候怎么感觉到身体不舒服的?

答:2016年6月8日凌晨3时,曹东林觉得肚子很痛,而且大便大不出来,他痛得在床上滚来滚去。我觉得不对,就带他去医院看了。

问:2016年6月7日,你们是什么时候去看的自家的瓜棚?

答:就在2016年6月7日早上6:30到7:30。

问:2016年6月7日下午,曹东林在哪里?

答:他自从早上从瓜棚回来后就一直在家,没有出门过。

问:那在瓜棚,曹东林有没有摔倒之类的情况?

答:没有。

(六)曹中政询问笔录(2016年6月9日 18:00～20:15)

问:曹东林和你什么关系?

答:曹东林是我父亲。

问:2016年6月5日你父亲和他人发生争执的事情你知道吗?

答:我知道,我是6月8日听我母亲张曼和我讲的。

问:具体讲下?

答:我是6月5日6时40分许从家中离开至我工作的工地上上班的,我就住在我父母隔壁。直到6月8日6时40分接到我妻子张也的电话称我父亲要住院,叫我快点回来。于是我直接从工地到家里,我到家后碰到母亲张曼,得知我父亲曹东林已经在医院。我就问我母亲到底怎么回事,她告诉我6月5日早上我走后我父母因为场地堆放柴火的事和我叔叔曹东旺夫妻发生争执,曹东旺之妻欲将我父母堆放的柴火丢掉,此时我母亲就上前夺柴火,两人在争抢中我母亲因力气小就倒在地上,据我母亲讲他倒地后头有点晕,等她清醒过来时就看到曹东旺按住我父亲的手,曹东旺的妻子骑在我父亲身上,两人在打我父亲,于是她爬起来去拉那个女的,后来双方就分开了。分开之后怎么样我母亲没和我讲,他就和我讲后来曹东旺报了警,我母亲也不知道怎么办,就去问我姨夫,他就叫我父亲也去验伤,之后在第二天就陪我父亲到医院去验伤了。

问:你父亲被打的情况如何?

答:我听我母亲讲,我父亲被打的两眼都肿了,额头上还有很大很大块淤青,去医院检查时就检查了头部,其他部位因我父亲没感到有何异样,故没有检查。

问:你到医院时看到你父亲情况如何?

答:我到医院时我父亲已经在抢救室,听医生讲我父亲已经病危,我看到我父亲时他两眼乌青,额头上也有乌青。

问:医生是如何和你说的?

答:医生说我父亲多数是因为右肾破裂致使腹腔出血,出血止不住导致的。

问:你有无和你父亲说过话?

答:我到医院看到他后叫过他,不过他只是眼睛睁了下就又闭上了,没有和我说过话。

问:你父亲平时的身体状况如何?

答:据我所知,我父亲平时身体蛮好的,也没有什么小毛小病好像也没有什么高血压等情况,就是好几年前在东海医院因为胃穿孔做过一次手术,把穿孔的胃部组织切除了。

问:手术后你父亲身体情况如何?

答:蛮好的,也没有复发过,也没生过其他什么病。

问:6月5日和曹东旺夫妻发生冲突后,你父亲的生活情况如何?

答:这个我不清楚,因为期间家里也没和我打过电话说过这事。

问:据你所知,6月5日这事还有谁看到吗?

答:这我不知道,也没听我母亲讲起过。

(七)曹林荣询问笔录(2016年6月11日 8:45~11:00)

问:你认识曹东林和曹东旺吗?

答:认识,我们都是邻居,住得不远。

问:2016年6月5日早上你在哪里?

答:我当时在自家瓜地里摘西瓜。

问:你当时有否看见曹东林和曹东旺两家人吵架的事情?

答:看到了。我当时在我家的瓜地里摘西瓜,一开始听见曹东林和曹东旺两家方向上有吵架的声音,吵声越来越大,等我抬头一看,发现两家人已经打起来了。不过,由于距离稍微有点远,所以看得不是很清楚。

问:他们打架的地方离你家有多远?

答:不太远,大概有100米吧。

问:他们吵架的时间大概是几点?

答:大概早上不到10点钟。

问:你把他们吵打的经过说一说?

答:好的。一开始我只听见这两家女人在争执,开始声音小,后来逐渐变大,好像是为让不让堆柴草的事。后来两家男的也加入进来了,并且双方还打了起来。

问:他们怎么打的,谁先动的手?

答:我开始也没太在意,仍然在摘瓜,因此对于他们怎么动手打的,我不清楚。等我注意他们时,他们兄弟两个人已经扭打在一起了。双方先相互扭住对方的肩膀,并用手打对方的头部和胸部,两个女的也在打。后来,曹东林和曹东旺都摔倒在地上了。曹东林先起来,然后把曹东旺按在地上,用腿压住曹东旺的腰部,继续用手打曹东旺。曹东旺被压住后,也在地上反抗,用手挥舞着朝曹东林身上乱打,两腿也在地上乱踢。我本来想过去拉架,后来一想,他们是兄弟,家庭内部的纠纷,外人不便介入,所以我也就没过去。过了一会,两人就不打了,各自离开了。

问:当时两人打了多长时间?

答:我没注意时间,大概有十来分钟吧,不太长。

问:曹东旺开始和曹东林扭打时,他用手打曹东林胸部、腹部没有?

答:双方扭打在一起时,两人都是用拳头相互狠打对方的脸部、胸部和腹部。

问:倒地前,曹东旺打了曹东林身上有多少下?

答:这个我没数,双方你来我往的,感觉各方都往对方身上打有十来下吧。

问:两人怎么倒地的?

答:好像是曹东旺被什么东西绊倒了,由于双方是扭着的,所以,两人一起倒了,但曹东林先爬起来,压住了曹东旺的身体。

问:倒地后,两人继续打吗?

答:是,曹东林按住曹东旺的身体,用腿压住曹东旺的腰部,继续用手打曹东旺。曹东旺被压住后,也在地上反抗,用手挥舞着朝曹东林身上乱挥打,两腿也在地上乱踢。

问:曹东旺被曹东林按倒在地上后,他用手打曹东林,打了多少下?什么部位?

答:只看到他手往曹东林身上挥,到底打到什么地方了,打了几下,我也说不准,反正不止一两下吧。

问:倒地后,曹东旺用腿踢曹东林了吗?

答:他被曹东林压着,两腿乱蹬,但蹬不住曹东林的身子。主要是躺在地上用手向曹东林的身体挥打。

问:他们两个人的妻子参加打架了吗?

答:主要是他们两个兄弟在扭打,他们的两个妻子当时在一边也有打的动作,但好像都是为了保护住自己的老公不要吃亏。

问:曹东旺的妻子冯媛媛打曹东林了吗?

答:我没看到曹东旺的老婆冯媛媛有打曹东林的动作,她主要是和曹东林的老婆张曼在撕扯。

问:两人怎么结束打架的?

答:打了一会,曹东林自己起身离开了,后来曹东旺也起来走了。

问:曹东林和曹东旺离开时,身体有无异常的表现?

答:好像没有。

## 教学指导手册

### 教学对象及目标

本案例主要供法律硕士研究生案例教学使用,法学本科高年级学生、刑法学硕士研究生与诉讼法学硕士研究生也可酌情使用。

本案例主要就辩护律师在人身伤害犯罪案件中的活动、作用与辩护技巧展开讲授,具体要解决的问题是:(1)在一审以及一审之前的刑事侦查、审查起诉阶段,辩护律师如何构建合理的辩护思路;(2)律师如何阅卷;(3)如何撰写辩护词和上诉状;(4)故意伤害与过失致人死亡罪的罪名界分;(5)特异体质与刑法因果关系的判断。

### 教学内容

**1. 一审阶段,辩护律师如何构建合理的辩护思路?**

根据《刑事诉讼法》第20条的规定,只有危害国家安全、恐怖活动案件以及可能判处无期徒刑、死刑的案件由中级人民法院一审,在实践中,辩护律师面临的大量案件都是由基层人民法院管辖,在一审阶段,辩护律师主要针对检察机关的起诉进行辩护,因此一审阶段辩护的基本思路主要是围绕起诉书所指控的罪名及其理由、依据展开反驳。在确立辩护思路时,首先要对案件的整体情况进行宏观把握,了解案件的梗概和基础事实;其次,针对公诉方提出的证据事实,寻找这些证据在关联性、合法性和真实性三个方面所存在的问题;再次,对于公诉方所指控的罪名以及所阐述的法律理由,辩护方要仔细思考其中的漏洞和破绽,寻找有利于己方当事人的法律规范加以辩驳;最后,还要注意在案卷中寻找能够证明本方当事人罪轻、无罪以及从轻、减轻处罚的相关证据事实。

**2. 律师如何阅读刑事案卷?**

刑事案件一旦移送至检察院,律师就应当在第一时间赶赴检察院阅卷,以避免出现律师还没有来得及阅卷,检察院便将案卷退侦的情况出现,从而延误律师阅卷时间,错过了了解案件的最早时机。具体来说,阅卷的步骤如下:(1)要粗略浏览案卷封皮和目录,对全部案卷有一个概况式的了解,例如,本案涉嫌的罪名是什么,本案的侦查机关是哪个单位,书证有几本,被告人、被害人以及相关证人的关系如何,案发的时间、场所、过程等。(2)要详细阅读起诉书(或起诉意见书),了解公诉方的控诉思路。(3)正式开始阅卷:第一步,要先看程序卷。通过对程序卷地翻阅,律师可以从程序上对案件的发起及前期侦查过程有一个全面的了解,比如该案的起因、何人报案、办案的期限是否合法、侦查人员的行为是否违法、手续是否完备、嫌疑人是否具备自首等有利情节、前后罪名是否发生变化等,虽然我国司法实践中对于程序的重视还远远不够,但是在越来越多的案件中,程序辩护也渐渐凸显出重要性。第二步,看口供部分(嫌疑人/被告人供述和被害人陈述)重点看与起诉意见书不一致的部分、口供之间不一致的部分,比如应关注犯罪嫌疑人是否认罪以及其在到案后的前几次供述,看供述是否稳定、是否有变化,关注言词证据的形式、程序是否合法等(比如是否告知了当事人相应的权利义务、是否有两个办案人员讯问、笔录是否完整),在此基础之上结合会见情况,找出案件的疑点,形成初步辩护思路。第三步,要详细阅读案卷中所附的书证、物证、鉴定意见、勘验、检查、辨认、侦查实验等证据,寻找其中可能存在的问题与漏洞。第四步,要仔细阅读证人证言,在阅读证人证言时,一定要着重关心该证人与犯罪嫌疑人、被害人的关系、证人当时在案发时的状态以及取证的合法性等,一旦发现疑问,一定要经过多方位核实。

在阅卷时,应当把握以下阅卷技巧:(1)重点看矛盾之处;(2)简化案卷,制作阅卷笔录;(3)在阅卷笔录基础之上形成不同的分析意见,比如在本案中,关于打架的过程诸人说法各异,因此需要将每个人对于打架过程的叙述单独摘列出来并进行对比分析,从而有利于捋清思路、提高效率;(4)重视阅卷笔录等文书的形式,以便开庭时候方便查阅,从而让法官能更清楚地了解辩护理由以及相关证据事实。

**3. 律师如何撰写辩护词、上诉状?**

辩护词主要针对检察机关的起诉书展开,而上诉状则主要围绕一审判决中的事实认定不清、法律适用错误等内容展开,两者均以辩护思路为基础。在书写形式上,辩护词和上诉状的要求是一致的,包括以下几点:(1)简明扼要、言简意赅,一般而言,辩护词或者上诉状应当以1~2页篇幅为宜,主要围绕起诉书或一审判决中的错误、漏洞精炼地提出自己反驳的观点,切忌连篇累牍式的长篇大论;(2)条理清晰、层次分明,辩护词应当抓住案件的焦点与核心内容,反驳控方指控,从法律规范与证据事实两个方面提出被告人罪轻和无罪的理由与证据,上诉状则主要指出一审判决在事实认定和法律适用方面的错误,需要特别突出新的证据、事实和理由;(3)语言专业、得当,切忌华而不实的空洞论述,辩护词和上诉状是高度专业化、法律化的文书,不需要掉书袋式的引经据典与情绪化的表达。

**4. 本案需要解决哪些核心问题?律师可以从哪些角度提出被告人无罪或罪轻的理由?**

本案主要解决的核心问题,主要涉及两个方面:一是事实方面,涉及案件的证据、口供比对等问题;二是法律方面,涉及故意伤害罪与过失致人死亡罪的界分、因果关系的介入等问题。具体来说,本案包括以下核心问题:(1)现有证据是否足以证明被告人曹东旺构成故意伤害罪?(2)本罪应当以何种罪名起诉为宜?(3)本罪中曹东旺的主观方面如何认定?(4)本案中曹东林死亡的因果关系应当如何认定?(5)故意伤害罪致死与过失致人死亡罪如何区分?针对本案的相关证据材料、因果关系、罪名认定等方面,辩护律师均可以提出质疑以及辩护的理由,从中寻找被告人无罪或罪轻的理由。

## 课堂时间安排

本案例可以作为专门的案例教学课来进行,也可以作为刑法分则中的专题课程讲授。整个课程安排6个课时,每课时45分钟。如下课堂涉及仅供参考:

1. 课前准备:在课前,安排学生认真阅读案卷材料与参考文献,增进对本案案情以及相关基础知识的了解,并对思考题中列举的问题进行思考。

2. 基础知识的讲授(2课时):教师围绕与本案有关的知识点进行讲授,讲授包括两方面的内容:其一,辩护技巧方面,应重点传授辩护思路的构建、辩护词/上诉状的撰写以及辩护律师的阅卷技巧等实务知识;其二,法理规范方面,应对与本案有关的实体问题加以讲解,包括刑法因果关系的认定、特异体质的处理以及故意伤害与过失致人死亡罪的刑事界分等问题。

3. 小组学习与启发式探讨(2课时):将学生划分为若干学习小组,对思考题与实践题的内容进行作答,可以采取分组发言和自由讨论的形式,进行启发式教学,从而锻炼学生的辩疑能力与逻辑思维。在此基础上,布置学生完成实践题作业。

4. 课程总结(2课时):教师对思考题的内容进行统一解答,并从实践题中选出若干份优秀作业进行评析。

此外,本案例亦可采用模拟法庭教学的方式,将全班同学分为三组:一组作为公诉方、一组作为辩护方、一组作为裁判方。教师先进行 2 节课的讲授,讲授关于本案基本情况、基础知识与模拟法庭的基本要求,之后由学生每组采取小组学习的方式对本案涉及的有关法律问题进行研判,在此过程中完成实践题和思考题,每组推举 3 名同学担任诉辩双方与仲裁庭,另推举若干学生担任证人与被告人等角色。模拟法庭组成后,建议使用 2 ~ 3 节课时进行模拟,之后教师运用 1 ~ 2 节课时对学生的整体表现以及本案的有关要点进行统一讲授。

## 思考题和实践题

**1. 思考题**

(1)刑事辩护中的委托授权有几种?有何要求?

(2)刑事案件的审理期限是如何规定的?本案是否超期?

(3)本案可否适用简易程序?为什么?

(4)若对江海市东海区的一审判决不服,应当如何上诉?

(5)曹东旺的几次口供之间有何区别?可能存在哪些问题?

(6)张曼的证词可能存在哪些问题?可能存在哪些可能性?

(7)曹林荣的证词是否存在问题?如果有,是什么问题?

(8)刘建设反映的情况能否作为对曹东旺有利的证据?有何作用?

(9)作为曹东旺的辩护人,对于本案的鉴定意见,你将提出哪些质疑?

(10)试分析曹东旺的行为与曹东林死亡结果之间的因果关系。

(11)被害人具有特异体质的情况下,加害人的刑事责任如何认定?

(12)如何区分故意伤害致死和过失致人死亡罪?

(13)你可从本案中找出哪些对曹东旺有利的证据事实和辩护理由?

(14)如果你是本案的二审法官,你将会对一审判决:A. 改判 B. 维持原判 C. 其他?请说明理由。

**2. 实践题**

(1)作为本案的公诉机关,你认为东海区人民检察院应以何种罪名起诉曹东旺?请根据本案的情况从检察院的角度撰写一份起诉书。

(2)如果你是被告曹东旺的辩护律师,请撰写一份辩护工作计划。

(3)请根据本案所给出的案件材料,撰写一份阅卷笔录。

(4)请针对本案的一审判决书撰写一份上诉状。

## 参考文献

1. [日]大塚仁:《刑法概说》(第 3 版),冯军译,中国人民大学出版社 2003 年版。

2. [美]H. L. A. 哈特、托尼·奥诺尔:《法律中的因果关系》,张绍谦、孙战国译,中国政法大学出版社 2005 年版。
3. 李文军:《故意伤害致特异体质者死亡案件处断争议之辨析》,载《法学》2010 年第 8 期。
4. 许任刚、黄伯青:《殴打特异体质者致死型案件的刑法解读》,载《犯罪研究》2010 年第 3 期。

撰稿人 | 张绍谦,上海交通大学凯原法学院教授、上海博和律师事务所律师
张弛,上海交通大学凯原法学院刑法学博士研究生、上海交通大学金融检察法治创新研究基地科研助教

25
CASE

# 陈满涉嫌故意杀人、放火案

**| 摘　要 |**

本案是一起著名的刑事错案，且系由最高人民检察院向最高人民法院提出抗诉而得以最终纠正，具有标志性的意义。在实体上，本案涉及故意杀人罪和放火罪两个罪名。在诉讼程序上，本案涉及侦查取证、再审管辖、申诉、抗诉、证据规则、审查判断证据等多个方面，此外，本案还涉及国家赔偿的处理等内容。该案对于学习刑法、刑事诉讼法、证据法，增强对司法制度的了解都有所裨益。

**| 关键词 |**

故意杀人罪　放火罪　申诉　刑事证据　证据规则　无罪判决　国家赔偿

**| 教学目标 |**

着重让学生把握以下内容：(1)掌握故意杀人罪和放火罪两个罪名的犯罪构成和定罪量刑的知识；(2)掌握刑事证据的分类、收集、审查判断的方法、证明标准和证据规则；(3)掌握刑事诉讼中的主要程序，尤其是侦查、申诉、再审等程序细节；(4)理解刑事辩护的要点；(5)理解和领会无罪推定、疑罪从无等基本理念和原则。

## 教学案例主文

仔细阅读以下七则原始材料。以下七则材料分别源自最高人民检察院指导性案例以及新闻媒体的报道。围绕“陈满案”发生的经过和前因后果，学会分析原始材料，运用所学的法学原理和法律法规，按照“教学指导手册”的要求，理解、分析所涉及的刑法、刑事诉讼法、证据法和司法制度的知识点及其问题。

### 一、材料一：最高人民检察院指导性案例“陈满申诉案”

陈满，男，1963年2月生。

1992年12月25日19时30分许,海南省海口市振东区上坡下村109号发生火灾。19时58分,海口市消防中队接警后赶到现场救火,并在灭火过程中发现室内有一具尸体,立即向公安机关报案。20时30分,海口市公安局接报警后派员赴现场进行现场勘查及调查工作。经走访调查后确定,死者是居住在109号的钟某,曾经在此处租住的陈满有重大作案嫌疑。同年12月28日凌晨,公安机关将犯罪嫌疑人陈满抓获。1993年9月25日,海口市人民检察院以陈满涉嫌故意杀人罪,将其批准逮捕。1993年11月29日,海口市人民检察院以涉嫌故意杀人罪对陈满提起公诉。海口市中级人民法院一审判决认定以下事实:1992年1月,被告人陈满搬到海口市上坡下村109号钟某所在公司的住房租住。期间,陈满因未交房租等,与钟某发生矛盾,钟某声称要向公安机关告发陈满私刻公章帮他人办工商执照之事,并于同年12月17日要陈满搬出上坡下村109号房。陈满怀恨在心,遂起杀害钟某的歹念。同年12月25日19时许,陈满发现上坡下村停电并得知钟某要返回四川老家,便从宁屯大厦窜至上坡下村109号,见钟某正在客厅喝酒,便与其聊天,随后从厨房拿起一把菜刀,趁钟某不备,向其头部、颈部、躯干部等处连砍数刀,致钟某当即死亡。后陈满将厨房的煤气罐搬到钟某卧室门口,用打火机点着火焚尸灭迹。大火烧毁了钟某卧室里的床及办公桌等家具,消防队员及时赶到,才将大火扑灭。经法医鉴定:被害人钟某身上有多处锐器伤、颈动脉被割断造成失血性休克死亡。

### (一)诉讼过程

1994年11月9日,海口市中级人民法院以故意杀人罪判处陈满死刑,缓期二年执行,剥夺政治权利终身;以放火罪,判处有期徒刑九年,决定执行死刑,缓期二年执行,剥夺政治权利终身。

1994年11月13日,海口市人民检察院以原审判决量刑过轻,应当判处死刑立即执行为由提出抗诉。1999年4月15日,海南省高级人民法院驳回抗诉,维持原判。判决生效后,陈满的父母提出申诉。

2001年11月8日,海南省高级人民法院经复查驳回申诉。陈满的父母仍不服,向海南省人民检察院提出申诉。2013年4月9日,海南省人民检察院经审查,认为申诉人的申诉理由不成立,不符合立案复查条件。陈满不服,向最高人民检察院提出申诉。

2015年2月10日,最高人民检察院按照审判监督程序向最高人民法院提出抗诉。

### (二)抗诉理由

最高人民检察院复查认为,原审判决据以定案的证据不确实、不充分,认定原审被告人陈满故意杀人、放火的事实不清,证据不足。

1. 原审裁判认定陈满具有作案时间与在案证据证明的案件事实不符。原审裁判认定原审被告人陈满于1992年12月25日19时许,在海口市振东区上坡下村109号房间持刀将钟某杀死。根据证人杨某春、刘某生、章某胜的证言,能够证实在当日19时左右陈满仍在宁屯大厦,而根据证人何某庆、刘某清的证言,19时多一点听到109号传出上气不接下气的"啊啊"声,大约过了30分钟看见109号起火。据此,有证据证明陈满案发时仍然在宁屯大厦,不可能在同一时间出现在案发现场,原审裁判认定陈满在19时许进入109号并实施杀人、放火行为与证人提供的情况不符。

2. 原审裁判认定事实的证据不足,部分重要证据未经依法查证属实。原审裁判认定原审被告人陈满实施杀人、放火行为的主要证据,除陈满有罪供述为直接证据外,其他如公安机关火灾原因认定书、现场勘查笔录、现场照片、物证照片、法医检验报告书、物证检验报告书、刑事科学技术鉴定书等仅能证明被害人钟某被人杀害,现场遭到人为纵火;在案证人证言只是证明了发案时的相关情况、案发前后陈满的活动情况以及陈满与被害人的关系等情况,但均不能证实犯罪行为系陈满所为。而在现场提取的带血白衬衫、黑色男西装等物品在侦查阶段丢失,没有在原审法院庭审中出示并接受检验,因此不能作为定案的根据。

3. 陈满有罪供述的真实性存在疑问。陈满在侦查阶段虽曾作过有罪供述,但其有罪供述不稳定,时供时翻,且与现场勘查笔录、法医检验报告等证据存在矛盾。如陈满供述杀人后厨房水龙头没有关,而现场勘查时,厨房水龙头呈关闭状,而是卫生间的水龙头没有关;陈满供述杀人后菜刀扔到被害人的卧室中,而现场勘查时,该菜刀放在厨房的砧板上,且在菜刀上未发现血迹、指纹等痕迹;陈满供述将"工作证"放在被害人身上,是为了制造自己被烧死假象的说法,与案发后其依然正常工作、并未逃避侦查的实际情况相矛盾。

### (三)案件结果

2015年4月24日,最高人民法院作出再审决定,指令浙江省高级人民法院再审。2015年12月29日,浙江省高级人民法院公开开庭审理了本案。法院经过审理认为,原审裁判据以定案的主要证据即陈满的有罪供述及辨认笔录的客观性、真实性存疑,依法不能作为定案依据;本案除原被告人陈满有罪供述外无其他证据指向陈满作案。因此,原审裁判认定原审被告人陈满故意杀人并放火焚尸灭迹的事实不清、证据不足,指控的犯罪不能成立。2016年1月25日,浙江省高级人民法院作出再审判决:撤销原审判决裁定,原审被告人陈满无罪。

（四）要旨

证据是刑事诉讼的基石，认定案件事实，必须以证据为根据。证据未经当庭出示、辨认、质证等法庭调查程序查证属实，不能作为定案的根据。对于在案发现场提取的物证等实物证据，未经鉴定，且在诉讼过程中丢失或者毁灭，无法在庭审中出示、质证，有罪供述的主要情节又得不到其他证据印证，而原审裁判认定被告人有罪的，应当依法进行监督。

**二、材料二：最高人民检察院对申诉资料的审查**

2月17日，央视记者采访到了主办此案的最高人民检察院刑事申诉检察厅的检察官，详细讲述了这起案件的复查、抗诉始末。

2014年4月，陈满案的申诉状递交到最高人民检察院刑事申诉检察厅，二处处长杜亚起对这份申诉材料进行了审查。

杜亚起对记者说，他首先考虑的是确定在案的物证是否真的丢失了，真的没有在一审和二审法庭上出示，这一点很重要；其次，确定除了这些物证之外，本案还有哪些证据，特别是被告人曾经做过的有罪供述，他的供述情况到底是怎么样的，他的真实性能不能够得到保障。……

1994年3月23日，海口市中级人民法院一审开庭审理此案。陈满的辩护律师指出，庭审过程中，并没有出示任何物证和鉴定材料，能直接证明陈满是凶手。……

陈满及律师向最高人民检察院提出申诉的理由主要有三条：一是陈满根本没有作案时间，也没有实施被指控的犯罪，应当宣告陈满无罪；二是原审裁判认定陈满犯罪的证据没有达到确实充分的标准；三是陈满的供述是在刑讯逼供下作出，应当予以排除。……

接下来，检察人员梳理了全案的证据。在物证方面，最高人民检察院复查认为主要存在三大疑点，分别涉及陈满工作证、现场关键物证和作案工具。

根据现场勘查笔录和法医检验报告，现场勘查曾在被害人尸体口袋内搜出陈满工作证，但现场照片中没有这个工作证的照片。公安机关在补充侦查报告中表示，这个工作证遗失，无法附卷。而这个工作证却是侦查机关锁定犯罪嫌疑人的最主要的一个依据。而这起案件中，丢失的关键物证还不止这一件。根据现场勘查笔录及现场照片，在案发现场客厅及厨房内发现并提取了带血白衬衫一件、黑色男西裤一件、带血白色卫生纸一块、带血海南日报碎片等物品。但是，公安机关出具的相关情况说明表示，上述物证因保管不善，在案件移送审查起诉前已经丢失，无法随案移送。……

杜亚起和同事仔细查阅卷宗，发现陈满从被抓获到案到审查起诉再到两级法院审理期间，他的供述经历了从不承认犯罪，到作出有罪供述，翻供后再供认，最后全面翻供的过程。其中,他们特别注意到,即使在陈满的8次有罪供述中,对于作案主要情节的供述,比如作案地点、作案工具、作案方式,存在多处前后矛盾。

## 三、材料三:检察机关的抗诉意见

最高人民检察院刑事申诉厅这名负责人向记者解释表示,原审裁判认定原审被告人陈满具有作案时间与在案证据证明的案件事实不符;原审裁判认定事实的证据不确实、不充分,定案的主要证据之间存在矛盾;陈满有罪供述的真实性和合法性存在疑问,证明力较弱。

经最高人民检察院检察委员会讨论认为,陈满案原审裁判事实不清,证据不足,2015年2月10日,最高人民检察院将陈满案向最人民法院法提出抗诉。2015年4月24日,最高人民法院采纳最高人民检察院意见,指令浙江省高级人民法院异地再审。2015年12月29日,浙江省高级人民法院在海南公开开庭审理陈满申诉案。

在29日的公开庭审中,浙江省人民检察院三名出庭检察官代表检察机关发表了明确监督意见,认为本案没有任何指向陈满作案的客观性证据和技术性证据,且作为本案认定犯罪事实的唯一直接证据即原审被告人陈满有罪供述的真实性、合法性存疑。最高人民检察院抗诉理由充分,原审裁判认定事实不清、证据不足,依法应当通过再审宣判原审被告人陈满无罪。

2016年2月1日,浙江省高级人民法院在海南省美兰监狱公开宣判:陈满无罪。陈满被当庭释放。

## 四、材料四:再审法院的审理工作

记者:浙江省高级人民法院再审立案后开展了哪些审理工作?

答:原审被告人陈满故意杀人、放火再审案系历史老案,有些物证在一审审理前已经丢失,审理难度较大。为确保案件审理结果经得起历史的检验,达到最佳效果,我院合议庭按程序调阅案卷、提审陈满,踏勘作案现场,认真调查核实有关证据。为进一步查清案情,我院、浙江省人民检察院还找到了多名关键证人进行调查取证。同时,还就陈满有罪供述与本案现场勘查、尸体检验和物证检验等证据之间所存在的一些疑点问题,委托相关技术部门进行技术分析。

2015年12月8日,合议庭根据刑诉法和相关司法解释的规定,召集浙江省人民检察院出庭人员、原审被告人陈满的辩护人召开庭前会议,就回避、原裁判据以定罪和量刑的证据、是否有出庭证人和新证据等问题了解情况,听取意见。……

记者:再审改判陈满无罪的主要理由是什么?

答:再审改判的主要理由有两条:一是原裁判据以定罪的原审被告人陈满的有

罪供述不能作为定案的根据;二是除原审被告人陈满的有罪供述外,无其他证据证明陈满作案。

记者:为何陈满的有罪供述不能作为定案的根据?

答:经再审审理,陈满的有罪供述存在以下几个问题:(1)原审被告人陈满的有罪供述不稳定。(2)原审被告人陈满关于作案时间、进出现场、杀人凶器、作案手段、作案过程以及对作案时着装的处理等主要情节的供述不仅前后矛盾,而且与在案的现场勘查笔录、法医检验报告、证人证言等证据所反映的情况不符。(3)原审被告人陈满供述将自己工作证留在现场的动机得不到合理解释。

因此,原裁判据以定案的主要证据即陈满的有罪供述及辨认笔录的客观性、真实性存疑,依法不能作为定案依据。

记者:除陈满有罪供述外,原判认定陈满作案的其他证据,再审是如何评判的?

答:本案其他证据,经再审审理,存在以下问题:(1)收集在案的现场勘查笔录、法医检验报告等证据不能证明原审被告人陈满作案。(2)案发现场提取的物证无法对原审被告人陈满的有罪供述起到印证作用。(3)原裁判认定的作案凶器难以确认。(4)在案证人证言只是证明了发案时的相关情况、案发前后原审被告人陈满的活动情况以及陈满与被害人钟作宽的关系等,无法证明陈满实施了杀死钟作宽并焚尸灭迹的行为。

## 五、材料五:陈满所反映的侦查讯问中所存在的问题

澎湃新闻:被公安审讯的时候有怎么样的遭遇?

陈满:……他问这个以前是怎么摆的,我实实在在说,他说你不对啊,不是这样的,我说就是这样的。你不说,他就打你,不按他们说的就打,刑讯逼供就是这样,不得不按他们写的签字。

澎湃新闻:你身上还有刑讯逼供的痕迹吗?

陈满:有,我的关节、背上都有伤疤。(展示脚腕上的伤疤)用铁棍打的,脚腕、踝关节、髌骨上有模糊的伤疤印迹。

澎湃新闻:会提出追责吗?

陈满:过去的事情就让它过去了,有些事情是社会的原因、历史的原因,制度方面的问题。我既然走过了,不再去追究和纠缠。

## 六、材料六:律师的辩护意见

2014 年年 7 月,澎湃新闻记者走访四川、海南等地,查阅陈满案大量卷宗材料,发现该案存在五大悬疑,包括有无作案时间、有无作案动机、有无刑讯逼供,以及重要物证是否都丢失、警察是否做伪证。

作为陈满的申诉人之一，清华大学法学教授易延友仔细梳理所有案卷后得出的结论是：陈满不可能有作案时间。陈满的一、二审辩护人曹铮称陈满的口供至少有18处矛盾。

无论是在庭审中，还是本案宣判后，陈满始终强调，他的多份有罪供述，均是刑讯逼供的结果。

根据易延友的统计，陈满总共的13份笔录，可以分为5个阶段：不供认—供认—收回供认—供认—再次翻供。

陈满被抓获后，在前三次讯问中，他均不认罪，并详细交代了自己当天的活动轨迹。但在1993年1月9日凌晨，也就是其被抓后的第11天，在"反复交代政策""多次提审"后，他终于供认。

其后，陈满的口供又历经多次反复。"一个开始完全不承认自己杀人，却在凌晨两点突然承认，这是在什么样的情况下做出来的供述？"易延友在申诉书里反问。

曹铮在分析案卷后还提出，这些口供也有许多与实情不符之处。据他当年的统计，这些矛盾的口供至少有18处。

比如，陈满交代说当时使用毛巾捂住老钟的嘴巴、头部，还用来擦拭地板血迹，但现场勘查并未发现带血的毛巾；陈满称自己使用打火机点燃了煤气罐，但现场发现的却是火柴盒和散落的火柴若干；陈满还说自己杀人后取走了钱物，并存放在一个朋友那里，但检方后来并未出具这方面的证据。

## 七、材料七：无罪判决之后的国家赔偿

海南省高级人民法院公布了对陈满国家赔偿案的结果：向陈满支付国家赔偿金2753777.64元，其中包括人身自由赔偿金185万余元，精神损害抚慰金90万元。在两个月前，陈满向海南省高级人民法院提出966万余元的国家赔偿申请。

海南省高级人民法院新闻发言人严献文表示，根据最高人民法院、最高人民检察院《关于办理刑事赔偿案件适用法律若干问题的解释》有关规定，海南省高级人民法院以最高人民法院公布的上年度即2014年度国家职工日平均工资219.72元为准计算人身自由赔偿金。陈满被无罪羁押监禁8437天，向陈满支付人身自由赔偿金1853777.64元。

关于精神损害抚慰金，海南省高级人民法院认为，陈满被错判死刑缓期两年执行并被无罪羁押监禁8437天，人身自由被剥夺超过23年，认定为遭受了严重的精神损害。根据《国家赔偿法》有关规定，综合考虑陈满被错误定罪量刑，长期剥夺人身自由的情况，支付陈满精神损害抚慰金90万元。

虽然赔偿金与申请金额之间存在差距，但陈满仍表示接受。

# 教学指导手册

## 教学对象及目标

本案例供法律硕士教学适用,法学本科、刑法学专业硕士、刑事诉讼法学专业硕士也可参考使用。

本案例主要围绕陈满案的诉讼经过,尤其是其申诉后引起的再审以及对刑事证据如何进行审查认定而展开。通过讲授,达到如下目标:(1)掌握故意杀人罪和放火罪两个罪名的犯罪构成和定罪量刑的知识;(2)掌握刑事证据的分类、收集、审查判断的方法、证明标准和证据规则;(3)掌握刑事诉讼中的主要程序,尤其是侦查、申诉、再审等程序细节;(4)从刑事辩护的要点;(5)理解和领会无罪推定、疑罪从无等基本理念和原则。

## 教学内容

教学时可以着重讲授及讨论以下几个问题,并结合本案例引领学生理解、领会和掌握,并适当展开讨论。

### 1. 何为我国刑法中的故意杀人罪和放火罪? 它们的犯罪构成如何?

故意杀人罪和放火罪是我国刑法中两个非常常见的罪名。教学中应当向学生讲授该两个罪名的含义和犯罪构成,并结合本案例中的案情来展开。尽管本案是一宗著名的错案,但是现实中确是发生了涉及这两个罪名的诉讼,该案系围绕这两个罪名而展开。在讲授罪名的客观方面的时候,由于行为需要证据予以印证,因此应当结合案件所涉及的证据材料来讲述。

### 2. 故意杀人罪和放火罪如何定罪处罚?

在讲授定罪处罚时,可以围绕着两个问题展开教学:(1)我国刑法中关于故意杀人罪和放火罪定罪处罚的规定;(2)本案中所涉及的案件行为和情节对定罪量刑的影响(可以假定如果罪名成立,来讨论原来一审、二审的定罪量刑有无不当)。

**3. 我国法律对侦查机关讯问犯罪嫌疑人的措施有何规范？对非法言词证据如何处理？**

除了讲授讯问程序中对讯问人员人数、时间地点、步骤方法、录音录像、讯问笔录等方面的要求之外，还要着重讲授关于禁止刑讯逼供的相关理念和制度。基于刑讯逼供与非法证据排除规则的密切关系，在讲授讯问程序时，应当着重结合对非法言词证据的排除问题进行讲解，让学生理解法律对非法言词证据和非法实物证据处理上如何的区分及其理由，并结合本案例中所反映出来的问题展开讨论。

**4. 审查判断证据应当遵循什么样的方法？**

审查判断证据是对证据进行分析、探究，辨别真伪，确定其证据能力和证明力的诉讼活动，应让学生领会对单个证据、对不同种类和分类的证据、对全案的证据分别如何审查，并如何综合运用证据来认定案件事实。在讲授时，尤其应当注意结合本案例中出现的证据多处矛盾、无法印证、缺乏直接证据、存在合理怀疑等多种问题，来引领学生理解审查判断证据的方法。

**5. 本案中涉及哪些证据种类？如何理解补强证据规则？**

引领学生掌握证据种类和证据分类的联系和区别，结合本案例中所出现的证据种类，理解它们对本案定罪的不同影响。针对本案中有罪供述得不到其他证据印证的情况，着重向学生讲授“补强证据规则”的含义、内容和我国法律的有关规定，理解仅依靠口供定罪的危险性和不合理性。

**6. 刑事判决、裁定发生法律效力之后，当事人如何寻求救济？**

掌握我国法律对于当事人及其法定代理人、近亲属对已经发生法律效力的判决、裁定向法院或者检察机关提出申诉的规定。结合本案，了解申诉如何委托律师代为进行。按照法律和司法解释的规定，申诉应当符合法定理由之一，才能引发审判监督程序。

**7. 检察机关对申诉如何进行受理和审查处理？对已经发生法律效力的判决、裁定如何进行抗诉？**

引导学生掌握检察机关对申诉材料的受理和审查处理的程序，以及最高人民检察院和上级人民检察院如何按照法律规定的程序向同级人民法院提出抗诉。结合本案例，让学生理解最高人民检察院的抗诉过程。

### 8. 法院在审判时应当遵循什么样的证明标准?

引导学生掌握我国法律中"犯罪事实清楚,证据确实充分"的证明标准,并重点理解何为"排除合理怀疑"。结合本案中各项证据的疑点,理解证明标准在刑事判决中的应用。并且,引导学生重点理解在无法达到证明标准时必须贯彻疑罪从无的理由。

### 9. 了解刑事赔偿的基本规定

刑事赔偿是《国家赔偿法》中所规定的国家赔偿的重要组成部分。结合本案,让学生了解我国法律对于刑事赔偿的赔偿范围、赔偿请求人和赔偿义务机关、赔偿程序、赔偿方式和计算标准的基本规定。

## 预期效果

预期通过本案例的教学,使学生得以较好地掌握故意杀人罪和放火罪两个重点罪名的犯罪构成和定罪量刑的把握,掌握侦查讯问中的基本规范和违反规范的制裁性措施,掌握证据种类和证据规则的重点法律问题,掌握司法机关审查判断证据的方法,掌握刑事申诉和审判监督程序的相关制度,并且能够具备撰写相关的刑事法律文书(如结合本案材料撰写申诉状、抗诉书等法律文书)的能力。通过教学和讨论,使学生能够更加深入地了解刑法、刑事诉讼法、证据法等相关制度规范,学习运用这些制度规范分析实际问题和撰写法律文书的能力。

## 教学计划

本案例可以安排以如下方式进行:

1. 课前计划:布置学生课前阅读相关的案例材料,并且让学生通过互联网检索相关案件的新闻报道和法律文件。

2. 课中计划:(1)介绍教学目的,明确讨论主题;(2)进行一定程度的课堂教授,概括案例内容,观看相关的新闻报道视频,并提出相关的知识点;(3)就已经提出的问题进行课堂讨论;(4)布置学生撰写相关法律文书;(5)教师归纳总结和点评。

3. 课后计划:布置学生继续阅读相关论著,加深对相关法律问题的思考,并撰写小论文。

## 课堂时间安排

共6个课时,每课时45分钟

1. 案例介绍及讲授:2课时,共90分钟。

2. 分组讨论:2课时,共90分钟。

3. 对分组讨论情况进行归纳总结和点评:1课时,共45分钟。

4. 对课后撰写的法律文书进行点评:1课时,共45分钟。

## 思考题和实践题

**1. 思考题**

(1)结合本案,如果要查明当事人所提出的刑讯逼供问题,如何理解证据合法性的证明责任、证明方式、证明标准?

(2)结合本案,如何理解补强证据规则?

(3)结合本案检察机关的抗诉意见,如何理解审查判断证据的方法?

(4)从诉讼管辖的角度如何本案中理解"最高人民法院作出再审决定,指令浙江省高级人民法院再审"的行为?

(5)结合本案,如何理解证明标准的意义、内容及其适用?

(6)结合本案,如何理解无罪推定、疑罪从无的理念?

**2. 实践题**

(1)如果你是一名辩护律师,你应当着重从哪些要点出发为本案被告人辩护?

(2)请你从检察官和律师的角度,分别为本案撰写抗诉书和辩护词。

(3)请你运用法学原理并结合本案,自选主题,撰写一篇小论文。

## 参考文献

1. 卞建林主编:《刑事证明理论》,中国人民公安大学出版社2004年版。

2. 陈瑞华:《刑事证据法的理论问题》,法律出版社2015年版。

3. 戴长林、罗国良、刘静坤:《中国非法证据排除制度:原理·案例·适用》,法律出版社2016年版。

4. 何家弘主编:《迟到的正义:影响中国司法的十大冤案》,中国法制出版社2014年版。

5. 焦悦勤:《刑事审判监督程序研究》,法律出版社2013年版。

6. 龙宗智:《证据法的理念、制度与方法》,法律出版社2008年版。

7. 田文昌、陈瑞华:《刑事辩护的中国经验》(增订本),北京大学出版社2013年版。

8. 杨宇冠等:《非法证据排除规则在中国的实施问题研究》,中国检察出版社2015年版。

9. 周永年主编:《刑事抗诉重点与方法》(修订版),中国检察出版社 2013 年版。
10. [美]吉姆·佩特罗、南希·佩特罗:《冤案何以发生:导致冤假错案的 8 大司法迷信》,苑宁宁、陈效等译,北京大学出版社 2012 年版。

撰稿人|吴啟铮,上海师范大学哲学与法政学院法律系讲师

# 26 CASE 刘某等非法占有网络虚拟财产案

| 摘　要 |

本案例以三起真实的非法占有网络虚拟财产案为蓝本,围绕网络虚拟财产的概念、法律性质及其保护方式、实体方面的问题与程序方面的问题展开说明。所选取的三个案例,对网络虚拟财产法律性质的认定存在分歧,最终的案件处理结果亦不相同。因而,对网络虚拟财产法律性质的分析是研习本案的重点。本案例所覆盖的知识点,既包括实体法上的知识,也涵盖程序法上的知识。其中涉及的实体法问题包括共同犯罪的认定、量刑情节的把握、数罪并罚问题、网络虚拟财产价值的计算、各行为人刑事责任的判定。涉及的程序法问题包括批准逮捕的条件;侦查阶段中电子证据的收集和提取问题;审查起诉阶段,案件事实和证据应当达到的程度;追诉时效对刑事责任的影响;在侦查阶段、审查起诉阶段和审判阶段,律师的权利和义务。本案例对于解决其他类型的非法占有网络虚拟财产案件具有参考意义。

| 关键词 |

网络虚拟财产的法律性质　共同犯罪　量刑情节　追诉时效　律师的权利和义务

| 教学目标 |

着重让学生把握以下三方面内容:(1)网络虚拟财产的概念、法律性质及其保护方式。针对非法占有网络虚拟财产案"同案不同判"的现实情形,化解此种困境的关键在于判定网络虚拟财产的法律性质。通过对有关"非法占有网络虚拟财产"方面文献的分析,引导学生概括归纳出理论界及实务界对网络虚拟财产概念和法律性质认识上的分歧,并对网络虚拟财产应有的保护方式作出判断。此部分是案例研习课的重点内容。(2)实体法方面的问题。认定本案各行为人之间是否存在共同犯罪;认识量刑情节与犯罪构成要件的区别、二者在定罪量刑中分别起到的作用;量刑情节对法定刑和宣告刑的影响;案例中各行为人的量刑情节有哪些;是否存在数罪并罚的情形;如何计算网络虚拟财产的价值;各行为人的刑事责任如何予以判定。(3)程序法方面的问题。批准逮捕的条件是什么;引导学生了解侦查阶段中电子证据的收集和提取问题;检察院提起公诉时,案件的事实和证据应当达到什么程

度;本案中是否存在过了追诉时效而无法追究行为人刑事责任的情形;接受委托后,在侦查阶段、审查起诉阶段和审判阶段,律师的权利和义务各是什么。

## 教学案例主文

### 一、引言

#### (一)中国××有限公司上海市分公司概况

中国××有限公司,是一家大型国有企业,注册资本超过800亿元,拥有移动用户2.8亿、宽带用户超过6400万,在“世界五百强”中位列二百多名。主要经营GSM、WCDMA和FDD-LTE制式移动网络服务,固定通信业务,国内、国际通信设施服务业务,卫星国际专线业务、数据通信业务、网络接入业务和各类电信增值业务等。拥有覆盖全国、通达世界的通信网络系统,在全国31个省(自治区、直辖市)和境外多个国家和地区设有分支机构,是中国唯一一家在纽约、香港、上海三地同时上市的电信运营企业。

中国××有限公司上海市分公司就是中国××有限公司在上海市的分支机构。赵某和王某是中国××有限公司上海市分公司的员工。

#### (二)非法占有无限流量卡的行为

2014年3月10日,刘某(曾因盗窃罪被判处有期徒刑四年,2014年1月服刑完毕)利用中国××有限公司上海市分公司(以下简称××公司)操作系统的漏洞,通过在淘宝网上购买上海联通手机卡(以下简称联通手机卡),用其骗取的赵某和王某的两组工号、密码进入该××公司CBSS操作系统内申请停机保号后,再擅自开通上网功能,制成无线流量手机卡后出售给他人,违法所得人民币15万余元。刘某用上述方法窃取××公司的通讯流量,造成××公司严重财产损失。

吴某在明知刘某以制作无限流量卡的方式窃取××公司的流量,仍然通过淘宝网以2600元的价格出售给刘某100张联通手机卡,并提供部分身份信息供刘某用于实名认证,后通过顺丰快递邮寄给刘某指定的人员范某,范某以11000元销售给他人。后来,范某明知刘某以制作无限流量卡的方式窃取××公司的流量,通过淘宝网以1300元的价格出售给刘某50张联通手机卡,并通过顺丰快递邮寄给刘某指定的其他人员。

江某在明知刘某出售的是通过骗取××公司员工工号、密码而违法制作无限流量卡的情况下，为谋利仍多次从刘某处约购手机卡，双方先谈好交易数额后付款，再由刘某为其开通无限流量卡后转售他人，违法所得7万余元。

（三）非法占有他人游戏币的行为

谢某与刘某相识于“集结号”网络棋牌游戏平台（以下简称游戏平台）。2014年6月20日左右，谢某与刘某经过事先商量，先在游戏平台中查询到张某的手机号码，然后通过江某查询到该手机号码登记的身份信息，而后用谢某的头像和张某的姓名及身份证号码在上海市伪造了一张临时身份证。2014年7月13日下午，谢某、刘某来到苏州市××区××街道移动营业厅，利用该临时身份证补办了张某的手机卡，后通过该手机号码拨打游戏平台的客服电话，非法占有张某在该游戏平台中的昵称为“傲雄天下”的游戏账号，将该账号内的12亿游戏币分7次变卖给其他游戏用户，从中非法获利人民币3万余元。

（四）非法占有他人通信账号的行为

2014年8月初开始，刘某与吴某两人受一名自称“华斐”的男子雇佣，租用上海市徐汇区××路××居××座302房，利用盗号“木马”程序在网络上盗窃他人QQ账号和密码1000余组，并将盗来的QQ账号和密码发送给“华斐”，从而获取利益。

2014年10月，刘某通过互联网得知钱某可以编写木马程序，于是通过网络聊天工具与其联系，进一步得知钱某能够编写针对QQ的木马程序。刘某将此情况告知“华斐”，“华斐”通过互联网与钱某联系订购QQ木马程序，要求利用该木马程序所获信息中不仅含有他人的QQ账号及对应密码，还须显示账号内的Q币等附属虚拟物品的余额。钱某成功编写出QQ木马程序“Q币马”后，“华斐”先以400元/日的价格买断使用，使用一段时间后又向其提出维护服务器等其他技术服务，将价格升至700元/日，并不时给予钱某额外的金钱奖励。“华斐”通过流量商（将木马程序掺入网站的网络链接加以散布的人）将“Q币马”在互联网上散布，电脑感染“Q币马”的QQ用户一旦登录QQ，其QQ账号、密码、Q币余额等信息（每一QQ账号每登录一次即对应产生一组信息）即会在用户不知情的情况下传输到“华斐”租用的服务器，以TXT文本文件的形式保存下来，每一文本文件内都包含若干组QQ账号信息。“华斐”登录服务器取得文本文件，即可掌握若干组QQ账号信息。

2015年3月，钱某应“华斐”的要求对“Q币马”进行升级，将内含Q币数量超过300的QQ账号信息单独传输至钱某租用的服务器，刘某获取的则为Q币数量低于300的QQ账号信息。针对含300以上Q币的QQ账号之交易得利，“华斐”与钱某约定二人平分。同月，“华斐”与江某取得联系，商定由江某、吴某负责登录钱某租用的服务器获取含300以上的Q币的QQ账号信息，将Q币兑换成游戏币或其他 QQ 虚拟物品后通过江某的淘宝网店进行销售，江某、吴某从中提成 10%。吴某负责将 Q 币兑换成游戏币或其他 QQ 虚拟物品转入自己的 QQ 账号进行销售。江某负责联系买家，记录每日的交易情况，包括涉及 QQ 账号、密码、虚拟物品数量、交易价格等，计算"华斐"、钱某应获利总额，向"华斐"汇报，并按照"华斐"的指示将"华斐"、钱某二人应获利的一半转入钱某所持银行账户。从 2015 年 3 月 5 日至 3 月 26 日，江某每日通过网络聊天工具向"华斐"汇报当日详细账目，按照其指示向钱某汇款，共 21 笔汇款，总计金额为 6 万余元，涉及 QQ 账号信息 1000 余组。

2015 年 7 月 20 日，吴某被公安机关捉获，吴某对公安机关掌握的事实供认不讳。2015 年 7 月 30 日，江某被公安机关捉获，江某在对公安机关掌握的事实供认不讳之余，还交代自己于十年前偷过邻居秦阿姨四千元的犯罪事实。2015 年 8 月 3 日，刘某主动向公安机关投案，在主动交代自己违法事实之后，还向公安机关举报自己好友方某曾经杀过一流浪汉的犯罪事实。2015 年 8 月 15 日，"华斐"被公安机关抓获。在追捕钱某途中，钱某因病不治身亡。

## 二、网络虚拟财产的概念、法律性质及其保护方式

### （一）网络虚拟财产的概念

正确认识网络虚拟财产，对保护网络虚拟财产至关重要。这就需要厘清虚拟财产、无形财产、网络虚拟财产之间的区别。学界对网络虚拟财产概念存在以下五种不同认识：

第一，最广义说。该说将网络虚拟财产与无形财产相等同，以"无形""非物质""不可触摸"等特质进行形容。[1]

第二，广义说。该说指一切存在于特定虚拟空间内的专属性虚拟财产，包括 ID、免费与收费的邮箱、虚拟货币、虚拟装备等。[2]

第三，狭义说。此学说内部又细分为价值限缩说[3]（以"具备现实交易价值"对"广义说"进行限缩，指在网络空间内具有现实交换价值的虚拟财产）、用途限缩

---

〔1〕 田宏杰、肖鹏、周时雨：《网络虚拟财产的界定及刑法保护》，载《人民检察》2015 年第 5 期，第 54 ~ 55 页。

〔2〕 原小杰、王慧蕾、朱广峰：《论网络虚拟财产的物权属性》，载《中国海洋大学学报》（社会科学版）2006 年第 2 期，第 95 页。

〔3〕 参见田宏杰、肖鹏、周时雨：《网络虚拟财产的界定及刑法保护》，载《人民检察》2015 年第 5 期，第 55 页；参见钱志强、韩海军：《盗窃网络虚拟财产行为刑法规制研究》，载《法学杂志》2009 年第 9 期，第 102 页。

说[4](以“用于网络游戏”对“广义说”进行限缩,即网络游戏虚拟财产,指存在于网络游戏中以付费或者免费形式存在的虚拟财产。该说将虚拟财产所居载体仅限于网络游戏)。

第四,最狭义说。该说认为网络虚拟财产即网络游戏中有价值的虚拟财产,仅指“那些网络玩家通过支付费用取得、并具有在离线交易市场内通过交易获取现实利益的可能性的虚拟品,其典型表现为网络游戏中的虚拟装备、游戏金币及游戏角色ID等。”[5]

第五,不需界定说。论者认为,“我们不需对虚拟财产的概念予以界定,只要在个案中判断行为人所侵害的虚拟财产是否具有管理可能性、转移可能性与价值性即可”,[6]即不需界定网络虚拟财产概念,通过直接判定网络虚拟财产是否具有管理可能性、转移可能性与价值性来认定其是否属于财产。

(二)网络虚拟财产的法律性质

学界围绕网络虚拟财产的法律性质,尚未达成共识,主要有物权说、债权说、知识产权说、新型财产权说和多重属性说五种观点。

第一,物权说。该说的理由有:其一,对《民法通则》第五章“财产所有权和与财产所有权有关的财产权”中的公民“其他合法财产”进行扩张解释时,可以将虚拟财产纳入进来;[7]其二,以网络游戏虚拟财产为例,游戏玩家与游戏运营商之间的服务合同只能作为权利人行使虚拟财产权时所应遵守的规则,并不能自然成为虚拟财产权产生的依据,将虚拟财产作为物权符合物权“观念性支配”的发展趋势;[8]其三,保护虚拟财产旨在保护电磁数据,在已经将光能、热能、电能作为物权客体,随着《物权法》的进一步发展,将电磁数据视为物权客体进行保护乃是发展的必然;[9]其四,在虚拟财产之上出现物权的债权化,其仍是物权,“主要表现是物权的相对化、物权的约定化,即物权的设置、行使等并非法定而是由当事人合同约定。在虚拟财产之上所表现的直接支配性及依赖性正是物权与债权相互渗透,物权债权

---

[4] 参见侯国云:《论网络虚拟财产刑事保护的不当性——让虚拟财产永远待在虚拟世界》,载《中国人民公安大学学报》(社会科学版)2008年第3期,第33页。

[5] 陈旭琴、戈壁泉:《论网络虚拟财产的法律属性》,载《浙江学刊》2004年第5期,第145页;汤恒俊、陈明思:《论网络虚拟财产的法律保护》,载《江西社会科学》2008年第11期,第175页。

[6] 张明楷:《非法获取虚拟财产的行为性质》,载《法学》2015年第3期,第23页。

[7] 胡智强、常传领:《论电子网络游戏中虚拟财产的法律保护》,载《特区经济》2007年第1期,第220~221页。

[8] 林旭霞、张冬梅:《论网络游戏中虚拟财产权利的法律属性》,载《中国法学》2005年第2期,第191~192页。

[9] 黄宏生:《网络虚拟财产的性质与法律保护》,载《东南学术》2009年第6期,第170页。

化的产物。”[10]

第二,债权说。其理由有:其一,行使网络虚拟财产权需要网络运营商的积极配合,其是请求权而非支配权;[11]其二,网络虚拟财产之所以受到法律保护,并非缘于网络虚拟财产本身,而始于其所反映的服务合同关系。“网络虚拟财产权利就是玩家可以享有由服务商所提供的特定的服务内容的权利,每一个网络虚拟物品就是一张合同,由玩家占有后即视为合同签订并转变为网络虚拟财产。”网络虚拟财产是债权人所享有的债权凭证。[12]

第三,知识产权说。论者主张本观点的理由在于:网络虚拟财产本质上是一种智力成果,网络虚拟财产具有新颖性、创造性、可复制性并需要载体,应当将其视为著作权来保护。[13]

第四,新型财产权说。论者通过对“物权说”“债权说”“知识产权说”的驳斥,进而证立网络虚拟财产乃一种新型财产权。对“物权说”的反驳理由:物权客体是有体物,网络虚拟财产是无体物;物权是直接支配权,网络虚拟财产拥有者行使权利时需要网络服务运营商的配合方能完成;物权是一种排他性的对世权,网络虚拟财产则不是;物权采取法定主义,目前物权客体中尚未包括网络虚拟财产。对“债权说”的反对理由:网络虚拟财产的功能在于帮助玩家顺利通关或升级,并非在于表征合同关系;基于游戏技术观察,网络虚拟物品的功能实现乃自动完成,并非由运营商完成;网络虚拟财产具有独立于合同自身的价值,将其仅视为合同关系忽略了其本身价值乃本末倒置。[14] 对“知识产权说”的反驳理由:知识产权是一种创造性智力成果,网络虚拟财产并无创造性可言;知识产权具排他性,而占有网络虚拟财产的玩家不可能排他性地占有某一种类网络虚拟物品;知识产权有地域性,对于网络虚拟财产,无论居于哪个国家,通过网络账号都可以享有网络虚拟财产。

第五,多重属性说。论者认为网络虚拟财产具有多重属性,“软件著作权是网络虚拟财产产生的前提,网络服务合同是网络虚拟财产取得的原因,网络虚拟财产所有权则是网络虚拟财产的核心。”[15]

---

〔10〕 刘炼:《论网络虚拟财产及其民法保护》,载《行政与法》2007 年第 8 期,第 128 页。

〔11〕 田宏杰、肖鹏、周时雨:《网络虚拟财产的界定及刑法保护》,载《人民检察》2015 年第 5 期,第 56 页。

〔12〕 房秋实:《浅析网络虚拟财产》,载《法学评论》2006 年第 2 期,第 74 页;陈旭琴、戈壁泉:《论网络虚拟财产的法律属性》,载《浙江学刊》2004 年第 5 期,第 148 页。

〔13〕 高立智:《试论虚拟财产的法律性质和保护》,中国政法大学 2005 年硕士学位论文,第 17 页。

〔14〕 崔长珍:《网络虚拟财产法律保护初探》,载《中州学刊》2006 年第 6 期,第 80 页;陈俊斌:《网络虚拟财产性质期待法律明确》,载《法治论坛》2009 年第 3 期,第 245 页。

〔15〕 参见王旭霞:《网络虚拟财产属性的跨学科分析及民法保护体系建构》,载《甘肃社会科学》2009 年第 3 期,第 37 ~ 40 页。

（三）网络虚拟财产的保护方式

针对侵犯网络虚拟财产的行为，是否需要法律保护、应当采取民法保护还是刑法保护；倘若运用刑法进行规制，应当定以何罪。应对网络虚拟财产采取何种保护方式，学界主要有以下几种观点：

1. 不需法律保护说

论者认为不应当对网络虚拟财产进行法律保护，理由在于：网络虚拟财产不具备财产属性；网络虚拟财产没有价值；网络虚拟财产与真实财产的交易违背价值规律和价值交换规则；网络虚拟货币与真实货币的兑换严重扰乱金融秩序；网络虚拟财产与真实财产的交易严重违法；网络虚拟财产是游戏商赚取高额利润的一个圈套；保护网络虚拟财产会给社会带来不可估量的严重后果。〔16〕

2. 民法保护说

我国首例网络虚拟财产案件"李宏晨诉北京北极冰科技发展有限公司案"最终采用民事方式解决。照应司法实践，有论者主张不应将刑法保护视为保护网络虚拟财产的首要选择，"当前当务之急的路径选择是构建一套预防侵犯网络虚拟财产的制度体系，尤其是尽快制定非刑法方法，以规范网络秩序。"〔17〕梁根林教授亦认为，"针对盗卖QQ号码定侵犯通信自由罪抑或盗窃罪，并不合适。定罪比较勉强，并不意味着对这种行为可以放纵，可以追究民事责任，或按照治安管理处罚条例给予处罚。"〔18〕

3. 刑法保护说

针对侵犯网络虚拟财产的行为，若采取刑法保护方式，究竟应当适用何种罪名，有盗窃罪论、非法获取计算机信息系统数据罪论、破坏计算机信息系统罪论、侵犯通信自由罪论和区分论。

第一，盗窃罪论。主张者的理由在于：其一，从网络虚拟财产的法律性质来看，网络虚拟财产属于刑法保护的对象；其二，从网络虚拟财产的所有权来看，盗窃网络财产的侵犯财产所有权行为客观存在；其三，从网络虚拟财产的经济价值可以具体评定来看，只要是盗取数量达到一定额度，就应该构成犯罪；其四，从犯罪构成上来看，盗窃网络虚拟财产行为符合盗窃罪的犯罪构成，并认为盗窃网络虚拟财产行

〔16〕侯国云：《论网络虚拟财产刑事保护的不当性——让虚拟财产永远待在虚拟世界》，载《中国人民公安大学学报》（社会科学版）2008年第3期，第34～39页。

〔17〕陈云良、周新：《虚拟财产刑法保护路径之选择》，载《法学评论》2009年第2期，第148页。

〔18〕于瀛、包力：《案件虽判，却引发法学界、司法界和IT业界的广泛争论，盗窃QQ号码究竟怎么定罪？》，载《深圳商报》2006年6月6日，第A14版。

为的主观方面只能是直接故意。[19]

第三,非法获取计算机信息系统数据罪论。论者认为,网络游戏中的装备、金币等物品属于计算机信息系统数据,并不属于我国刑法所保护的财产,盗窃网络游戏中的装备、金币等虚拟物品应当被认定为非法获取计算机信息系统数据罪。[20]

第四,破坏计算机信息系统罪论。[21] 论者通过对处以盗窃罪、侵犯通信自由罪的不足予以分析,主张应当对侵犯网络虚拟财产的行为断以破坏计算机信息系统罪。"无需对网络虚拟财产进行估价,同时该罪较轻法定刑为五年以下有期徒刑或者拘役(比一般盗窃罪重);另外,由于本罪'后果严重'、'后果特别严重'的情形,涵盖面要大于财产犯罪的情形(实践中财产犯罪往往以犯罪数额论),使得适用本罪重刑(法定刑为五年以上有期徒刑)的概率大于财产犯罪。所以,将侵犯网络虚拟财产的行为认定为破坏计算机信息系统罪,在不违背罪刑法定原则的同时,既避免了对网络虚拟财产法律属性的争议,也体现了从严治理网络犯罪的刑事政策。"[22]

第五,侵犯通信自由罪论。针对中国首例盗卖 QQ 号码案件,广东省深圳市南山区人民法院(2006)深南法刑初字第 56 号判决书主张,依据《刑法》第 91 条、第 92 条以及《最高人民法院关于审理盗窃案件具体应用法律若干问题的解释》,QQ 号码不属于刑法意义上的财产保护对象,盗卖 QQ 号码使得本人无法借其与外界联系,严重侵犯了他人的通信自由,其行为构成侵犯通信自由罪。[23]

---

〔19〕 李进、李艳:《盗窃网络虚拟财产行为的定性问题探讨》,载《四川警察学院学报》2009 年第 5 期,第 113~117 页;钱志强、韩海军:《盗窃网络虚拟财产行为刑法规制研究》,载《法学杂志》2009 年第 9 期,第 103~104 页;马青峰、贾毅飞:《有偿转让 QQ 号码后又通过申诉途径取回构成盗窃罪》,载《人民司法》2012 年第 22 期,第 12~13 页。

〔20〕 康俯上、刘彬:《购买偷来账号倒卖游戏币构成何罪》,载《检察日报》2014 年 9 月 5 日,第 3 版;姜金良、袁海鸿:《侵入他人游戏账号窃取虚拟财产构成非法获取计算机信息系统数据罪》,载《人民司法》2015 年第 6 期,第 95~97 页;于四伟:《网络型侵犯财产犯罪的定性分析——江苏涟水法院判决姜星非法获取计算机信息系统数据罪》,载《人民法院报》2015 年 7 月 30 日,第 6 版。

〔21〕 案例简介:2004 年 12 月,被告人祁建编制了用于截取"传奇"网络游戏注册用户账号、密码的特洛伊木马程序发送给被告人陈珲等人。2004 年 12 月至 2005 年 1 月,陈珲指使被告人曾涛多次非法入侵金华市公安局网吧管理系统的网站,将木马程序传播到金华市范围内安装有公安局网吧管理系统软件网吧内的计算机,致大量在网吧上网的"传奇"网络游戏用户账号、密码被截取。同时陈珲利用截取的账号、密码大量盗取"传奇"网络游戏用户虚拟装备,并转让牟利。2005 年 8 月,金华市婺城区人民法院以破坏计算机信息系统罪分别判处这三名被告人一年零六个月至十个月不等的有期徒刑。

〔22〕 陈云良、周新:《虚拟财产刑法保护路径之选择》,载《法学评论》2009 年第 2 期,第 144~145 页;曾祥生、马柯群、黄伟:《网络虚拟财产不"虚",宁波一起盗窃网络虚拟财产案一审宣判》,载《检察日报》2006 年 2 月 9 日,第 1 版。

〔23〕 郭丽娜、贾天理:《论网络虚拟财产刑法保护路径》,载《人民论坛》2011 年第 23 期,第 108 页。

第六,区分论。该观点主张,应当区分网络虚拟财产被侵害的不同情形而选取不同的定罪量刑标准。“盗窃网络服务账号的,如果仅盗窃而并未使用或处分,则不按照犯罪处理;使用或处分的,构成诈骗罪。在盗窃网络服务账号同时取得虚拟物的,在实际处分时记入犯罪数额,并以盗窃罪定罪处罚,如果仅盗窃而未处分的,对虚拟物的部分最多构成犯罪未遂。单纯盗窃虚拟物的,仅凭盗窃行为,不需要后续处分行为即可构成盗窃罪既遂。盗窃网络虚拟财产,同时构成其他犯罪的,按照罪数理论进行处理。”〔24〕

上述针对网络虚拟财产保护方式所存在的分歧跨越了罪与非罪的界限,决定了对网络虚拟财产概念、法律性质的认识直接关系到法律责任的承担。

## 三、实体法方面的问题

### (一)本案中各行为人之间是否存在共同犯罪

共同犯罪,是指二人以上共同实施的犯罪。显然,要将结果归属于参与人的行为,就要求参与人的行为与结果之间具有物理的因果性或者心理的因果性。

### (二)如何把握量刑情节

对行为人是否需要加重处罚、从重处罚抑或从轻处罚,需要对行为人的量刑情节进行考量。量刑情节,是在某种行为已经构成犯罪的前提下,法院对犯罪人裁量刑罚时应当考虑的,据以决定量刑轻重或者免除刑罚处罚的各种情况。量刑情节并非犯罪构成要件,若其为犯罪构成要件,则是区分罪与非罪、此罪与彼罪的事实因素,而不是量刑情节。量刑情节是反映罪行轻重以及行为人的再犯罪可能性大小,从而影响刑罚轻重的各种情况。量刑情节是选择法定刑与决定宣告刑的依据。

### (三)数罪并罚的认定

《刑法》第 69 条至第 71 条规定了数罪并罚。数罪并罚,是指对犯两个以上罪行的犯人,就所犯各罪分别定罪量刑后,按一定原则判决宣告执行的刑罚。数罪并罚既包括普通数罪的并罚,也包括发现漏罪的并罚和再犯新罪的并罚。

---

〔24〕 田宏杰、肖鹏、周时雨:《网络虚拟财产的界定及刑法保护》,载《人民检察》2015 年第 5 期,第 58 页。

### (四)网络虚拟财产的价值计算标准

在行为人非法占有网络虚拟财产,侵犯他人民事权利或者构成犯罪时,针对网络虚拟财产价值的计算,直接关系到行为人承担侵权责任的范围以及犯罪数额的计算问题。然而,学界及实务界对网络虚拟财产价值的计算方法尚未达成共识,主要有以下几种观点:观点1:由权利享有者举证,根据其投入的经济成本确定;观点2:根据市场交易价格确定;观点3:根据空间提供者对网络虚拟财产的市场定价确定;观点4:委托鉴定机构对网络虚拟财产价值进行评估计算;观点5:"返还原物""恢复原状",以此回避对网络虚拟财产价值的确定;[25]观点6:设立评估网络虚拟财产价值的社会机构,确定网络虚拟财产的价值;多部门共同核算来确定网络虚拟财产的价值。[26]

### (五)法律责任的界定

法律责任分为民事责任、行政责任和刑事责任。以本案为例,主要涉及民事责任或刑事责任问题。最终究竟是断以民事责任还是刑事责任,端赖于如何界定网络虚拟财产的法律性质。

## 四、程序法方面的问题

### (一)批准逮捕的条件

《刑事诉讼法》第79条第1款规定:"对有证据证明有犯罪事实,可能判处徒刑以上刑罚的犯罪嫌疑人、被告人,采取取保候审尚不足以防止发生下列社会危险性的,应当予以逮捕:(一)可能实施新的犯罪的;(二)有危害国家安全、公共安全或者社会秩序的现实危险的;(三)可能毁灭、伪造证据,干扰证人作证或者串供的;(四)可能对被害人、举报人、控告人实施打击报复的;(五)企图自杀或者逃跑的。"由此可见,在经过人民检察院批准或者人民法院决定逮捕时,适用逮捕应当具备以下三项条件:

第一,有证据证明有犯罪事实。这是逮捕的证据条件、事实条件和前提条件。公安部《公安机关办理刑事案件程序规定》第130条规定:"有证据证明有犯罪事实,是指同时具备下列情形:(一)有证据证明发生了犯罪事实;(二)有证据证明该犯罪事实是犯罪嫌疑人实施的;(三)证明犯罪嫌疑人实施犯罪行为的证据已有查

---

〔25〕 张元:《谈网络游戏虚拟财产价值之确定》,载《人民司法》2006年第11期,第74~75页。

〔26〕 李磊:《试论网络虚拟财产的范围与价值评估》,载《河南省政法管理干部学院学报》2008年第3期,第173~174页。谈论到价值计算方法的还有:叶巍、茅仲华:《侵犯"网络财产"行为的刑法规制》,载《法律适用》2005年第5期,第82~83页。

证属实的。”“前款规定的‘犯罪事实’既可以是单一犯罪行为的事实，也可以是数个犯罪行为中任何一个犯罪行为的事实。”

第二，可能判处徒刑以上刑罚，这是逮捕的量刑条件、罪责条件或称为法律条件。作为最严厉的强制措施，逮捕应当适用于性质严重的犯罪分子。因此，法律上规定可能判处徒刑以上刑罚的才适用逮捕，而对于可能判处管制、拘役或者独立适用附加刑的犯罪嫌疑人、被告人，不适用逮捕。

第三，采取取保候审监视居住尚不足以防止发生特定社会危险性，而有逮捕必要的。依据《关于适用〈中华人民共和国刑事诉讼法〉的解释》第129条、《公安机关办理刑事案件程序规定》第131条，除了《刑事诉讼法》第79条第1款已规定的以外，被取保候审的被告人具有下列情形之一的，人民法院应当决定逮捕：经传唤，无正当理由不到案，影响审判活动正常进行的；擅自改变联系方式或者居住地，导致无法传唤，影响审判活动正常进行的；未经批准，擅自离开所居住的市、县，影响审判活动正常进行，或者两次未经批准，擅自离开所居住的市、县的；违反规定进入特定场所、与特定人员会见或者通信、从事特定活动，影响审判活动正常进行，或者两次违反有关规定的；依法应当决定逮捕的其他情形。依据《关于适用〈中华人民共和国刑事诉讼法〉的解释》第130条、《公安机关办理刑事案件程序规定》第132条，被监视居住的被告人具有下列情形之一的，人民法院应当决定逮捕：故意实施新的犯罪的；企图自杀、逃跑的；毁灭、伪造证据，干扰证人作证或者串供的；对被害人、举报人、控告人实施打击报复的；经传唤，无正当理由不到案，影响审判活动正常进行的，或者经两次以上传讯不到案的；未经批准，擅自离开执行监视居住的住所，影响审判活动正常进行，或者两次未经批准，擅自离开执行监视居住的住所的；未经批准，擅自会见他人或者通信，影响审判活动正常进行，或者两次未经批准，擅自会见他人或者通信的；对因患有严重疾病、生活不能自理，或者因怀孕、正在哺乳自己婴儿而未予逮捕的被告人，疾病痊愈或者哺乳期已满的；依法应当决定逮捕的其他情形。“社会危险性”的评价可以通过上述规定得以体现，同时也可以通过有期徒刑的幅度和被告人的自身情况、主观恶性大小得以呈现，如《刑事诉讼法》第79条第2款，“对有证据证明有犯罪事实，可能判处十年有期徒刑以上刑罚的，或者有证据证明有犯罪事实，可能判处徒刑以上刑罚，曾经故意犯罪或者身份不明的，应当予以逮捕。”

### （二）侦查阶段中电子证据的收集和提取

电子数据是案件发生过程中形成的，以数字化形式存储、处理、传输的，能够证明案件事实的证据。随着网络信息科技的快速发展。电子数据的表现形式也在日益发生变化，其存在范围呈现出逐渐扩展的趋势。依据最高人民法院、最高人民检察院、公安部联合下发的《关于办理刑事案件收集提取和审查判断电子数据若干问题的规定》第1条,电子数据包括但不限于下列信息、电子文件:(1)网页、博客、微博客、朋友圈、贴吧、网盘等网络平台发布的信息;(2)手机短信、电子邮件、即时通信、通讯群组等网络应用服务的通信信息;(3)用户注册信息、身份认证信息、电子交易记录、通信记录、登录日志等信息;(4)文档、图片、音视频、数字证书、计算机程序等电子文件。在侦查过程中,侦查人员如何妥善保存本案电子证据,如虚拟财产交易记录、聊天记录等,直接关系到案件证据对案件事实的证明程度。

### (三)检察院提起公诉时,案件的事实和证据应当达到什么程度

《刑事诉讼法》第168条对审查起诉的内容、第172条对提起公诉的条件作了规定:"人民检察院审查案件的时候,必须查明:(一)犯罪事实、情节是否清楚,证据是否确实、充分,犯罪性质和罪名的认定是否正确";"人民检察院认为犯罪嫌疑人的犯罪事实已经查清,证据确实、充分,依法应当追究刑事责任的,应当作出起诉决定,按照审判管辖的规定,向人民法院提起公诉,并将案卷材料、证据移送人民法院。"

根据《刑事诉讼法》第53条第2款的规定,"证据确实、充分,应当符合以下条件:(一)定罪量刑的事实都有证据证明;(二)据以定案的证据均经法定程序查证属实;(三)综合全案证据,对所认定事实已排除合理怀疑"。自此,"排除合理怀疑"证明标准引进我国刑事诉讼法。将"排除合理怀疑"作为我国刑事诉讼的证明标准,使得原来客观化的证明标准中注入了一种带有主观性的证明要求。所谓"排除合理怀疑",一般是指裁判者对案件事实的主观判断,达到了内心确信、排除合理疑问的程度。相对于那种外在的、客观化的证明要求而言,这是一种主观化的和内在的证明程度,对事实裁判者内心对案件事实的确信程度提出了法律要求。[27]

### (四)本案中是否存在过了追诉时效而无法追究行为人刑事责任的情形

刑法上的追诉时效制度,是指犯罪行为发生以后,经过法定期限不提起公诉或自诉,求刑权即归于消灭的制度。[28] 追诉时效制度本身作为一项导致刑罚消灭的非常规措施,其实质是刑法对于国家求刑权的限制,其出发点在于为刑法力所不及、处于刑法真空中的犯罪人设置一种不得已的补救措施。《刑法》第87条对"追诉期限"作了规定,"犯罪经过下列期限不再追诉:(一)法定最高刑为不满五年有期徒刑的,经过五年;(二)法定最高刑为五年以上不满十年有期徒刑的,经过十年;(三)法定最高刑为十年以上有期徒刑的,经过十五年;(四)法定最高刑为无期徒

---

〔27〕 陈瑞华:《刑事证明标准中主客观要素的关系》,载《中国法学》2014年第3期,第178页。

〔28〕 参见于志刚:《刑罚消灭制度研究》,法律出版社2002年版,第111页。

刑、死刑的,经过二十年。如果二十年以后认为必须追诉的,须报请最高人民检察院核准。”

(五)律师接受委托后,在侦查阶段、审查起诉阶段、审判阶段,律师的权利和义务各是什么?

1. 犯罪嫌疑人有权委托辩护的时间

依据《刑事诉讼法》第33条的规定,“犯罪嫌疑人自被侦查机关第一次讯问或者采取强制措施之日起,有权委托辩护人;在侦查期间,只能委托律师作为辩护人。被告人有权随时委托辩护人。”

2. 律师的义务

依据《刑法》第42条、《刑事诉讼法》第35条和《律师法》第28条,“辩护人的责任是根据事实和法律,提出犯罪嫌疑人、被告人无罪、罪轻或者减轻、免除其刑事责任的材料和意见,维护犯罪嫌疑人、被告人的诉讼权利和其他合法权益。”另外,2001年《律师法》第35条规定,“律师在执业活动中不得有下列行为:(一)私自接受委托,私自向委托人收取费用,收受委托人的财物;(二)利用提供法律服务的便利牟取当事人争议的权益,或者接受对方当事人的财物;(三)违反规定会见法官、检察官、仲裁员;(四)向法官、检察官、仲裁员以及其他有关工作人员请客送礼或者行贿,或者指使、诱导当事人行贿;(五)提供虚假证据,隐瞒事实或者威胁、利诱他人提供虚假证据,隐瞒事实以及妨碍对方当事人合法取得证据;(六)扰乱法庭、仲裁庭秩序,干扰诉讼、仲裁活动的正常进行。”在刑事辩护期间,律师毁灭证据、伪造证据或者妨害作证的,构成犯罪,如《刑法》第306条规定,“在刑事诉讼中,辩护人、诉讼代理人毁灭、伪造证据,帮助当事人毁灭、伪造证据,威胁、引诱证人违背事实改变证言或者作伪证的,处三年以下有期徒刑或者拘役;情节严重的,处三年以上七年以下有期徒刑。”

同时,律师应承担保密义务。依据《刑事诉讼法》第46条规定,“辩护律师对在执业活动中知悉的委托人的有关情况和信息,有权予以保密。但是,辩护律师在执业活动中知悉委托人或者其他人,准备或者正在实施危害国家安全、公共安全以及严重危害他人人身安全的犯罪的,应当及时告知司法机关。”

3. 律师的权利

律师在侦查期间、审查起诉期间以及审判期间的权利不同。律师合法而尽责地履行好权利,对维护犯罪嫌疑人的合法权益至关重要。围绕本案,教师引导学生了解律师在侦查期间所拥有的权利以及律师的会见权、通信权、查阅案卷权和申请调查取证权。

(1)在侦查阶段,辩护律师的权利内容。依据《刑事诉讼法》第36条的规定,

“辩护律师在侦查期间可以为犯罪嫌疑人提供法律帮助；代理申诉、控告；申请变更强制措施；向侦查机关了解犯罪嫌疑人涉嫌的罪名和案件有关情况，提出意见。”

（2）辩护律师的会见权和通信权，依据《刑事诉讼法》第37条的规定，“辩护律师可以同在押的犯罪嫌疑人、被告人会见和通信。其他辩护人经人民法院、人民检察院许可，也可以同在押的犯罪嫌疑人、被告人会见和通信。”“危害国家安全犯罪、恐怖活动犯罪、特别重大贿赂犯罪案件，在侦查期间辩护律师会见在押的犯罪嫌疑人，应当经侦查机关许可。上述案件，侦查机关应当事先通知看守所。”“辩护律师会见在押的犯罪嫌疑人、被告人，可以了解案件有关情况，提供法律咨询等；自案件移送审查起诉之日起，可以向犯罪嫌疑人、被告人核实有关证据。辩护律师会见犯罪嫌疑人、被告人时不被监听。”

（3）在审查起诉期间，辩护律师有查阅案卷权。依据《刑事诉讼法》第38条的规定，“辩护律师自人民检察院对案件审查起诉之日起，可以查阅、摘抄、复制本案的案卷材料。其他辩护人经人民法院、人民检察院许可，也可以查阅、摘抄、复制上述材料。”

（4）调查取证权。律师的调查取证权分为申请调查取证权和主动的调查取证权。对前者的规定见《刑事诉讼法》第39条，在法庭审理过程中，“辩护人认为在侦查、审查起诉期间公安机关、人民检察院收集的证明犯罪嫌疑人、被告人无罪或者罪轻的证据材料未提交的，有权申请人民检察院、人民法院调取。”对后者的规定见《刑事诉讼法》第41条，“辩护律师经证人或者其他有关单位和个人同意，可以向他们收集与本案有关的材料，也可以申请人民检察院、人民法院收集、调取证据，或者申请人民法院通知证人出庭作证。辩护律师经人民检察院或者人民法院许可，并且经被害人或者其近亲属、被害人提供的证人同意，可以向他们收集与本案有关的材料。”

（5）律师的申诉权与控告权。《刑事诉讼法》第47条规定：“辩护人、诉讼代理人认为公安机关、人民检察院、人民法院及其工作人员阻碍其依法行使诉讼权利的，有权向同级或者上一级人民检察院申诉或者控告。人民检察院对申诉或者控告应当及时进行审查，情况属实的，通知有关机关予以纠正。”

# 教学指导手册

## 教学对象及目标

本案例供法律硕士案例教学使用,法学本科(大四)、刑法学硕士、刑事诉讼法学硕士也可以参酌使用。

案例主要就网络虚拟财产的概念、法律性质及保护方式、涉及的实体法问题和程序法问题进行讲授。要解决的具体问题包括:(1)网络虚拟财产的概念、法律性质及其保护方式。如何界定网络虚拟财产的概念、性质及其保护方式;非法占有无限流量卡、非法占有他人游戏币与非法占有他人通信账号的法律性质是否相同;若三种行为之间存在差异,此种差异是否足以影响对这三种行为所采取的保护方式。(2)实体法方面的问题。本案中刘某、吴某、范某、江某、谢某、钱某以及"华斐"这七人之间是否存在共同犯罪;认识量刑情节与犯罪构成要件的区别、二者在定罪量刑中分别起到的作用;量刑情节对法定刑和宣告刑的影响;本案例中各行为人的量刑情节有哪些;各行为人是否存在数罪并罚的情形;如何计算网络虚拟财产的价值;各行为人的刑事责任如何予以判定。(3)程序法方面的问题。批准逮捕的条件是什么;引导学生了解侦查阶段中电子证据的收集和提取问题;检察院提起公诉时,案件的事实和证据应当达到什么程度;本案中是否存在过了追诉时效而无法追究行为人刑事责任的情形;在侦查阶段、审查起诉阶段和审判阶段,律师的权利和义务各是什么。

## 教学内容

**1. 如何界定网络虚拟财产的概念、法律性质及其保护方式,关乎对行为人罪与非罪、此罪与彼罪的法律责任区分。**

非法占有无限流量卡、非法占有他人游戏币的行为与非法占有他人通信账号的法律性质是否相同?这个问题直接拷问的是:如何界定网络虚拟财产的法律性质,进而关系到对网络虚拟财产采取何种保护方式。如何界定网络虚拟财产的概念和法律性质,是化解非法占有网络虚拟财产案"同案不同判"的关键因素。对网络虚拟财产概念、法律性质的不同界定,直接关系到对案件的最终处理结果,关涉罪与非罪、此罪与彼罪的划分。[29]

本案例囊括了非法占有网络虚拟财产的三种表现形态，司法实务中对这三种表现形态的判决结果相异。教师在授课过程中，需要组织学生以本案例为模型，收集理论界的观点以及司法实务界的案例，从中抽炼出学界观点和司法态度，进而得出自己对网络虚拟财产概念、法律性质及其保护方式的看法。

**2. 本案中各行为人之间是否存在共同犯罪?**

教师需要引导学生重温刑法总则中的共同犯罪知识，让学生根据共同犯罪特征去判断本案中是否存在共同犯罪。刘某、吴某、范某、江某、谢某、钱某以及“华斐”这七人中是否存在共同犯罪？共同犯罪有几种分类？本案这七个行为人之间的共同犯罪种类有几种？

**3. 如何把握量刑情节?**

对行为人是否需要加重处罚、从重处罚抑或从轻处罚，需要对行为人的量刑情节进行考量。教师要引导学生对量刑情节内部的法定量刑情节、酌定量刑情节进行了解，并对法定量刑情节内的若干分类有所认识，分析量刑情节对法定刑和宣告刑的影响分别是什么。

**4. 案例中各行为人是否存在数罪并罚的情形?**

《刑法》第 69 条至第 71 条规定了数罪并罚。数罪并罚，是指对犯两个以上罪行的犯人，就所犯各罪分别定罪量刑后，按一定原则判决宣告执行的刑罚。数罪并罚既包括普通数罪的并罚，也包括发现漏罪的并罚和再犯新罪的并罚。本案中的 7 名行为人是否存在数罪并罚的情形。教师应引导学生展开具体分析，需要有理有据。

**5. 如何计算网络虚拟财产的价值?**

教师引导学生对网络虚拟财产价值的六种计算方式进行深入分析，从中找出学生认为合理的计算方式，并让其说明选择的理由。

---

〔29〕 针对非法占有网络虚拟财产，学界主要观点有：(1)不需法律保护说。参见侯国云：《论网络虚拟财产刑事保护的不当性——让虚拟财产永远待在虚拟世界》，载《中国人民公安大学学报》(社会科学版)2008 年第 3 期，第 34～39 页。(2)民法保护说。参见于瀛、包力：《案件虽判，却引发法学界、司法界和 IT 业界的广泛争论，盗窃 QQ 号码究竟怎么定罪?》，载《深圳商报》2006 年 6 月 6 日，第 A14 版。(3)刑法保护说。该观点内部因对网络虚拟财产法律性质的认识不一致，又有盗窃罪论、非法获取计算机信息系统数据罪论、破坏计算机信息系统罪论、侵犯通信自由罪论之分。

**6. 如何认定本案各行为人的法律责任?**

教师通过引导学生对网络虚拟财产保护方式加以理解,让学生对本案中的刘某、吴某、范某、江某、谢某、钱某以及“华斐”的法律责任作出判断,并说明理由。

**7. 批准逮捕的条件是什么?**

根据《刑事诉讼法》第79条第1款,在经过人民检察院批准或者人民法院决定逮捕时,适用逮捕应当具备以下三项条件:其一,有证据证明有犯罪事实。这是逮捕的证据条件、事实条件和前提条件。其二,可能判处徒刑以上刑罚,这是逮捕的量刑条件、罪责条件或称之为法律条件。其三,采取取保候审监视居住尚不足以防止发生特定社会危险性,而有逮捕必要的。

**8. 侦查阶段中电子证据的收集和提取问题**

电子数据是案件发生过程中形成的,以数字化形式存储、处理、传输的,能够证明案件事实的证据。随着网络信息科技的快速发展。电子数据的表现形式也在日益发生变化,其存在范围呈现出逐渐扩展的趋势。《关于办理刑事案件收集提取和审查判断电子数据若干问题的规定》对侦查人员如何妥善保存本案电子证据作了规定。教师应引导学生理解,在侦查阶段中如何收集和提取虚拟财产交易记录、聊天记录等电子证据。

**9. 检察院提起公诉时,案件的事实和证据应当达到什么程度?**

教师引导学生对修订后的《刑事诉讼法》与原《刑事诉讼法》中的证明标准进行对比理解;深入剖析“事实清楚”“证据确实、充分”内容,深入分析“证据确实、充分”与“排除合理怀疑”之间的关系;重点分析《刑事诉讼法》第53条第2款、第168条及第172条。

**10. 本案中是否存在过了追诉时效而无法追究行为人刑事责任的情形?**

教师引导学生了解《刑法》第87条关于“追诉期限”的规定、追诉时效的延长和中断。结合本案分析,本案中是否有行为人存在超过追诉时效的情形,是否存在追诉时效的延长和中断事宜。

**11. 律师接受委托后,在侦查阶段、审查起诉阶段、审判阶段,律师的权利和义务各是什么?**

教师在授课中,应为学生提出注意要点。了解犯罪嫌疑人有权委托辩护的时间,律师的义务、保密义务及其例外,侦查阶段中辩护律师的权利、审查起诉期间辩护律师的查阅案卷权、调查取证权、申诉权与控告权。

## 课堂时间安排

本案例可以作为专门的案例教学课来进行，整个案例课的课堂安排 6 个课时，每课时 45 分钟。

如下课堂设计，仅供参考。

1. 课前计划：安排学生阅读案例及相关参考资料，对案例所涉及问题进行思考，撰写实践题答案。

2. 课中计划：(1)介绍教学目的，明确讨论主题；(2)分组讨论，回答各项思考题，讨论实践题的撰写要点；(3)小组代表提出撰写要点，学生讨论和分析；(4)教师归纳总结。

3. 课后计划，布置学生进一步思考以下问题：(1)网络虚拟财产的概念及其法律性质；(2)如何认定本案中行为人的刑事责任；(3)侦查人员如何妥善保存本案电子证据；(4)批准逮捕的条件是什么；(5)公诉部门提起公诉时，案件的事实和证据应当达到什么程度；(6)本案中是否存在过了追诉时效而无法追究行为人刑事责任的情形；(7)律师接受委托后，在侦查阶段、审查起诉阶段、审判阶段，律师的权利和义务各是什么。

## 思考题和实践题

**1. 思考题**

(1)中国××有限公司上海市分公司应向哪一公安机关报案？该案由何地公安机关立案侦查？中国××有限公司上海市分公司报案时，应当提供哪些资料？

(2)根据现行《刑事诉讼法》和《公安机关办理刑事案件程序规定》，公安机关在接到报案后，应如何处理？

(3)你对网络虚拟财产持何种保护方式，理由是什么？

(4)网络虚拟财产民事保护方式与刑事保护方式之间的界限是什么，二者在保护网络虚拟财产方面是否存在矛盾之处，两种保护方式能否并存，是否存在优先顺序？

(5)本案中针对哪些人可以适用取保候审或监视居住？

(6)本案中针对哪些人可以适用逮捕？

(7)批准逮捕的具体条件是什么？结合上述第六个问题，本案中你认为可以逮捕的人，是否符合此处的逮捕条件？

(8)如果你是负责本案的侦查人员，你应收集、提取哪些证据材料？

(9)侦查人员在收集、提取电子证据时，应当履行什么手续？应当注意哪些事项？

(10)在侦查阶段聘请律师,应遵守哪些法律规定?如果犯罪嫌疑人提出聘请律师,侦查机关应当如何处理?

(11)根据现行《刑事诉讼法》,在侦查阶段,辩护律师会见在押犯罪嫌疑人,应办理哪些手续?

(12)公诉部门提起公诉时,案件的事实和证据应当达到什么程度?

(13)"证据确实"强调的是证据的证明标准,"证据充分"强调的是具备定罪的条件。"证据确实、充分"是否能够合理而完整地涵盖上述"证据确实"和"证据充分"内容?理由是什么?

(14)"排除合理怀疑"与"证据确实、充分"是否是同一层面的内容?

(15)在侦查、审查起诉以及审判期间,辩护律师与其他非律师辩护人在权利内容方面是否存在差异?表现在哪些方面?

(16)与明知而购买淫秽光盘、盗版光碟不构成犯罪,仅构成违法行为相比,明知并购买非法占有的网络虚拟财产行为,能否被评价为犯罪行为?其与非法占有网络虚拟财产行为人能否构成共同犯罪?

**2. 实践题**

(1)如果你是此案刘某(吴某、范某、江某、谢某、钱某以及"华斐")的辩护律师,在侦查阶段(审查起诉阶段、法庭审判阶段)应该做哪些工作?请根据以上案情,编写工作计划。

(2)结合本案案情,为刘某撰写辩护意见,着重对其具有的法定量刑情节进行说明。

(3)在发生非法占有网络虚拟财产案件时,行为人的犯罪数额应当如何计算?是否还存在其他的计算方法?

(4)请根据以上案件信息,对刘某、吴某、范某、江某、谢某、钱某以及"华斐"的法律责任进行分析,并写明理由。

## 参考文献

1. 田宏杰、肖鹏、周时雨:《网络虚拟财产的界定及刑法保护》,载《人民检察》2015 年第 5 期。

2. 钱志强、韩海军:《盗窃网络虚拟财产行为刑法规制研究》,载《法学杂志》2009 年第 9 期。

3. 张明楷:《非法获取虚拟财产的行为性质》,载《法学》2015 年第 3 期。

4. 侯国云:《论网络虚拟财产刑事保护的不当性——让虚拟财产永远待在虚拟世界》,载《中国人民公安大学学报》(社会科学版)2008 年第 3 期。

撰稿人 | 赵天水,天津财经大学法学院讲师

27 CASE

# 快播公司传播淫秽物品牟利案

| 摘　要 |

本案例以一起真实的网络空间传播淫秽物品牟利案为蓝本，围绕传播淫秽物品牟利案的刑事程序相关环节进行讲解，涉及的知识点和执业技能内容包括，检察人员如何依据案件事实的撰写起诉书和变更起诉书，电子证据证明力的认定，传播淫秽物品牟利行为的事实认定与法律适用以及被告人认罪认罚对于量刑的影响等。本案例涵盖起诉阶段、审判阶段两个诉讼环节，涉及的实体问题包括淫秽物品牟利罪的认定、网络空间中相关行为主体的法律义务违反与刑事责任的关系以及被告人认罪认罚对于量刑的影响；涉及的证据和事实问题包括，网络空间中传播淫秽物品牟利案件的证据收集、电子证据的证明标准和证明力等问题。本案例对于解决其他类型的网络犯罪案件具有参考意义。

| 关键词 |

网络犯罪　电子证据　传播淫秽物品牟利罪认定　认罪认罚从宽

| 教学目标 |

着重让学生把握四方面内容：(1)检察人员应当如何撰写起诉书，并且根据案件事实的变化决定作出变更起诉；(2) 为了保证定罪证据确实、充分，司法机关应当如何依法认定电子证据的证明力；(3)以传播淫秽物品牟利罪认定为例，如何解决网络犯罪的定性问题，尤其提出处理具体案件的思路、分析步骤、事实认定与法律分析之间的基本框架；(4)在刑事案件中，如何判定被告人是否认罪认罚进而决定对其从宽处罚。

# 教学案例主文

## 一、引言

### （一）快播公司概况

深圳市快播科技有限公司（SHENZHEN QVOD TECHNOLOGY CO.，LTD.）（以下简称“快播公司”）正式成立于2007年12月，是一家以网络流媒体技术开发与应用为核心的高科技公司。快播公司拥有QVOD播放器及QVOD流媒体服务器，并与全国各地电视台、广播电台、节目制作中心的内容提供商合作，通过基于流媒体播放技术的客户端软件QVOD，为全球用户提供影音节目。

快播公司盈利主要来源于广告费、游戏分成、会员费和电子硬件等，快播事业部是快播公司盈利的主要部门。根据账目显示，快播事业部的主要收入来源于网络营销服务，其中资讯快播和第三方软件捆绑是最为主要的盈利方式。具体而言，快播公司向欲发布广告的公司收取广告费，用户使用快播播放器时，会有快播资讯窗口弹出，该窗口内除部分新闻外即是广告内容；快播公司还向一些软件开发公司收取合作费用，使得用户安装快播播放器的同时捆绑安装一些合作公司软件。快播公司营业收入逐年增长，至2013年仅快播事业部即实现营业收入人民币1.4亿余元，其中资讯快播营业收入7千余万元，第三方软件捆绑营业收入3千余万元。

2012年8月，深圳网监针对快播公司未建立信息安全保护管理制度、未落实安全保护技术措施的情况给予行政处罚警告，快播公司接受整改的主要内容就是审核和过滤淫秽视频。随后，快播公司成立了网络安全监控小组，开展了不到一周的突击工作，于8月8日投入使用“110”不良信息管理平台，截至9月26日共报送“色情过滤”类别的不良信息15836个。但在深圳网监验收合格后，网络安全监控小组原有4名成员或离职或调到其他部门，“110”平台工作基本搁置，检查屏蔽工作未再有效进行。2013年8月5日，深圳市南山区广播电视局执法人员对快播公司开展调查，执法人员登录快播网站很快便找到了可播放的淫秽视频，随后作出行政处罚决定。但快播公司随后仅提交了一份整改报告，其“110”平台工作依然搁置，检查屏蔽工作依然没有有效落实。南山区广播电视局在2013年8月5日对快播公司作出的调查询问通知书、2013年9月25日作出的行政处罚事先告知书及2013年10月作出的行政处罚决定书中，均明确了调查和处罚快播公司的原因就是快播公司“提供的视听节目含有诱导未成年人违法犯罪和渲染暴力、色情、赌博、恐怖活动的内容”。

2013 年上半年，北京网联光通技术有限公司与快播公司开展合作。光通公司提供四台服务器，四台服务器 IP 使用方人是深圳快播科技有限公司。快播公司提供内容数据源以及降低光通公司网络出口带宽，同时提升用户体验的数据传输技术解决方案，负责远程对软件系统及系统内容的维护。2013 年 8 月，光通公司提供四台服务器开始上线测试，快播公司为四台服务器安装了快播公司的缓存服务器系统软件，并通过账号和密码远程登录进行维护。光通公司并不知晓服务器的内容，也没有权限查看。服务器内容的维护由快播公司负责，光通公司只是从硬件上进行简单维护。

（二）快播软件运行基本原理

快播公司通过免费提供 QSI 软件（QVOD 资源服务器程序）和 QVODPlayer 软件（快播播放器程序）的方式，为网络用户提供网络视频服务。任何人（被快播公司称为“站长”）均可通过 QSI 发布自己所拥有的视频资源。快播公司的中心调度服务器在站长与用户、用户与用户之间搭建了一个视频文件传输的平台。

为提高热点视频下载速度，快播公司搭建了以缓存调度服务器为核心的平台，通过自有或与运营商合作的方式，在全国各地不同运营商处设置缓存服务器一千余台。在视频文件点播次数达到一定标准后，缓存调度服务器即指令处于适当位置的缓存服务器抓取、存储该视频文件。当用户再次点播该视频时，若下载速度慢，缓存调度服务器就会提供最佳路径，供用户建立链接，向缓存服务器调取该视频，提高用户下载速度。部分淫秽视频因用户的点播、下载次数较高而被缓存服务器自动存储。缓存服务器方便、加速了淫秽视频的下载、传播。视频信息的海量传播已经成为商业网络运营的重要特征，而缓存服务器技术的支持使得视频文件的传播速度更快、范围更广。快播公司免费发布快播资源服务器程序和播放器程序，使快播资源服务器、用户播放器、中心调度服务器、缓存调度服务器和上千台缓存服务器共同构建起了一个庞大的基于 P2P 技术提供视频信息服务的网络平台。用户使用快播播放器客户端点播视频，或者“站长”使用快播资源服务器程序发布视频，快播公司中心调度服务器均参与其中。中心调度服务器为使用资源服务器程序的“站长”提供视频文件转换、链接地址发布服务，为使用播放器程序的用户提供搜索、下载、上传服务，进而通过其缓存服务器提供视频存储和加速服务。快播公司缓存服务器内存储的视频文件，也是在中心调度服务器、缓存调度服务器控制下，根据视频被用户的点击量自动存储下来，只要在一定周期内点击量达到设定值，就能存储并随时提供用户使用。

2013年年底，为了规避版权和淫秽视频等法律风险，张克东[1]领导的技术部门开始对快播缓存服务器的存储方式进行调整，将原有的完整视频文件存储变为多台服务器的碎片化存储，将一部视频改由多台服务器共同下载，每台服务器保存的均是32M大小的视频文件片段，用户点播时需通过多台服务器调取链接，集合为可完整播放的视频节目。

## 二、检察机关如何提起公诉并依据案件事实变更起诉书

### （一）快播公司案发经过

2013年11月18日，北京市海淀区文化委员会在行政执法检查时，从光通公司查获此四台服务器。后北京市公安局从上述四台服务器中三台里提取了29841个视频文件进行鉴定，认定其中属于淫秽视频文件为21251个。

2014年4月，公安机关接到群众举报及相关部门移交的深圳快播科技有限公司涉嫌传播淫秽物品牟利犯罪线索后，公安部高度重视，实行挂牌督办。在前期深入侦查的基础上，公安部部署北京、广东等地公安机关统一行动，依法查扣了一批服务器、电脑等涉案工具，先后抓获10余名涉案人员。2014年4月11日，北京市公安局海淀分局决定对王欣等人涉嫌传播淫秽物品牟利罪立案。

被告人吴铭、[2]张克东、[3]牛文举[4]于2014年4月23日在深圳被抓获，被告人王欣[5]于2014年8月8日从韩国济州岛被押解回京。

北京市公安局海淀分局于2014年9月26日侦查终结，于当日向北京市海淀区人民检察院提交《起诉意见书》。

### （二）检察机关提起公诉

北京市海淀区人民检察院于2015年2月6日正式向北京市海淀区人民法院提交《起诉书》（京海检公诉刑诉〔2015〕1、2号），向快播公司直接负责高管王欣、吴铭、张克东、牛文举等4人提起公诉。《起诉书》中指控的事实内容为：

被告单位深圳市快播科技有限公司（以下简称快播公司）自2007年12月成立以来，基于流媒体播放技术，通过向国际互联网发布免费的QVOD媒体服务器安装程序（以下简称QSI）和快播播放器软件的方式，为网络用户提供网络视频服务。期

---

[1] 张克东系快播公司快播事业部副总经理兼技术平台部总监。

[2] 吴铭系系快播公司快播事业部总经理。

[3] 张克东系快播公司快播事业部副总经理兼技术平台部总监。

[4] 牛文举系快播公司快播事业部副总经理兼市场部总监。

[5] 王欣系快播公司法定代表人、首席执行官。

间,被告单位快播公司及其直接负责的高管人员被告人王欣、吴铭、张克东、牛文举以牟利为目的,在明知上述 QVOD 媒体服务器安装程序及快播播放器被网络用户用于发布、搜索、下载、播放淫秽视频的情况下,仍予以放任,导致大量淫秽视频在国际互联网上传播。

2013 年 11 月 18 日,北京市海淀区文化委员会从位于本市海淀区的北京网联光通技术有限公司查获快播公司托管的服务器四台。后北京市公安局从上述四台服务器中提取了 25175 个视频文件进行鉴定,认定其中属于淫秽视频文件为 17022 个。

被告人吴铭、张克东、牛文举于 2014 年 4 月 23 日被抓获归案,被告人王欣于 2014 年 8 月 8 日被抓获归案。

针对上述指控,公诉机关提供的证据包括:(1)物证:涉案淫秽视频等;(2)书证:企业法人营业执照、行政处罚决定书、财务报表、到案经过等;(3)证人证言:钟琨、江少明、孙丹丹等证人证言;(4)被告人王欣、吴铭、张克东、牛文举的供述和辩解;(5)鉴定意见:北京市公安局淫秽物品审查鉴定书;(6)勘验、检查笔录等。公诉机关据此认为,被告单位快播公司及其直接负责的主管人员被告人王欣、吴铭、张克东、牛文举以牟利为目的,传播淫秽物品,情节特别严重,应当以传播淫秽物品牟利罪追究被告单位及被告人的刑事责任。

### (三)检察机关变更起诉

由于在海淀法院审理过程中,发现案件事实与起诉书指控的事实不符,2015 年 11 月 30 日,北京市海淀区人民检察院在查明事实后向北京市海淀区人民法院提交了《变更起诉决定书》(京海检公诉刑变诉〔2015〕15 号)。《变更起诉决定书》中指控的事实内容:

被告单位深圳市快播科技有限公司(以下简称快播公司)自 2007 年 12 月成立以来,基于流媒体播放技术,通过向国际互联网发布免费的 QVOD 媒体服务器安装程序(简称 QSI)和快播播放器软件的方式,为网络用户提供网络视频服务。期间,被告单位快播公司及其直接负责的高管人员被告人王欣、吴铭、张克东、牛文举以牟利为目的,在明知上述 QVOD 媒体服务器安装程序及快播播放器被网络用户用于发布、搜索、下载、播放淫秽视频的情况下,仍予以放任,导致大量淫秽视频在国际互联网上传播。

2013 年 11 月 18 日,北京市海淀区文化委员会从位于本市海淀区的北京网联光通技术有限公司查获快播公司托管的服务器四台。后北京市公安局从上述四台服务器中三台里提取了 29841 个视频文件进行鉴定,认定其中属于淫秽视频文件为 21251 个。

被告人吴铭、张克东、牛文举于2014年4月23日被抓获归案，被告人王欣于2014年8月8日被抓获归案。

## 三、如何认定电子证据的证明力？

### （一）本案中电子证据的取得及其争议

2013年11月18日15时海淀区文化委员会对北京市光通技术有限公司进行检查，对该公司网络服务器进行检查，发现北京光通技术有限公司涉嫌从事侵犯著作权违法活动，依照相关规定对涉嫌被用于通过信息网络擅自向公众提供他人作品、表演、录音录像制品的四台服务器采取了先行登记保存的强制措施。根据《著作权行政处罚实施办法》等相关规定，将涉案网络服务器等证据交版权局实施著作权鉴定。

2013年11月18日北京市版权局接到海淀区文化委员会著作权鉴定申请，要求对依法采取行政强制措施的涉案证据四台网络服务器进行鉴定。后北京市版权局因工作设计计算机及网路视频专业技术问题，于当日委托北京某信息技术有限公司提供专业技术服务。

在庭审的过程中，辩护人对该电子证据的取得提出以下质证意见：

[张某辩护人]：程序上存在问题。一是案件涉案证据合法性存疑，保存、鉴定时间和被告人被捕时间相差很多。海淀文委的行政立案手续缺少，行政机关办理行政案件的合法性，立案手续缺失。二是鉴定内容缺失，鉴定针对著作权，但是著作权的鉴定并没有。三是当事人缺少。文化市场鉴定告知书，说明数据维护归快播，当事人是快播，但行政执法并没有将快播列为当事人。四是侦查过程缺失，海淀文委如何侦查得知这四台服务器里有淫秽物品？行政决定书并没有将快播公司列为当事人，也没有告知权利义务，查获后如何保管也没有证实，有没有偷换的可能？五是法律手续不合法，虽然有检查记录单，法律手续依旧不合法。由于行政案件的程序不合法，这些行政案件的证据不能用来作为刑事案件证据。查封告知书的送达日期说明查获日期是下午四点钟。工作说明中委托手续的合法性存疑。

[吴某辩护人]：手续涉嫌事后补正，不合法，甚至伪造。

[快播公司辩护人]：保管、查封、鉴定程序都是后补，程序不合法，无法证实服务器的文件来源快播。

[张某辩护人]：物证的提取过程不符合法律规定，提取的四台服务器，怎么证明它就是这个服务器，这个物证不能证明任何事情，必须提取电子数据，它的程序必须是执法人员提取和在场才行，并且是两个执法人员进行鉴定，而且要复制出来电子文件进行转码鉴定，这个公司是这个物件的开启人，没有任何法律手续证明有相关的行政人员、执法

人员在场。这四台服务器最少有四五天在该公司保管。这不仅仅是技术问题,不能证明它是唯一的。公诉人不能仅仅用一种解释来弥补证据的缺失。重新鉴定存在问题,公诉人说是补充鉴定,补充鉴定是对鉴定本身的一种事项不全面的补充,而现在的鉴定内容完全推翻原来的鉴定结果,不能说明是补充鉴定。鉴定人高某是队长,高某不是做鉴定的人,程序上的问题严重违反相关法律规定。

[吴某辩护人]:行政机关扣押的证据能不能使用,首先公安机关调取以后要按照刑事的规则来决定。正常来讲,电子数据在本案中与其他相应的证据应委托网鉴部门进行检查,四台服务器的物理特征,电子数据的数量生成时间,要进行登记和封存,鉴定前,应对电子数据要进行复制,可以跟原始的数据对比。但是现在,原始数据已经被破坏了。

### (二)本案中电子证据的鉴定及其争议

2014年4月10日,北京市公安局海淀分局以该四台网络服务器系刑事案件涉案物证为由,向市版局调取该物证,并提出因案件重大、情况紧急,请求先行办理涉案物品交接手续并当场提取四台网路服务器,调取物证的相关文件在三个工作日内送达北京市版权局。北京市版权局配合公安机关将四台服务器进行移交,且称在上述四台服务器由北京市版权局保管期间,该局未对该四台服务器进行过任何数据的增加、删除或修改操作。北京市公安局海淀分局并于当日将移交北京市公安局治安管理总队进行鉴定。

2014年4月10日北京市公安局治安管理总队接到海淀分局送审北京市某科技有限公司四台服务器,该队淫秽物品审验室在对四台服务器进行审验时,发现四台服务器内存储的文件为QVOD格式,视频软件无法读取。特委托北京某信息技术有限公司提供专业技术支持,在该公司的技术支持下,淫秽物品审验室提取服务器内视频进行鉴定。

2015年1月20日北京市公安局网安总队民警在见证人李某的见证下对扣押服务器进行了勘验,对服务器内存储内容的提取、解码、播放过程进行了记录。2015年11月6日北京市公安局治安管理总队鉴黄部门民警丁某、赵某出具的淫秽物品鉴定书证明从扣押在案的三台服务器内提取审验视频29841个,其中21251个为淫秽视频。29841个视频文件内有21251个是淫秽视频,淫秽视频比例为71.21%。对于该电子证据的证据属性,辩护人提出了以下质证意见:

[王某辩护人]:一是证据中委托书不合法,虽然形式合法,但是李某证言和委托时间有冲突。二是提取、开启、鉴定电子证据手续不合法。我怀疑该公司鉴定资格欠缺,开启的是鉴定公司,不排除合理怀疑。我希望有原始的开启记录。三是鉴定书缺少委托手续。

[审判长]:公诉人,鉴定是由谁做的?

[公诉人]:公安去做的。4月10日两份不同的委托书,实际是丁某鉴定。

[张某辩护人]:这就存在程序违法。实际鉴定人的重新鉴定不应由原鉴定人参加,而且检察院重新鉴定启动不合法。

[审判长]:公诉人有何意见?

[公诉人]:公诉人已经向公安机关核实,存在工作记录的瑕疵,才请求第三次鉴定。同时要求鉴定人员做了完整记录。第三份鉴定也是对第二份鉴定的补充。

[王某辩护人]:我们认为鉴定公司和服务器交接手续有瑕疵,失去鉴定价值。

[公诉人]:公安机关交给鉴定机构的服务器,已经对行政机关的些许瑕疵已经弥补。物证流转过程和鉴定不存在污染。

### (三)本案中电子证据的审查及其争议

后北京信诺司法鉴定所接受委托,派员在治安管理总队淫秽物品审验室对扣押在案的四台服务器进行了鉴定,其中IP118. ××××的服务器已经损坏无法开启,其他三台服务器2013年11月18日至2015年12月2日没有任何QDATA格式的视频文件考入服务器。其中IP118. ×××的服务器已经损坏无法开启,经鉴定118. ×××服务器内视频文件共计12094个,2013年11月18日至2015年12月2日期间创建文件10个,创建qdata文件0个、118.186.27.20服务器内视频文件共计18353个,2013年11月18日至2015年12月2日创建文件12个,创建qdata文件0个、×××. ×××服务器内视频文件共计18446个,2013年11月18日至2015年12月2日创建文件0个,创建qdata文件0个。需要说明的是通过两份鉴定意见,可以得知,快播公司被行政处罚后至服务器扣押之前,这段时间共有12001个视频文件缓存进服务器。对此,辩护人在庭审中提出如下意见:

[吴某辩护人]:鉴定文书连详细的鉴定过程、方法、程序都没有,只是说提取了多少文件。这份鉴定为什么不明确说?共审计了多少,多少是假,多少是淫秽的。在其中一个服务器损坏的情况下,还提取了更多的淫秽文件,这是不符合常理的。

[快播公司辩护人]:本案的视频没有关联性。实际提交鉴定结论的时间比要求延长了7个月,超期鉴定的情况在法律允许的范围内可以说明理由。如果超出了就是非法的。

[牛某辩护人]:物证鉴定移转过程存在问题,我们不排除有被调包的可能。为什么7块服务器变成6块?

[王某辩护人]:电脑的IP地址是可以改的,硬盘是不可能改的。

[张某辩护人]:电脑的IP地址改起来是非常方便的。

> 北京市海淀区人民法院于2016年1月25日委托国家信息中心电子数据司法鉴定中心对在案扣押的四台服务器及存储内容进行检验。信息鉴定中心分析了四台服务器的系统日志，检索到服务器的管理者频繁远程登录使用的IP地址218.17.158.115。经法院进一步要求，公安机关和检察机关调取了快播公司与深圳高新区信息网有限公司的上网专线协议，确认该IP地址为快播公司专用IP地址。同时，鉴定人员经对四台服务器内现存快播独有视频格式文件qdata文件属性等各类信息的检验分析，没有发现2013年11月18日后从外部拷入或修改qdata文件的痕迹。

## 四、如何认定网络空间传播淫秽物品牟利罪？

2016年1月8～9日，北京市海淀区人民法院第一次开庭审理本案。

庭审过程中，公诉机关中控被告单位快播公司及其直接负责的高管人员被告人王欣、吴铭、张克东、牛文举以牟利为目的，在明知QVOD媒体服务器安装程序及快播播放器被网络用户用于发布、搜索、下载、播放淫秽视频的情况下，仍予以放任，导致大量淫秽视频在国际互联网上传播，快播公司构成传播淫秽物品牟利罪，四名直接责任人员应当承担刑事责任。理由为：(1)缓存服务器的视频内容是用来提供给客户使用，传播者当然是快播公司。这是一种动态的，这和站长放在网上观看没有什么区别。(2)公司监管义务的来源是有明确的法律法规的，广播公司、公安部都予以进行了规定，快播当然具有了监管和控制的义务。(3)快播公司的技术问题。被告单位连基本的屏蔽网站都没有实际地有效完成，最基础的工作都没有完成，导致淫秽物品大肆传播在互联网。(4)被告单位及被告人在明知上述QVOD媒体服务器安装程序及快播播放器被网络用户用于发布、搜索、下载、播放淫秽视频的情况下，仍予以放任，导致大量淫秽视频在国际互联网上传播。(5)关于牟利的目的。使用软件免费，意味着来自捆绑软件和广告越来越多，收入也会增加，快播公司的收入也会每年大幅度增加，因而认定被告具有牟利的目的。

第一次庭审过程中，被告单位快播公司及其辩护人提出其不构成犯罪。理由为：(1)快播公司QSI不能主动上传视频，也不具备搜索、发布功能，淫秽物品来自于第三方，来自于站长，来源与快播公司无关。淫秽物品存放在各个站长的服务器里，不在快播公司的网站也不在搜索服务器。有可能会短时间出现在缓存服务器，对于缓存服务器中的文件是一种临时文件，不同于视频播放文件。传播的主体、传播的行为者很明显不是快播公司，不是软件的开发者，因而快播公司不存在主动传播行为。(2)快播播放器和QSI不是网站，不属于电信业务的经营者，也不是互联网信息服务的提供者，快播播放器和QSI仅仅是一种播放工具而已。QSI和快播播放器也没有网络存储空间，缓存服务器只是QSI和快播播放器的一个工具而已，故而不适用2010年最高人民法院出台的有关司法解释的规定。(3)快播公司并没有收取任何的费用,不存在任何收费的情况,快播播放器是完全免费公开的。(4)技术发展到今天,所带来的一些反面的效果是客观存在的,而这种效果没有必要一定要上升到刑事责任处理,快播公司无奈于现有技术的限制,他做不到屏蔽全部不良信息,其他互联网公司也做不到。

第一次庭审过程中,被告人王欣及其辩护人提出其不构成犯罪。理由为:第一,如果是竞争对手所发现的线索,涉及动机不纯。第二,北京市版权局所查处的四台服务器怎么锁定的事实不清。第三,北京市版权局所指定的海淀文委怎么受到的指派不清。第四,海淀文委怎么发现里面有淫秽物品的,怎么从侵权到刑事犯罪,版权鉴定的结果没有。第五,北京市版权局发现的淫秽物品怎么转交给北京市公安局的,这也没有法律的手续。第六,涉案物品的扣押保管不符合法律。一是查封没有通知权利人、相对人到场,二是没有对服务器进行查封拍照及物理登记。行政服务期内提取的文件违法。这个服务器开启的过程没有任何行政人员在场,聘请的人没有司法鉴定的资质。三次鉴定的程序不合法。工作说明中显示的是应海淀检察院的要求进行的鉴定,已经进入法院审理的过程中又重新鉴定,而又委托了同样的鉴定人进行鉴定,这是不符合法律规定的。程序问题导致了证据根本就不能采信。言词证据不能作为定案的唯一依据。关于快播公司是否有传播的行为,其认为不是快播公司上传的文件,而是站长们上传的。没有任何法律规定和行业标准证明快播公司有技术预判和防范的义务,不能从道德义务强制要求,技术上也做不到。快播公司无法杜绝使用其软件的人发布不良信息。辩护人认为快播公司已经进行了防范,嵌入了110系统,不能强人所难。

第一次庭审过程中,被告人吴铭及其辩护人提出其不构成犯罪。理由为:公诉方提供的直接证据不能证明存在明知并放任、传播淫秽物品牟利的行为。快播公司具有多项专利、商标。快播播放器是一款很好的播放软件。快播公司一直配合公安机关打击犯罪,屏蔽了四千多个不良网站。快播公司的盈利模式和经营模式无关,不能做有罪推定。随案移送的证据无法证明本案的罪名。隐晦网站的取缔义务人是国家机关,不能归为快播公司。直接传播淫秽物品的人没有被追究刑事责任,不能单方面追究开发软件人的责任。涉黄的三台服务器不能作为本案定罪的依据,不能排除通过拷贝等方法拷入服务器的怀疑,不能作为定案的证据。本案应当由某技术公司承担法律责任,该公司应当负责删除。不能因为快播播放器能播放淫秽物品就认定快播公司传播淫秽物品,不能认定其具有传播的主观故意。不能认为缓存服务器存在淫秽物,就构成传播淫秽物品牟利罪。要正确严格区分明知和放任的区别,放任的前提是明知,公诉方的大量证据只能证明快播放任了软件的安装,而不能证明快播公司明知并传播淫秽物品。吴铭不存在传播淫秽物品的故意,没有传播的动机,吴铭只是普通员工,拿着普通工资。其也不具备作案的时间。吴铭没有从事过公诉机关指控的任何犯罪行为。吴铭和指控刑事犯罪没有关联。如果认为吴铭构成犯罪,应当考虑吴铭系初犯,其不知情也没有参与犯罪行为,且如实供述了本案全部犯罪事实。综上,吴铭没有牟利的故意,没有参与软件的开发,没有获取任何非法收益,应该认定为无罪。

第一次庭审过程中,被告人张克东及其辩护人提出其不构成犯罪。理由为:快播播放器不具备搜索、发布功能,只有下载和播放功能。快播的110系统有防范淫秽信息的功能。公安机关的侦查行为没有完全按照刑诉法的规定严格进行。公安机关调取的服务器的原始状态没有勘查记录。本案的四台服务器增加了数据。本案中四台服务器物证的特征、证人证言、第一份鉴定意见,对服务器的描述是相互矛盾的,有人进行了操作,留有痕迹。从物证的角度存在调换可能,从电子数据的角度可能增加或删除。四台服务器的原始状况我们无法获得。本案的鉴定意见程序有问题,不能作为定案的依据。本案的四台服务器没有鉴定的基础,不能够重新鉴定,其相关的数据也不能作为证据。根据刑法和司法解释的规定,被告快播公司不构成传播淫秽物品牟利罪,被告人张克东也无罪。

第一次庭审过程中,被告人牛文举及其辩护人被告快播公司不构成传播淫秽物品牟利犯罪,被告人牛文举也不应承担刑事责任。理由为:快播公司不提供任何违法视频,不同于网络内容的提供者,说快播传播淫秽物品,不符合事实。由于快播播放器流畅便捷,被犯罪分子所利用,这就损害了快播公司的形象。快播公司也是受害者,是最大的受害者。快播公司不是传播者,不是帮助犯,对上传的内容无法进行根本性的屏蔽,形成帮助犯必须有犯意的联络,快播不可能与其联络。起诉书指控快播播放器被网络用户发布等淫秽物品,并予以放任,导致大量违法视频在国际巨联网上传播。辩护人认为,这应当是个伪命题,囿于现有技术的限制,快播公司做不到,其他互联网公司也做不到。据某技术公司与快播公司签署的合同,负责删除淫秽信息的是某技术公司,对数据的安全性负责的也是某技术公司。快播公司提供P2P不是犯罪行为。首先,牛文举已经履行了安监工作,其并不负责整个快播公司的网监工作。110系统是在牛文举领导下完成的,屏蔽的网站就超过4000家,深圳网监也得出了客观真实的结论。其次,牛文举建立了举报平台。最后,牛文举对员工进行了专门的培训,及时上报了整改情况。开通了官方微博,设立警务室,与深圳网监建立了长期的联系,得到了深圳网监的认可。

## 五、如何判断被告人认罪认罚进而影响量刑？

2016年9月13日，北京市海淀区人民法院第二次开庭审理本案。

公诉机关发表公诉意见，认为快播公司及被告人为追求经济利益，放任淫秽物品在网上传播，应当受到刑罚处罚；快播公司负有网络视频信息服务提供者应当承担的网络安全管理义务；快播公司具备承担网络安全管理义务的现实可能，但拒不履行网络安全管理义务；快播公司及各被告人均明知快播网络存在并介入了淫秽视频传播活动；快播公司及各被告人放任其网络服务系统大量传播淫秽视频属于间接故意；快播公司及各被告人的行为具有非法牟利目的；本案既不适用“技术中立”的责任豁免，也不属于“中立的帮助行为”；快播公司放任淫秽视频大量传播的行为构成传播淫秽物品牟利罪，必须受到刑事追究。

被告单位、各被告人及辩护人在第一次庭审中发表辩护意见认为，本案事实不清、证据不足、程序违法、适用法律错误，指控罪名不能成立。在第二次庭审过程中，被告单位、被告人王欣、张克东、牛文举对指控事实和罪名均表示无异议，其辩护人主要围绕量刑情节做了罪轻辩护，希望对被告单位和各被告人从宽处罚。被告人吴铭及其辩护人对快播公司构成传播淫秽物品牟利罪不持异议。吴铭及其辩护人认为本人工作分工与视频监管没有关系，不应对快播公司行为承担法律责任，如果法院认定有罪，亦应从宽处罚。

> [快播公司]：我公司认罪认罚，对检察院指控的罪名和事实都没有意见。
>
> [王欣]：我也认罪认罚，我对指控的事实和罪名没有意见。自己之前的认识存在片面性，快播软件被用来传播淫秽视频是不争的事实，而公司没有采取有效的监管手段，导致大量的色情内容广泛传播；在社会责任与公司利益的权衡中，快播公司选择了公司利益而忽视了社会责任；自己作为公司的CEO理应承担责任。
>
> [吴铭]：对公司犯罪这块，我认为我和王欣的想法是一致的，公司犯罪是成立的。从我个人的工作分工来说，我不认为我主观上有犯罪的故意，广电来查的具体内容我不清楚。
>
> [张克东]：我认罪，我有新的认识，我认为我们公司在对淫秽网站利用快播软件传播淫秽物品视频的问题上，存在监管不力的问题。我认同检察院对我的起诉。自己作为公司的技术人员，虽然研发了110监管手段，但由于疏于管理导致淫秽视频的广泛传播，同时碎片化处理手段也增加了监管难度，公司存在监管责任；公司的盈利与用户使用量息息相关，色情视频的存在必然会导致用户量的增加，公司也因此而牟取利益。
>
> [牛文举]：我认罪，我深刻反思之后醒悟了，大量淫秽视频给社会造成了影响，淫秽视频的存在客观上增加了用户群，增加了公司的盈利收入，我接受检察院对我指控的事实和罪名。

在庭审过程中,公诉机关提出:快播公司传播淫秽视频的方式与传统的传播方式不同,其服务器中大量淫秽视频的存在与用户上传淫秽视频有关,考虑到被告公司及除吴铭外的其他三名被告人认罪态度的转变,表示可以对被告公司及三名被告人从宽处罚,同时认为吴铭属于违法性认识不足,亦建议对吴铭从宽处罚。故建议对快播公司及四名被告人均予以从宽处罚。

在判决书中,审理法院考虑到被告单位和各被告人的认罪认罚情况,在量刑时进行相关考量:

1. 被告单位快播公司通过网络系统中的大量缓存服务器介入淫秽视频传播而拒不履行安全管理义务,间接获取巨额非法利益,社会危害性大,鉴于快播公司在第二次庭审中能自愿认罪,本院对其酌予从轻处罚。

2. 被告人王欣系快播公司法定代表人、股东、执行董事、经理,明知快播软件的技术特点和存在的法律风险,拒不履行网络安全管理义务,授意他人以作为的形式掩盖不作为的实质,在本案中起主要作用。考虑到王欣在第二次庭审过程中,能如实供述犯罪事实,自愿认罪,本院对其酌予从轻处罚。

3. 被告人张克东系快播公司股东、事业部副总经理兼技术平台部总监,主要负责快播公司的技术平台工作,其主观上明知快播网络服务系统被用于传播淫秽视频,仍然提供缓存加速、碎片化存储等方面的技术支持,应当认定为直接负责的主管人员。考虑到张克东在第二次庭审过程中,能如实供述犯罪事实,自愿认罪,本院对其酌予从轻处罚。

4. 被告人吴铭系事业部总经理,负责快播播放器等核心产品的营销工作,在快播事业部拥有管理权,应当认定为直接负责的主管人员。但考虑到吴铭参与时间较短,不是公司股东,听命于王欣,作用相对王欣、张克东较轻,本院对其酌予从轻处罚。

5. 被告人牛文举系事业部副总经理,主要负责市场部和网络信息安全小组的工作,对快播网络被用于传播淫秽视频负有监管责任,应当认定为直接负责的主管人员但考虑到牛文举能如实供述犯罪事实,自愿认罪,本院对其酌予从轻处罚。

# 教学指导手册

## 教学对象及目标

本案例供法律硕士案例教学使用,法学本科(大四)、刑法学硕士、刑事诉讼法学硕士也可以参酌试用。

本案例主要就检察机关如何根据犯罪事实的变化变更起诉书、网络犯罪中电子数据证明力和传播淫秽物品牟利罪的认定以及如何判定被告人认罪认罚进而从宽处理等相关问题进行讲授。具体要解决的问题包括:(1)在提起公诉阶段,检察人员应当如何撰写起诉书,如果发现查明的事实和起诉书中认定的事实不一致,如何变更起诉书的相关内容;(2)在起诉、审判阶段,为了保证定罪证据确实、充分,司法机关应当如何依法认定电子证据的证明力;(3)以传播淫秽物品牟利罪认定为例,如何解决网络犯罪的定性问题,尤其提出处理具体案件的思路、分析步骤、事实认定与法律分析之间的基本框架;(4)在刑事案件中,如何判定被告人是否认罪认罚进而决定对其从宽处罚。

## 教学内容

**1. 在提起公诉阶段,检察人员如何依据查明的事实撰写起诉书?如果案件事实不一致,如何决定变更起诉?**

起诉书是人民检察院依照法定的诉讼程序,代表国家向人民法院对被告人提起公诉的法律文书,这是刑事公诉案件进入审判阶段的必经程序,辩护方也将会在此基础上进行辩护,因而对于启动、推动案件程序的进展具有重要意义。检察院决定提起公诉的,应当制作起诉书。起诉书的主要内容包括:(1)首部,包括标题、被告人基本情况、案由和案件来源。(2)犯罪事实和证据,一般包括起诉书的主体。对不同性质案件要写出法律规定的犯罪特征;有关犯罪事实必须写清时间、地点、手段、目的(动机)、经过、后果等要素。要注意前后事实、时间之间的一致性。叙述犯罪事实,要针对案件特点,详细得当,主次分明。公诉书要写明被告人的罪名、罪状、罪证以及认罪态度。(3)结论,包括起诉的理由和法律依据。要写明检察院对被告人犯罪事实的分析、认定,反映检察院对被告人所犯罪行追究法律责任的具体意见。(4)附项,包括被告人的住址或者羁押处所,证据目录、主要证据复印件或者照片,证人名单及其住址或者单位地址,鉴定人住址或者单位地址,随案移送案卷的册数、页数;随卷移送的赃物、证物。

起诉变更是人民检察院提起公诉后对自己已经形成的起诉进行追加、变更和撤回的诉讼活动。起诉变更是关系到被告人及被害人切身利益的诉讼活动,是人民检察院公诉活动的重要组成部分,因此起诉变更必须依照一定的程序进行。《人民检察院刑事诉讼规则(试行)》第 458 条规定了变更起诉的条件,“人民检察院发现被告人的真实身份或者犯罪事实与起诉书中叙述的身份或者指控犯罪事实不符的,或者事实、证据没有变化,但罪名、适用法律与起诉书不一致的,可以变更起诉”。那么本案中,检察机关在法院审查决定受理立案后对起诉书中认定的相关事实进行变更起诉，是否符合相关法律的规定？需要履行那些程序？检察机关变更起诉决定有无限制条件？

**2. 检察人员如何针对案件争议问题撰写公诉意见书？**

检察官在刑事诉讼活动中，最为核心的内容之一，就是撰写一份有分量的公诉意见书，这有助于向法官解释案件的争议问题和认定案件事实，对被告人正确地定罪量刑具有重要意义。撰写公诉意见书要注意态度鲜明，观点明确，立论有据，同时语言要口语化，通俗易懂。依据最高人民检察院相关文件的规定，撰写公诉意见书的具体内容应当包括：(1)对法庭调查的简要概括。(2)进行证据分析，认定被告人的罪行。证据的分析要全面、客观。(3)进行案情分析，概括案情的全貌，揭露被告人犯罪的社会危害性。(4)分析被告人犯罪的思想根源和社会根源。(5)进行法律上的论证，指明被告人触犯的刑法条款，阐明被告人应负的法律责任。结尾提出的对被告人犯罪性质、罪责以及从重、从轻、减轻的结论意见要合情、合理、合法。

以上五项内容，应根据案件的特点及实际需要进行撰写。公诉意见书文一般分为内容分标题和正文。(1)首部写明标题，即居中写文书的名称。(2)正文。正文包括：第一，写明被告人情况、案由、出庭任务和法律依据等有关情况。第二，对于案件的具体意见，可以从以下方面进行分析论证：根据法庭调查的情况，概述法庭质证的情况、各证据的证明作用，并运用各证据之间的逻辑关系，以证明被告人的犯罪事实清楚，证据确实充分；根据被告人的犯罪事实，论证应适用的法律条款并提出定罪及从重、从轻、减轻处罚等意见；根据庭审情况，在揭露被告人犯罪行为的社会危害性的基础上，做必要的法制宣传和教育工作；结束语(小结全文)。

**3. 在网络犯罪中，如何依法进行电子数据的收集、鉴定、举证和质证进而认定电子证据的证明力？**

2012年《刑事诉讼法》第48条第2款规定，证据包括“视听资料、电子数据”。所谓“电子数据”即电子形式的数据信息。电子数据具有抽象性，不能为人所直接感知，不仅必须借助一定的介质或设备生成、发送、接收、存储，而且必须以一定媒介所展示、为人所识别和认知。因此，电子数据外在表现形式具有多样性和不确定性。电子证据作为证据类型的一种，必须遵循证据收集、审查、判断中的一般规则。但电子证据的某些特性又决定了电子取证、认证、质证的特点，需要采取不同于传统证据的运用方法。2016年9月20日，最高人民法院、最高人民检察院、公安部印发了《关于办理刑事案件收集提取和审查判断电子数据若干问题的规定》，该规定全文就如何何收集和提取电子数据、如何保护电子数据的完整性、移送与展示问题等程序问题作了严格的界定。

针对电子数据的相关特点,在对电子数据证明力的认定中要注意以下几点:(1)在刑事案件的电子证据的侦查过程中,应由有关专业技术人员和了解计算机技术的侦查人员专门负责电子证据的收集、相关设备的处理以及对计算机系统的解析,对于现场无法提取的电子证据,可以由专门人员负责相关设备的移送。在电子证据安全提取后,为了避免电子数据的破坏、丢失,应严格按照法律要求保障电子数据存储载体的安全。(2)在电子取证中应更强调程序的合法性、取证对象的具体性以及取证范围的有限性。司法工作人员不仅需要保障进入诉讼的证据的全面性、完整性,还要甄别各种信息的关联性。(3)由于电子数据具有高速流转性,因而对证据的认定应当建立在恢复完整证据链的基础上,即将证据从产生、发现、收集、保管、提交的全过程呈现在事实审理者面前,以保障其真实性和同一性。(4)在电子证据的认证、质证问题上,如何证明利用电子技术所获取证据的真实性、可靠性,如何证明依托于电子技术的电子设备的稳定性、准确性,如何证明使用电子技术、操作电子设备的工作人员的专业性、客观性,也都是证据认定面临的重要问题。(5)电子证据因人为或环境因素而易于损毁、修改、灭失,在运用电子证据的环节,电子证据的真实性和可靠性成为审查、判断的重中之重。考虑到电子证据具有易修改、易删除等脆弱性,对电子证据进行镜像拷贝应由专业技术人员进行搜查、鉴定。

在本案庭审中,涉案4台服务器以及其中2万多部色情视频的证据效力成为控辩双方的核心争议。辩方在第一场庭审中就服务器硬盘和色情视频来源、原始数据可能遭到破坏提出质疑;辩护方还提出以下质证意见:查封时的证据清单出现了多份且日期不一致,原鉴定书载明的服务器硬盘数量、容量与实际不符,有利害关系的公司保管硬盘不合理,涉案硬盘所显示的远程登录IP地址跟被告公司无关,远程登录IP地址可更改,系统盘之外的数据盘可以被替换等。针对辩护方的质疑,公诉机关采取了什么样的措施以保证电子数据的真实性、合法性和关联性?本案中北京市海淀区人民法院是如何审查电子证据并认定相关电子数据的证明力?

**4. 如何正确认定网络空间中相关主体行为的定性问题?**

网络空间往往涉及大量刑事法律问题。就本案而言,主要涉及网络空间服务者的法律义务规定,本案实体方面核心问题在于:(1)快播公司是否负有网络视频信息服务提供者应当承担的网络安全管理义务?快播公司是否具备承担网络安全管理义务的能力及其现实可能性?如果其具备网络安全管理义务的可能性而放任淫秽视频传播如何认定行为性质?(2)现有证据能否证明快播公司及各被告人明知或者放任快播网络系统内大量存在淫秽视频并介入了淫秽视频传播活动?(3)快播公司及各被告人的行为是否具有非法牟利目的?(4)本案是否适用技术提供者"技术中立"的责任豁免情形?(5)本案快播公司的行为是否属于"中立的帮助行为"?

对于网络空间中刑事案件的定性,很重要一点是要明确网络空间主体的法律义务,以及违反义务的行为性质。

**5. 在刑事案件中,如何判定被告人是否认罪认罚进而决定对其从宽处罚?**

认罪认罚从宽制度,是指犯罪嫌疑人、被告人自愿如实供述自己的犯罪,对于指控犯罪事实没有异议,同意检察机关的量刑意见并签署具结书的案件,可以依法从宽处理。党的十八届四中全会通过的《中共中央关于全面推进依法治国若干重大问题的决定》提出"完善刑事诉讼中认罪认罚从宽制度"。最高人民法院出台的"四五改革纲要"也明确了这一要求。2016 年 9 月 3 日全国人大常委会也通过了《关于授权最高人民法院、最高人民检察院在部分地区开展刑事案件认罪认罚从宽制度试点工作的决定》。刑事诉讼中认罪认罚从宽制度贯彻了我国宽严相济刑事政策,有助于被追诉人早日回归社会,最大限度地减少了社会对立面,其亦满足了诉讼经济的价值取向,能够有效地实现程序分流,优化配置司法资源。但是,被告人认罪认罚制度在司法实践中如何认定被告人认罪认罚?该制度应当针对哪些案件适用?适用该制度进行从宽处罚应当注意那些关键问题?认罪认罚从宽在实体和程序上是如何体现的?本案中被告单位和被告人在第一次开庭审理中不认罪,在第二次庭审中自愿认罪悔罪,是否符合认罪认罚从宽制度的相关要求?在司法实践中,应当如何合理认定被告人认罪认罚进而对其从宽处理?这都需要引导、促进学生对此种新制度进行了解和掌握。

此外,通过对该案例的分析,要培养学生分析案例的法律推理能力。

## 教学计划

如下课堂设计,仅供参考。

1. 课前计划:安排学生阅读案例及相关参考资料,并依据相关的法律和司法解释,对案例所涉及问题进行思考。

2. 课中计划:(1)介绍教学目的,明确讨论主题;(2)结合案件,系统讲解本案涉及的刑事实体问题、程序、证据问题;(3)讲解相关法律文书的写作规范、要点;(4)安排学生阅读案例及相关资料,就本案中涉及的思考题和实践题进行回答;(5)分组讨论,回答各项思考题,讨论实践题的撰写要点;(6)小组代表提出撰写要点,学生讨论和分析;(7)教师归纳总结。

3. 课后计划:布置学生进一步思考网络空间中电子数据的认定,以及如何认定网络空间中相关行为的法律性质。

## 课堂时间安排

本案例可以作为专门的案例教学课来进行，整个案例课的课堂安排6个课时，每课时45分钟。第1～2课时主要是系统讲解本案涉及的刑事实体问题、程序、证据问题；第3～4课时主要是讲解相关法律文书的写作规范、要点；第5～6课时主要就学生的思考题和实践题进行讨论和点评。

## 思考题与实践题

**1. 思考题**

(1)根据我国《刑事诉讼法》和相关司法解释的规定，该案是否应当由北京市公安机关立案侦查？如何确定网络犯罪的刑事管辖权？

(2)根据现行刑事诉讼法和《公安机关办理刑事案件程序规定》，公安机关在接到报案后，应如何处理？本案是否符合刑事立案的条件？

(3)公安机关应当如何依照法定程序搜集、保管、移交电子证据？

(4)对于辩护律师请求查阅卷宗材料的请求，检察机关是否允许？辩护律师会见被告人，是否需要得到检察机关的批准？

(5)根据现行刑事诉讼法和《人民检察院刑事诉讼规则(试行)》，检察机关改变起诉书，需要履行那些程序？

(6)检察机关收到律师提供的证据材料，应如何处理？

(7)检察机关提起公诉应符合哪些条件？

(8)网络犯罪中如何认定电子数据的证明力？电子数据如何进行合法鉴定？

(9)刑事诉讼中，行政执法收集的证据如何依法转化为刑事诉讼中的证据？

(10)本案中，审理法院几次延长审理期限？每次延长审理期限的法律依据何在？

(11)在审判阶段，法院能否主动委托相关的鉴定机构就电子数据的真实性进行鉴定？

(12)本案是否适用“技术中立”的责任豁免以及“中立的帮助行为”？

(13)如何认定网络空间中的“网络传播”行为？其与一般的传播行为存在哪些差异？

(14)如何认定网络空间中的“网络传播”行为？其与一般的传播行为存在哪些差异？

(15)快播公司是否具备网络安全管理义务？其实否具备履行这种义务的可能性？

(16)如何认定快播公司主观上具备传播淫秽物品进行牟利的主观故意？

(17)被告人王欣的行为是否构成自首？自愿归案的行为对量刑有什么影响？

(18)网络传播淫秽物品犯罪的量刑标是否应当区别于传统传播行为的量刑标准？你如何看待本案中对“情节严重”的认定？

**2. 实践题**

(1)请根据以上案情,以检察机关的名义撰写起诉书。

(2)如果你是检察机关公诉人员,由于案件事实与起诉书不一致,请根据以上案情,撰写变更起诉决定书。

(3)假如你是检察院派出出庭的支持公诉的检察官,请结合本案案情,撰写公诉意见书。

(4)请根据以上案件信息,分析快播公司的行为是否构成传播淫秽物品牟利罪?

## 参考文献

**著作类**

1. 于志刚:《虚拟空间中的刑法理论》,中国方正出版社 2003 年版。
2. 刘品新:《网络法学》,中国人民大学出版社 2009 年版。
3. 于志刚:《传统犯罪的网络异化研究》,中国检察出版社 2010 年版。
4. 张明楷:《刑法分则的解释原理》(第 2 版),中国人民大学出版社 2011 年版。
5. 张明楷:《刑法学》,法律出版社 2011 年版。
6. 高铭暄:《中华人民共和国刑法的孕育诞生与发展完善》,北京大学出版社 2012 年版。
7. 周道鸾、张军等:《刑法罪名精释》(第 4 版),人民法院出版社 2013 年版。
8. 于志刚、郭旨龙:《信息时代犯罪定量标准的体系化构建》,中国法制出版社 2013 年版。
9. 赵秉志:《当代刑法问题》,中国人民大学出版社 2014 年版。
10. 戴长林主编:《网络犯罪司法实务研究及相关司法解释理解与适用》,人民法院出版社 2014 年版。
11. 田刚主编:《中国网络法律规则的完善思路》(刑诉法卷),中国法制出版社 2015 年版。
12. 廖根为:《电子数据真实性司法鉴定研究》,法律出版社 2015 年版。
13. 刘显鹏:《电子证据认定规则研究》,中国社会科学出版社 2016 年版。

**论文类**

1. 于志刚:《关于网络空间中刑事管辖权的思考》,载《中国法学》2003 年第 6 期。
2. 郭洁:《网络犯罪的刑法制衡》,载《甘肃政法学院学报》2004 年第 2 期。
3. 黄晓亮:《网络服务提供者的作为义务》,载《信息网络安全》2005 年第 12 期。
4. 李伟东:《网络犯罪及犯罪地的确定》,载《政法学刊》2006 年第 2 期。
5. 郑泽善:《网络犯罪与刑法的空间效力原则》,载《法学研究》2006 年第 5 期。
6. 陈结淼:《关于我国网络犯罪刑事管辖权立法的思考》,载《现代法学》2008 年第 3 期。
7. 黄惠婷:《中性行为之帮助性质》,载台湾《法学杂志》2008 年第 114 期。
8. 于志刚:《网络犯罪与中国刑法应对》,载《中国社会科学》2010 年第 3 期。
9. 于志刚:《信息时代和中国法律、中国法学的转型》,载《法学论坛》2011 年第 2 期。
10. 孙万怀:《刑法应当理性应对网络谣言——对网络造谣司法解释的实证评估》,载《法学》2013 年第 11 期。

11. 于志刚:《"双层社会"中传统刑法的适用空间——以"两高"〈网络诽谤解释〉的发布为背景》,载《法学》2013 年第 10 期。
12. 于志刚:《网络思维的演变与网络犯罪的制裁思路》,载《中外法学》2014 年第 4 期。
13. 罗文华、龙立名:《从"快播涉黄案"看电子数据取证关键技术》,载《中国刑警学院学报》2016 年第 3 期。
14. 王潜:《"快播案"中的刑事法理分析》,载《北京政法职业学院学报》2016 年第 5 期。
15. 杨勖:《论互联网服务提供者的刑事责任位阶——从"快播案"说起》,载《北京政法职业学院学报》2016 年第 5 期。
16. 张明楷:《快播案定罪量刑的简要分析》,载《人民法院报》2016 年 9 月 14 日。
17. 孙道萃:《网络片面共同犯罪的制裁边界:兼议"快播"案》,载《浙江工商大学学报》2016 年第 4 期。
18. 王志刚:《从"快播案"看当前电子数据运用困境》,载《法治研究》2016 年第 4 期。
19. 毛玲玲:《传播淫秽物品罪中"传播"行为的性质认定——"快播案"相关问题的刑事法理评析》,载《东方法学》2016 年第 2 期。

撰稿人｜商浩文,中央财经大学法学院讲师

**图书在版编目(CIP)数据**

法律硕士教学指导案例. 刑事诉讼实务卷. I / 全国法律专业学位研究生教育指导委员会编. -- 北京 : 法律出版社, 2018
ISBN 978-7-5197-2247-0

Ⅰ. ①法… Ⅱ. ①全… Ⅲ. ①刑事诉讼-案例-中国-研究生-教学参考资料 Ⅳ. ①D920.5

中国版本图书馆 CIP 数据核字(2018)第 086389 号

**法律硕士教学指导案例·刑事诉讼实务卷 I**
**FALÜ SHUOSHI JIAOXUE ZHIDAO ANLI · XINGSHI SUSONG SHIWUJUAN I**

全国法律专业学位研究生教育指导委员会 编

责任编辑 郑怡萍
装帧设计 凌点工作室

**编辑统筹** 法律教育出版分社

**出版** 法律出版社
**总发行** 中国法律图书有限公司
**经销** 新华书店
**印刷** 三河市兴达印务有限公司
**责任印制** 沙 磊

**开本** 710 毫米×1000 毫米 1/16
**印张** 25
**字数** 467 千
**版本** 2018 年 6 月第 1 版
**印次** 2018 年 6 月第 1 次印刷

法律出版社/北京市丰台区莲花池西里 7 号(100073)
网址/www. lawpress. com. cn
投稿邮箱/info@ lawpress. com. cn
举报维权邮箱/jbwq@ lawpress. com. cn
销售热线/010-63939792
咨询电话/010-63939796

中国法律图书有限公司/北京市丰台区莲花池西里 7 号(100073)
全国各地中法图分、子公司销售电话:
统一销售客服/400-660-6393
第一法律书店/010-63939781/9782
西安分公司/029-85330678
重庆分公司/023-67453036
上海分公司/021-62071639/1636
深圳分公司/0755-83072995

**书号:**ISBN 978-7-5197-2247-0
**定价:**69.00 元